L'affectif et les valeurs dans les choix d'investissement en equity crowdfunding 2

First published 2021 in Great Britain by ISTE Editions Ltd.

ISTE Editions Ltd
27-37 St George's Road
London SW19 4EU
UK

British Library Cataloguing-in-Publication Data
A CIP record for this book is available from the British Library
ISBN: 978-1-78405-696-4 (print)
ISBN: 978-1-78406-696-3 (e-book)

Printed and bound in Great Britain by CPI Group (UK) Ltd., Croydon, Surrey CR0 4YY, January 2021

L'affectif et les valeurs dans les choix d'investissement en equity crowdfunding 2

modélisation et expérimentation

Christian Goglin

iSTE editions

Table des matières

Introduction

Le premier volume de cet ouvrage (Goglin 2021) nous a permis de découvrir une industrie récente, celle de l'*equity crowdfunding*. Après avoir justifié de notre intérêt pour la décision des investisseurs et plus précisément pour la compréhension et l'explication de leurs choix de projets, nous avons procédé à une revue de littérature dans le champ de la finance entrepreneuriale. Cette dernière a révélé un investisseur rationnel cherchant à réduire l'asymétrie d'information par l'identification des signaux de qualité des projets analysés. Cette approche cognitiviste nous a semblé insuffisante pour expliquer les données empiriques en notre possession, collectées sur une plateforme, et constituant un corpus de témoignages d'investisseurs justifiant de leur choix de projet. Il était en effet manifeste que d'autres facteurs, de type affectif, tenaient une importance notable. Par conséquent, nous avons étendu notre état de l'art à d'autres disciplines des sciences humaines et notamment au marketing à la GRH ou encore à la psychologie en nous focalisant sur des théories faisant appel à l'affectif pour la compréhension de situations analogues. Ce faisant, nous avons élaboré un cadre théorique original, véritable lunette d'interprétation du phénomène étudié, permettant de se confronter au réel.

Ce deuxième volume a précisément pour objet de poursuivre cet effort de conceptualisation et modélisation en posant des hypothèses interdépendantes constituant un modèle intégré. Nous proposons également une théorie originale baptisée « matching affectif », expliquant le choix des investisseurs par l'attraction des projets analysés, la force de cette attraction étant proportionnelle à la cohérence des caractéristiques du projet avec le profil affectif et axiologique de l'investisseur. Des données, collectées par une expérimentation de laboratoire, nous ont permis de dépasser le stade de l'hypothèse, elles confortent en bonne partie les deux modèles proposés. Enfin, ce second volume se conclut sur les perspectives de recherche et les implications managériales induites par ce travail.

Chapitre 1

Modélisation : le modèle explicatif et le modèle individuel prédictif

Ce premier chapitre commence par poser les postulats préalables (section 1.1) à la modélisation d'un premier modèle explicatif (section 1.2) puis d'un second modèle prédictif individuel qui en dérive (section 1.3).

1.1. Postulats préalables

Dans cette section, trois postulats sont énoncés, le premier se rapportant à la nature de l'incertitude, le second à la nature des conséquences et le dernier à la nature de la rationalité des investisseurs.

1.1.1. *Nature de l'incertitude*

La question centrale de notre problématique porte sur les déterminants du choix des projets par les investisseurs individuels. Or un choix entre plusieurs alternatives est une décision, par conséquent, cette recherche est bien centrée sur une « décision ». Les conséquences de cette décision ne sont pas déterministes, elles sont incertaines et dépendent d'aléas. La question qui découle de ce constat est celle de la nature de l'incertitude en jeu, question analogue à celle posée par la théorie de la décision individuelle qui selon Kast (2002) vise à « proposer un cadre d'étude du comportement rationnel face à l'incertitude. En distinguant différents types d'incertitudes ».

L'incertitude prise dans le sens commun qui nous concerne, « le caractère imprévisible du résultat d'une action »[1], est précisée par la littérature scientifique,

1. Source : http://www.cnrtl.fr/definition/incertitude.

notamment par la distinction souvent reprise, opérée par Knight (1921) entre risque et incertitude. Pour l'économiste, le risque caractérise des décisions pour lesquelles les conséquences sont probabilisables, soit par calcul *a priori* soit sur la base de statistiques. À l'inverse, l'incertitude caractérise des décisions non probabilisables en raison du caractère unique de la situation.

Pour Le Heron (2012), dans les sciences humaines, l'incertitude n'est pas probabilisable car les décisions humaines ne relèvent pas de la loi des grands nombres. De plus, les décisions prises modifient l'état du monde de telle sorte que leur répétition n'est pas possible.

Au sein des sciences humaines, dans le champ de la finance entrepreneuriale, dans la sphère du capital-risque, la question de la sélection des projets financés par le capital-risqueur (*screening*) n'est pas si éloignée de notre problématique. Les différences tiennent d'une part à la sophistication du capital-risqueur, véritable professionnel du financement, et d'autre part au stade de développement, postérieur à l'amorçage, de la société en attente de fonds.

Or, Dubocage (2006) note l'ampleur de l'incertitude à laquelle fait face le capital-risqueur. Celui-ci ne peut asseoir ni son évaluation ni sa sélection sur des probabilités objectives. En effet, le *business plan* offre une vision du futur quantifiée limitée pour appréhender le futur et les méthodes analogiques se heurtent à la singularité des sociétés évaluées, généralement porteuses d'innovation de rupture. Aussi, l'auteur décide de recourir au cadre de l'incertitude proposé par Knight afin d'éclairer théoriquement le mode de jugement des investisseurs du capital-risque.

Cette approche correspond à celle de Keynes (1936) pour qui les décisions relatives à des horizons futurs lointains ne peuvent pas, le plus souvent, s'appuyer sur des calculs mathématiques en raison du manque de données, rares, voire inexistantes. Le décideur fait alors le choix qu'il peut : « [...] choosing between the alternatives as best we are able, calculating when we can, but often falling back for our motive on whim or sentiment or chance. »

Pour ces raisons, Keynes développe le concept d'état de confiance, soit une évaluation subjective de la probabilité de survenue d'un événement futur qui constitue selon lui une base d'appréciation plus réaliste que celle du calcul mathématique pour décrire le mode de détermination des actions des entrepreneurs.

On peut rapprocher le concept d'état de confiance de Keynes des travaux successifs de Ramsey, De Finetti et Savage, tous trois critiques à l'endroit des probabilités fréquentistes et qui développeront le concept de probabilités subjectives. Celles-ci représentent un jugement sur la confiance accordée à la réalisation d'un événement futur incertain (Kast 2002).

Nous faisons le choix de nous situer dans l'incertain, il n'existe en effet pas de probabilités objectives associées aux conséquences des choix d'investissement. Cependant, des probabilités subjectives pourraient leur être associées. Mais de quelles conséquences parlons-nous ? Le point suivant précise notre vision à ce sujet.

1.1.2. *Conséquentialisme*

Il est important de préciser que dans notre approche, le décideur investisseur n'est pas exclusivement ni même nécessairement conséquentialiste, c'est-à-dire que si les conséquences peuvent entrer en ligne de compte dans son choix, celui-ci peut aussi reposer sur la valeur intrinsèque accordée aux actions (investissements dans notre cas) en elles-mêmes, indépendamment de leurs conséquences, ce qui revient à dire que la rationalité de l'investisseur se situe entre deux pôles de rationalité : la rationalité instrumentale et la rationalité axiologique. Quant aux conséquences à considérer, nous estimons qu'elles sont multiples car elles dépendent des objectifs de l'individu. L'encadré 1.1 apporte un éclairage sur la nature de ces conséquences.

Dans un premier temps, conformément à la préconisation de Kast (2002), il est indispensable de poser des hypothèses sur les objectifs que le décideur souhaite atteindre :

> « La théorie économique est construite sur la description du comportement d'agents (consommateurs, producteurs) ; les modèles de la gestion doivent faire des hypothèses sur la représentation des objectifs à atteindre. »

Dans l'exposé de la problématique du premier chapitre du volume 1, nous avons indiqué que le choix de 1er ordre était déterminé par les objectifs de l'investisseur, eux-mêmes associés à ses motivations, qu'elles soient financières et/ou non financières, aussi, tout naturellement, nous faisons l'hypothèse d'objectifs financiers et/ou non financiers.

Dans un second temps, il nous semble naturel d'évaluer les conséquences des décisions à l'aune de ces objectifs. Quant à l'incertitude, elle se rapporte aux événements futurs qui déterminent les conséquences des décisions.

Pour plus de clarté, illustrons ce propos. Considérons un investisseur en equity crowd-funding d'abord motivé par un élan altruiste et secondairement par une motivation d'enrichissement. Il souhaite avant tout aider une cause importante pour lui et espère idéalement en retirer un bénéfice financier sans que cela soit son mobile d'investissement premier.

Nous avons :

Motivation 1 = altruisme

Motivation 2 = enrichissement

À ces deux motivations, nous associons respectivement deux objectifs :

Objectif 1 = défendre une cause *via* le projet financé

Objectif 2 = améliorer la rentabilité de son portefeuille d'actifs financiers

Le couple d'objectifs (Objectif 1, Objectif 2) a préalablement déterminé le choix d'investissement en equity crowdfunding plutôt que dans toute autre classe d'actif (choix de premier ordre).

Après avoir choisi un projet plutôt qu'un autre sur une plateforme (choix d'ordre 2) l'investisseur évaluera les conséquences de son choix au regard des objectifs (Objectif 1, Objectif 2). Autrement dit, l'évaluation du choix porte sur *les conséquences qui comptent pour l'investisseur*, elle consiste à répondre aux questions suivantes :

– est-ce que la société financée permettra d'obtenir *des avancées pour la cause défendue* ?

– est-ce que *la rentabilité obtenue sera satisfaisante* ?

Ainsi, il existe une multitude de combinaisons d'objectifs possibles, et par suite de conséquences, pour chaque investisseur, ce dernier étant mû par des motivations spécifiques.

Encadré 1.1. *Les conséquences qui comptent*

1.1.3. *La rationalité de l'investisseur en* equity crowdfunding *: un triptyque de rationalité*

Pour Buttard et Gadreau (2008), dans le paradigme standard :

> « La rationalité instrumentale caractérise des agents guidés dans leurs choix par la recherche égoïste d'une utilité personnelle. Elle fait de la raison un outil permettant de sélectionner des actions génératrices d'utilité, de l'individu un être déterminé, normé et égoïste, et de l'organisation (firme, marché ou hybride), une entité réductible aux agents qui la composent. »

Ainsi, l'agent doté d'une rationalité instrumentale est maximisateur de son utilité. Si ce postulat comportemental est simplifié à l'extrême, il présente l'avantage de rendre possible la modélisation des décisions. Notre approche s'écarte de ce paradigme, mais nous conservons l'idée d'un agent en quête d'un optimum. Néanmoins, comme nous le définirons plus loi, l'optimum (local) de notre modèle individuel prédictif ne porte pas sur une utilité égoïste et n'est pas nécessairement déterminé par la raison.

Par ailleurs, on peut opposer la science économique et son modèle de l'*homo œconomicus*, donnant une unique explication téléologique des comportements, aux autres sciences humaines telles que la psychologie ou la sociologie, qui s'intéressent aux multiples causes des comportements (Viviani 1994). Notre approche est intermédiaire, comme chez les économistes, l'individu dispose de motivations orientées vers des objectifs ou buts, mais ces derniers ne sont pas les seuls facteurs explicatifs de ses choix d'investissement. Les préférences de l'individu ainsi que le contexte situationnel singulier du choix sont également déterminants pour la formation de variables psychologiques antécédentes du choix. Autrement dit, l'explication téléologique fait partie d'une explication plus générale intégrant d'autres causes.

Aussi, la théorie du choix rationnel qui définit une rationalité instrumentale orientée vers un but de maximisation d'une utilité égoïste nous paraît trop restrictive pour expliquer à elle seule les comportements des investisseurs en equity crowdfunding. La rationalité de ces derniers nous semble plus complexe et nécessite d'intégrer d'autres dimensions, le tout composant une rationalité plus générale.

Précisément, Allais (1953) donne une définition générale de la rationalité : « [...] un homme est réputé rationnel lorsque (a) il poursuit des fins cohérentes avec elles-mêmes, (b) il emploie des moyens appropriés aux fins poursuivies. » Cette définition peut être complétée par le postulat de rationalité de l'individualisme méthodologique de Boudon (2004) selon lequel l'individu adopte des comportements parce qu'il a des raisons fortes de le faire, ces raisons n'étant pas nécessairement liées à ses intérêts ni à un calcul coût-bénéfice.

Si nous adhérons à ces définitions, il nous semble utile de préciser notre pensée. Pour ce faire, nous empruntons à Weber, dont les travaux visent à élargir la portée de l'économie classique pour la compréhension des ressorts de la conduite humaine (Cuin 2001).

Dans ses travaux parus en 1921, Weber (2003) définit les actions rationnelles comme celles pour lesquelles l'individu mobilise délibérément des moyens pour atteindre une fin. Ces actions rationnelles peuvent l'être par rapport aux buts, elles sont rationnelles en finalité, il s'agit de la forme instrumentale de la rationalité (c'est aussi l'éthique de responsabilité). Les actions peuvent également l'être par rapport aux valeurs, lorsque les moyens sont choisis en fonction de leur valeur intrinsèque, il s'agit de la forme axiologique de la rationalité (cette fois, c'est l'éthique de conviction).

Boudon (1999) rappelle que la rationalité axiologique est bien une forme de rationalité complémentaire de la rationalité instrumentale, les individus ne se conforment pas simplement à des valeurs inexplicables mais adhèrent à une des croyances prescriptives ou normatives parce qu'ils ont des raisons fortes d'y croire.

Or ces raisons peuvent être ou non de caractère instrumental. Dans ce cas, les fins reposent sur un système de représentations et de croyances. Notons aussi que Boudon associe rationalité axiologique et émotions, notamment dans l'exemple déjà mentionné de l'employé bénéficiant d'un avantage mineur (son bureau était placé plus près de la fenêtre) au sein d'une société égalitaire (un kibboutz), la réaction des collègues étant alors déterminée par une violation du principe d'égalité, autrement dit la raison étant axiologique plus qu'instrumentale :

> « Les sentiments de justice ou d'injustice méritent bien leur nom de “sentiments”, car ils comportent une dimension affective essentielle : rien n'est plus difficile à supporter que l'injustice. Mais ils sont en même temps fondés sur des systèmes de raisons. Et la réaction “affective” est d'autant plus forte que les raisons apparaissent au sujet social comme plus solides. »

Comme le souligne Cuin (2001), rationalité instrumentale et rationalité axiologique sont des types idéaux, car les individus réels agissent plus ou moins en fonction des buts qu'ils se fixent mais aussi des valeurs qu'ils portent.

Ces deux formes complémentaires de rationalité ne sont néanmoins pas suffisantes pour expliquer toutes les actions des individus car, comme l'indique Boudon (1999), les causes de ces dernières ne sont pas toujours attribuables au sens que leur donne leur auteur. Ainsi, Weber ajoute les actions « affectuelles »[2] ou affectives, soit celles conduites sous l'effet des émotions ou de sentiments forts.

Cependant, à la différence de Weber pour qui les actions « affectuelles » ne sont pas rationnelles, nous choisissons de parler de « rationalité affective ». Si de prime abord, accoler ces deux mots semble donner naissance à un oxymore, nous estimons que les développements présentés ci-avant en psychologie des émotions comme en neurosciences justifient ce choix.

Bien entendu, les réactions affectives ne sont pas intentionnelles et ne résultent pas d'une délibération consciente comme c'est le cas pour les actions rationnelles. Néanmoins, les théories de l'évaluation cognitive, comme leur nom l'indique, reposent sur l'idée que l'émotion subjective est le produit d'une cognition. D'ailleurs, comme nous l'avons déjà mentionné, Sander et Scherer (2014) estiment qu'il est raisonnable de considérer le système émotionnel comme un système cognitif à part entière si l'on accepte que les traitements multiniveaux incluent des processus automatiques non conscients qualifiés de cognitifs.

---

2. Ainsi que les actions traditionnelles, routinières et conduites conformément à une coutume ou une tradition, nous ne développons pas cette modalité d'action qui ne nous semble pas pertinente pour rendre compte des comportements des investisseurs en equity crowdfunding.

De plus, les théories de l'évaluation cognitive font des buts la principale variable d'évaluation, une émotion n'étant déclenchée qu'à la condition que l'événement affecte l'un des buts de l'individu. Dans le modèle de Lazarus (2001), le critère dit d'« évaluation des implications » évalue les conséquences de l'événement générateur sur les buts du sujet.

Cela signifie d'une part que le système de génération des réactions affectives est conséquentialiste, et d'autre part que lien avec la rationalité axiologique est étroit si l'on considère les valeurs comme des buts désirables comme le fait Schwartz. Ce lien, que nous avons déjà évoqué avec l'exemple de l'employé favorisé d'un kibboutz de Boudon (1999), est cohérent avec la première caractéristique des valeurs de Schwartz (2006) qui décrit les valeurs comme des croyances étroitement associées aux affects.

Or, non seulement la réaction affective dépend des conséquences de l'événement sur les buts de l'individu, mais en plus, son rôle est de préparer l'action pour la réalisation des intérêts de l'individu, comme l'explique la théorie « de réalisation des intérêts » de Frijda (1988, 2006) que nous mobilisons. Cette fois, il nous semble clair qu'avec ce cadre théorique, la réaction affective est l'instrument inconscient des fins de l'individu, ce qui en fait une forme de rationalité instrumentale.

En outre, si l'on considère que les travaux sur les marqueurs somatiques de Damasio (2006) donnent une assise neuroscientifique à l'idée que l'émotion participe de la rationalité en lui étant nécessaire, alors il nous semble raisonnable de proposer le concept de rationalité affective. C'est sans doute ce type de constat qui fait dire à Pfister et Böhm (2008) : « If our emotional appraisals are appropriate, that is, if we fear what objectively is to be feared, and if we hopefully anticipate what will actually make us happy, then these emotions might be called rational. »

De plus, notons que Boudon (2011) pourrait manifestement accepter le label de « rationalité affective » :

> « Quant aux actions affectives, elles ne sont pas nécessairement dépourvues d'une dimension rationnelle. Je ressens une forte émotion au spectacle de l'agression d'une vieille dame par un jeune homme vigoureux. Je comprends immédiatement que ma réaction est une réaction d'indignation et non par exemple de peur. Je la conceptualise aussitôt. D'autre part, *je pourrais sans difficulté énoncer les raisons sur lesquelles se fonde ma réaction.* »

Finalement, nous postulons que l'investisseur en equity crowdfunding est mû par un triptyque de rationalité : instrumentale, axiologique et affective. Notre représentation de sa rationalité (présentée dans la figure 1.1) est la suivante : un individu placé dans une situation donnée se comportera en fonction d'une rationalité tridimensionnelle dont le centre de gravité se situe à l'intérieur d'un triangle défini par les trois sommets suivants : la rationalité instrumentale, la rationalité axiologique et la rationalité affective.

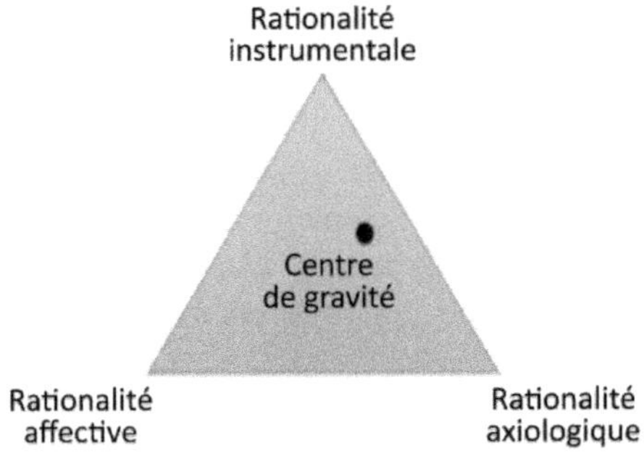

Figure 1.1. *Rationalité contextuelle de l'investisseur*

Nous avons posé les postulats de notre modélisation au regard de la nature de l'incertitude, de la nature des conséquences et de la rationalité des investisseurs. Nous nous situons donc dans un *framework* où les conséquences déterminant le choix d'investissement sont multiples, financières et non financières et sont associées aux objectifs spécifiques de l'investisseur. Ces conséquences n'ont pas de probabilités objectives associées, nous sommes dans l'incertain.

Par ailleurs, nous estimons que le choix d'investissement ne repose que partiellement sur ses conséquences, car l'investissement peut avoir en soi une valeur déterminante pour l'investisseur. Enfin, le triptyque de rationalité considéré nécessite d'enrichir le *framework* par un autre déterminant de la décision : les réactions affectives ressenties au moment du choix (ou *anticipatory emotions*).

À l'évidence, la complexité de ce *framework* comme l'objectif explicatif de cette recherche ne sont pas compatibles avec les modèles normatifs dérivés de l'utilité espérée. Rappelons que si ces modèles opèrent dans l'incertain, la rationalité de l'agent économique est exclusivement conséquentialiste, y compris lorsqu'ils intègrent des émotions anticipées comme composantes des conséquences.

Notre approche est empirique et vise à identifier les mécanismes psychologiques qui sous-tendent les choix des investisseurs dans le contexte singulier de l'investissement en equity crowdfunding, ce qui justifie l'élaboration d'un modèle explicatif *ad hoc* et original, ce qui est l'objet de la section 1.2.

1.2. Le modèle explicatif

Cette section est consacrée à la conception d'un modèle explicatif du choix d'investissement des investisseurs individuels en equity crowdfunding.

Nous commençons par identifier les variables et construits du modèle (section 1.2.1), l'analyse du matériau qualitatif nous permet ensuite de confirmer ces variables et construits mais aussi d'explorer les dimensions des construits (section 1.2.2), dans un troisième temps, nous opérationnalisons les construits (section 1.2.3) avant de les relier causalement par des hypothèses (section 1.2.4), enfin nous proposons plusieurs grilles de lecture du modèle explicatif obtenu en invoquant plusieurs théories de notre cadre conceptuel (section 1.2.5).

1.2.1. *Choix des variables du modèle par approche combinée hypothético-déductive et inductive/abductive*

Comme nous l'avons précisé dans l'exposition de la méthodologie adoptée pour ce travail, les variables du modèle explicatif (ici, variables doit être pris au sens large, signifiant indifféremment variables observables ou construits) résultent d'une démarche mêlant raisonnements abductif, inductif et déductif, et cela en raison de deux processus concomitants : la première phase de revue de littérature et l'analyse d'un corpus de données qualitatives.

Dans cette section 1.2.1.1, nous précisons tout d'abord le cas de deux variables d'abord identifiées par induction (pure ou associée à une abduction préalable) par lecture puis analyse du corpus de données avant d'apporter une justification théorique à l'ensemble des variables du modèle, quel que soit le mode de raisonnement ayant conduit à leur identification (section 1.2.1.2).

1.2.1.1. *Variables issues d'inférence inductive/abductive par lecture flottante associée à une analyse de contenu manuelle*

Avant de présenter les deux variables identifiées par inférence inductive et/ou abductive, rappelons que le corpus qualitatif est constitué de 3 020 verbatim d'investisseurs justifiant *ex post* leur choix d'investissement en equity crowdfunding. Ces témoignages publics ont été collectés manuellement (par copier/coller) sur le site internet de Wiseed.com en deux étapes antérieures au 31 juillet 2017.

Concernant l'étude de ce corpus, nous avons successivement procédé à une lecture flottante, puis à une analyse thématique manuelle (en recourant au tableur Excel pour des comptages d'occurrences).

Notre démarche d'analyse de contenu était essentiellement exploratoire et visait à faire émerger des thèmes (les variables déterminantes des choix des investisseurs) qui ne seraient pas ressortis de la première revue de littérature sur le *crowdfunding*. Une pré-analyse par lecture flottante a permis l'identification d'un thème récurrent, l'« intérêt » pour le projet (plus spécialement pour son domaine d'activité ou son concept). Un second thème, centré sur les « valeurs » était ressorti de discussions antérieures à l'analyse des données, nous avons donc cherché une confirmation empirique de son importance. L'analyse d'un échantillon de verbatim de ces deux thèmes a fait émerger des codages qui ne reposent pas sur des *a priori* théoriques selon l'approche de la théorie ancrée dans les données ou « grounded theory » (Glaser et Strauss 1967). Précisons également que si nous n'avons pas confronté ces codages à ceux d'un second chercheur (dans l'optique de garantir la qualité et la validité de l'analyse effectuée), nous avons triangulé le thème obtenu par une revue de littérature complémentaire offrant un support théorique aux deux variables concernées.

1.2.1.1.1. Deux variables identifiées par induction et/ou abduction : la Congruence aux valeurs et l'Intérêt

Pour ces deux variables, nous présentons successivement une série de verbatim illustrant leur pertinence puis donnons une mesure de leur intensité dans le texte (par une mesure analogue à l'intensité lexicale) calculée manuellement par analyse thématique sous Excel.

Précisons que l'intensité lexicale est une mesure du poids d'un thème dans un texte, elle se calcule comme le pourcentage d'occurrences de mots du texte associés au thème. L'intensité lexicale est un outil de la lexicométrie que l'on peut définir comme une approche d'analyse statistique du lexique d'un texte et s'inscrit dans les courants d'analyse du discours. Il s'agit donc d'une approche quantitative du texte fondée sur un postulat de pertinence des phénomènes récurrents. Ainsi, les outils de la lexicométrie reposent sur le dénombrement et le calcul de la fréquence de mots, le plus souvent lemmatisés, la lemmatisation consistant à regrouper les variations d'un mot sous une même « forme », par exemple en associant les différentes occurrences d'un même verbe conjugué à leur infinitif à l'aide d'un dictionnaire (Lejeune 2010).

Dans notre cas, la mesure de l'intensité des deux variables est le résultat du rapport entre le nombre d'occurrences des formes associées aux variables (ou thèmes) sur le nombre de verbatim du corpus et non pas sur le nombre total de mots du texte. Cette mesure d'intensité et l'intensité lexicale traditionnelle sont proportionnelles, le passage de l'une à l'autre se faisant par le produit du nombre moyen de mots par verbatim (ou de son inverse). Cette mesure nous semble plus significative dans le cas particulier de notre corpus, car celui-ci agrège un grand nombre (3 020) de témoignages courts (19 mots par témoignage en moyenne). Ainsi une intensité de 10 % signifie que la variable (plus précisément les mots associés) apparaît dans

10 % des témoignages, soit chez au plus 10 % des investisseurs (car certains investisseurs ont pu investir successivement plusieurs fois au cours d'une même levée, ce phénomène n'est cependant pas fréquent).

Une première variable en lien avec la Congruence aux valeurs des investisseurs

Le thème des valeurs ne découle pas directement de l'état de l'art sur le crowdfunding mais est issu d'une inférence abductive de mon directeur de thèse à propos des travaux du sociologue Raymond Boudon. Pratiquement dans le même temps, une première analyse de contenu du corpus qualitatif confortait l'importance des valeurs pour le choix des investisseurs de la plateforme wiseed.com. Aussi dans le cas de cette variable, l'analyse lexicale visait à confirmer l'importance relative du thème des valeurs dans le corpus.

Lecture flottante et verbatim sur la Congruence aux valeurs

Nous présentons dans l'encadré 1.2 une sélection de témoignages représentatifs d'investisseurs mettant en avant l'adéquation des valeurs du projet financé avec leurs propres valeurs comme raison déterminante de leur choix d'investissement.

« J'ai investi dans Glowee car c'est un projet auquel je crois, *correspondant aux valeurs que je défends.* Je crois en la croissance de son activité. »

« J'ai investi dans Poietis car *cette société me paraît alignée avec mes valeurs* et je pense que le secteur du bioprinting est très porteur. Poietis présente un potentiel adéquat pour asseoir sa crédibilité sur ce marché et prendre des parts nécessaires à son succès. »

« J'ai investi dans Stayhome car *le projet présenté m'a paru conforme à mes valeurs* de solidarité, de soutien à l'initiative et d'une grande créativité. »

« J'ai investi dans Altern Mobil car je suis salarié de cette entreprise et je crois qu'elle s'inscrit dans la durée. Elle est porteuse de *valeurs auxquelles j'adhère.* »

« J'ai investi dans Forestera car le projet me semble solide et *en accord avec mes valeurs.* »

« J'ai investi dans Mamie & Compagnie car *j'adhère aux valeurs de cette société* (production locale, et respectueuse de l'environnement). »

« J'ai investi dans Pumpart System car le sérieux du dossier, l'aboutissement du produit et *les valeurs écologiques correspondent à mes critères.* »

« J'ai investi dans Gifts For Change/Treez car c'est une entreprise prometteuse qui *porte des valeurs importantes pour notre société.* »

Encadré 1.2. *Le concept de valeur dans les témoignages d'investisseurs*

Analyse thématique manuelle sur la Congruence aux valeurs

Pour cette analyse thématique, nous avons identifié une liste de mots qui émergeaient de l'étape de pré-analyse par la lecture flottante des témoignages évoquant les valeurs et plus précisément une congruence entre les valeurs de l'investisseur et celles mises en avant implicitement ou explicitement par le projet ou son équipe dirigeante. Les mots associés aux valeurs sont :

> {Valeur, sens, durable, responsable, humain, proximité, social, progrès, respectueux, écologique, honnête, éthique}

L'intensité lexicale calculée est de 18 %.

Il est certain que ce chiffre est grossier dans le sens où « valeur » peut être employé contextuellement de différentes façons (exemple : valeur ajoutée). Néanmoins, un contrôle par concordancier[3] met en lumière qu'une majorité des occurrences du mot valeur sont employés avec le sens attendu.

Une seconde variable en lien avec l'Intérêt des investisseurs

Tout comme le thème de la Congruence des valeurs, celui de l'Intérêt ne provient pas de l'état de l'art sur le crowdfunding mais résulte d'une inférence inductive par lecture flottante, ensuite confirmée par l'analyse des données.

Lecture flottante et verbatim sur l'Intérêt

Nous présentons dans l'encadré 1.3 une sélection de témoignages représentatifs d'investisseurs mettant en avant l'intérêt qu'ils portent à l'une des dimensions du projet financé, essentiellement le domaine ou le concept, comme raison déterminante de leur choix d'investissement.

> « J'ai investi dans Pearl car *le domaine de l'écologie m'intéresse* fortement. »
>
> « J'ai investi dans Poietis car *le domaine d'intervention m'intéresse*. La présentation du projet est très claire et fascinante. »
>
> « J'ai investi dans Advansolar *par intérêt personnel pour les startups cleantech* et en liaison avec mes activités professionnelles dans le monde de l'énergie. »
>
> « J'ai investi dans Fib & Co car *je m'intéresse à la finance verte.* »
>
> « J'ai investi dans Leko car *la domotique et l'écologie m'intéressent.* »

3. « Les concordanciers sont des outils de recherche d'expressions dont les résultats sont présentés de manière singulière : tous les segments de textes sont affichés les uns en dessous des autres, verticalement centrés sur le mot ou l'expression recherché » (Lejeune 2010).

> « J'ai investi dans Save Innovations car cette technologie, française, porte sur *un secteur d'avenir qui m'intéresse beaucoup (les EnR)* et semble être en bonne voie de développement. »
>
> « J'ai investi dans Oncomedics car *ce sujet de recherche médicale m'intéresse.* »
>
> « J'ai investi dans Naïo Technologies, j'ai décidé d'investir dans Naïo Technologies car *je m'intéresse, entre autres, à toute innovation réduisant la pénibilité des tâches*, notamment dans le domaine agricole et celui du BTP. »
>
> « J'ai investi dans France Barter car *le concept m'intéresse énormément.* »

Encadré 1.3. *Le concept d'intérêt dans les témoignages d'investisseurs*

Analyse thématique manuelle sur l'Intérêt

Concernant cette analyse thématique, nous avons procédé de la même façon que pour la variable de Congruence aux valeurs. Les mots associés aux valeurs sont :

{Intéressant, intérêt, passion, adore, plaît, curiosité}

L'intensité lexicale calculée est de 16 %.

À nouveau, la remarque sur le sens contextuel du mot intérêt est valable (exemple : intérêt économique). Une analyse par concordancier montre cependant que le mot intérêt est surtout utilisé avec l'acception souhaitée.

1.2.1.2. *Support théorique des variables et construits, et premières hypothèses de modélisation (hypothèses H1 à H5)*

Cette section procède par approche hypothético-déductive pour donner une justification théorique aux variables du modèle explicatif proposé. Le principe étant qu'une variable (ou construit) est retenue si elle peut expliquer le choix d'investissement c'est-à-dire la variable expliquée du modèle.

Autrement dit, nous donnons un socle théorique à l'effet direct de la variable concernée sur la variable Intensité du choix d'investissement, ce faisant nous posons nos premières hypothèses de modélisation.

1.2.1.2.1. La variable Intensité du choix d'investissement

La variable Intensité du choix d'investissement est la variable expliquée du modèle. Elle mesure l'intensité du comportement d'investissement dans un actif A donné et se calcule comme le rapport[4] du montant investi dans l'actif A sur le montant total à investir en equity crowdfunding.

Nous avons choisi de mesurer une intensité d'investissement plutôt qu'un choix ou non choix d'investissement car l'information apportée est plus fine et fournit davantage d'informations pour l'analyse. Naturellement, nous n'associons pas d'hypothèse à cette variable puisqu'il s'agit de la variable expliquée.

1.2.1.2.2. La variable Qualité perçue du signal

Dans la sphère du capital investissement, l'investisseur essaie de surmonter l'asymétrie d'information en réduisant les risques d'agence par la collecte d'indicateurs (Manigart *et al.* 1997). En particulier, les *business angels* sont davantage concernés par les risques d'agence que le capital-risque, ces derniers étant plus en prise avec le risque de marché Mason et Stark (2004).

Tous comme les *business angels*, les investisseurs en equity crowdfunding sont confrontés au risque d'agence mais avec une intensité supérieure, notamment parce qu'ils s'appuient en grande partie sur les investigations et *due diligences* menées pour leur compte par la plateforme d'intermédiation.

Néanmoins, les travaux de Ahlers *et al.* (2015) sur l'equity crowdfunding révèlent que certains signaux communiqués par les entrepreneurs (composition du conseil d'administration, niveau d'éducation des dirigeants, qualité du réseau, intention de sortie par introduction en bourse ou rachat, etc.) ont un impact positif en termes d'attraction sur les investisseurs ainsi que sur leur nombre et la somme levée. Ce résultat conforte l'idée d'investisseurs individuels cherchant à évaluer les caractéristiques inobservables des startups par l'interprétation de signaux communiqués par les entrepreneurs (Connelly *et al.* 2011).

Au-delà de cette étude, nous renvoyons le lecteur vers la section 1.2.2.1 du premier chapitre du volume 1 sur le traitement du choix des investisseurs en equity crowdfunding par la littérature et dans lequel nous montrons que les références bibliographiques sur ce sujet adoptent essentiellement le prisme théorique de l'asymétrie d'information. Les articles se répartissent en deux groupes, le premier rassemble les études visant à l'identification des signaux sur lesquels les investisseurs fondent leur prise de décision, le second réunit les recherches sur les facteurs de succès des campagnes de levée dont les résultats peuvent également révéler des signaux importants pour les investisseurs.

---

4. Dans le cadre de l'expérimentation décrite dans le chapitre 2, les valeurs possibles pour cette variable sont 0 %, 25 %, 50 %, 75 % et 100 %.

Si la Qualité perçue du signal a un effet sur le choix d'investissement, nous avons choisi de le modéliser en tant qu'effet indirect, c'est pourquoi nous ne posons pas, à ce stade, d'hypothèse sur cette variable.

1.2.1.2.3. La variable Confiance

Pour les théoriciens de la personnalité, la confiance est une croyance ou une attente enracinée dans la personnalité, plongeant ses racines dans le développement psychologique du sujet tandis que pour les psychosociologues, la confiance repose sur l'espérance et le consentement d'un tiers s'engageant dans une transaction risquée face à laquelle l'individu est vulnérable (Simon 2007). Joel Brockner et Phyllis Siegel (cités par (Bonnet 2005)) décrivent la confiance comme la présomption d'une partie (A) vis-à-vis du comportement futur d'une partie (B), le niveau de confiance de (A) envers (B) étant proportionnel à la croyance de (A) dans la capacité et la détermination de (B) à tenir ses engagements à son égard.

Les travaux sur le capital-investissement soulignent l'importance et la nécessité d'établir une relation de confiance entre investisseurs et entrepreneurs, ces derniers devant se montrer dignes de confiance en révélant une information exacte et sincère sur les perspectives de l'activité future. Pour Bonnet (2005) : « Une opération de capital-investissement n'a pas lieu si un certain niveau de confiance réciproque n'a pas été atteint au préalable, au cours de la période d'études et de négociations qui précède l'investissement. »

L'enjeu pour les dirigeants est de réduire l'asymétrie d'information pour gagner la confiance des investisseurs, condition *sine qua non* du financement (Scarbrough *et al.* 2013 ; Bammens et Collewaert 2014 ; Ola 2016).

Ainsi, la confiance prend naturellement place dans les contextes de relations d'agence. Selon Simon (2007) : « Lorsque l'on évoque la confiance entre deux partenaires, il existe une relation d'agence dans laquelle le principal, appelé *trustor*, fait confiance à un agent ou *trustee.* En principe, le *trustor* accorde sa confiance au *trustee* pour que ce dernier réalise le mandat dans le respect des attentes du premier. » La confiance agit donc comme un mécanisme de gouvernance naturel associé aux transactions et aux coopérations en accompagnant et complétant les mécanismes économiques traditionnels que sont le marché et la hiérarchie (Charreaux 1998).

Ensuite, d'après Taffler (2014), la finance émotionnelle, la branche de la finance comportementale centrée sur le rôle des émotions conscientes, mais surtout inconscientes[5] dans les comportements des acteurs de la finance, voit la confiance comme

5. Selon Taffler, le cadre théorique de la finance émotionnelle s'adosse à la théorie psychanalytique, ce qui explique que notre travail s'insère dans le champ de la finance comportementale mais pas dans celui de la finance émotionnelle.

tenant un rôle-clé permettant aux individus d'apaiser l'anxiété qui résulte d'investissements dont le futur est inconnaissable. Pour cet auteur : « To trust is to invest ! »

Dans le secteur du e-commerce, Gefen (2000) montre que la confiance et la familiarité, qu'il modélise comme son antécédent direct (tandis que dans notre spécification, il s'agit d'un facteur causal indirect), ont un fort effet sur l'intention d'achat, conformément à la théorie de Luhmann (voir par exemple (Luhmann 2001)).

La confiance est donc un ingrédient déterminant pour la bonne marche de l'économie, Arrow (1974) met en exergue son importance et la qualifie « d'institution invisible » tandis que pour Dasgupta (2000), la confiance est centrale dans toute transaction. Selon Le Heron (2012), il est possible de remonter aux travaux séminaux de Keynes pour trouver des traces de ce concept. Keynes (1936) intègre dans sa théorie générale le concept d'état de confiance qui représente la solution sur laquelle s'appuient les individus en proie à des décisions dans l'incertitude radicale pour y faire face. Ainsi, ce concept développé depuis ses premiers travaux de thèse sur les probabilités nous dit que les individus s'appuient principalement sur la confiance qu'ils ont de leurs propres prévisions pour prendre des décisions, Keynes place ce concept au cœur du capitalisme.

Naturellement, la confiance apparaît dans la littérature sur le crowdfunding. Agrawal *et al.* (2014) affirment qu'en matière d'equity crowdfunding, les dirigeants des sociétés en demande de financement dévoilent le plus d'informations possible afin d'asseoir un éthos du type « ayez confiance ». Aussi, ils estiment inéluctable le développement de mécanismes de garantie de la réputation des entreprises en demande de financement pour assurer la confiance des investisseurs. Ces mécanismes seront des substituts à ceux (*due diligences* et interactions interpersonnelles) qui prévalent dans les marchés traditionnels de financement des entreprises au stade de l'amorçage. Dans leur étude exploratoire qualitative sur le crowdfunding, Gerber et Hui (2013) identifient la confiance envers les entrepreneurs comme motivation à l'investissement. Ryu et Kim (2014) font de la confiance envers le créateur, le critère vital nécessaire au financeur pour développer une attitude favorable au projet, l'hypothèse associée se révèle néanmoins non significative dans leur étude. Enfin, l'étude empirique de Cholakova et Clarysse (2015) confirme la relation causale entre confiance et décision de souscription en equity crowdfunding. Pour ces auteurs : « Trust is the only nonfinancial motivation that plays a role in the decision to pledge. »

HYPOTHÈSE 1 (H1).– *La Confiance dans le projet a une influence positive sur l'Intensité du choix d'investissement.*

1.2.1.2.4. La variable Congruence aux valeurs de base

Comme nous l'avons indiqué dans le chapitre 2 du volume 1 (section 2.2.7.4.1), les théoriciens des valeurs décrivent ce concept comme une force motivationnelle qui oriente les comportements (Rokeach 1973 ; Feather 1995 ; Schwartz 2006 ; Mucchielli 2011). Ainsi, des actions sont subjectivement attirantes dès lors qu'elles permettent l'expression de valeurs importantes pour l'individu et assimilables à des buts (Schwartz 1994). Comme l'intérêt, les valeurs sont classées parmi les motivations secondaires (Fenouillet 2016).

Rappelons toutefois deux caractéristiques des valeurs selon Schwartz (2006)[6], qui illustrent la dimension motivationnelle des valeurs et leur rôle dans les questions de choix :

> Caractéristique 2 : « Les valeurs ont trait à des objectifs désirables qui motivent l'action. »
>
> Caractéristique 4 : « Les valeurs servent d'étalon ou de critères. Les valeurs guident la sélection ou l'évaluation des actions. »

De plus, selon Schwartz (2006), toutes les études empiriques confirment un lien de corrélation, parfois substantiel, entre valeurs déclarées et comportement tandis que Feather (1995) met en exergue une relation causale entre valeurs de Schwartz et décision par une étude expérimentale. Dans cette étude, le choix effectif des sujets était influencé par leurs valeurs personnelles et par les valeurs attribuées à chaque alternative du choix.

La littérature sur l'equity crowdfunding fait implicitement état du rôle de certaines valeurs comme déterminant motivationnel, en particulier les valeurs de stimulation, pouvoir, bienveillance et universalisme de la typologie des valeurs de Schwartz (1992). L'évocation est implicite, car si les auteurs font référence à des motivations et non des valeurs, ces motivations expriment la volonté d'atteindre des buts identifiables à des valeurs répertoriées.

Par exemple, Gerber et Hui (2013) et Bretschneider *et al.* (2014) identifient la motivation d'altruisme d'investisseurs mus par le désir d'aider les entrepreneurs avec lesquels ils partagent l'objectif du projet : « crowdfunding supporters are motivated to support causes analogous with their personal beliefs » (Gerber et Hui 2013). De façon analogue, Ryu et Kim (2014) évoquent la philanthropie et la volonté d'assistance aux créateurs. Ces motivations peuvent être associées à la valeur de bienveillance. Symétriquement[7], les travaux de Cholakova et Clarysse (2015) mettent en avant une motivation d'abord utilitaire et financière des investisseurs ; or,

6. La théorie des valeurs de base de Schwartz est celle que nous prendrons comme référence pour l'opérationnalisation de ce concept ; nous revenons sur ce point plus loin.

7. Les valeurs de bienveillance et de pouvoir sont quasiment symétriques dans le circumplex des valeurs de Schwartz.

celle-ci correspond à une valeur, celle de pouvoir par le contrôle de ressources financières. Par ailleurs, la motivation « Fun to make investments » de Bretschneider *et al.* (2014) peut être associée à la valeur stimulation tandis que la motivation « Support a cause » des travaux de Gerber et Hui (2013) peut être associée à la valeur universalisme.

Dans ses travaux, Schwartz (2007) montre que les valeurs sont considérées comme morales ou amorales par les personnes interrogées. Elles sont considérées comme morales (en particulier les valeurs de bienveillance et d'universalisme) lorsqu'elles promeuvent des relations positives et de protection avec les autres et sont considérées comme amorales (en particulier les valeurs de stimulation et pouvoir) lorsqu'elles sont sans considération pour les autres. Aussi, dans cette théorie, un individu valorisant le pouvoir par l'accumulation de richesse est mû par une valeur, même si celle-ci peut être considérée comme amorale. Cette théorie permet donc de capter à la fois des motivations intrinsèques (j'investis dans ce projet parce que sa vision et ses objectifs sont conformes à ma propre vision du monde) comme des motivations extrinsèques (j'investis non pas pour le projet lui-même, mais pour le rendement que j'espère en retirer) qui perdurent au-delà du choix d'ordre 1, celui qui consiste à choisir d'investir en equity crowdfunding plutôt que dans tout autre produit financier.

Précisons enfin que la rationalité axiologique est la forme de rationalité qui correspond aux comportements induits par des valeurs personnelles ou raisons fortes ou perçues comme telles par les individus (Boudon 2011).

HYPOTHÈSE 2 (H2).– *La Congruence aux valeurs de base a une influence positive sur l'Intensité du choix d'investissement.*

1.2.1.2.5. La variable Réaction affective

Les réactions affectives trouvent naturellement leur place dans notre modèle car 1) elles sont intimement liées aux motivations et 2) elles participent aux décisions des individus et donc à leurs choix.

1) Elles sont intimement liées aux motivations, cette assertion est affirmée par de nombreux chercheurs (Darwin 1872 ; Plutchik 1970 ; Izard 1977 ; Frijda 1988 ; Lang 1994 ; Davidson 1998 ; Fredrickson 2001 ; Frijda 2006 ; Sander et Scherer 2014 ; Fenouillet 2016), pour lesquels la fonction des émotions est de motiver les comportements pour atteindre les buts et satisfaire les besoins des individus. Ainsi, Dantzer (2010) déclare : « Les émotions jouent également un rôle organisateur important dans l'évaluation du monde qui nous entoure. Parmi les catégorisations que nous formons du monde extérieur, il est difficile de trouver plus fondamental que la dichotomie agréable-désagréable ou bénéfique-nocif. Cette catégorisation motive et oriente l'action. »

Pour Fenouillet (2016), de nombreuses théories motivationnelles intègrent une certaine vision des émotions, ce qui résulte du rapprochement des champs de la psychologie des émotions et de la psychologie de la motivation. En particulier, la théorie de réalisation des intérêts de Frijda (1988, 2006) présentée ci-avant, identifie émotion et tendance à l'action. Loewenstein *et al.* (2001), d'accord avec Frijda, expliquent le rôle motivationnel de l'émotion comme suit : « Les émotions servent à nous situer vis-à-vis de notre environnement, nous attirant vers certaines personnes, certains objets, actions et idées, nous éloignant d'autres. »

2) Les réactions affectives participent aux décisions des individus, nous avons précédemment présenté (section 2.2.3 du volume 1) plusieurs théories et modèles décisionnels intégrant les affects et qui justifient cette affirmation. Nous retenons plus spécialement l'hypothèse d'heuristique d'affectivité (section 2.2.3.3.7 du volume 1) adaptée à un contexte décisionnel de risque/bénéfice tel qu'une situation d'investissement financier est étroitement reliée à l'hypothèse des marqueurs somatiques (section 2.2.3.3.8 du volume 1). Rappelons que cette dernière hypothèse relie la capacité des individus à faire des choix favorables à un mécanisme émotionnel dont le rôle est d'envoyer des signaux immédiats sur les conséquences anticipées des actions pour assister la sélection des options avantageuses.

Ensuite, comme nous l'avons indiqué dans la section 1.2.2.3 du volume 1, le contexte de persuasion publicitaire (concept étudié en marketing et présenté dans la section 2.2.5.1 du volume 1) qui prévaut dans l'investissement en equity crowdfunding est propice à la génération de réactions affectives. Les techniques de narration, le recours aux médias riches, en particulier le rôle déterminant de la vidéo de pitch des entrepreneurs, provoquent un état affectif susceptible de modifier l'orientation favorable ou défavorable de l'investisseur à l'égard du projet évalué.

Enfin, nous avons également déjà mentionné un courant émergent de littérature sur le crowdfunding qui introduit les réactions affectives comme l'un des déterminants du choix de l'investisseur (Bretschneider *et al.* 2014 ; Bessière et Stéphany 2015 ; Milovac *et al.* 2015 ; Wuillaume *et al.* 2016 ; Davis *et al.* 2017).

HYPOTHÈSE 3 (H3).– *La Réaction affective a une influence positive sur l'Intensité du choix d'investissement.*

1.2.1.2.6. La variable Familiarité

Dans notre revue de littérature, nous avons présenté l'effet de simple exposition de Zajonc (1968). Rappelons que la simple exposition d'un objet est capable de créer une attitude positive et une préférence pour l'objet. Les études typiques sur l'effet de simple exposition consistent à présenter des phrases, des visages, des images à des sujets, avec des fréquences variées puis à demander aux participants un jugement sur leurs préférences à l'égard de ces stimuli. Plus la fréquence de l'exposition est élevée, plus les préférences sont marquées. Aussi, l'effet de simple exposition démontre le lien entre familiarité et attitude affective positive, cette dernière prédisposant à un comportement d'approche.

La familiarité est également liée à un biais cognitif éponyme : le biais de familiarité. Celui-ci survient lorsqu'un individu préfère une option à une autre simplement parce qu'elle lui est plus familière. Heath et Tversky (1991) démontrent qu'entre deux paris de même probabilité, les individus préfèrent celui qu'ils connaissent le plus, cette préférence pouvant même persister pour un pari familier ayant une moindre probabilité de succès. Ce biais est attesté dans les marchés financiers, par exemple : Frieder et Subrahmanyam (2005) montrent que les investisseurs individuels choisissent davantage les sociétés dont la marque est plus connue, c'est-à-dire plus familière. Grullon *et al.* (2004) démontrent que le nombre d'investisseurs individuels d'une société augmente avec le montant des dépenses publicitaires, tandis qu'Huberman (2001) montre l'existence d'un biais de familiarité géographique poussant les investisseurs à investir dans les sociétés implantées dans leur région.

La littérature sur le crowdfunding fait de la familiarité un déterminant du succès des campagnes de levée de fonds, mais généralement sans la nommer explicitement. Gerber et Hui (2013) notent que les *crowdfunders* expriment un désir fort d'aider les projets avec lesquels ils ont un lien personnel direct ou indirect. Agrawal *et al.* (2011) montrent que les *friends and family* jouent un rôle-clé d'amorçage au début de la levée en des projets *reward-based*. Mollick (2013) et Wechsler (2013) montrent l'importance de la taille du réseau social de l'entrepreneur pour le succès des campagnes. Bessière et Stéphany (2014) estiment que la familiarité joue un rôle important en equity crowdfunding et Bretschneider *et al.* (2014) posent une hypothèse d'identification directe avec les dirigeants faisant partie des *friends and family* de l'investisseur.

Au-delà de la familiarité directe ou indirecte avec les entrepreneurs, la familiarité géographique pourrait jouer un rôle dans le crowdfunding, quoique ce point reste controversé. En revanche, le biais géographique est attesté en finance de marché, les investisseurs étant enclins à détenir des portefeuilles d'actions domestiques, nationales et même locales (Mangot 2008). Il l'est aussi dans le *private equity* dont la décision d'investissement repose sur les interactions personnelles et les *due diligences* en face-à-face nécessaires pour réduire l'asymétrie d'information en situation de risque élevé (Agrawal *et al.* 2014). Toutefois, dans le cadre du crowdfunding, Mollick (2013) constate une diminution du poids des contraintes géographiques sur les choix de financement. De plus, Agrawal *et al.* (2011) montrent que la distance géographique n'a que peu d'effet sur l'investissement si l'on contrôle les relations sociales. Pour les auteurs, la familiarité géographique résulterait de la situation géographique des *friends and family*. À l'opposé, Bretschneider *et al.* (2014) posent une hypothèse d'identification régionale en supposant que les investisseurs établissent des liens avec les startups régionales en s'appuyant sur l'étude de Lin et Viswanathan (2015) ; ces derniers montrent que le biais de familiarité géographique est un phénomène robuste, y compris dans le crowdfunding.

HYPOTHÈSE 4 (H4).– *La Familiarité a une influence positive sur l'Intensité du choix d'investissement.*

1.2.1.2.7. La variable Intérêt

Comme nous l'avons mentionné précédemment, cette variable est initialement issue d'une lecture flottante du corpus qualitatif mettant en exergue les témoignages d'investisseurs justifiant leur choix par l'intérêt qu'ils portent au projet, à son concept ou au domaine d'activité qui lui est associé. Or, le champ de la psychologie cognitive atteste de la dimension motivationnelle de l'intérêt. L'intérêt se classe parmi les motivations secondaires, c'est-à-dire, celles qui ne donnent pas une origine psychologique absolue (comme l'instinct ou les besoins), mais plutôt contextuelle à la motivation (Fenouillet 2016). L'intérêt résulte d'une interaction entre un contenu particulier et un individu, il engage ou prédispose vers différents objets, idées ou événements.

La littérature sur l'equity crowdfunding met en avant l'intérêt comme déterminant motivationnel de l'investissement. Schwienbacher et Larralde (2010) estiment que dans ce segment, les investisseurs ne sont pas seulement guidés par la rentabilité, ils ont aussi besoin de s'intéresser au projet, l'innovation est alors un catalyseur de l'intérêt. Dans l'élaboration de leur modèle empirique, Ryu et Kim (2014) retiennent l'intérêt comme variable motivationnelle explicative du choix d'investissement. Pour les auteurs, l'intérêt suscite l'attention sur les projets qui correspondent aux préférences des investisseurs. Comme Schwienbacher et Larralde, Ryu et Kim font de l'innovation l'antécédent de l'intérêt et de la curiosité. Bretschneider *et al.* (2014) choisissent la théorie de l'autodétermination de Deci et Ryan (1985) comme cadre théorique de leur modèle explicatif et, selon la théorie, identifient notamment l'intérêt et la curiosité comme déterminants de la motivation intrinsèque des investisseurs. Comme nous l'avons indiqué, la curiosité et l'intérêt sont deux concepts interdépendants puisqu'il est possible, c'est ce que nous ferons, de conceptualiser la curiosité comme une dimension de l'intérêt situationnel. Or, la capacité de la curiosité à engager les consommateurs dans le développement de nouveaux produits, ce à quoi participent les investisseurs en equity crowdfunding, est démontrée par les travaux de Füller (2006). Enfin, Ordanini *et al.* (2011) considèrent que l'intérêt dans le fonctionnement du crowdfunding constitue une raison de la participation des investisseurs.

HYPOTHÈSE 5 (H5).– *L'Intérêt a une influence positive sur l'Intensité du choix d'investissement.*

1.2.2. *Étude confirmatoire des variables du modèle sur matériau qualitatif*

À ce stade, nous avons identifié les variables du modèle explicatif à la fois par abduction, induction et raisonnement hypothético-déductif. Nous revenons maintenant aux données avec l'objectif de confirmer la pertinence des variables choisies en croisant les apports de deux logiciels libres, TXM (version 0.7.7) et IRaMuTeQ (version 0.7 alpha 2).

Rappelons que la profondeur de notre corpus qualitatif de 3 020 témoignages se prête à l'analyse du discours par l'usage d'outils d'analyse textuels.

Dans un premier temps (section 1.2.2.1), nous calculons les intensités lexicales (selon la méthode précédemment exposée) des variables grâce au logiciel TXM. L'approche est donc de type *a priori* puisque nous partons d'une liste de variables connues et supportées par la théorie. L'objectif est de contrôler que les intensités lexicales des variables ne soient pas marginales, c'est-à-dire que les codes qui leur sont associés apparaissent dans le discours d'un nombre non raisonnable d'investisseurs.

Dans un second temps, nous recourons au logiciel IRaMuTeQ pour établir une analyse hiérarchique suivie d'une analyse factorielle des correspondances ou AFC (section 1.2.2.2). Cette typologie est une structure sous-jacente aux données normalement utilisée dans le cadre d'une exploration, elle ne procède pas par *a priori*, mais selon une logique que nous rappellerons brièvement. Mais c'est justement pour cette raison que, dans une optique de triangulation à des fins de validité interne (Gavard-Perret *et al.* 2013), il nous semble pertinent de confronter l'information contenue dans cette classification à la liste de variables que nous avons précédemment obtenue. La question étant : est-ce que cette structure de données qui émerge spontanément par classification hiérarchique corrobore nos variables ?

1.2.2.1. *Confirmation des variables et analyse de contenu thématique par codage* a priori

Cette fois, nous abandonnons le tableur Excel pour le comptage d'occurrences que nous effectuons avec l'outil TXM, par le biais de requêtes en CQL, le langage associé à cet outil. CQL est l'acronyme de *Corpus Query Language*, il s'agit d'un « langage formel, avec un lexique et une syntaxe d'opérateurs, qui forment un métalangage permettant de combiner des éléments pour la recherche de motifs structurés »[8].

8. Voir le manuel de TXM disponible à l'adresse : http://textometrie.ens-lyon.fr/files/documentation/Manuel%20de%20TXM%200.7%20FR.pdf.

Notre méthode est la suivante. Pour chaque variable, nous avons procédé à un codage en définissant une liste de formes simples ou composées, parfois génériques et avons occasionnellement exclu certains mots. La liste de formes choisie résulte de notre connaissance du corpus, de la définition de la variable et de ses synonymes ou encore de la théorie. Les formes exclues le sont en raison d'une acception différente de celle qui nous intéresse.

Nous présentons ci-dessous la requête CQL d'interrogation du corpus, une table résultat affichant le comptage des occurrences de chaque forme, le total des occurrences de la variable et indiquons l'intensité lexicale calculée comme le rapport entre le total (chiffre somme) et le nombre de verbatim : 3 020.

L'analyse indique que la variable Intérêt se détache nettement par l'importance de son score deux à trois fois supérieur au score des autres variables. Aucune variable n'obtient de score marginal dans la mesure où nous considérons que, rapportée à la taille de notre corpus, une centaine d'investisseurs évoquant un même thème est significative.

1.2.2.1.1. Variable Intérêt

Nous avons recherché tous les mots préfixés par « intér » grâce à la forme générique intér.* et avons exclu le mot « intérieur ». Cette famille de mots suffit à elle seule à regrouper un pourcentage significatif de témoignages.

Requête CQL :

[frlemma="**intér**.*" & frlemma!="intérieur"]

intéressant	126
intéressante	39
intérêt	35
intéressé	29
intéresse	27
intéressants	8
intéressantes	7
intéresser	5
intéressent	4
intéressée	2
intérêts	2
intéressais	1
intéressant	1

intéressante	1
Intéressé	1
intéressés	1
intéressons	1
Somme	**290**

Tableau 1.1. *Intensité lexicale des mots préfixés par « intér- »*

L'intensité lexicale de la variable Intérêt est de 10 %, autrement dit, 10 % des investisseurs du corpus évoquent l'intérêt comme raison de leur choix.

1.2.2.1.2. Variable Familiarité

Cette fois, nous nous sommes basés sur notre connaissance du corpus et sur la théorie, car les investisseurs ne se déclarent pas explicitement « familiers » avec le projet, nous avons donc recherché des indicateurs de la familiarité. Les formes retenues évoquent le fait d'être familier avec l'un des attributs du projet parce que l'on « connaît » (un fondateur, le produit, l'entreprise, etc.), que l'on « travaille » (dans le domaine d'activité de l'entreprise), que l'on « habite » dans la « ville » ou la « région » de l'entreprise ou encore parce que l'on a « déjà investi » dans le projet.

Requête CQL :

[word="connais"]|[word="travail.*"]|[word="habite"]|[word="ville"]|[word= "région"]|[word="déjà"][word="investi"]

connais	57
région	25
travail	19
travaille	14
déjà investi	12
travailler	8
travaillé	7
ville	7
habite	4
travaillant	2
travaillons	1
Somme	**156**

Tableau 1.2. *Intensité lexicale des mots représentatifs de la variable Familiarité*

L'intensité lexicale de la variable Familiarité est de 5 %, autrement dit, 5 % des investisseurs du corpus évoquent la familiarité comme raison de leur choix.

1.2.2.1.3. Variable Confiance

Concernant la variable Confiance, sachant que la théorie précise que la confiance se rattache aux dirigeants, nous avons recherché à la fois les formes issues de la forme générique confian.* mais aussi les formes qualifiant les dirigeants de nature à susciter la confiance. Un investisseur peut avoir confiance dans les dirigeants d'une startup parce que ces derniers sont « crédibles », semblent « sincères » ou encore « honnêtes ».

Requête CQL :

[confian.*|crédib.*|sincèr.*|honnêt.*]

confiance	75
crédible	14
crédibilité	3
crédibles	3
sincère	3
sincèrement	3
confiant	1
crédibiliser	1
honnêtes	1
sincères	1
Somme	**105**

Tableau 1.3. *Intensité lexicale des mots représentatifs de la variable Confiance*

L'intensité lexicale de la variable Confiance est de 3,5 %, autrement dit, 3,5 % des investisseurs du corpus évoquent la familiarité comme raison de leur choix.

1.2.2.1.4. Variable Congruence aux valeurs de base

Nous avons recherché toutes les formes composées dont la première est le mot valeur à l'exclusion de la forme composée « valeur ajoutée ».

Requête CQL :

[frlemma="valeur"][word!="ajouté.*"]

valeurs de	12	valeur partagée	1
valeurs et	7	valeur pour	1
valeurs.	5	valeur qui	1
valeurs écologiques	4	valeurs ;	1
valeur.	3	valeurs !	1
valeur de	3	valeurs (	1
valeurs auxquelles	3	valeurs agriculture	1
valeurs environnementales	3	valeurs au	1
valeur d'	2	valeurs bénéfiques	1
valeur et	2	valeurs défendues	1
valeurs,	2	valeurs économiques	1
valeurs défendues	2	valeurs éthiques	1
valeurs éthiques	2	valeurs humaines	1
valeurs importantes	2	valeurs incarnées	1
valeurs je	2	valeurs ont	1
valeurs que	2	valeurs portées	1
valeur ;	1	valeurs qui	1
valeur à	1	valeurs sur	1
valeur basée	1	valeurs universelles	1
valeur en	1	valeur sûre	1
valeur énergétique	1	valeurs véhiculées	1
valeur la	1	valeur testée	1
valeur m'	1	valeur un	1
Somme		**86**	

Tableau 1.4. *Intensité lexicale des expressions contenant la forme « valeur »*

L'intensité lexicale de la variable Congruence aux valeurs de base est de 3 %, autrement dit, 3 % des investisseurs du corpus évoquent les valeurs comme raison de leur choix.

Ce pourcentage est relativement modeste, car uniquement relatif à l'expression explicite du mot valeur. Dans l'analyse thématique manuelle présentée dans la section 1.2.1.1.1, nous avions eu recours à une liste d'indicateurs évoquant les valeurs de base d'universalisme et de bienveillance, particulièrement présentes dans la communauté des investisseurs de la plateforme Wiseed avec la liste de formes suivantes {Valeur, sens, durable, responsable, humain, proximité, social, progrès, respectueux, écologique, honnête, éthique}, ce qui donnait un score significatif de 18 %.

1.2.2.1.5. Variable Qualité perçue du signal

Concernant la variable Qualité perçue du signal, sachant que la théorie précise qu'elle est le fruit de l'appréciation du profil des dirigeants et de la qualité du business plan, nous avons recherché à la fois la forme composée « business plan » mais aussi les mots dérivant de la forme générique « dirigeant.* » et « fondateur.* ».

Requête CQL :

[word="business"] [word="plan"] | [word="dirigeant.*"] | [word="fondateur.*"]

dirigeants	34
dirigeante	28
fondateurs	20
business plan	18
dirigeant	11
fondateur	9
dirigeantes	1
Somme	**121**

Tableau 1.5. *Intensité lexicale : variable Qualité perçue du signal*

L'intensité lexicale de la variable Qualité perçue du signal est de 4 %, autrement dit, 4 % des investisseurs du corpus évoquent l'une des dimensions de la variable Qualité perçue du signal comme raison de leur choix. Précisons que ce score est surévalué, car les mots dérivant des formes « dirigeant.* » et « fondateur.* » peuvent aussi se rapporter à la confiance.

1.2.2.1.6. Variable Réaction affective

L'identification de formes servant d'indicateur aux réactions affectives résulte de notre connaissance du corpus, la requête CQL suivante agrège une liste de formes qui expriment manifestement le rôle de l'affectif dans le témoignage de l'investisseur.

Requête CQL :

[word="séduit.*"|word="sensib.*" |word="appréci.*" | word="passion.*" | word="ador.*"| word="plaît"| word="séduisant.*" | word="touch.*"| word=" cœur"| word="sentiment.*"]

séduit	28	séduisante	2
sensible	26	sentiment	2
apprécie	24	touché	2
plaît	15	toucher	2
adore	13	touchés	2
séduisant	12	appréciés	1
touche	9	passion	1
apprécié	6	passion'	1
cœur	6	passionné	1
passionnant	5	passionnée	1
passionné	4	passionnent	1
séduite	4	sensibilisant	1
sensibilisé	4	sensibilisation	1
sensibilité	3	touchent	1
apprécier	2	touches	1
passionnés	2		
Somme		183	

Tableau 1.6. *Intensité lexicale : variable Réaction affectives*

L'intensité lexicale de la variable Réaction affective est de 6 %, autrement dit, 6 % des investisseurs du corpus emploient un vocabulaire qui évoque le rôle de l'affectif comme raison de leur choix.

1.2.2.2. *Confirmation des variables et typologie des investisseurs*

Dans cette section, nous procédons à une classification hiérarchique descendante selon la méthode de Reinert (1983). Cette classification permet de regrouper les formes dans des classes en fonction de leur indépendance, mesurée par un test du Chi2.

Le principe est le suivant : l'algorithme opère sur un tableau lexical (ou de contingence) initial dont les lignes sont les formes du corpus (les mots) et les colonnes sont les segments de texte, c'est-à-dire des extraits de phrases de taille fixe. Une cellule (i,j) de ce tableau, située à l'intersection de la $i^{ième}$ ligne et de la $j^{ième}$ colonne indique la présence (par le chiffe 1) ou l'absence (par le chiffre 0) de la forme i dans le segment j. Les segments présentant le même profil, c'est-à-dire une suite de 0 et de 1 « proche », sont regroupés dans une même classe. À l'issue du cycle d'itérations, l'algorithme de classification produit un dendrogramme, c'est-à-dire un arbre de classes.

Dans notre cas, en utilisant le paramétrage par défaut, le nombre de segments de texte classés (3 191) est proche du nombre de témoignages d'investisseurs (3 020). De plus le découpage obtenu en 4 classes permet de classer 87,90 % des segments.

```
+-+-+-+-+-+-+-+-+
|i|R|a|M|u|T|e|Q| - Mon Sep 11 18:27:40 2017
+-+-+-+-+-+-+-+-+

Nombre de textes: 3020
Nombre de segments de texte: 3191
Nombre de formes: 5458
Nombre d'occurrences: 60634
Nombre de lemmes: 3816
Nombre de formes actives: 3521
Nombre de formes supplémentaires: 294
Nombre de formes actives avec une fréquence >= 3: 1415
Moyenne de formes par segment: 19.001567
Nombre de classes: 4
2805 segments classés sur 3191 (87.90%)

###########################
temps : 0h 0m 17s
###########################
```

Figure 1.2. *Statistiques du dendogramme*

La figure 1.3 présente le dendrogramme obtenu, les pourcentages représentent la quantité d'informations résumée pour chaque classe. La classe 1 regroupe 27,7 % des données (sans considérer les classes non retenues). La somme de ces pourcentages est naturellement égale à 100 %.

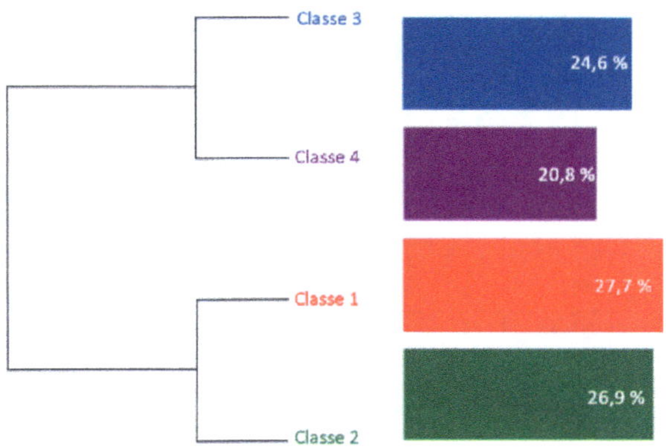

Figure 1.3. *Dendrogramme du corpus qualitatif par classification de Reinert*

Nous notons que les classes 1 et 2, respectivement, 3 et 4 sont associées et forment deux ensembles distincts. Afin de donner une interprétation aux classes, nous avons besoin de connaître les formes qui les composent. Le tableau 1.7 liste les 20 premières formes associées aux 4 classes ordonnées de façon décroissante par la force de leur association. La *p-value* est une probabilité, il s'agit du risque que le test de dépendance du Chi2 soit faux, plus p est faible, plus le risque d'erreur du test de dépendance est faible.

	Classe 1			Classe 2			Classe 3			Classe 4		
	Chi2	Forme	*p-value*	Chi2	Forme	*p-value*	Chi2	Forme	*p-value*	Chi2	Forme	*p-value*
1	347,91	projet	1,209521e-77	231,83	équipe	2,383778e-52	150,93	environnement	1,083871e-34	540,18	énergie	1,723815e-119
2	163,68	trouver	1,781098e-37	142,73	dirigeant	6,724077e-33	101,07	agriculture	8,862846e-24	163,52	avenir	1,930367e-37
3	128,82	intéressant	7,420532e-30	106,92	confiance	4,645626e-25	90,18	économie	2,179245e-21	127,90	énergétique	1,182090e-29
4	109,82	concept	1,072170e-25	83,51	entreprise	6,349684e-20	73,15	respectueux	1,199670e-17	112,70	renouvelables	2,507979e-26
5	97,33	innovant	5,861760e-23	72,41	aventure	1,747954e-17	71,30	local	3,062859e-17	85,19	électricité	2,710884e-20
6	71,00	novateur	3,567219e-17	69,65	wiseed	7,077201e-17	67,00	circuit	2,710562e-16	80,42	renouvelable	3,026586e-19
7	45,71	piscine	1,373977e-11	66,25	marché	3,962785e-16	62,44	soutenir	2,749972e-15	78,94	solaire	6,410804e-19
8	39,37	écologique	3,512150e-10	63,55	potentiel	1,566189e-15	61,86	équitable	3,681202e-15	78,94	source	6,410804e-19
9	30,88	idée	2,742667e-08	59,89	stratégie	1,001100e-14	59,29	produit	1,360472e-14	73,06	alternative	1,257591e-17
10	29,77	dimension	4,865276e-08	58,00	business	2,623223e-14	50,73	durable	1,061511e-12	68,07	utilisation	1,580756e-16
11	29,32	plait	6,148797e-08	52,90	long	3,508549e-13	50,60	sain	1,130282e-12	65,74	ressource	5,138006e-16
12	28,11	utile	1,144440e-07	49,51	porteur	1,977391e-12	49,42	chocolat	2,066519e-12	59,57	géothermie	1,181061e-14
13	26,77	social	2,288058e-07	43,35	solide	4,572226e-11	47,86	planète	4,570721e-12	57,38	propre	3,584533e-14
14	26,13	design	3,192570e-07	42,58	compétent	6,775459e-11	44,74	emploi	2,248105e-11	57,35	électrique	3,642198e-14
15	23,18	séduire	1,472211e-06	40,87	plan	1,630882e-10	44,65	court	2,350143e-11	50,33	transition	1,298329e-12
16	21,16	apprécier	4,232763e-06	39,34	risque	3,560547e-10	43,21	population	4,913565e-11	47,26	eau	6,232624e-12
17	21,08	propriétaire	4,401724e-06	38,13	capacité	6,612398e-10	42,70	filière	6,383439e-11	46,63	fossile	8,576826e-12
18	18,28	intéressant	1,903571e-05	38,11	diversifier	6,702685e-10	41,81	bois	1,008394e-10	41,64	nombreux	1,099869e-10
19	17,95	utilisateur	2,265729e-05	37,39	technologie	9,654613e-10	41,66	maison	1,084173e-10	35,14	utiliser	3,070409e-09
20	16,12	écolo	5,960225e-05	36,61	expérimenté	1,443610e-09	39,99	contribuer	2,555084e-10	32,94	production	9,495898e-09

Tableau 1.7. *Liste des formes associées à chaque classe, ordonnées par la force de l'association*

1.2.2.2.1. Interprétation des classes

La classe 1 regroupe les formes qualifiant le projet, le concept ou l'idée. Les adjectifs principaux sont : intéressant, innovant et novateur, utile, social. Plusieurs verbes (plaire, séduire, apprécier) donnent le sentiment de l'investisseur vis-à-vis du projet financé.

Cette classe fait apparaître la variable Intérêt et la variable Réaction affective dans la mesure où les verbes plaire, séduire et apprécier sont des jugements de valence positive avec une connotation affective.

La classe 2 regroupe les formes qualifiant l'équipe dirigeante et le business plan. Les formes confiance, compétence, capacité et expérimenté peuvent être rattachées à l'équipe dirigeante. Les formes marché, potentiel, stratégie, business, porteur, solide, plan, risque et technologie peuvent être rattachées au business plan. Cette seconde classe fait apparaître en filigrane les variables Qualité perçue du signal et Confiance.

La classe 3 regroupe un univers lexical lié à l'écologie : environnement, agriculture, respectueux, local, équitable, durable, sain, etc.

La classe 4 regroupe un univers lexical lié aux énergies : énergie, renouvelable, électricité, solaire, source, alternative, géothermie, etc.

Les classes 3 et 4 se réfèrent au secteur d'activité des startups. Ces deux classes marquent l'attachement au thème du développement durable, important pour les investisseurs, ce qui fait écho à la valeur d'altruisme et à la variable Congruence aux valeurs de base.

Afin de nous assurer de la bonne interprétation des classes, nous revenons maintenant au texte initial en identifiant pour chaque classe une sélection de témoignages associés à plusieurs entreprises, elles-mêmes associées à la classe concernée. Pour ce faire, nous exécutons une analyse factorielle des correspondances (ou AFC) sur les variables définies dans le fichier texte importé. Précisons que dans ce dernier, nous avons défini trois variables (le nom de l'entreprise, son type d'activité et sa localisation géographique) pour chaque témoignage.

L'analyse factorielle des correspondances synthétise l'information et facilite son interprétation ; elle est réalisée après une classification de Reinert. L'AFC sous IRaMuTeQ génère un graphique avec les deux dimensions qui résument le plus de données. Les formes sont colorées selon les classes issues de la classification de Reinert.

Dans notre cas, comme l'indique le tableau 1.8, les deux premiers facteurs résument 70,77 % de l'information, ce qui est satisfaisant (avec 39,26 % pour le facteur 1 et 31,40 % pour le facteur 2).

	Valeurs propres	Pourcentages	Pourcentage cumulé
Facteur 1	0,301502698011881	39,3651630786116	39,3651630786116
Facteur 2	0,240556802276859	31,4078706881911	70,7730337668027

Tableau 1.8. *Valeurs propres, pourcentage d'inertie extraite et pourcentage cumulé des facteurs*

La figure 1.4 affiche le résultat graphique de l'AFC. Notre objectif n'est pas ici d'interpréter les axes, mais simplement de collecter aléatoirement plusieurs noms de projets rattachés à chaque classe afin de valider notre interprétation par un retour au texte, c'est-à-dire aux verbatim relatifs aux projets des classes 1 et 2 et complémentairement en vérifiant le secteur d'activité des projets associés aux classes 3 et 4.

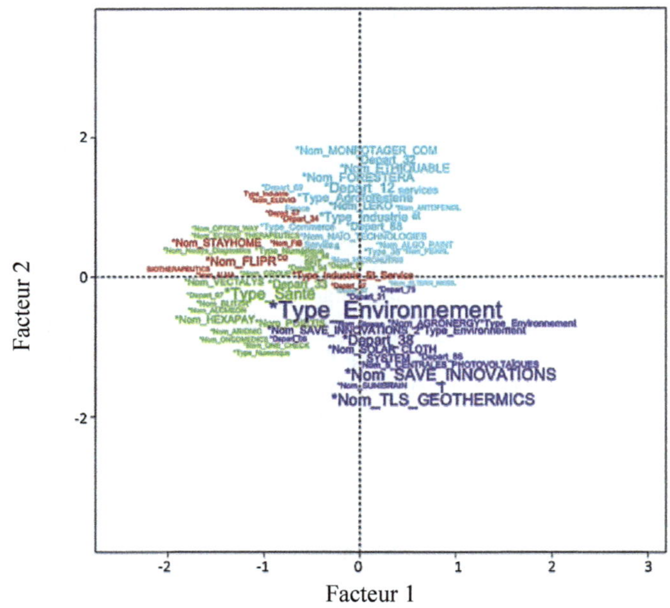

Figure 1.4. *Graphique d'AFC réalisé sur les variables*

Classe 1

Les verbatim issus de projets choisis aléatoirement dans la classe 1 (de couleur rouge) confirment notre interprétation et mettent en exergue le projet, l'idée ou le concept.

Projet Stay home

> « J'ai investi dans Stay home car le projet est novateur et je pense promis à un beau succès. »
>
> « J'ai investi dans Stay home car le projet parait très séduisant et novateur. »

Projet Flipr

> « J'ai investi dans Flipr car il est innovant et répond à un besoin grandissant… »
>
> « J'ai investi dans Flipr car c'est un projet dans lequel je crois de par son utilité et son efficacité quant à l'entretien d'une piscine. »
>
> « J'ai investi dans Flipr car j'ai été séduit par le design du produit et sa simplicité d'utilisation. »

Classe 2

Certains verbatim issus de projets choisis aléatoirement dans la classe 2 (de couleur verte) confirment notre interprétation en faisant ressortir l'équipe dirigeante et le business plan.

Projet Hexapay

> « J'ai investi dans Hexapay car une équipe expérimentée et visionnaire au service d'une offre originale […] »
>
> « J'ai investi dans Hexapay car […] la bonne disponibilité des équipes pour répondre aux interrogations des Wiseeders a fini par me convaincre d'investir ! »
>
> « J'ai investi dans Hexapay car le domaine est porteur. Business plan sérieux et crédible. »

Projet Vectalys

> « J'ai investi dans Vectalys car je pense que l'équipe est très compétente et que la validation de leur procédé est bien avancé. »

> « J'ai investi dans Vectalys car voici les raisons qui m'ont poussé à investir dans Vectalys : 1. Déjà de l'historique et déjà de la capacité à faire du CA. 2. Bien positionné sur un secteur en forte croissance. »

> « J'ai investi dans Vectalys car c'est une biotech prometteuse et qui (fait rare !) a déjà trouvé son marché (CA conséquent). Le management a l'air de grande qualité. »

> « J'ai investi dans Vectalys car le marché est prometteur et Vectalys semble bien positionnée pour s'y attaquer. »

Classe 3

Concernant la classe 3 (de couleur bleue), plusieurs startups choisies aléatoirement correspondent effectivement à un univers lexical lié à l'écologie.

Projet Forestera

> « Société d'exploitation forestière pour le développement d'un projet agroforestier basé sur la cacaoculture au Pérou. »

Projet Ethiquable

> « Commerce équitable exigeant et soutenons l'agriculture paysanne avec 49 coopératives de petits producteurs partenaires. »

Projet Leko

> « Quand domotique, écologie et design ne font plus qu'un. »

Classe 4

De la même façon, plusieurs startups choisies aléatoirement dans la classe 4 (de couleur violette) opèrent bien dans le secteur des énergies.

Projet Save Innovations

> « Pico-turbines de production électrique révolutionnaires à partir de courants d'eau ou d'air basse vitesse non exploités à ce jour. »

Projet Solar cloth system

> « Textiles photovoltaïques fins et enroulables permettant une autonomie énergétique en situation nomade ou hors maillage. »

Projet TLS Geothermics

> « Développeur de centrales géothermiques profondes. La géothermie est une énergie renouvelable propre, locale et disponible. »

Finalement, les interprétations que nous avons données aux classes issues de la classification de Reinert se trouvent validées par ce retour au texte. En outre, nous avons montré que ces classes émergentes étaient liées avec les variables que nous avons identifiées pour notre modèle explicatif, ce qui apporte un élément supplémentaire de validation interne.

1.2.3. *Opérationnalisation : développement du modèle de mesure, choix, adaptation des échelles et retour aux données*

Cette section passe en revue les variables et construits du modèle explicatif et décrit les choix d'échelle de mesure pour chacune d'entre elles. Les sources théoriques, les éventuelles adaptations ainsi qu'un ancrage empirique dans notre corpus qualitatif sont précisés. Les mesures des 6 variables explicatives (sections 1.2.3.1 à 1.2.3.6) sont suivies par celles des variables modératrices (section 1.2.3.7) puis par celles des variables de contrôle (section 1.2.3.8).

1.2.3.1. *La variable Qualité perçue du signal*

Les travaux sur le financement de la firme entrepreneuriale innovante mettent l'accent sur les mécanismes spécifiques d'évaluation des projets qui précèdent l'investissement. Cet axe de recherche a abondamment emprunté aux travaux sur la décision du capital-risqueur, notamment aux études pionnières de Tyebjee et Bruno (1984), de Hall et Hofer (1993) et de Fried et Hisrich (1994). Ces auteurs s'accordent pour définir les critères d'évaluation suivants : l'attractivité du marché, l'originalité de l'idée, les capacités managériales des dirigeants, la résistance aux menaces de l'environnement et les potentielles voies de sortie de l'investissement. En particulier, Fried et Hisrich (1994) définissent trois construitsclés pour l'évaluation des projets : le concept, le management et la sortie financière. Le « concept » regroupe le potentiel de croissance, l'originalité de l'idée et l'exigence en capital du projet. Le « management » se réfère aux qualités du dirigeant : intégrité, réalisme, humilité, ténacité, flexibilité, maîtrise du projet, leadership et expérience. Quant à la « sortie financière », elle correspond à l'espérance de rentabilité du projet. Ces approches essentiellement descriptives des déterminants de l'évaluation hiérarchisent également les variables-clés. Ainsi, Macmillan *et al.* (1985) montrent que la source d'information cardinale est le dossier d'affaires ou business plan, celui-ci regroupe les projections des entrepreneurs, le montage juridique, les prévisions financières, la structuration technique, etc. Le degré d'expérience et d'expertise des entrepreneurs est également un facteur très important pour la sélection (Macmillan *et al.* 1989) qui supplante le positionnement marché et le produit. Dans leurs travaux sur le processus de sélection et d'évaluation des projets d'investissement, Desbrières et Broye (2000) considèrent aussi que le business plan est la première source d'information, suivie par le *background* des dirigeants, le produit, les prévisions, les informations sur les ventes et le marketing, les capacités techniques et de production, ainsi que les échanges entre entrepreneurs et investisseurs.

Les recherches centrées sur les *business angels* aboutissent sensiblement aux mêmes variables. Par exemple, Maxwell *et al.* (2011) listent trois grandes catégories de critères : le produit (son attractivité, son marché cible potentiel, les risques technologiques et financiers associés et les barrières à la concurrence), le marché (la qualité de l'étude de marché, la chaîne logistique vers le marché, la profondeur du marché ou son potentiel) et l'entrepreneur (notamment son expérience). Par la suite, les études se sont focalisées sur l'entrepreneur ou l'équipe entrepreneuriale comme critère de choix décisif. Ainsi, Zaleski (2011) montre que les entrepreneurs disposant d'une expérience dans l'industrie dans laquelle ils créent ont plus facilement accès aux financements si des brevets existent comme barrière à l'entrée.

Dans l'equity crowdfunding, Agrawal *et al.* (2016) jugent que pour contrer le risque d'asymétrie d'information encourue par la foule des investisseurs, les entrepreneurs doivent créer les conditions de la confiance en émettant autant de signaux crédibles de qualité que possible. Les auteurs listent les brevets, les certifications, les garanties, les diplômes (MBA, PhD) ou encore le fait d'afficher les succès entrepreneuriaux précédents.

Ahlers *et al.* (2015) réalisent une étude empirique dans l'equity crowdfunding visant à identifier les signaux de qualité scrutés par les investisseurs individuels. Les auteurs rappellent que les recherches sur les signaux de startups adressés aux investisseurs individuels sont rares. Or, leur profil est singulier et diffère sensiblement de celui des *business angels*. Le champ de la finance d'entreprise définit les investisseurs individuels par la faiblesse des montants investis et de la participation actionnariale obtenue en retour. Au-delà des montants investis, les investisseurs individuels n'ont ni la sophistication ni l'expérience des *business angels* ou du *venture capital,* experts dans l'évaluation des startups comme de leurs dirigeants.

Les résultats de leur étude montrent que les critères principaux sont la feuille de route financière (la planification d'une introduction en bourse ou d'une stratégie de sortie par acquisition), les facteurs de risque (les prévisions financières et le montant de titres offerts), ainsi que les caractéristiques des dirigeants, leur nombre et leur expérience (le niveau d'éducation mesuré par le pourcentage de diplômes MBA). Leur étude montre également que les certifications externes n'ont pas d'effet sur la décision d'investissement.

En synthèse, la littérature sur les critères de sélection fait apparaître deux dimensions principales : le « plan d'affaires » (dans lequel nous incluons le concept, le positionnement de l'offre, l'étude du marché et de la concurrence, les perspectives financières, etc.) et l'« équipe dirigeante », ces deux dimensions étant supportées par nos données comme en témoigne la sélection de verbatim de l'encadré 1.4.

Dimension Business plan

« Pour *la pertinence de leur projet* et de *leur business plan.* »

« *Le business plan semble réalisable* à partir du moment où les ressources pourront être recrutées pour atteindre ces objectifs. »

« Par ailleurs, *le business plan du projet est convaincant.* »

« *Le business plan me semble cohérent.* »

« *Le business plan est très bien construit :* il y a un vrai besoin et ils ont développé une technologie "breakthrough" pour cette application qui va adresser 2 besoins en 1. »

« [...] une bonne dose de marketing et *un business plan bien structuré*, réussite assurée. »

« Je trouve rafraîchissante cette nouvelle aventure. *Le business plan est réaliste* et c'est un beau challenge réglementaire. »

« De plus l'équipe semble avoir une bonne maîtrise tant technique que commerciale, en témoigne *le business plan bien ficelé.* »

« *Le business plan détaillé* et la présentation m'ont convaincu de la motivation des dirigeants. »

« *Je crois en leur business plan.* »

Dimension Équipe dirigeante

« *Je crois en l'équipe dirigeante*, pour soutenir les entrepreneurs dans un pays de fonctionnaires ! »

« Pour avoir eu la chance de rencontrer *l'équipe dirigeante qui m'a fait excellente impression.* »

« En raison de *l'expérience de l'équipe dirigeante* et pour l'aspect éthique – responsable. »

« [...] *je connais des membres de l'équipe dirigeante* et leur fait confiance pour réussir dans cette belle aventure. »

« *Je crois en son équipe dirigeante* et son projet. »

« *J'ai confiance en l'équipe dirigeante*, et crois en la solution Option Way. »

« Il est porté également par *une excellente équipe dirigeante* à soutenir absolument. »

« J'ai été séduit par le caractère unique de sa technologie et par *les compétences éprouvées de son équipe dirigeante.* »

« *L'équipe dirigeante semble très compétente* et cela se voit dans le business plan. »

« *J'ai confiance en l'équipe dirigeante,* pour les résultats passés et pour les partenariats. »

Encadré 1.4. *Sélection de verbatim illustrant les dimensions Business plan et Équipe dirigeante*

Concernant la dimension Business plan, nous sommes d'accord avec Bessière et Stéphany (2014) pour dire que sur le segment de l'equity crowdfunding, l'approche produit/marché domine l'approche financière. Ainsi, un retour sur notre corpus qualitatif nous indique que les investisseurs ne justifient que marginalement leur investissement par les perspectives de sortie : l'introduction en bourse n'est mentionnée que 2 fois et le rachat 5 fois, le montant des titres offerts n'est pas non plus évoqué. En revanche, les occurrences de témoignages évoquant l'innovation du produit ou du service, la dynamique du marché, la concurrence et les perspectives financières sont abondantes. Les mots « solution » (175 occurrences), « prometteur » (69 occurrences), « novateur » (54 occurrences), « marché » (203 occurrences), « porteur » (86 occurrences), « croissance » (41 occurrences), « perspectives » (46 occurrences) sont surreprésentés dans le corpus. C'est pourquoi nous associons les quatre items suivants à la dimension business plan : l'innovation du produit/service, la croissance du marché, l'intensité de la concurrence et les perspectives financières.

Concernant la dimension Équipe dirigeante, nous synthétisons les recherches précitées par quatre items relatifs au nombre de dirigeants, à leur complémentarité, à leur expérience et à l'adéquation de leur niveau de diplôme. Si le nombre de dirigeants n'apparaît pas explicitement dans notre base de témoignages, nous estimons que l'évocation de la complémentarité des dirigeants présuppose qu'ils soient en nombre suffisant pour couvrir le spectre des compétences requises pour le développement de l'affaire. De la même façon, nous faisons l'hypothèse que les investisseurs estiment le niveau de diplôme satisfaisant dès lors qu'ils considèrent l'équipe dirigeante compétente.

Finalement, étant donné le peu de recherches sur les critères de sélection des investisseurs en equity crowdfunding, nous choisissons de définir un construit *ad hoc*, en nous basant sur les critères traditionnels du capital investissement et l'étude de Ahlers *et al.* (2015), mais en ne conservant que les items supportés par notre corpus qualitatif.

Aussi, nous définissons la variable latente Qualité perçue du signal comme un construit formatif (voir figure 1.5) ou index reposant sur l'évaluation subjective de la qualité perçue du plan d'affaires (index composé de quatre items) et l'évaluation subjective de la qualité perçue de l'équipe dirigeante (index composé de quatre items). Le tableau 1.9 explicite les 8 items de ce construit. Le construit est formatif et non réflectif, car ces 8 items forment littéralement le construit, ils ne sont pas interchangeables, ne covarient pas nécessairement, ne partagent pas de thème commun et sont des antécédents de la qualité perçue par l'investisseur (Jarvis *et al.* 2003). Précisons enfin qu'il ne s'agit pas d'un « signal » au sens de la théorie de signal (Spence 1973), car chaque investisseur procède à une évaluation subjective qui débouche sur une appréciation personnelle.

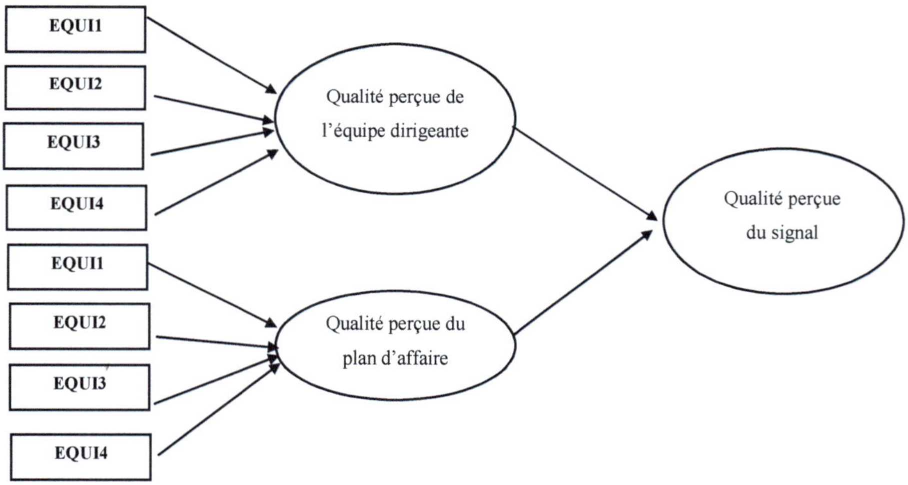

Figure 1.5. *Le construit formatif Qualité perçue du signal*

EQUI1	La taille de l'équipe dirigeante est appropriée à ce projet
EQUI2	Les dirigeants ont des profils complémentaires
EQUI3	Les diplômes des dirigeants sont appropriés à ce projet
EQUI4	L'expérience des dirigeants est appropriée à ce projet
PLAN1	Je trouve ce produit/service innovant
PLAN2	Je pense que ce marché est en croissance
PLAN3	Je pense que la concurrence n'empêche pas l'entrée d'un nouveau venu sur le marché
PLAN4	Les perspectives financières semblent bonnes

Tableau 1.9. *Indicateurs du construit formatif Qualité perçue du signal*

Les données de la variable Qualité perçue du signal sont collectées grâce à 8 items mesurés sur une échelle de Likert en 5 points allant de « pas du tout d'accord » à « tout à fait d'accord ».

Afin d'ancrer davantage ce construit dans les données, nous associons dans l'encadré 1.5 une sélection de cinq verbatim d'illustration pour chacun de ces items[9].

Items EQUI1 et EQUI2 (La taille de l'équipe dirigeante est appropriée à ce projet/Les dirigeants ont des profils complémentaires)

« L'équipe dirigeante me paraît très *complémentaire*. »

« Je suis confiant dans la créativité, la *complémentarité*, le travail de l'équipe dirigeante. »

« Car l'équipe semble *complémentaire* et le marché visé porteur. »

« Car je crois au projet innovant de construction de maisons en bois high-tech intelligentes, à la *complémentarité* et à l'engagement d'une équipe de professionnels passionnés. »

« Car sa technologie semble avoir un temps d'avance sur la concurrence, que les associés sont *complémentaires* et que le partenariat avec Airbus est la preuve que la mayonnaise prend. »

Items EQUI3 (Les diplômes des dirigeants sont appropriés à ce projet)

« *L'équipe dirigeante est compétente* et le marché très prometteur. »

« *L'équipe dirigeante est tout à fait crédible et compétente* pour transformer ce projet en succès. »

« Car non seulement le projet me semble prometteur mais surtout l'équipe a *des compétences bien équilibrées* : Finance, Technique et Marketing ce qui donne toutes les chances à la bonne exécution du projet. »

« Je crois en *la compétence de l'équipe* pour mener à bien son projet et je souhaite l'encourager. »

« Car je crois en ces technologies de notre avenir proche et *aux compétences de toute cette équipe*. »

Items EQUI4 (L'expérience des dirigeants est appropriée à ce projet)

« Car je crois en la transformation digitale mobile, et en *l'expérience de l'équipe* dans l'hôtellerie (*network*). »

9. À l'exception des items EQUI1 et EQUI2 volontairement regroupés en raison de la justification apportée ci-avant.

« Car je pense que le projet est porté par *la grande expérience du domaine hôtelier des dirigeants.* »

« Car la société présente une solution innovante dans l'esprit de la mutation sociétale actuelle – circuit court, lutte contre le réchauffement et soutien à l'agriculture par la valorisation de déchets. De plus *l'expérience du staff* démontre la capacité de l'entreprise à réussir. »

« Par ailleurs, *l'entrepreneur a déjà une certaine expérience* de la création d'entreprise et de ce secteur green, ce qui va donc limiter les risques et lui faciliter la tâche pour trouver des clients rapidement. »

« En raison de *l'expérience de l'équipe dirigeante* et pour l'aspect éthique – responsable. »

Items PLAN1 (Je trouve ce produit/service innovant)

« Car c'est une *solution technologique simple et innovante* pour l'industrie hôtelière – marché important en France. »

« Car *le concept est innovant* et c'est une solution d'avenir, les applications touchent le public mais aussi le privé. »

« Car cette entreprise propose *une solution technique innovante* et respectueuse de l'environnement. »

« Car la société présente *une solution innovante* dans l'esprit de la mutation sociétale actuelle – circuit court, lutte contre le réchauffement et soutien à l'agriculture par la valorisation de déchets. De plus l'expérience du staff démontre la capacité de l'entreprise à réussir. »

« Car la société propose *une solution innovante* pour la réduction de gaz à effet de serre. »

« Car *la solution technique est vraiment innovante* et vertueuse en permettant la valorisation de déchets jusqu'alors inexploités. »

Items PLAN2 (Je pense que ce marché est en croissance)

« Car *le commerce en ligne est en croissance constante* et je pense que le secteur est porteur. »

« Car le projet se positionne *sur un segment très porteur* et qui peut générer de bonnes marges. »

« Car je crois à *l'expansion du marché de l'alimentation à base d'insectes* en Europe. »

« Car le projet et le concept sont très intéressants *sur un marché en pleine croissance.* »

« Car ce projet est prometteur ! Intelligence artificielle et réseaux sociaux : deux *thématiques portées par un marché en pleine croissance*, au cœur des préoccupations des jeunes, et donc un projet résolument tourné vers l'avenir. »

Items PLAN3 (Je pense que la concurrence n'empêche pas l'entrée d'un nouveau venu sur le marché)

« Car la solution développée par Pumpart System présente de nombreux avantages et doit rapidement monter en puissance par un financement de type crowdfunding ou autre, *ce qui lui permettra de garder une longueur d'avance sur la concurrence* qui ne manquera pas de copier ce concept prometteur. »

« Car ce projet est innovant et se place sur un marché avec *une demande certaine avec peu de concurrence*, tout en respectant une certaine éthique. »

« Car sa technologie semble *avoir un temps d'avance sur la concurrence*, que les associés sont complémentaires et que le partenariat avec Airbus est la preuve que la mayonnaise prend. »

« Le projet est novateur, dans la mouvance "clean tech", *avec zéro concurrence* pour le moment. »

« Le business plan détaillé et la présentation m'ont convaincu de la motivation des dirigeants. Le positionnement marché de la maison en bois/maison intelligente est également intéressant. Un bon positionnement prestation prix *par rapport à la concurrence.* »

Items PLAN4 (Les perspectives financières semblent bonnes)

« C'est pour moi un placement financier avec *de belles perspectives* et un coup de cœur. »

« Car en plus d'aider le développement de la prise en charge personnalisée du cancer, *le projet m'apparaît très intéressant d'un point de vue financier !* »

« Car *les perspectives semblent intéressantes financièrement.* »

« J'ai trouvé le projet intéressant et *les données financières valables.* »

« Car *leur dossier financier et d'investissement paraît solide.* »

Encadré 1.5. *Verbatim d'investisseurs et items du construit Qualité perçue du signal*

1.2.3.2. *La variable Confiance*

Comme nous l'avons déjà mentionné, Brockner et Siegel, cités par Bonnet (2005), considèrent que la confiance se réfère à la présomption d'une partie (A) vis-à-vis du comportement futur d'une partie (B), le niveau de confiance de (A) envers

(B) étant proportionnel à la croyance de (A) dans la capacité et la détermination de (B) à tenir ses engagements à son égard.

La confiance est donc une croyance, ne reposant pas nécessairement sur des connaissances, qui représente les degrés intermédiaires entre certitude absolue et ignorance (Neveu 2004).

La confiance est aussi orientée vers le futur, elle peut également être conceptualisée comme une intention comportementale ou une volonté (Moorman *et al.* 1992). De plus, ce concept est de nature cognitive et affective, cognitive car la confiance repose sur le traitement de l'expérience et de l'information disponible et affective dans la mesure où l'individu confiant essaie de surmonter l'incertitude future quant aux interactions avec le partenaire auquel il attribue des motivations (Mcallister 1995).

Par son étude, qui vise à faire le point sur le concept et les définitions de la confiance dans le champ de la gestion, Neveu (2004) dégage plusieurs caractéristiques récurrentes dans les définitions de la confiance :

– la confiance est « une attente optimiste de la part d'un individu quant au résultat d'un événement ou au comportement d'un autre individu » ;

– la confiance « intervient généralement dans des conditions de vulnérabilité et de dépendance vis-à-vis du comportement de l'autre partie » ;

– « la perte en cas de violation de la confiance sera plus intense que le gain en cas de respect de la confiance » ;

– « la croyance que la probabilité d'une rupture de la confiance est à la fois inconnue et échappe au contrôle de celui qui accorde sa confiance fait également partie intégrante de la confiance » ;

– « la confiance s'accompagne généralement de l'hypothèse d'une obligation acceptée ou reconnue par l'autre partie de protéger les droits et les intérêts de tous. Ces obligations volontairement acceptées vont au-delà de la promesse de ne pas nuire ni porter atteinte aux intérêts de l'autre ».

Ces caractéristiques dessinent en creux un construit multidimensionnel, le premier point renvoie à la notion de crédibilité (attente optimiste vis-à-vis du comportement d'un autre individu) tandis que le dernier point renvoie à la bienveillance (aller au-delà de la promesse de ne pas nuire). Précisément, la littérature sur la recherche organisationnelle et celle en marketing (Morgan et Hunt 1994 ; Cummings et Bromiley 1996 ; Ganesan et Hess 1997) précisent les facettes de la confiance et montrent que ce concept repose sur trois types distincts de présomptions à l'égard du comportement de l'individu à qui l'on accorde la confiance :

– la bienveillance : l'autre partie est supposée agir de façon bienveillante, ne pas nuire, dans le respect de ses engagements ;

– la cohérence : la confiance s'adosse à la prévisibilité des comportements de l'autre partie ;

– la compétence : la confiance repose sur l'hypothèse que l'autre partie est capable de respecter ses engagements en vertu de sa compétence.

Bonnet (2005) développe un modèle explicatif de l'influence du niveau de confiance interpersonnelle entre capital-investisseurs et dirigeants sur les processus d'interaction, les rôles des capital-investisseurs dans la phase post-investissement, et sur la performance financière des investissements. Il opérationnalise un construit de confiance avec 8 items en s'appuyant sur les dimensions de bienveillance, cohérence et compétence.

Sapienza et Korsgaard (1996) présentent une seconde étude mesurant la confiance entre capital-investisseurs et dirigeants qui se focalise sur une autre dimension : l'intégrité. Les auteurs emploient une mesure de la confiance à quatre items, dans laquelle les capital-investisseurs indiquent dans quelle mesure ils croient les dirigeants honnêtes, sincères et dignes de confiance.

Une troisième étude porte sur la confiance dans la sphère du capital-risque, Zidi (2009) s'intéresse à l'influence de la relation de confiance liant capital-risqueur et entrepreneur sur la création de valeur ajoutée pour l'entreprise et ses parties prenantes. Dans ses travaux, l'auteur adapte une échelle empruntée au champ du marketing, celle de Gurviez et Korchia (2002). Cette échelle s'articule en trois dimensions, la crédibilité, l'intégrité et la bienveillance.

Le tableau 1.10 liste les items de mesure de cette échelle ; les trois premiers items (FIKRSECU, CONFEGKR et GARANTKR) mesurent la crédibilité, les trois suivants (SINCERKR, HONETKR et INTEREKR) mesurent l'intégrité et les deux derniers items (AFIKRDEV et AMREPOKR) mesurent la bienveillance du capital-risqueur.

L'échelle de la confiance développée par Gurviez et Korchia (2002) est une mesure de la relation de confiance liant le consommateur à la marque dont la conceptualisation repose sur les travaux en psychologie sociale et en marketing. Ajoutons qu'en plus d'être utilisée dans le cadre de recherches sur le capital investissement, cette échelle présente l'avantage de présenter des qualités psychométriques satisfaisantes. Le tableau 1.11 présente le construit de confiance, ses dimensions et les items associés.

Item	Libellé
FIKRSECU	La forte implication du capital-risqueur (KR) apporte à l'entrepreneur (E) sécurité
CONFEGKR	L'E a confiance dans l'engagement du KR dans son affaire
GARANTKR	Coopérer avec le KR est une garantie
SINCERKR	Le KR est sincère
HONETKR	Le KR est honnête
INTEREKR	Le KR montre de l'intérêt à l'entrepreneur
AFIKRDEV	L'appui financier apporté par le KR fait développer notre structure
AMREPOKR	Le KR cherche continuellement, durant sa présence, à améliorer ses réponses aux besoins de l'entreprise

Tableau 1.10. *Échelle de mesure de la confiance dans l'étude de Zidi (2009)*

Crédibilité	Les produits de cette marque m'apportent de la sécurité. (CREDI1)
	J'ai confiance dans la qualité des produits de cette marque. (CREDI3)
	Acheter des produits de cette marque, c'est une garantie. (CREDI4)
Intégrité	Cette marque est sincère vis-à-vis des consommateurs. (INTE2)
	Cette marque est honnête vis-à-vis de ses clients. (INTE4)
	Cette marque montre de l'intérêt pour ses clients. (INTE5)
Bienveillance	Je pense que cette marque renouvelle ses produits pour tenir compte des progrès de la recherche. (BIENV1)
	Je pense que cette marque cherche continuellement à améliorer ses réponses aux besoins des consommateurs. (BIENV2)

Tableau 1.11. *Échelle de mesure de la confiance de Gurviez et Korchia (2002)*

Nous choisissons d'utiliser cette échelle en l'adaptant au contexte spécifique de l'investissement en equity crowdfunding. Pour ce faire, nous procédons à un retour préalable aux données.

Une première analyse textuelle de notre corpus confirme dans un premier temps que le concept de confiance est bien dirigé vers l'équipe dirigeante comme le montre la capture d'écran (figure 1.6). Celle-ci est le résultat d'une requête CQL de recherche des formes co-occurrentes classées selon un indice de spécificité[10] (indicateur de probabilité de rencontre) et situées dans un segment de longueur 20 mots[11] centré sur forme générique « confian.* ».

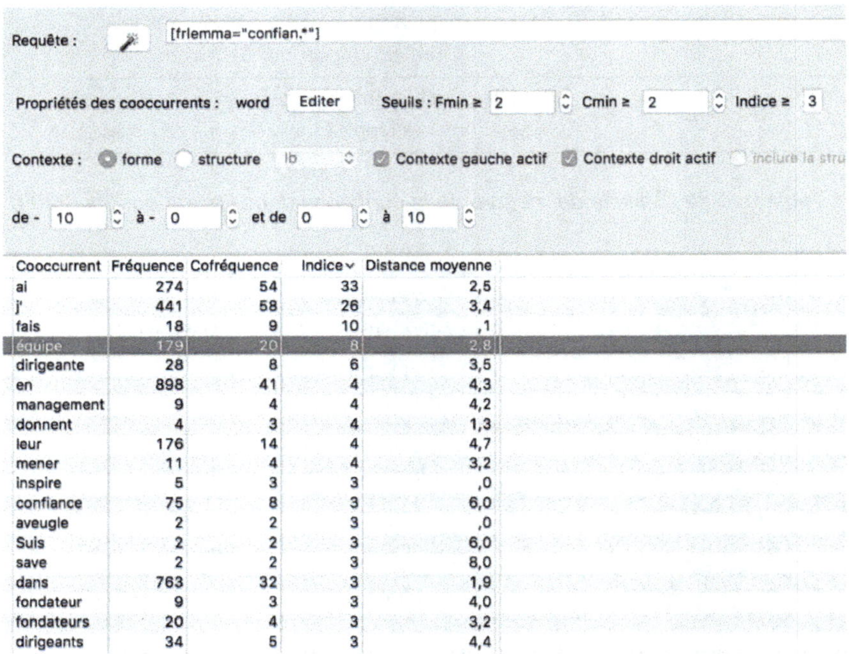

Cooccurrent	Fréquence	Cofréquence	Indice	Distance moyenne
ai	274	54	33	2,5
j'	441	58	26	3,4
fais	18	9	10	,1
équipe	179	20	8	2,8
dirigeante	28	8	6	3,5
en	898	41	4	4,3
management	9	4	4	4,2
donnent	4	3	4	1,3
leur	176	14	4	4,7
mener	11	4	4	3,2
inspire	5	3	3	,0
confiance	75	8	3	6,0
aveugle	2	2	3	,0
Suis	2	2	3	6,0
save	2	2	3	8,0
dans	763	32	3	1,9
fondateur	9	3	3	4,0
fondateurs	20	4	3	3,2
dirigeants	34	5	3	4,4

Figure 1.6. *Co-occurrences des formes « confian.* »*

Ensuite, l'encadré 1.6 confirme que les trois dimensions du construit Confiance, proposées par Gurviez et Korchia (2002), sont identifiables dans les témoignages des

10. « Le calcul exact de l'indice de spécificité utilisée dans TXM est celui du calcul de la probabilité du fait que l'événement apparaisse autant de fois qu'on l'observe effectivement dans la partie ou plus fréquemment encore à concurrence de la taille de la partie » dans http://textometrie.ens-lyon.fr/files/documentation/Manuel%20de%20TXM%200.7%20FR.pdf.

11. Rappelons que la longueur moyenne des témoignages est de 19 mots.

investisseurs de notre corpus ; tous les items sont également représentés. L'encadré associe une sélection de cinq verbatim d'illustration à chaque dimension.

Dimension Crédibilité

« Pour l'intérêt manifeste au plan du développement des énergies propres + *implication manifeste* de l'équipe porteuse du projet. »

« L'équipe est *compétente et inspire confiance.* »

« [...] *j'ai confiance dans les capacités de l'équipe de management* à réaliser ce potentiel. »

« Je crois au projet innovant de construction de maisons en bois high-tech intelligentes, à la complémentarité et *à l'engagement d'une équipe de professionnels* passionnés. »

« J'ai déjà investi la 1re fois et *j'ai confiance au management qui a tenu* sa feuille de route et *ses engagements*. [...] »

Dimension Intégrité

« Ce projet est sincère dans sa démarche, créé par *des personnes qui sont convaincus et honnêtes*, et ne doit pas tomber dans les mains de personnes n'ayant que l'appât du gain. »

« Les valeurs portées par la société sont similaires à l'ADN de l'entreprise que je dirige et nous avons déjà travaillé avec Treez, je connais donc leur professionnalisme *et leur engagement sincère*. »

« *Pour les réponses rapides, claires, approfondies et convaincantes* données par les dirigeants sur le forum. »

« *J'ai obtenu toutes les réponses aux questions posées à Mr Popov.* »

« [...] et *j'ai été rassuré par les réponses sérieuses des dirigeants aux questions* soulevées par les investisseurs. »

Dimension Bienveillance

« [...] Par ailleurs *les dirigeants* de Fibandco, que j'ai rencontré lors des présentations organisées par Wiseed à la BPI, *sont toujours très disponibles pour donner aux Wiseeders tous les éclaircissements sur leur stratégie* de développement. »

« J'ai renouvelé mon investissement dans j'ai reçu un courrier explicatif que j'ai apprécié avec une invitation à la visite du laboratoire. Même si je ne peux pas y venir, *je trouve la démarche transparente*. »

« Le projet me semble viable. *Les dirigeants sont réactifs et pleins de justesse*, ce qui apparaît dans les échanges. »

« Le business plan est solide, la technologie d'avenir, et *les dirigeants ont une vision réaliste de leurs atouts, faiblesses et de leur potentiel à court et long terme.* »

« [...] *J'ai toute confiance dans l'équipe* pour mener à bien ce projet. »

Encadré 1.6. *Verbatim d'investisseurs et items du construit Confiance*

Nous donnons ci-après notre définition de la confiance, celle-ci résulte d'une transposition directe de celle de Gurviez et Korchia (2002) à notre contexte de recherche.

DÉFINITION.– La confiance dans l'équipe dirigeante d'un projet entrepreneurial effectuant une levée de fonds par equity crowdfunding, du point de vue de l'investisseur, est une variable psychologique qui reflète un ensemble de présomptions accumulées quant à la crédibilité, l'intégrité et la bienveillance que l'investisseur attribue aux fondateurs :

– la crédibilité attribuée à l'équipe dirigeante est l'évaluation de ses capacités à remplir les termes de l'échange concernant les performances attendues, c'est-à-dire à répondre aux attentes financières de l'investisseur. Elle repose sur l'attribution à l'équipe dirigeante par l'investisseur d'un degré de compétence quant à ses attentes financières et au niveau de risque supporté ;

– l'intégrité est l'attribution de motivations loyales à l'équipe dirigeante quant au respect de ses promesses concernant les termes de l'échange, autrement dit de l'honnêteté de son « discours » pris au sens large ;

– la bienveillance est l'attribution à l'équipe dirigeante d'une orientation investisseur durable concernant la prise en compte des intérêts de l'investisseur, y compris avant les siens propres à court terme. La présomption d'une orientation bienveillante de l'équipe dirigeante à son égard permet à l'investisseur d'envisager un futur moins incertain relativement à une sortie future.

Finalement, notre adaptation de l'échelle de mesure de Gurviez et Korchia (2002) est minimale, nous conservons les trois dimensions ainsi que tous ses items mais, en nous inspirant de l'adaptation de Zidi (2009) et nous appuyant sur notre connaissance du corpus de données, nous spécifions les items de manière spécifique à notre contexte de recherche. Nous définissons donc la confiance comme un construit réflectif tri-dimensionnel représenté par la figure 1.7, complétée par le tableau 1.12 qui donne la définition retenue pour chaque item.

Précisons enfin que les données de la variable Confiance, collectées grâce aux 8 items ci-dessus, sont mesurées sur une échelle de Likert en 5 points allant de « pas du tout d'accord » à « tout à fait d'accord ».

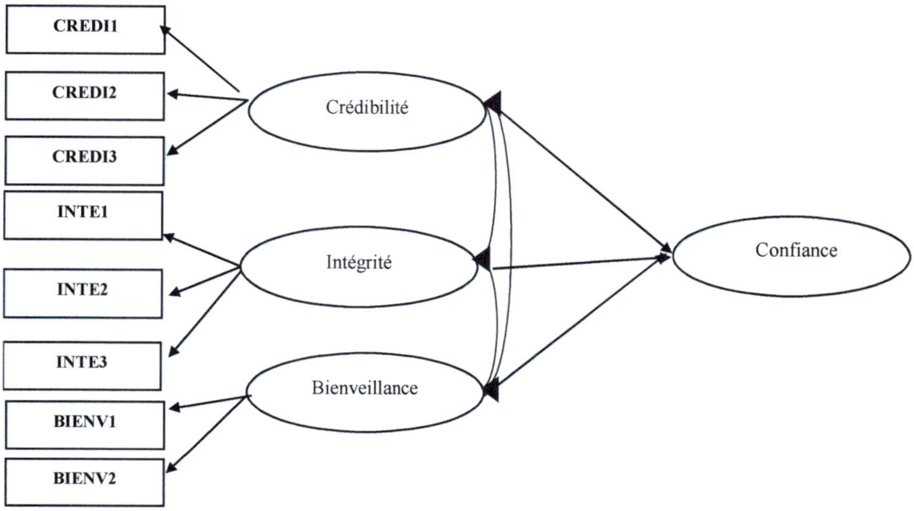

Figure 1.7. *Le construit réflectif Confiance*

CREDI1	L'implication de l'équipe dirigeante m'apporte de la sécurité
CREDI2	J'ai confiance dans l'engagement des dirigeants
CREDI3	M'associer à cette équipe dirigeante est une garantie
INTE1	L'équipe dirigeante est sincère vis-à-vis des investisseurs
INTE2	L'équipe dirigeante est honnête vis-à-vis des investisseurs
INTE3	L'équipe dirigeante montre de l'intérêt pour ses investisseurs
BIENV1	Je pense que cette équipe dirigeante est engagée dans une démarche d'amélioration continue pour le développement de son affaire
BIENV2	Je pense que cette équipe dirigeante cherche continuellement à améliorer les informations données à ses investisseurs

Tableau 1.12. *Indicateurs du construit réflectif Confiance*

1.2.3.3. *La variable Congruence aux valeurs de base*

Nous avons justifié ci-avant du rôle motivationnel des valeurs, en général mais aussi dans le cas particulier de l'investissement en equity crowdfunding, ce rôle justifie la présence d'une variable afférente aux valeurs de l'investisseur dans notre modèle explicatif. Nous avons alors décidé de définir une variable représentant la force de la congruence (ou distance axiologique) entre les valeurs de l'investisseur et la principale valeur promue (ou implicitement associée) au projet entrepreneurial pour deux raisons, une raison théorique et une raison empirique.

La raison théorique est la suivante : pour qu'elles aient un effet sur le comportement, la littérature nous apprend que les valeurs doivent être activées (Verplanken et Holland 2002). Par exemple, dans le contexte de la consommation, lorsque le stimulus est un objet, il devient désirable si ses caractéristiques sont en lien, s'ajustent ou encore sont en congruence avec les valeurs de l'acheteur : celles-ci sont alors activées. Cette relation entre caractéristiques et valeurs est décrite par les chaînages cognitifs, théorie précédemment exposée (Valette-Florence 1994). De plus, lors de l'activation d'une valeur, résultant de la rencontre entre l'individu et un stimulus situationnel, le traitement peut être conscient ou inconscient. Aussi, plus la valeur concernée est accessible, c'est-à-dire peut facilement venir à l'esprit, et plus grande est la probabilité qu'elle soit activée (Schwartz 2006). L'accessibilité est donc fonction de la hiérarchie des valeurs, c'est-à-dire de l'importance subjective que l'individu leur accorde. La détermination des comportements situationnels dépend de cette hiérarchie de valeurs. Ces règles correspondent précisément à deux caractéristiques des valeurs énoncées par Schwartz (2006) :

> Caractéristique 5 : « Les valeurs sont classées par ordre d'importance les unes par rapport aux autres. Les valeurs d'une personne peuvent être classées par ordre de priorité, et cette hiérarchie est caractéristique de cette personne. »

> Caractéristique 6 : « L'importance relative de multiples valeurs guide l'action. […] Les valeurs contribuent à l'action dans la mesure où elles sont pertinentes dans le contexte (donc susceptibles d'être activées) et importantes pour celui qui agit. »

C'est donc la force de la congruence entre les valeurs de l'individu et les caractéristiques de l'objet rencontré qui active avec plus ou moins d'intensité la valeur et guide *in fine* l'action.

Cette idée est synthétisée par Chataigné (2014) lorsqu'elle déclare que pour plusieurs théoriciens des valeurs, c'est le besoin de consistance entre valeurs et actions qui explique les choix et les attitudes des individus. Ainsi, le lien entre valeur et comportement s'explique par un besoin de consistance que nous opérationnalisons par une congruence en faisant coïncider valeurs de l'individu et caractéristiques de l'objet d'attention.

La seconde raison est empirique, grâce au logiciel TXM, nous avons interrogé notre corpus qualitatif afin de mieux cerner les mots « proches géographiquement » de la forme « valeur » dans les témoignages. L'outil lexicographique adapté à cet objectif est la recherche de co-occurrences c'est-à-dire les « attirances particulières entre couples de formes au sein d'une unité de contexte donnée » (Lebart et Salem 1994). La capture d'écran de la figure 1.8 est le résultat d'une requête CQL de recherche des formes co-occurrentes classées selon un indice de spécificité et situées dans un segment de longueur de 20 mots centré sur la forme « valeur ».

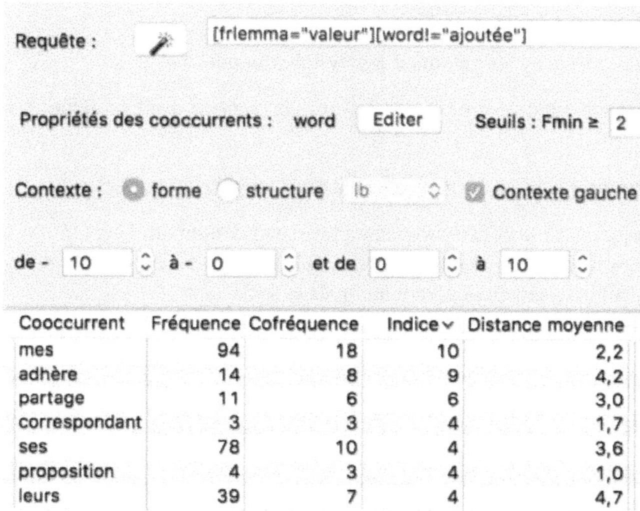

Cooccurrent	Fréquence	Cofréquence	Indice	Distance moyenne
mes	94	18	10	2,2
adhère	14	8	9	4,2
partage	11	6	6	3,0
correspondant	3	3	4	1,7
ses	78	10	4	3,6
proposition	4	3	4	1,0
leurs	39	7	4	4,7

Figure 1.8. *Co-occurrences de la forme « valeur »*

Les verbes co-occurrents « adhérer », « partager » et « correspondre » semblent indiquer que les investisseurs relient leurs valeurs à celles du projet, car elles s'ajustent et coïncident, autrement dit elles sont en congruence. Un retour au texte par concordance confirme cette impression comme en témoignent les verbatim suivants (encadré 1.7).

« Le projet est en *cohérence* avec mes valeurs et a de très bonnes chances d'être rentable. »

« Leur innovation *correspond* à mes valeurs ! »

« Je connais cette entreprise et *j'adhère* à ses valeurs je connais les produits que je privilégie lors de mes achats et je dois dire que la qualité est vraiment irréprochable. »

« Le commerce équitable *correspond* bien à mes valeurs. Leurs efforts méritent d'être encouragés. »

« Leur démarche bio et équitable *répond* à mes valeurs et à ma vision du commerce mondial de demain. »

« Je souhaite épargner intelligemment, en *corrélation* avec mes valeurs écologiques et solidaires, dans l'économie réelle. »

« Cette société me paraît *alignée* avec mes valeurs et je pense que le secteur du bioprinting est très porteur. »

« Le projet présenté m'a paru *conforme* à mes valeurs de solidarité, de soutien à l'initiative et d'une grande créativité. »

« C'est *conforme* à mes valeurs d'agriculture durable. »

« C'est exactement le type de projet qui *correspond* à mes valeurs économiques et éthiques. »

« C'est un projet *en phase* avec mes valeurs (social, écologique). »

« Ce projet a un impact environnemental social et humain. C'est intéressant de suivre un projet complexe de l'intérieur *correspondant* à nos valeurs. Ce projet *correspond* à mes valeurs environnementales, économiques et sociales. »

« Ce projet *correspond* à mes valeurs environnementales, économiques et sociales. »

« Le projet me semble pertinent et est *conforme* à mes valeurs. »

« Le projet me semble solide et *en accord* avec mes valeurs. »

« *Elle représente mes valeurs* et son potentiel de développement réside dans le retour du mieux vivre, dossier, l'aboutissement du produit et les valeurs écologiques correspondent à mes critères. »

« Selon moi l'avenir n'est plus au nucléaire et il s'agit là d'une transition *correspondant* à mes valeurs. »

« *J'adhère* pleinement à leurs valeurs, consomme régulièrement leurs produits et souhaite apporter ma contribution à leur développement. »

« Par ailleurs *j'adhère* pleinement à leurs valeurs, et suis heureux de pouvoir apporter ma petite pierre à cet édifice. »

« Je connais cette entreprise et *j'adhère* à ses valeurs je connais les produits que je privilégie lors de mes achats et ce sont des gens brillants et qui ont des valeurs auxquelles j'adhère. »

« Elle est porteuse de valeurs auxquelles *j'adhère*. »

« *J'adhère* aux valeurs de cette société (production locale, et respectueuse de l'environnement). »

« Je *partage* les mêmes valeurs et souhaite encourager les personnes qui s'investissent vraiment. »

« Je *partage* les mêmes valeurs et souhaite encourager les personnes qui s'investissent vraiment et se donnent du mal à créer de nouvelles choses qui s'adaptent mieux au monde dans lequel nous vivons. »

« De plus, je *partage* les valeurs de la société Ethiquable qui représente un bon moyen de diversifier mes investissements. »

« Projet porteur d'une nouvelle vision et qui *partage* les mêmes valeurs que moi. »

« C'est un projet qui porte des valeurs de *partage*. »

« Je crois en la capacité de l'équipe à développer rapidement les ventes et je *partage* les valeurs de la marque portées par David Couthon. »

« Je *partage* les valeurs et le concept de la société. Totalement adepte des produits depuis bientôt 3 ans. »

Encadré 1.7. *Verbatim d'investisseurs et congruence des valeurs*

Pour cette raison, nous avons fait le choix de ne pas développer un instrument de mesure *ad hoc*, construit réflectif ou formatif pour ce concept, mais avons préféré proposer une variable originale calculée comme une « distance » (plus exactement une mesure de similarité) entre la hiérarchie des valeurs de l'individu et la valeur associée au projet. L'encadré 3.1 du chapitre 3 de ce volume décrit le calcul de la variable Congruence aux valeurs de base (dont le code est CONGR AXIO) pour la donnée d'une structure de préférence axiologique (soit une hiérarchie des valeurs) et de la valeur associée à un projet en financement.

D'un point de vue théorique, nous avons opté pour la typologie des 10 valeurs de Schwartz (1992) que l'auteur nomme valeurs de base en vertu d'un postulat qui fonde sa théorie ; l'auteur estime que les valeurs humaines sont dotées d'un contenu et d'une structure universelle qui correspondent à trois exigences : « Des besoins biologiques, de coordination des interactions sociales, et de survivance ou de continuité dans une société. »

Afin de déterminer la structure de préférence axiologique, nous avons choisi le questionnaire *Short Schwartz's Value Survey* (SVSS) de mesure des valeurs pour sa simplicité mais également pour ses qualités psychométriques. En effet, le questionnaire *Schwartz Value Survey* (SVS) de Schwartz (1992) présente 57 items, ce qui, inséré dans notre questionnaire, aurait trop augmenté le temps de collecte des données et induit une fatigue cognitive des sujets. Sa version courte proposée par Lindeman et Verkasalo (2005) ne compte que 10 items, un par valeur. L'étude des deux auteurs montre que l'échelle simplifiée SVSS présente une fiabilité et une validité satisfaisante tout en offrant un gain de temps appréciable.

Les items de notre questionnaire sont librement traduits d'après l'échelle originale en langue anglaise. La formulation de la question afférente à cette variable dans le questionnaire est la suivante.

« Veuillez évaluer l'importance des VALEURS suivantes en les ordonnant de la plus importante pour vous, placée en haut à la moins importante pour vous, placée en bas du classement :

– pouvoir (pouvoir social, autorité, richesse) ;

– réalisation (succès, aptitudes, ambition, influence sur les personnes et sur les événements) ;

– hédonisme (satisfaction des désirs, jouissance dans la vie, indulgence pour soi) ;

– stimulation (audacieux, variété et vie stimulante, vie passionnante) ;

– autonomie (créativité, liberté, curiosité, indépendance, choisir ses propres objectifs) ;

– universalisme (ouverture d'esprit, beauté de la nature et des arts, justice sociale, un monde de paix, égalité, sagesse, unité avec la nature, protection de l'environnement) ;

– bienveillance (l'aide, l'honnêteté, le pardon, la loyauté, la responsabilité) ;

– tradition (le respect de la tradition, l'humilité, accepter sa place dans la vie, dévouement, modestie) ;

– conformité (obéissance, honorer ses parents et ses aînés, autodiscipline, la politesse) ;

– sécurité (sécurité nationale, sécurité familiale, ordre social, propreté, réciprocité des services rendus). »

Ce questionnaire a pour résultat une structure de préférence axiologique, soit la liste ordonnée de valeurs de base $V1 < V2 < \ldots < V10$.

1.2.3.4. *La variable Réaction affective*

Nous avons précédemment présenté (voir tableau 2.1 du volume 1) les composantes du construit émotionnel de Scherer, adapté de Sander et Scherer (2014). Ce modèle distingue les composantes suivantes : cognitive, périphérique, efférente, motivationnelle, expressive motrice ainsi qu'un sentiment subjectif.

Pour ce qui concerne la mesure des réactions affectives, les recommandations des théoriciens suggèrent l'emploi d'approches multiméthodes. Il s'agit de combiner des mesures physiologiques à l'observation des comportements moteurs (expression faciale) ainsi qu'à des mesures subjectives verbales et autorapportées (Derbaix et Pham 1989 ; Derbaix et Poncin 2005). Cependant, en raison des contraintes de temps liées à notre expérimentation de collecte des données, nous avons opté pour l'administration d'un questionnaire, même si ce choix limite la mesure des réactions affectives à une approche autorapportée subjective. Plus précisément, nous avons employé l'échelle PAD développée par Mehrabian et Russel (1974) qui trouve ses origines dans les travaux de Osgood *et al.* (1957). Si la mesure des réactions affectives à partir d'une seule technique constitue une limite dont nous sommes conscients, certains auteurs, tels Ericsson et Simon (1980), pensent que cela peut néanmoins suffire à produire des données fiables, à condition que le délai séparant le ressenti émotionnel et l'administration soit raisonnablement court. Nous avons appliqué ce conseil rigoureusement en faisant immédiatement suivre les séquences d'induction des réactions affectives par l'administration des questions afférentes à leur mesure.

L'échelle PAD relève d'une approche continue s'adossant à une hypothèse de représentation des réactions affectives dans un espace multidimensionnel dans laquelle une réaction affective donnée est alors identifiée à un point de l'espace. Pour Mehrabian et Russel, toute réponse affective peut être appréhendée grâce à trois dimensions bipolaires : le plaisir, l'activation et la dominance. La valence distingue les émotions agréables/positives (telle que la joie) des émotions désagréables/négatives (telle que la tristesse). L'activation (*arousal* en anglais) représente le niveau d'activation corporelle, enfin la dominance correspond à la capacité de contrôle de l'individu sur la situation.

Deux de ces trois dimensions sont couramment utilisées : la valence (positive/négative) et l'activation (calme/excité). C'est pourquoi, conformément à nombre d'auteurs (Russell 1980 ; Russell et Pratt 1980 ; Lemoine et Plichon 2000), nous avons exclu la dimension de dominance qui trouve peu de support théorique dans le champ des émotions (Derbaix et Filser 2011) et dont le pouvoir explicatif sur la variance est limité. Les dimensions retenues sont donc la valence et l'activation. La valence, en particulier, est une dimension cardinale dans l'évaluation cognitive d'un stimulus, car les résultats concordants des travaux de psychologie comportementale et de neurophysiologie montrent qu'elle induit naturellement des attitudes d'approche ou d'évitement et détermine les préférences (Kahneman 2003). Zeelenberg *et al.* (2008) rappellent que ce terme, emprunté à la physique et à la chimie, répond à la question de savoir dans quelle mesure les résultats d'une expérience sont positifs ou négatifs, bons ou mauvais, agréables ou désagréables.

Dans le cadre de notre protocole expérimental, nous avons mesuré des réactions affectives « intégrale », c'est-à-dire suscitées par l'exposition aux stimuli : les vidéos de pitch des projets.

La mesure de la variable Réaction affective repose sur une échelle (sémantique différentielle) en 5 points, adaptée[12] de Mehrabian et Russel (1974). Les indications fournies dans le questionnaire sont les suivantes.

« Parmi les 8 affirmations suivantes, concernant la vidéo précédemment visionnée, veuillez cocher la case qui correspond le mieux à votre ressenti :

1) malheureux/heureux ;

2) contrarié/content ;

3) insatisfait/satisfait ;

4) triste/gai ;

5) désespéré/optimiste ;

6) sans énergie/plein d'énergie ;

7) endormi/éveillé ;

8) non stimulé/stimulé. »

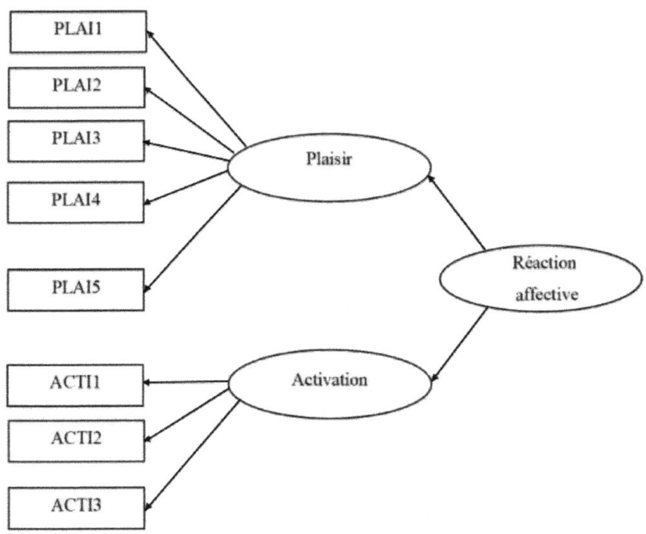

Figure 1.9. *Construit réflectif de la variable Réaction affective, dimensions et indicateurs*

12. L'échelle sémantique originale compte 6 points, les contraintes de l'outil LimeSurvey nous ont conduit à définir une échelle sémantique en 5 points, ce qui présente toutefois l'avantage de la cohérence avec le nombre d'échelons (5 également) des questions mesurées par une échelle de Likert.

La figure 1.9 présente une représentation graphique du construit et précise les codes associés à ses indicateurs.

1.2.3.5. *La variable Familiarité*

À notre connaissance, les travaux s'inscrivant dans le champ de la finance et portant sur la familiarité qu'entretiennent les investisseurs avec les actifs sont rares et ne conceptualisent pas la familiarité comme un construit latent multidimensionnel. Ainsi, la recherche de Ganzach (2000) sur les effets de la familiarité des analystes financiers avec des actifs, sur leur perception du couple rentabilité/risque repose sur une série d'expérimentations dans lesquelles les sujets doivent porter un jugement sur des listes de titres considérés *a priori* comme familiers puis non familiers.

Afin d'opérationnaliser plus finement le concept de familiarité, il nous a semblé nécessaire d'emprunter aux travaux de marketing sur la théorie du consommateur. Dans ce champ de recherche, la familiarité fait partie du concept plus général de « connaissance de la marque ». Selon Korchia (2004), ce concept est invoqué dans de nombreux modèles explicatifs des comportements du consommateur et peut se définir comme suit : « Les connaissances d'une marque représentent les informations relatives à cette marque stockée dans la mémoire de long terme du consommateur. »

D'après Alba et Hutchinson (1987), ce concept peut se subdiviser en deux composantes majeures, la familiarité et l'expertise. Korchia (2004) précise le rapport relatif de ces concepts en estimant que la familiarité est un antécédent de la connaissance puisque l'information stockée fait suite aux expériences du consommateur tandis que l'expertise est un conséquent de la connaissance stockée qui lui permet, ou ne lui permet pas, d'effectuer des tâches.

Pour Alba et Hutchinson (1987) : « La familiarité peut être définie comme le "nombre d'expériences liées au produit accumulées par le consommateur". » Et Korchia (2004) de préciser : « C'est-à-dire les expositions à la publicité, la recherche d'informations comme les discussions avec des vendeurs ou des amis ainsi que la fréquentation des points de vente ou encore la possession d'un produit… »

Cette définition fait écho à celle du Centre national de ressources textuelles et lexicales du CNRS indiquée ci-après, dans le sens où « l'accumulation d'expériences » de la première répond bien à la « pratique répétée » de la seconde : « Habitude que l'on a de quelque chose, résultant d'une connaissance approfondie que l'on a acquise par apprentissage ou pratique répétée. »

Comme Korchia, Lebrun (2002) énumère les multiples sources de familiarité à la marque : l'exposition à la publicité, la recherche d'information sur le lieu de vente, les interactions avec son entourage ou le personnel commercial ou encore la familiarité directe avec le produit ou le service.

Nous reprenons à notre compte ces éléments de définition et les adaptons au contexte spécifique de l'investissement en equity crowdfunding sur la base de notre connaissance du corpus qualitatif et proposons la définition suivante :

> « La familiarité peut être définie comme le "nombre d'expériences liées à l'entreprise en recherche d'investissement ou à son contexte et accumulées par l'investisseur", c'est-à-dire les expositions à l'entreprise, ses fondateurs, ses produits ou services, son domaine d'activité, sa zone géographique ou encore au problème solutionné par son offre. »

Dans une perspective d'opérationnalisation de la familiarité à la marque, Korchia (2004) fait un travail de synthèse des mesures proposées dans la littérature en commençant par la première définition de la familiarité de Baker *et al.* (1986). Celle-ci est unidimensionnelle, la familiarité est « [...] lié(e) à la quantité de temps passé à traiter de l'information concernant la marque, sans tenir compte de la nature ou du contenu de ce traitement ». Cette définition est rudimentaire eu égard aux études postérieures qui pointeront la différence des effets induits sur le consommateur par la nature directe (utilisation du produit) ou indirecte (exposition à du matériel publicitaire) de l'information. Aussi, Korchia considère que la familiarité à la marque est un construit tridimensionnel dont les facettes sont l'expérience directe (l'achat et l'utilisation), l'exposition à la communication et la familiarité interpersonnelle. De plus, les relations liant ces trois dimensions à la familiarité étant causales, le construit est formatif. Le tableau 1.13 décrit sa proposition pour cette variable latente.

Dimensions	Composantes (ou mesures) possibles
Achat et utilisation (ou expériences directes, ou encore familiarité aux produits)	Nombre de produits achetés et/ou possédés, fréquence d'utilisation, exposition aux produits sur le lieu de vente, etc.
Exposition à la communication (ou familiarité à la communication)	Exposition aux publicités sur les médias traditionnels, aux actions hors-médias, ou à des informations non émises par l'entreprise (presse).
Familiarité interpersonnelle	Relations et discussions de l'individu (bouche-à-oreille) avec d'autres personnes de son entourage, ou avec des vendeurs.

Tableau 1.13. *Les trois dimensions de la familiarité et leurs composantes de Korchia (2004)*

Même s'il présente des similitudes, le contexte de l'investissement en equity crowdfunding est sensiblement différent de celui de la consommation, la familiarité par l'achat et l'utilisation, associée à la consommation est relativement analogue à celle imputable à un investissement précédemment réalisé dans une startup ainsi qu'à l'utilisation de ses produits. La familiarité due à l'exposition et à la communication ne nous semble pas pertinente dans le contexte de l'investissement, car les startups en financement sont en phase d'amorçage et, de ce fait, sont généralement inconnues des investisseurs. Elles n'ont pas non plus la surface financière pour s'offrir des campagnes publicitaires médiatiques. Enfin, la familiarité personnelle du contexte de consommation peut être reliée au concept de *friends and family* bien connu dans la sphère de l'investissement. C'est pourquoi, en nous basant sur les travaux de Korchia (2004) et en nous appuyant sur l'analyse du corpus qualitatif, nous proposons un construit Familiarité *ad hoc* au contexte de l'investissement en equity crowdfunding dont les dimensions et indicateurs sont exposés dans le tableau 1.14 et sont représentés dans la figure 1.10 complétée par l'encadré 1.8.

Dimensions	Indicateurs
Familiarité avec l'entreprise	*Familiarité directe* – A déjà investi dans l'entreprise – Utilise déjà les produits ou services *Familiarité interpersonnelle* – Connaît personnellement un ou plusieurs dirigeants
Familiarité avec des attributs de l'entreprise	*Familiarité avec le domaine d'activité* – Son travail est en rapport avec le domaine d'activité de l'entreprise – Ses loisirs ou sa passion sont en rapport avec le domaine d'activité de l'entreprise *Familiarité géographique* – Habite dans la ville ou la région de l'entreprise en financement *Familiarité avec le problème* – Est ou a déjà été confronté au problème solutionné par l'offre de l'entreprise

Tableau 1.14. *Dimensions, composantes et indicateurs du construit Familiarité dans le contexte de l'investissement en equity crowdfunding*

Nous classons la familiarité interpersonnelle (avec les dirigeants) sous la dimension « Familiarité avec l'entreprise », car au début de l'aventure entrepreneuriale, la startup et son équipe dirigeante sont indissociables, la startup n'existe que par le biais de ses fondateurs tandis que les attributs de l'entreprise (localisation géographique, produit et domaine d'activité) peuvent changer dès la phase d'amorçage, par exemple en cas de pivot de la startup (c'est-à-dire en cas de changement radical de *business model* et/ou de l'offre de produits ou services).

Bien que la familiarité par le travail dans le domaine d'activité de la startup en financement apparaisse clairement dans les données, nous n'avons pas retenu l'item associé car l'expérimentation de collecte des données (décrite dans le chapitre 2) mobilise la participation exclusive d'étudiants. Or, ceux-ci ne sont pas encore, pour la plupart, insérés dans le marché du travail.

Rappelons aussi que la familiarité attribuable à la localisation géographique de l'entreprise (Item ATTR2) trouve une légitimité théorique dans les travaux de (Mollick 2013) tandis que la familiarité interpersonnelle (Item ENTR3) est supportée par (Agrawal *et al.* 2011 ; Mollick 2013 ; Wechsler 2013).

Enfin, dans le but d'ancrer ce construit dans les données, nous associons dans l'encadré 1.8 une sélection de 5 verbatim d'illustration pour chacun de ses items.

Item ATTR1 (Mes loisirs ou passions sont en rapport avec le domaine d'activité de l'entreprise)

« Je suis *passionné par leur domaine d'activité* et leur compétence. »

« Je suis *passionné d'énergies renouvelables*. Je soutiens cette innovation car j'avais souhaité que ce type de turbine existe et j'ai découvert par Wiseed que Save Innovation le fait... »

« En tant qu'ingénieur, j'adore le concept. *Je suis également un grand adepte de voile*. »

« Les startups qui améliorent *les processus de traitement de maladies me passionnent*. »

« Je suis depuis toujours *passionné par l'impression 3D*/3D factory et j'ai d'ailleurs déposé des dizaines de noms de domaine .fr et .com, en français et en anglais alors, l'impression de peau, c'est encore plus révolutionnaire et passionnant... À suivre ! »

Item ATTR2 (J'habite dans la ville ou la région de cette entreprise)

« *J'habite même le département* et pour de nombreuses autres raisons. »

« Une superbe aventure que j'ai hâte de voir *atterrir dans ma ville* ! »

« C'est un progrès important dans la lutte contre le cancer, et je suis assez fier que *ce projet vienne de ma ville*. »

« L'entreprise est également *implantée dans la région où je vis actuellement*. C'est une startup de ma région avec un fort potentiel. »

« En plus, Ethiquable est située dans le Gers, et étant originaire du Sud-Ouest, c'est un investissement pour *soutenir l'activité de ma région*. »

Item ATTR3 (J'ai déjà été confronté au problème solutionné par l'offre de cette entreprise)

« *Je possède moi-même une piscine* et je comprends l'intérêt de Flipr pour les utilisateurs. Régler l'eau d'une piscine c'est compliqué et couteux. Flipr aura du succès car c'est un beau produit qui se paye directement avec les économies réalisées. »

« Je trouve le produit génial. *Étant moi-même utilisatrice des tubes cosmétiques*, que je trouve déjà plus hygiéniques que les pots, je suis certaine que ce tube airless correspond à un vrai besoin ! »

« *Je suis moi-même consommateur sur le net via mon smartphone* et que je veux une interface simple, sécurisée et rapide pour commander. »

« J'apprécie le projet sociétal et le concept, *je suis moi-même locavore* et de mon point de vue le business model me semble cohérent. »

« *Je suis moi-même touché par le cancer*, et considère que des solutions comme celles que vous envisagez vont contribuer efficacement à un ciblage plus précis pour mieux la cerner et donc mieux l'éradiquer. »

Item ENTR1 (J'ai déjà investi dans l'entreprise)

« *J'ai déjà investi* dans la première levée de fonds. »

« *J'ai déjà investi* la 1re fois et j'ai confiance au management qui a tenu sa feuille de route et ses engagements. D'un point de vue personnel, je souhaite participer à mon petit niveau à la lutte contre le cancer. »

« *Je suis déjà investisseur* lors de la première levée de fonds. Je crois toujours dans le potentiel de cette société et de son médicament. »

« *J'ai déjà investi dans 3 projets de la société* Forest Finance en 2014 et 2015 et je pense que c'est une société solide et sérieuse qui propose d'excellents projets avec un objectif de rémunération réaliste ainsi qu'une prise en compte de l'environnement et des bonnes pratiques agricoles. »

« *J'avais déjà investi via* Wiseed »

Item ENTR2 (Je connais les produits ou services de cette entreprise)

« *Je suis moi-même client* et j'adore le concept. »

« *Je suis déjà consommateur des produits de la marque.* Je les apprécie et je soutiens la démarche solidaire de cette coopérative. »

« *Je suis déjà client de plusieurs de leurs produits*, c'est donc une façon complémentaire de soutenir leur initiative intéressante ! »

« *J'ai déjà utilisé cette peinture dans notre maison* et j'en suis très satisfait. »

« J'ai *déjà eu l'occasion de manger à plusieurs reprises dans leurs restaurants*. Que je crois profondément aux valeurs défendues par l'entreprise, et son business model. Et car je pense que cette entreprise répond à une demande des consommateurs. »

Item ENTR3 (Je connais directement ou indirectement un ou plusieurs fondateurs de cette entreprise)

« *Je connais le fondateur* et trouve le projet utile. »

« *Je connais le fondateur*, et j'ai confiance. »

« *Je connais personnellement le créateur* et son concept innovant s'inscrit dans l'ère du temps. »

« *Je connais le fondateur, Fabien, depuis 7 ans* et j'ai pu suivre sa trajectoire du laboratoire jusqu'à la startup. »

« *Je connais très bien le fondateur* et je crois pleinement à la réussite de son projet. »

Encadré 1.8. *Verbatim d'investisseurs et items du construit Familiarité*

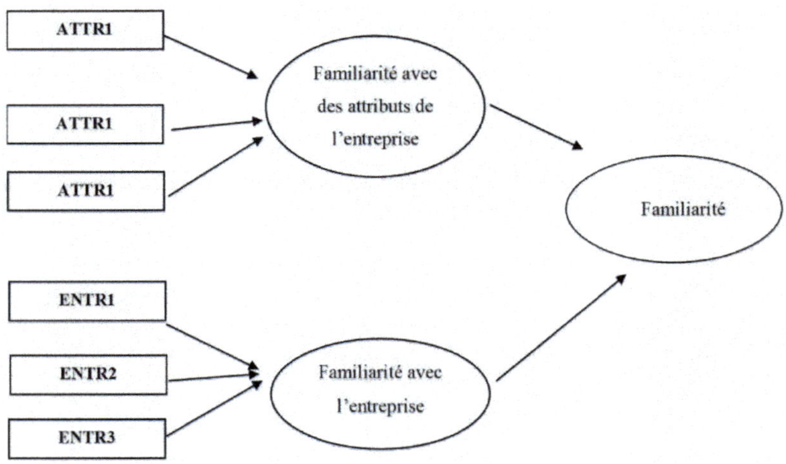

Figure 1.10. *Le construit formatif Familiarité*

Le construit Familiarité est présenté dans la figure 1.10, complétée par le tableau 1.15 qui recense les items associés. Ce construit est formatif et non réflectif, car ses items ne sont pas interchangeables, ne covarient pas nécessairement, ils ne partagent pas de thème commun et sont des antécédents de la Familiarité (Jarvis *et al.* 2003). Par exemple, un investisseur peut être familier avec le projet parce qu'il a déjà investi lors d'une levée de fonds préalable par equity crowdfunding sans pour autant avoir de lien personnel avec les dirigeants, la localisation géographique, le domaine d'activité de l'entreprise, etc. Inversement, habiter la ville ou la région de l'entreprise ou bien être passionné de robotique lorsque l'entreprise est positionnée sur ce domaine d'activité suscite un sentiment de familiarité, la causalité est donc bien des items vers le construit et non l'inverse.

ATTR1	Mes loisirs ou passions sont en rapport avec le domaine d'activité de l'entreprise
ATTR2	J'habite dans la ville ou la région de cette entreprise
ATTR3	J'ai déjà été confronté au problème solutionné par l'offre de cette entreprise
ENTR1	J'ai déjà investi dans l'entreprise
ENTR2	Je connais les produits ou services de cette entreprise
ENTR3	Je connais directement ou indirectement un ou plusieurs fondateurs de cette entreprise

Tableau 1.15. *Indicateurs du construit formatif Familiarité*

Les données de la variable Familiarité sont collectées grâce à 6 items mesurés sur une échelle de Likert en 5 points allant de « pas du tout d'accord » à « tout à fait d'accord ».

1.2.3.6. *La variable Intérêt*

Depuis le début des années 1990, la recherche en sciences de l'éducation a révélé l'importance du concept d'intérêt comme facteur motivationnel. Pour certains théoriciens, l'intérêt est une émotion (Izard 1977 ; Frijda 1986 ; Silvia 2006). Silvia montre par exemple que l'émotion de plaisir se différencie de l'intérêt, tandis que le plaisir a pour fonction de renforcer l'attachement vis-à-vis d'un objet ou l'atteinte d'un objectif, l'intérêt favorise l'exploration de nouveaux domaines ou objets (Schiefele 2009). Pour Nico Frijda, l'intérêt est aussi une émotion différente du plaisir qui résulte de préférences et dont la fonction est d'induire une attention accrue vers un objet spécifique.

Dans un second courant de recherche, d'autres théoriciens ont essentiellement mené des études empiriques pour comprendre le lien unissant l'intérêt et les activités professionnelles dans un objectif d'orientation professionnelle (Fenouillet 2016).

Un troisième courant s'appuie sur les travaux sur la motivation intrinsèque de Deci et Ryan (par exemple Deci et Ryan 1985) dans lesquels l'intérêt est le fait de pratiquer une activité pour elle-même. Dans cet axe de recherche, les travaux initiés par Hidi et Baird (1988) ont permis de distinguer deux formes conceptuelles distinctes de l'intérêt, appréhendé comme un construit bidimensionnel : individuel et situationnel. L'intérêt individuel se conçoit comme une préférence individuelle durable pour certains sujets ou certaines activités tandis que l'intérêt situationnel est un état émotionnel déclenché par un stimulus situationnel (Yennek 2014).

Plus précisément, dans la conception de l'intérêt individuel de Schiefele (1991), l'intérêt est une caractéristique latente qui représente l'orientation de long terme qu'entretient un individu avec un objet, un domaine de connaissance ou une activité. Cette dimension de l'intérêt présente trois facettes, la première relative au sentiment positif, singulièrement la joie, la seconde relative à la valeur, c'est-à-dire l'importance accordée à l'objet d'intérêt *per se.*

Dans le cadre de l'approche de Schiefele, l'intérêt est un concept à contenu spécifique qui dirige le comportement et qui consiste à attacher une valeur importante à un sujet ou une activité pour elle-même, aussi, l'intérêt individuel présente donc un caractère de motivation intrinsèque au sens de Deci et Ryan (1985), ce qui constitue la troisième facette du concept.

L'intérêt situationnel est associé aux réactions immédiates et de durée variable, déclenchées par un stimulus de l'environnement qui attire l'attention de l'individu et attise sa curiosité, il s'agit donc d'un état psychologique (Hidi et Baird 1986 ; Hidi et Renninger 2006). Nous procédons à un retour aux données de notre corpus pour déterminer si les données font apparaître les deux dimensions de l'intérêt. Dans un premier temps, nous exécutons une requête de cooccurrence pour identifier les formes proches du mot intérêt.

Le résultat de cette requête indique que les formes significativement cooccurrentes (c'est-à-dire avec un indice de spécificité ≤ 3) en rapport avec les deux dimensions de l'intérêt sont le « projet », le « concept », l'« idée » et le « domaine », ce dernier se référant au « domaine d'activité » de la startup. D'après notre connaissance du corpus, nous pouvons préciser que parmi ces quatre formes, les trois premières peuvent être associées à la dimension « intérêt situationnel » tandis que le domaine (d'activité) peut être associé à la dimension « intérêt individuel »[13]. Cette affirmation peut se comprendre à la lecture des verbatim. Lorsque l'on revient au texte grâce à l'outil de concordance de l'outil TXM, la distinction est manifeste. L'encadré 1.9 regroupe une sélection aléatoire de témoignages d'investisseurs évoquant ces quatre formes (projet, concept, idée et domaine, cette dernière forme n'apparaît

13. Cette seconde dimension est moins présente (avec une fréquence de 107 contre une fréquence de 1 100 = 801 + 173 + 126 pour la dimension « intérêt situationnel ») mais aussi moins fortement liée à la forme « intérêt » (avec l'indice de spécificité le plus faible des quatre formes). Précisons d'emblée que nous retrouverons cette prédominance de l'intérêt situationnel sur l'intérêt individuel dans nos résultats empiriques.

pas nécessairement explicitement, le domaine lui-même étant plus fréquemment mentionné). Les témoignages relatifs au domaine d'activité évoquent un « intérêt constant », un « intérêt personnel » ou encore un domaine d'activité en lien avec la passion ou le métier de l'investisseur, ce qui suggère un intérêt stable, lié aux préférences non circonstancielles comme cela semble être le cas pour les témoignages associés à la dimension intérêt situationnel mentionnant le projet, l'idée ou le concept.

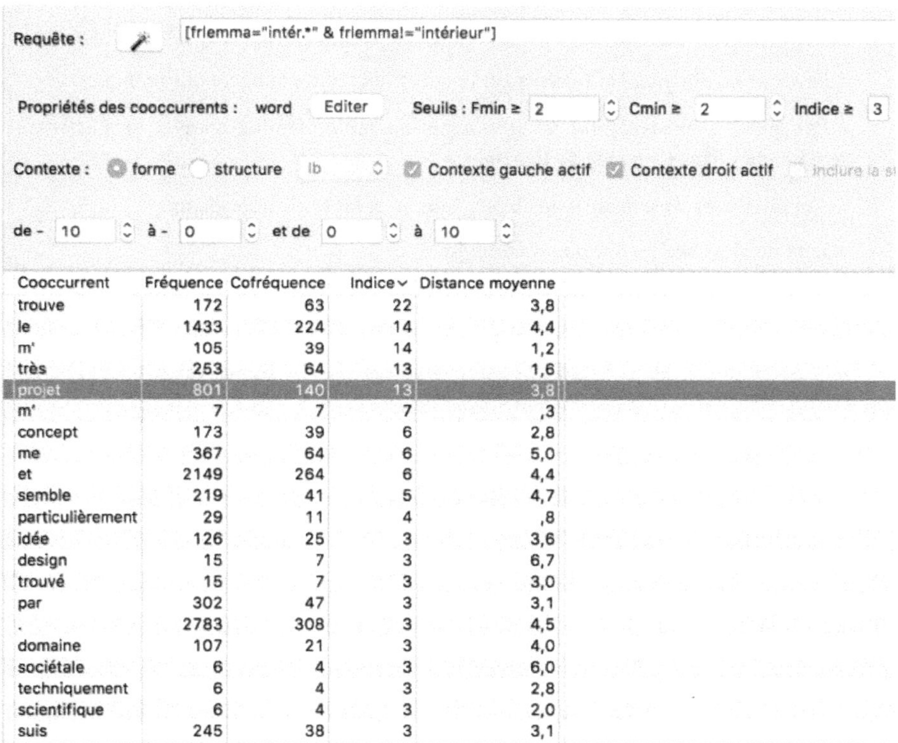

Cooccurrent	Fréquence	Cofréquence	Indice	Distance moyenne
trouve	172	63	22	3,8
le	1433	224	14	4,4
m'	105	39	14	1,2
très	253	64	13	1,6
projet	801	140	13	3,8
m'	7	7	7	,3
concept	173	39	6	2,8
me	367	64	6	5,0
et	2149	264	6	4,4
semble	219	41	5	4,7
particulièrement	29	11	4	,8
idée	126	25	3	3,6
design	15	7	3	6,7
trouvé	15	7	3	3,0
par	302	47	3	3,1
.	2783	308	3	4,5
domaine	107	21	3	4,0
sociétale	6	4	3	6,0
techniquement	6	4	3	2,8
scientifique	6	4	3	2,0
suis	245	38	3	3,1

Figure 1.11. *Co-occurrences de l'intérêt (forme « intér.* »)*

Dimension Intérêt situationnel

« *J'ai trouvé le projet intéressant* et les données financières valables. »

« *Le concept me semble intéressant* et prometteur. »

« *Le projet me semble intéressant* en combinant l'utilisation de déchets non valorisés avec la production d'énergie. »

« *Le concept du produit est intéressant* et local. »

« Car *le projet est intéressant* et offre du potentiel à moyen terme. »

« *Je trouve l'idée intéressante* en mêlant le design et la préservation de l'environnement. Bonne chance aux créateurs. »

« *J'aime l'idée et je suis intéressé par le projet.* »

Dimension Intérêt individuel

« *J'ai un intérêt constant dans la recherche médicale.* »

« *Le domaine d'activité m'intéresse* et je vois l'intérêt des applications pratiques. »

« *Par intérêt personnel pour les startups clean Tech* et en liaison avec mes activités professionnelles dans le monde de l'énergie. »

« *J'ai un intérêt particulier pour la biodiversité* et les projets sociétaux. »

« Je porte *un grand intérêt pour les robots.* »

« *Je suis cadre de santé (médico technique) donc très sensibilisé et intéressé au progrès médical.* Je pense que cela doit être une grande avancée pour la cancérologie. »

« C'est un projet innovant *dans le domaine des textiles techniques et de l'énergie qui sont des thématiques qui m'intéressent particulièrement.* »

Encadré 1.9. *Verbatim d'investisseurs intéressés ventilés selon les dimensions d'Intérêt situationnel et d'Intérêt individuel*

Les deux dimensions de l'intérêt apparaissent dans nos données, nous décidons donc de les opérationnaliser.

Or selon Schiefele (2009), les états d'intérêt, qu'ils soient individuels ou situationnels sont très proches, ce qui peut justifier le recours à un seul construit d'intérêt. En support de cette proposition, Linnenbrink-Garcia *et al.* (2010) font également l'hypothèse que ces deux formes d'intérêt, bien que distinctes, sont structurellement proches puisque le modèle de Hidi et Renninger (2006) montre l'évolution potentielle de l'intérêt situationnel vers l'intérêt individuel. Nous choisissons donc de regrouper les deux dimensions de l'intérêt sous un « construit ombrelle » d'intérêt. Ensuite, l'auteur ajoute que, pour ce qui concerne l'intérêt situationnel, les échelles de mesure se contentent généralement de questionner les répondants sur leur niveau d'intérêt (considéré implicitement comme situationnel) à l'égard de l'objet concerné. Aussi, Schiefele préconise le développement d'un instrument de mesure s'adossant aux théories existantes de l'intérêt situationnel. Selon les définitions de l'intérêt situationnel données par Silvia (2006) et Hidi (2000), Schiefele estime qu'un instrument de mesure de l'intérêt situationnel devrait inclure l'évaluation de l'attention, de la curiosité et de l'implication affective envers l'objet d'intérêt.

Dans son travail doctoral centré sur l'intérêt situationnel dans le contexte de la formation continue d'adultes, Yennek (2014) développe une échelle de mesure de l'intérêt situationnel (voir tableau 1.16) qui repose conceptuellement sur deux dimensions : l'attention et l'implication affective. Seuls les items en caractères gras sont retenus à l'issue d'une analyse factorielle exploratoire. Nous nous sommes inspiré des formulations de ces items, en les transposant à notre contexte (« projet » se substitue donc à « intervenant »), pour définir les items des sous-dimensions implication affective et attention de la dimension intérêt situationnel de notre construit d'intérêt. Nous avons ajouté un item spécifique pour la sous-dimension curiosité (item CURI1) conformément à la recommandation de Schiefele (2009).

TRIG1	Les intervenants étaient passionnants.
TRIG2	**Les intervenants ont su capter mon attention durant cette formation.**
TRIG3	**Cette formation était tellement stimulante qu'il était facile d'y porter une grande attention.**
TRIG4	Les intervenants ont su susciter mon attention durant cette formation.
TRIG5	**Cette formation a mobilisé toute mon attention.**
TRIG6	Les intervenants étaient vraiment intéressants.
TRIG7	J'ai beaucoup apprécié les intervenants.

Tableau 1.16. *Items de l'intérêt situationnel activé (Yennek 2014)*

Concernant la mesure de l'intérêt individuel, nous avons transposé le questionnaire *Study Interest Questionnaire* ou SIQ de Schiefele *et al.* (1993). La version extensive du SIQ compte 18 items se référant à la motivation intrinsèque liée à un domaine spécifique ainsi qu'aux différentes valences de ressentis intrinsèques et aux différentes valences de valeur qui lui sont associées. L'encadré 1.10 présente une version traduite de l'allemand de l'échelle SIQ[14], les 9 questions mises en exergue par un texte en italique (questions n° 3, 5, 6, 8, 11, 12, 13, 16, 18) peuvent, selon les auteurs, définir une version courte du questionnaire.

Valences liées aux sentiments

1) Travailler avec le sujet et les problèmes de mon domaine ne fait pas vraiment partie de mes activités préférées.*

2) Je n'aime pas trop parler de sujets liés à mes études.*

3) *Après un long week-end ou des vacances, j'ai hâte de reprendre mes études.*

14. Disponible à l'adresse : https://www.researchgate.net/publication/281228309_New_version_of_Study_interest_questionnaire.

4) Avoir une implication avec mon domaine d'activité me met de bonne humeur.

5) *Je préfère parler de mes hobbies plutôt que de mon activité.**

6) *Lorsque je suis dans une bibliothèque ou une librairie, j'aime parcourir des magazines ou des livres traitant de sujets liés à mon domaine d'activité.*

7) De nombreux sous-domaines au sein de mon domaine d'activité ne signifient rien pour moi.*

Valences liées à la valeur

8) *Il était très important pour moi de pouvoir étudier ce sujet particulier.*

9) Pour être tout à fait honnête, je suis parfois assez indifférent à l'égard de mon domaine d'activité.*

10) Le sujet de mon domaine d'activité a en fait très peu à voir avec ma réalisation personnelle.*

11) *Par rapport à d'autres choses qui sont d'une grande importance pour moi (par exemple, les loisirs, la vie sociale), mes études sont nettement moins importantes pour moi.**

12) *Travailler avec un sujet particulier est plus important pour moi que les loisirs et les divertissements.*

13) *Même avant de commencer mes études, mon domaine d'activité actuelle était important pour moi.*

14) Je suis certain que l'étude de mon domaine d'activité a une influence positive sur ma personnalité.

Orientation intrinsèque

15) Si j'avais assez de temps, je travaillerais plus intensément certains aspects de mes études, même s'ils n'avaient rien à voir avec les exigences du cours.

16) *Je suis convaincu d'avoir choisi le domaine d'activité qui correspond à mes préférences personnelles.*

17) Même avant de venir à l'université, j'ai volontairement passé du temps à réfléchir au sujet de mon domaine d'activité (par exemple, lire des livres, aller à des conférences, avoir une conversation avec d'autres personnes).

18) *J'ai choisi ma spécialité principalement en raison de son sujet intéressant.*

**Reversed coding*

Encadré 1.10. *Échelle SIQ de mesure de l'intérêt individuel*

Nous avons choisi d'opérationnaliser la dimension d'intérêt individuel en transposant au contexte spécifique de notre recherche les questions formant la version courte du questionnaire SIQ de Schiefele *et al.* (1993). Finalement, nous conceptualisons l'intérêt comme un construit réflectif regroupant 14 items répartis sur deux dimensions. La figure 1.12 représente notre construit, le tableau 1.17 spécifie ses items.

Bien que nous nous soyons appuyés sur la théorie en adaptant des échelles existantes, le domaine d'application de ce construit, les sciences de l'éducation, et plus spécialement la lecture, rendent l'emprunt conceptuel délicat. C'est pourquoi nous prêterons une attention particulière à ce construit dans le chapitre d'analyse des données, ceci afin de nous assurer que les deux dimensions de l'intérêt, bien que réunies sous un même construit ombrelle, satisfont séparément aux critères de qualité psychométriques de fiabilité et validité. Nous nous assurerons également que les items de l'échelle de mesure de l'intérêt situationnel forment une seule et même composante principale distincte de celle formée par les indicateurs associés à l'intérêt individuel.

Précisons enfin que les données de la variable Intérêt, collectées grâce aux 14 items ci-après, sont mesurées sur une échelle de Likert en 5 points allant de « pas du tout d'accord » à « tout à fait d'accord ».

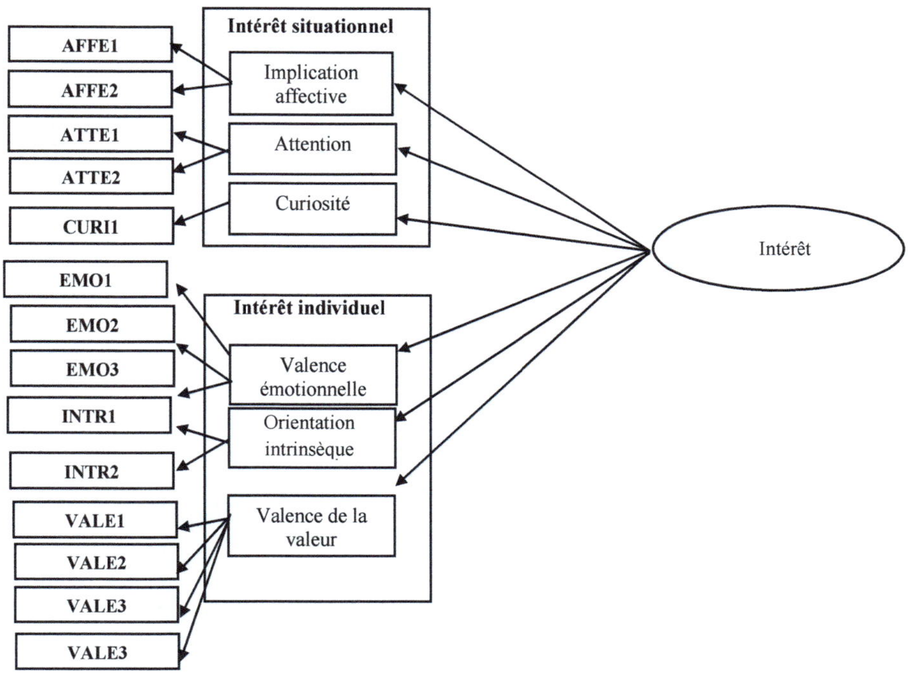

Figure 1.12. *Le construit réflectif Intérêt*

Intérêt	Intérêt situationnel	Implication affective	AFFE1	J'apprécie beaucoup ce projet
			AFFE2	J'ai trouvé ce projet stimulant
		Attention	ATTE1	Ce projet a retenu mon attention
			ATTE2	Ce projet m'a captivé
		Curiosité	CURI1	Ce projet a suscité ma curiosité
	Intérêt individuel	Valence émotionnelle	EMO1	Après une longue période sans contact avec ce domaine, je suis impatient d'avoir à nouveau des informations en rapport avec lui
			EMO2	Je préfère parler de mes loisirs plutôt que de ce domaine
			EMO3	Lorsque je suis dans une librairie, j'aime parcourir les revues en rapport avec ce domaine
		Orientation intrinsèque	INTR1	Avec (NOM DE LA SOCIÉTÉ), je suis convaincu d'avoir choisi un investissement qui correspond à mes préférences personnelles
			INTR2	J'ai choisi cet investissement prioritairement en raison de ce domaine intéressant
		Valence de la valeur	VALE1	Ce domaine présente une vraie valeur personnelle pour moi
			VALE2	Par comparaison avec les autres sujets qui comptent pour moi (en lien avec mes loisirs), ce domaine a nettement moins d'importance pour moi
			VALE3	Acquérir de nouvelles connaissances sur ce domaine a plus d'importance que d'acquérir de nouvelles connaissances à propos de mes loisirs
			VALE4	Avant que je ne décide d'investir, ce domaine était important pour moi

Tableau 1.17. *Indicateurs du construit réflectif Intérêt*

1.2.3.7. *Les variables modératrices*

1.2.3.7.1. La variable Type de personnalité

L'indicateur de type de Myers-Briggs[15] (ou MBTI pour *Myers-Briggs Type Indicator*) se base sur les travaux théoriques de Carl Jung qui observa que des préférences psychologiques jouaient un rôle dans le jugement et la relation au monde des individus (Filbeck *et al.* 2005). Aussi, le MBTI décrit les manières privilégiées qu'a une personne de prendre des décisions en fonction de types psychologiques identifiés par Jung (1923). Le questionnaire du MBTI mesure, à partir d'auto-évaluation, la force des préférences des individus sur quatre dimensions, indiquant 1) la direction vers laquelle les individus préfèrent concentrer leur attention (extraversion ou introversion), 2) comment ils acquièrent des informations sur leur environnement (par les sens ou par l'intuition), 3) comment ils prennent des décisions (par la pensée ou le ressenti) et 4) comment ils s'orientent dans l'environnement (par le jugement ou la perception) (Filbeck *et al.* 2005).

Le tableau 1.18 présente les deux dimensions que nous retenons comme variables modératrices : le type de préférence pour l'acquisition de l'information et le type de préférence pour la prise de décision.

La variable Personnalité Intuition correspondant à la dimension Préférences pour l'acquisition de l'information est collectée par un unique item mesuré par une échelle nominale binaire admettant les modalités « S » et « N », le code associé est MBTI1.

La question posée est la suivante : « Dans le tableau ci-dessous[16], choisissez pour chaque ligne la proposition qui vous correspond le mieux. Il n'y a pas de bonne ou de mauvaise réponse. Faites la somme des phrases qui vous correspondent pour les deux colonnes de chaque tableau pour établir votre score S, N et ainsi déterminer si vous êtes plutôt S ou plutôt N. »

Veuillez sélectionner une seule des propositions suivantes :

– vous êtes plutôt S ;

– vous êtes plutôt N.

15. Voir par exemple (Quenk 2009).

16. Il existe quatre formes du MBTI américain, qui diffèrent par le nombre de questions posées (de 93 à 222). Étant donné la longueur de notre questionnaire, nous avons opté pour une version simplifiée, traduite librement de Tieger *et al.* (2014).

Préférences pour l'acquisition de l'information	Préférences pour la prise de décision
Sensing (S) Les individus se concentrent sur les aspects concrets d'une situation et évaluent ce qui peut être vu, touché, ressenti, senti ou entendu. Ils ont tendance à avoir un esprit pratique, sont soucieux des détails et des faits, et acceptent davantage le monde tel qu'il est.	*Thinking* (T) Les individus se concentrent sur une prise de décision objective basée sur un désir d'équité. Ils analysent les situations logiquement, avec une recherche d'objectivité et préfèrent travailler à découvrir ce qui peut être erroné dans les situations qui se présentent.
Intuition (N) Les individus se concentrent sur l'abstrait et valorisent les relations qui ne sont pas immédiatement et physiquement reconnaissables. Ils s'efforcent d'avoir une vue d'ensemble et s'intéressent aux changements ainsi qu'aux possibilités futures.	*Feeling* (F) Les individus prennent des décisions sur une base subjective et un désir d'harmonie. Ils considèrent l'impact de leurs décisions sur les personnes dans leur analyse de la situation. Ils préfèrent affirmer ce qui va bien dans les situations et sont plus susceptibles d'être reconnaissants et de montrer de la sympathie.

Traduction libre de Filbeck et Smith (1997)

Tableau 1.18. *Les dimensions Préférences pour l'acquisition de l'information et Préférences pour la prise de décision du MBTI*

Les « S » (*Sensing*) en général	Les « N » (*iNtuition*) en général
Se concentrent sur les faits et les détails précis	S'intéressent aux idées et aux grandes synthèses
Apprécient les solutions pratiques	Remarquent tout ce qui est nouveau et différent
Notent les détails et ont la mémoire des faits	Pensent aux implications futures
Vivent dans l'instant présent	Suivent leur instinct
Font confiance à l'expérience	Cherchent à comprendre
Préfèrent se fier aux compétences reconnues	Aiment apprendre de nouvelles compétences
Préfèrent les instructions étape par étape	Sont imaginatifs : voient ce qui pourrait se faire
Travaillent à un rythme régulier	Débordent d'énergie
Sont réalistes	Sont attirés par les idées originales

Tableau 1.19. *Questionnaire court du MBTI, variable Intuition*

La variable Personnalité *Feeling* correspondant à la dimension Préférences pour la prise de décision est collectée par un unique item mesuré par une échelle nominale binaire admettant les modalités « T » et « F », le code associé est MBTI2.

Veuillez sélectionner une seule des propositions suivantes :

– vous êtes plutôt T ;

– vous êtes plutôt F.

Ajoutons que, selon une méta-analyse réalisée par Capraro et Capraro (2002), les mesures du MBTI sont globalement fiables.

Les « T » (*Thinking*) en général	Les « F » (*Feeling*) en général
S'efforcent d'être objectifs dans leurs décisions	Fondent leurs décisions sur leurs valeurs et leurs sentiments
Apparaissent calmes et réservés	Sont chaleureux et amicaux
Apprécient la loyauté et la justice	Apprécient l'harmonie et la compassion
S'impliquent dans peu de choses	Prennent les choses à cœur
Remarquent vite les failles et les défauts	Sont prompts à faire des compliments
Adorent argumenter pour le plaisir	Évitent la discussion et le conflit
Sont motivés par la réalisation de ce qu'ils entreprennent	Sont motivés par des félicitations
Sont sensibles à la logique	Font confiance à leurs impressions
Sont honnêtes et directs	Sont diplomates et font preuve de tact

Tableau 1.20. *Questionnaire court du MBTI, variable Feeling*

1.2.3.7.2. La variable Sophistication de l'investisseur

La sophistication correspond au niveau de connaissance sur les marchés financiers et à l'expertise sur les produits financiers (Magron 2014). Concernant l'investissement en equity crowdfunding, la sophistication de l'investisseur correspond à sa capacité à comprendre et analyser le business plan.

Dans le cadre de l'expérimentation de collecte des données, nous avons choisi de considérer comme sophistiqués les étudiants en sciences de gestion (hormis ceux inscrits en première année de licence).

La variable Sophistication de l'investisseur est collectée par un unique item mesuré par une échelle nominale binaire admettant les modalités « Oui » et « Non », la question posée, assortie de son code, est la suivante : « Étudiez-vous à l'IAE en deuxième année de licence ou au-delà ? » (IAE1).

1.2.3.7.3. La variable Aversion au risque

L'aversion au risque peut se définir comme « un comportement économique. Les investisseurs et les parieurs ont habituellement une certaine aversion au risque. Ils préfèrent un gain relativement sûr à un gain bien plus important mais aléatoire »[17]. En économie, la mesure de l'aversion au risque se fait traditionnellement au moyen de choix successifs entre deux ou plusieurs possibilités, dont une au moins comporte un aléa formalisé par une probabilité. Cependant, étant donnée la longueur de notre questionnaire et la fatigue cognitive induite, mais aussi pour éviter d'insérer des explications complexes au sein de l'expérimentation, néanmoins nécessaires à la compréhension des choix entre loteries, nous avons opté pour une solution de contournement. Nivoix (2008) propose précisément une solution alternative simple et rapide consistant à recueillir, de façon déclarative, l'expression de l'attitude du sujet vis-à-vis du risque en deux questions.

Ainsi, la variable Aversion au risque est collectée grâce à deux items mesurés sur une échelle de Likert en 5 points allant de « pas du tout d'accord » à « tout à fait d'accord ». Les questions posées, assorties de leur code, sont les suivantes : « Je préfère être sûr(e) de gagner un peu, qu'incertain(e) de gagner beaucoup » (AVER1) ; « Je préfère être sûr(e) de perdre un peu, qu'incertain(e) de perdre beaucoup » (AVER2).

1.2.3.7.4. La variable Genre

La variable Genre est collectée par un unique item mesuré par une échelle nominale binaire admettant les modalités « Masculin » et « Féminin », la question posée, assortie de son code, est la suivante : « Quel est votre genre ? » (GENR1).

1.2.3.7.5. La variable Valeurs activées : pouvoir par les ressources ou sécurité personnelle

Cette variable n'est pas formalisée dans le questionnaire mais est calculée d'après la hiérarchie des valeurs renseignée par le sujet. Cette variable est binaire et prend la valeur 1 si le sujet a déclaré la valeur Pouvoir comme étant la plus importante pour lui et la valeur 0 autrement.

17. https://fr.wikipedia.org/wiki/Risque#Aversion_au_risque.

1.2.3.7.6. Le montant relatif de l'investissement

Cette variable n'est pas formalisée dans le questionnaire, la prise en compte de l'effet éventuellement modérateur du montant relatif de l'investissement est possible dans la mesure où, dans le questionnaire, les sujets effectuent successivement deux allocations d'actifs. La première fois, la dotation ventilée est de 200 €, la seconde fois, la dotation ventilée représente virtuellement la totalité du patrimoine du sujet. Ainsi il est possible de comparer la proportion de dotation allouée à un actif donné dans les deux cas. Par exemple, un sujet peut avoir investi 100 % des 200 € dans la société Ethiquable mais seulement 25 % de son patrimoine.

1.2.3.8. *Les variables de contrôle*

Enfin, nous avons spécifié deux variables de contrôle qui nous semblaient devoir être prises en considération.

1.2.3.8.1. La variable Âge

Les comportements et décisions face au risque ne sont pas constants au cours de la vie des individus. Des études en épidémiologie, psychologie mais aussi sur le développement du cerveau convergent pour décrire un individu de plus en plus averse au risque à mesure qu'il s'éloigne de l'adolescence (Cauffman *et al.* 2010). Ces variations comportementales s'expliqueraient par les modifications d'un système régulé par la dopamine, impliqué dans le fonctionnement du cerveau et du système nerveux. Ce système est impliqué dans le système de récompense, il assure la régulation affective et motivationnelle et favorise la survie de l'organisme. Aussi, il n'est pas impensable que de jeunes investisseurs prennent davantage de risques que leurs aînés en effectuant des choix moins réfléchis et plus empreints d'affects.

La variable Âge est collectée par un unique item mesuré par une échelle de proportion. La question posée, assortie de son code, est la suivante : « Quel est votre âge ? » (AGE1).

1.2.3.8.2. La variable Avoir déjà investi en *equity crowdfunding*

Les startups peuvent effectuer plusieurs tours de table parfois en sollicitant la même plateforme de crowdfunding, ce qui offre aux investisseurs l'opportunité d'investir plusieurs fois dans la même entreprise. Or, une étude menée par Lemoine et Onnée (2003) montre que les sociétés françaises cotées mettent en place une stratégie relationnelle de fidélisation et d'augmentation de la part de capital détenue par l'investisseur individuel, car celui-ci tend à se réengager dans une société dont il détient déjà des titres. Aussi, il semble raisonnable de penser qu'un investisseur ayant déjà soutenu une entreprise ait un tropisme qui l'incite à réinvestir à nouveau.

La variable Avoir déjà investi en equity crowdfunding est collectée par un unique item mesuré par une échelle nominale binaire admettant les modalités « Oui » et « Non ». La question posée, assortie de son code, est la suivante : « Avez-vous déjà investi en equity crowdfunding ? » (INVE1).

La figure 1.13 propose une présentation schématique synthétique des principales variables et construits du modèle explicatif (hors variables médiatrices et de contrôle), classés dans trois groupes, les construits formatifs, les construits réflectifs et les variables calculées. Les échelles de mesure originales ayant servi de base pour une adaptation sont également précisées.

1.2.4. *Les autres hypothèses du modèle*

Dans cette section, nous spécifions les hypothèses restantes du modèle explicatif, celles-ci se répartissant entre effets « indirects » (section 1.2.4.1) et effets de modération (section 1.2.4.2). Rappelons que les hypothèses H1 à H5 relatives aux effets directs des variables du modèlent ont été exposées ci-avant (voir section 1.2.1.2). La figure 1.14 donne une représentation schématique du modèle explicatif.

Dans ce schéma, outre les variables, construits et relation de dépendances les reliant, nous avons représenté l'information relative au projet évalué. Selon Loewenstein *et al.* (2001), l'information se décompose en « information froide » (le business plan dans notre cas) et « information chaude » (la vidéo de *pitch* des entrepreneurs dans notre cas). Les informations chaudes génèrent des décisions dirigées par l'affect tandis que dans le cas des informations froides, les décisions sont dirigées par la cognition. Nous avons également fait figurer une « structure de préférences » associée aux variables Congruence aux valeurs de base, Familiarité et Intérêt sous la forme d'une base de données, car les préférences sont une caractéristique mnésique de l'individu, stockées dans sa mémoire de long terme. Ces préférences déterminent implicitement le score de ces trois construits, nous y reviendrons plus en détail dans la seconde section.

On notera aussi la position de l'affectif (variable Réaction affective), situé au cœur du modèle tandis que l'importance de la variable axiologique (Congruence aux valeurs de base) est appréciable par son rôle d'antécédent de toutes les variables du modèle, exception faite de la variable Qualité perçue du signal. Enfin les flèches pleines représentent des effets directs (hypothèses H1 à H5), reliant le construit vers la variable expliquée, tandis que les flèches en pointillés représentent des effets indirects (hypothèses H6 à H11), c'est-à-dire reliant le construit à la variable expliquée par le biais d'au moins une variable médiatrice.

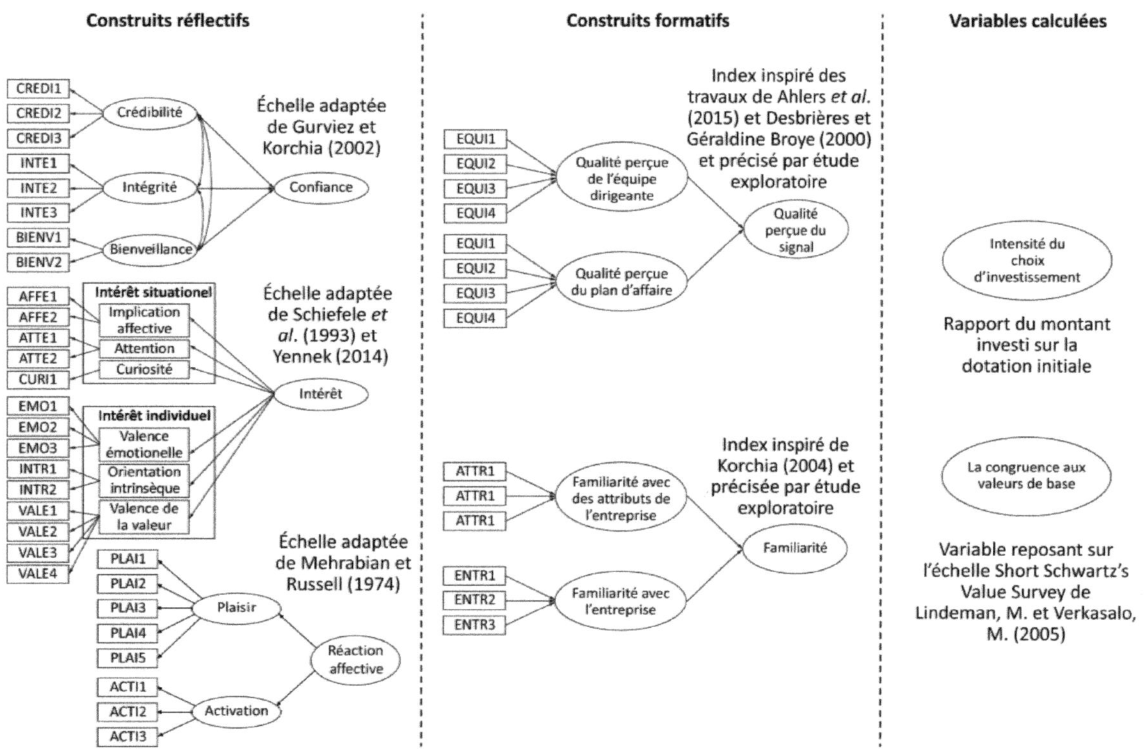

Figure 1.13. *Représentation synthétique des principales variables et construits du modèle explicatif*

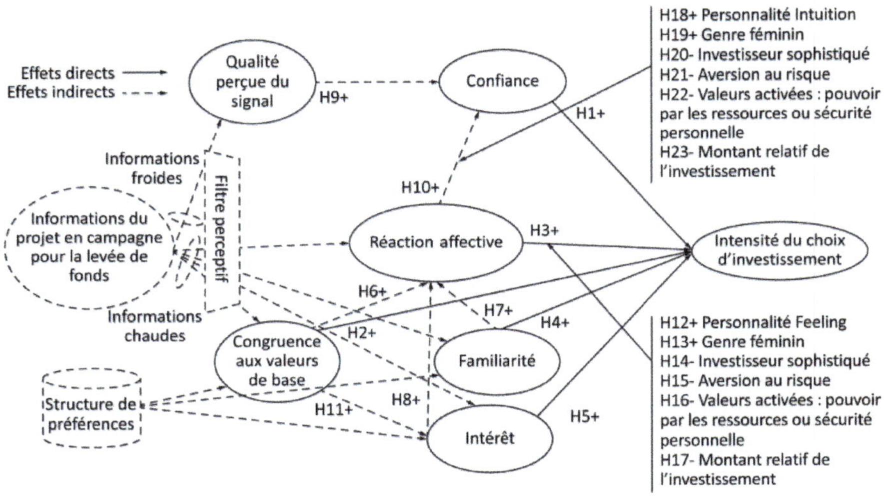

Figure 1.14. *Le modèle explicatif des choix d'investissement en equity crowdfunding*

1.2.4.1. *Les hypothèses du modèle explicatif (hypothèses H6 à H11)*

Cette section apporte une argumentation aux six hypothèses relatives aux effets indirects reliant les variables explicatives à la variable expliquée.

Selon Rimé (2009), les émotions résultent d'une rencontre entre un objet (une situation, un événement, etc.) et les représentations de l'individu (besoins, désirs, aspiration), la force de l'émotion étant fonction de l'écart, c'est-à-dire de la distance qui les sépare ou dit autrement de la qualité de la congruence qui les relie.

Cette proposition est partagée par Schwartz (2006) pour lequel l'activation des valeurs par un événement (rencontre d'un individu, d'un objet, etc.) génère automatiquement une réponse affective accompagnée d'une mise en mouvement orientée vers la poursuite de l'objectif qui a trait à la valeur en jeu et à son expression. Cette émotion est d'autant plus forte que la valeur est subjectivement importante. Ce mécanisme repose sur la relation indissociable entre valeurs et affects. Dans leurs études expérimentales, Maio et Olson (1998) montrent que valeurs et affects sont intimement liés dans la mesure où les valeurs sont des truismes qui s'adossent d'abord à un substrat émotionnel et dans une moindre mesure à une information comportementale, celle-ci étant définie comme la somme des souvenirs de comportements qui confirme la valeur.

La théorie de l'évaluation cognitive offre une explication à l'association entre activation des valeurs et émotion suscitée. Il faut pour cela considérer les valeurs comme des buts désirables, ce qui correspond précisément à la définition de Schwartz (1996). Or, dans les modèles d'évaluation cognitive, les buts de l'individu sont la principale variable d'évaluation (Lazarus 2001). Ainsi, dans le modèle *Stimulus Evaluation Checks* de Scherer (voir Sander et Scherer 2014) ou dans le modèle OCC d'Ortony *et al.* (1988), la pertinence d'un événement vis-à-vis des buts de l'individu conditionne le déclenchement de l'émotion.

Ajoutons que les travaux en marketing et théorie du consommateur identifient également les valeurs comme principale caractéristique psychographique capable d'influencer les états affectifs du sujet (Lemoine et Plichon 2000), à l'exemple de Holbrook et O'Shaughnessy (1984) pour lesquels les valeurs personnelles peuvent avoir un effet sur les émotions induites par les écrans publicitaires. Holbrook (1986) ajoute que les valeurs induisent une préférence qui détermine la valence des émotions dans l'expérience de consommation. Ces arguments nous conduisent à l'hypothèse 6.

HYPOTHÈSE 6 (H6).– *La Congruence aux valeurs de base a une influence positive sur la Réaction affective.*

Dans ses premières études par expositions subliminales d'objets à des sujets, Zajonc (1968) démontre une corrélation entre affect et fréquence d'exposition. Cet effet, baptisé effet de simple exposition induit une attitude positive ou préférence pour ce qui est familier, y compris en l'absence de toute reconnaissance. Plus l'exposition préalable à un stimulus est fréquente, plus la préférence est renforcée. Or, les préférences sont classées parmi les réactions affectives par Derbaix et Pham (1989), la familiarité induit donc une préférence, c'est-à-dire une réaction affective. Une méta-analyse de Bornstein (1989) sur plus de 200 recherches publiées entre 1968 et 1987 portant sur la relation exposition-affect soutient cette hypothèse : les expositions se sont avérées améliorer de manière fiable les affects envers les stimuli visuels, auditifs, gustatifs, abstraits et sociaux.

Aussi, un investisseur ayant développé, par effet de simple exposition, une préférence pour le secteur d'activité dans lequel il travaille et se trouvant dans une situation de choix de projets sur une plateforme d'equity crowdfunding, ressentira une réaction affective de valence positive au moment de l'exposition à une vidéo de pitch d'entrepreneur évoquant son secteur d'activité professionnel (le stimulus familier), ceci en raison de sa préférence sectorielle.

Rappelons que les préférences génèrent des sentiments positifs relativement à un stimulus attirant (Scherer 2005), d'où l'hypothèse 7.

HYPOTHÈSE 7 (H7).– *La Familiarité a une influence positive sur la Réaction affective.*

Certains chercheurs conceptualisent l'intérêt comme une émotion (Izard 1977 ; Frijda 1986 ; Silvia 2006). Nous avons préféré conceptualiser ce construit avec deux dimensions : l'intérêt situationnel et l'intérêt individuel, dans la lignée des travaux séminaux de Hidi et Baird (1988).

Dans cette conception, l'intérêt est un construit à la fois cognitif et affectif. Pour Schiefele (1991), il y a une relation causale entre l'intérêt individuel et un ensemble d'émotions positives telles que la joie ressentie au contact de l'objet d'intérêt. Cela peut s'expliquer par la nature même de l'intérêt individuel qui, pour l'auteur, peut être conçu comme une préférence stable pour un domaine, un sujet ou bien une activité, la rencontre entre l'objet d'intérêt et l'individu suscitant alors une réaction affective positive.

Hidi (2000) fait également valoir que si l'attention automatique est un aspect de l'intérêt qui contribue à l'effet facilitateur que l'intérêt a sur la fonction cognitive, un second aspect considéré par de nombreux chercheurs est l'association de réactions affectives à l'expérience d'intérêt, principalement positives telles que la joie, d'où l'hypothèse 8.

HYPOTHÈSE 8 (H8).– *L'Intérêt a une influence positive sur la Réaction affective.*

Selon Simon (2007), la confiance s'inscrit naturellement dans les contextes de relations d'agence entre principal ou *trustor* et agent ou *trustee*. Dans ce cadre, l'investisseur potentiel essaie de collecter le plus d'indicateurs ou signaux de qualité émis par les entrepreneurs afin de surmonter l'asymétrie d'information à laquelle il est confronté (Manigart *et al.* 1997). Harrison *et al.* (1997) recherchent, au moyen de questionnaires, les déterminants de la confiance des *business angels*. Durant la phase de sélection initiale, ils identifient les inférences basées sur le business plan. Huang et Pearce (2015) font également reposer la confiance des *business angels* sur l'analyse formelle du business plan, mais aussi sur l'intuition portée sur la compétence de l'équipe.

Symétriquement, nombre d'auteurs (Scarbrough *et al.* 2013 ; Bammens et Collewaert 2014 ; Ola 2016) estiment que dans la sphère du capital-risque, les dirigeants essaient de réduire l'asymétrie d'information supportée par l'investisseur potentiel en lui fournissant des informations fiables sur l'activité qui sont autant de signaux de qualité permettant de gagner sa confiance. Cette nécessité est encore plus forte dans le cas des petits investisseurs car ces derniers n'ont pas la capacité de procéder à une évaluation poussée, c'est pourquoi les startups ont intérêt à leur adresser des signaux clairs sur la valeur de leur affaire (Ahlers *et al.* 2015). Cet argument est partagé par Agrawal *et al.* (2014) pour qui les plateformes d'equity crowdfunding se doivent d'instaurer des mécanismes de confiance pour les investisseurs, notamment par des signaux sur la qualité des projets présentés, ce qui nous conduit à l'hypothèse 9.

HYPOTHÈSE 9 (H9).– *La Qualité perçue du signal a une influence positive sur la Confiance.*

Comme Bessière et Stéphany (2014), nous pensons que le caractère holistique et immédiat de la réaction affective altère les perceptions qui forment les jugements de l'investisseur. La confiance est un construit composé de croyances (réparties en trois dimensions : crédibilité, intégrité et bienveillance) à l'égard des dirigeants de la startup évaluée. Ces croyances sont façonnées par le jugement des perceptions afférentes à l'équipe du projet. Or, deux effets induits par l'affectif, mobilisables conjointement, expliquent pourquoi une impression affective positive modifie les perceptions : l'effet de halo affectif (voir section 2.2.5.2 du volume 1) et l'heuristique d'affectivité (voir sections 2.2.3.3.7 et 2.2.4.2.2 du volume 1).

Rappelons que l'effet de Halo de Thorndike (1920) décrit la contagion des jugements concernant toutes les caractéristiques d'une personne à partir du jugement d'une seule caractéristique. L'effet de halo affectif est une variante de l'effet de halo décrivant l'influence de l'affectif sur les perceptions du consommateur (Wilkie 1990). Derbaix et Pham (1989) illustrent le cas d'un consommateur saisi par une impression première favorable à la vue d'une voiture, l'effet de halo affectif influence alors l'évaluation du consommateur dans toutes ses dimensions. Ainsi, dans notre cas, la réaction affective positive (le plaisir ressenti) de découvrir qu'un membre de l'équipe dirigeante de la startup évaluée est un ami (digne de confiance) entraînera, par effet de halo, une perception globale positive à l'égard de l'équipe dirigeante dans son ensemble qui bénéficiera *ipso facto* d'un *a priori* favorable et de la confiance de l'investisseur.

Le second effet attribuable à l'affectif est l'heuristique d'affectivité. Rappelons que selon cette heuristique, les individus utilisent leur ressenti émotionnel pour juger des bénéfices et des risques liés à un objet sans s'appuyer sur un raisonnement cognitif (Slovic *et al.* 2002). Or, comme l'indique Simon (2007), le risque et l'interdépendance sont deux conditions nécessaires pour le développement de la confiance. Il est donc pertinent de mobiliser l'heuristique d'affectivité dans notre contexte. Aussi, plusieurs études en finance montrent qu'une réaction affective de valence positive (induite par une connaissance, une familiarité ou un attachement émotionnel) reliée à un produit financier réduit la mesure objective du risque associée, l'investisseur montrant un biais optimiste dans l'évaluation des informations (Ganzach 2000 ; Nofsinger 2001 ; Wang *et al.* 2011). À nouveau, les perceptions sont déformées, le produit financier est vu plus favorablement, ce qui, conjugué à l'effet de halo, renforce la confiance à l'égard de l'équipe dirigeante, d'où notre 10e hypothèse.

HYPOTHÈSE 10 (H10).– *La Réaction affective a une influence positive sur la Confiance.*

Selon Schiefele (1991) auquel nous empruntons le construit opérationnalisant la dimension intérêt individuel de l'intérêt, les valeurs personnelles orientent les individus vers des objets d'intérêt, que cela soit pour le développement personnel comme pour la compréhension de problèmes importants. L'une des deux sous-dimensions de l'intérêt individuel réfère à la valeur de l'objet d'intérêt, c'est-à-dire à l'importance subjective et intrinsèque de l'objet d'intérêt pour l'individu, valeur connectée à ses valeurs personnelles, c'est-à-dire à ses valeurs de base principales. Aussi, l'activation d'une valeur individuelle par la rencontre d'un objet peut être un motif de l'intérêt que l'individu lui porte. En s'appuyant sur les travaux de Schiefele, Fenouillet (2016) fait des valeurs l'antécédent de l'intérêt. Par ailleurs, Krapp (2005) conceptualise l'intérêt comme un aspect de la relation personne/objet, il fait également des valeurs un antécédent de l'intérêt. Dans son approche, l'intérêt est le résultat d'un système de régulation cognitivo-affectif, le système cognitif, de type analytique rationnel, forme les intentions, ce qui explique que certaines activités jugées comme déplaisantes vont malgré tout intéresser l'individu, et cela en raison de leur importance relativement à ses valeurs personnelles. Nous posons l'hypothèse 11.

HYPOTHÈSE 11 (H11).– *La Congruence aux valeurs de base a une influence positive sur l'Intérêt.*

1.2.4.2. *Les hypothèses de modération du modèle explicatif (hypothèses H12 à H23)*

Cette section apporte une argumentation aux douze hypothèses de modération du modèle explicatif qui, toutes, se rapportent aux effets de la variable Réaction affective sur la variable Intensité du choix d'investissement (H3) et sur la variable Confiance (H10). Aussi, à l'exception des deux hypothèses de modération liées aux traits de personnalité de l'investisseur (H12 et H18), les dix hypothèses restantes sont regroupées par variable de modération concernée et forment des paires d'hypothèses. Par exemple, les hypothèses H13 et H19, associées à la variable modératrice « genre », sont regroupées car l'argumentation déployée montre que les femmes sont globalement plus sensibles aux émotions que les hommes, ce qui implique que le lien de causalité reliant la variable Réaction affective à toute variable est affecté par cette modération. Aussi, sauf exception, nous testerons logiquement ces hypothèses par analyse multigroupe (voir chapitre 3).

Selon Filbeck *et al.* (2005), dans l'approche du MBTI, l'axe *Thinking/Feeling* décrit les comportements relatifs à l'évaluation et la prise de décision des individus. Cet axe de personnalité permet de distinguer entre les individus qui font reposer leurs décisions et évaluations sur un jugement analytique logique (l'individu a une préférence *Thinking*) ou au contraire vont s'appuyer subjectivement sur leurs émotions, sentiments et valeurs (l'individu a une préférence *Feeling*). Henderson et Nutt (1980) précisent :

> « La deuxième dimension se concentre sur l'approche utilisée pour l'évaluation. À un extrême se trouve l'individu "sentimental" qui prend en compte les sentiments et émotions individuels ainsi que les valeurs comme critère important de la prise de décision. En revanche, l'individu "pensant" a tendance à être très impersonnel dans l'évaluation en s'appuyant sur une analyse logique et pragmatique pour le guider dans sa prise de décision. »

Nous posons la première hypothèse de modération (H12).

HYPOTHÈSE 12 (H12).– *Modération de H3. Plus l'investisseur a un type de personnalité orienté* Feeling *(axe* Thinking/Feeling*) dans le modèle du MBTI, plus la relation positive entre la Réaction affective et l'Intensité du choix d'investissement sera renforcée.*

D'après Brody et Hall (2008), de nombreuses études montrent des différences significatives entre les hommes et les femmes lorsqu'ils font face à des situations émotionnelles. Plus particulièrement, les théories de l'intelligence émotionnelle définissent plusieurs compétences liées aux émotions reconnues comme importantes pour le fonctionnement adaptatif, telles que la perception précise des émotions, leur utilisation pour la pensée et la compréhension, ou encore pour la gestion des émotions. Or, les études sur les tests d'intelligence émotionnelle montrent que les femmes obtiennent un score plus élevé sur toutes ces composantes (Mayer *et al.* 1999 ; Day et Carroll 2004). Ces résultats sont concordants avec les recherches en psychopathologie : Boyle (1989) montre que les femmes sont davantage concernées par les maladies d'ordre affectif que les hommes, elles obtiennent des scores supérieurs en termes de dépression et de fatigue. Cette différence de sensibilité aux émotions se retrouve naturellement dans les travaux marketing de la théorie du consommateur. Dans une étude empirique sur les réactions affectives des consommateurs placés dans différents contextes de consommation, Derbaix et Pham (1991) mettent en évidence la plus grande sensibilité émotionnelle des femmes : « The average range of affective reactions reported by females were larger than the ones reported by males. Women seem to have more important and maybe more differentiated emotional experiences. » Aussi, dans une étude comparant les diffé-rences de processus cognitive-affectif entre les genres au regard des achats impulsifs, Coley et Burgess (2003) démontrent des différences significatives quant aux émotions ressenties lors de l'achat, les femmes se montrant davantage guidées par leurs émotions et leur image que les hommes. C'est pourquoi nous posons les hypothèses de modération H13 et H19.

HYPOTHÈSE 13 (H13).– *Modération de H3. Si l'investisseur est de genre féminin, la relation positive entre la Réaction affective et l'Intensité du choix d'investissement est renforcée.*

HYPOTHÈSE 19 (H19).– *Modération de H10. Si l'investisseur est de genre féminin, la relation positive entre la Réaction affective et la Confiance est renforcée.*

En finance de marché, Magron (2014) rappelle que la sophistication correspond au niveau de connaissance qu'a l'investisseur sur les marchés financiers et à son expertise dans les produits financiers. Or, de nombreuses études montrent que l'investisseur sophistiqué est moins sujet aux biais psychologiques que l'investisseur non sophistiqué (Dhar et Zhu 2006 ; Calvet *et al.* 2009 ; Grinblatt *et al.* 2011). Ces résultats peuvent s'expliquer par une plus grande exposition des investisseurs sophistiqués aux statistiques et à la pensée logique, ce type d'exposition étant corrélée avec des décisions plus rationnelles, basées sur le système 2 plutôt que sur le système 1 (Kahneman 2003).

Par ailleurs, les travaux en marketing montrent que le consommateur qui manque d'expertise se base davantage sur l'affectif (Cohen *et al.* 2008). Pour ces motifs, nous pensons que l'investisseur sophistiqué rationnalise davantage ses jugements et ses choix et s'appuie moins sur ses ressentis émotionnels, d'où les hypothèses de modération H14 et H20.

HYPOTHÈSE 14 (H14).– *Modération de H3. Si l'investisseur est sophistiqué, la relation positive entre la Réaction affective et l'Intensité du choix d'investissement est atténuée.*

HYPOTHÈSE 20 (H20).– *Modération de H10. Si l'investisseur est sophistiqué, la relation positive entre la Réaction affective et la Confiance est atténuée.*

L'investisseur averse au risque privilégie les options prudentes, celles qui réduisent l'incertitude. Or, la prudence est un trait de caractère défini comme l'« attitude de quelqu'un qui est attentif à tout ce qui peut causer un dommage, qui réfléchit aux conséquences de ses actes et qui agit de manière à éviter toute erreur »[18]. Par conséquent, l'investisseur averse au risque, donc prudent, est réfléchi. Il traite l'information et se base davantage sur un raisonnement analytique et logique. Cette déduction est cohérente avec la synthèse de Cohen *et al.* (2008) qui déclarent que lorsque la motivation à traiter l'information est faible, les consommateurs se basent davantage sur l'affectif, ce qui équivaut à dire que lorsque la motivation à traiter l'information est forte, les consommateurs se basent moins sur l'affectif. D'où les deux hypothèses H15 et H21.

18. Définition du dictionnaire Larousse.

HYPOTHÈSE 15 (H15).– *Modération de H3. Plus l'investisseur est averse au risque, plus la relation positive entre la Réaction affective et l'Intensité du choix d'investissement est atténuée.*

HYPOTHÈSE 21 (H21).– *Modération de H10. Plus l'investisseur est averse au risque, plus la relation positive entre la Réaction affective et la Confiance est atténuée.*

Nous pensons que l'investisseur mû par une espérance de gains élevés devrait être motivé pour traiter l'information du business plan pour identifier des signaux de qualité. À nouveau, l'article de Cohen *et al.* (2008) nous sert d'argument : lorsque la motivation à traiter l'information est forte, les consommateurs se basent moins sur l'affectif, ce qui nous amène aux deux propositions de modération H16 et H22.

HYPOTHÈSE 16 (H16).– *Modération de H3. Si les valeurs Pouvoir par les ressources ou Sécurité personnelle sont classées dans un rang élevé de la hiérarchie des valeurs de l'investisseur, alors la relation positive entre la Réaction affective et l'Intensité du choix d'investissement est atténuée.*

HYPOTHÈSE 22 (H22).– *Modération de H10. Si les valeurs Pouvoir par les ressources ou Sécurité personnelle sont classées dans un rang élevé de la hiérarchie des valeurs de l'investisseur, alors la relation positive entre la Réaction affective et la Confiance est atténuée.*

Dans la théorie du prospect de Kahneman (2003), les choix dépendent des gains ou pertes relativement à un point de référence, c'est-à-dire des gains ou pertes relatifs.

Nous pensons également qu'une réflexion de l'impact psychologique du montant en jeu dans un investissement sur le comportement doit considérer le montant en jeu relativement à la richesse de l'individu. À l'évidence, investir 1 000 € ne représente pas le même enjeu lorsqu'il s'agit de l'entièreté de son patrimoine ou lorsque cela n'en représente qu'une proportion infime.

Or, dans le capital-risque, Ahlers *et al.* (2015) font remarquer que la procédure de choix (ou *screening*) est coûteuse, elle doit donc être en cohérence avec l'enjeu, ce dernier étant proportionnel à la somme investie. Pour ces auteurs, les faibles montants investis par les investisseurs particuliers ne justifient pas des temps d'analyse disproportionnés.

À l'inverse, un investisseur individuel investissant une somme conséquente relativement à sa richesse devrait avoir une forte motivation pour traiter l'information et moins se baser sur l'affectif (Cohen *et al.* 2008), d'où les deux hypothèses H17 et H23.

HYPOTHÈSE 17 (H17).– *Modération de H3. Plus la somme investie est importante relativement à la richesse de l'investisseur, plus la relation positive entre la Réaction affective et l'Intensité du choix d'investissement est atténuée.*

HYPOTHÈSE 23 (H23).– *Modération de H10. Plus la somme investie est importante relativement à la richesse de l'investisseur, plus la relation positive entre la Réaction affective et la Confiance est atténuée.*

Henderson et Nutt (1980) expliquent que l'axe *Sensing/Intuition* du test de personnalité MBTI décrit le mode d'acquisition et de traitement des données par les individus. Tandis que les personnes ayant une préférence *Sensing* préfèrent les problèmes structurés et détaillés, celles dont la préférence est *Intuition* ont une perception globale, non analytique, elles n'aiment pas le travail précis et se fient davantage à leurs intuitions : « The sensing person prefers detailed structural problems, and has the patience for routine, precise work. In contrast, intuitive individuals perceive problems as a whole, rarely focusing on individual elements in isolation. They dislike routine and precise work, tend to rely on hunches, and prefer new un-structured problems. » C'est pourquoi une personne dont la préférence est *Intuition* devrait logiquement être plus sujette à l'effet de halo affectif et accorder sa confiance à l'équipe dirigeante de façon intuitive. Ceci nous amène à notre dernière hypothèse de modération.

HYPOTHÈSE 18 (H18).– *Modération de H10. Plus l'investisseur a un type de personnalité orienté* Intuition *(axe* Sensing/Intuition*) dans le modèle du MBTI, plus la relation positive entre la Réaction affective et la Confiance est amplifiée.*

1.2.5. *Les grilles de lecture du modèle explicatif*

Dans cette section, nous proposons plusieurs grilles de lecture complémentaires pour le modèle explicatif. Il s'agit dans un premier temps de considérer certains composants du cadre théorique pour comprendre en quoi, par juxtaposition, ils peuvent être appréhendés comme métamodèles. D'autres composants théoriques sont ensuite articulés avec le modèle explicatif, une perspective dynamique est avancée puis une tentative de mise en perspective du triptyque de rationalité de l'investisseur en equity crowdfunding (telle que définie dans les postulats préalables) avec le modèle explicatif est proposées. Ces différents prismes de lecture sont présentés à l'aide d'une figure accompagnée par une courte explication.

La perspective du système dual système 1 et système 2 de Stanovich et West (2000) s'analyse assez directement sur le graphe du modèle (figure 1.15). Le système 1, adossé à l'expérience et à l'affectif regroupe les variables de l'évaluation cognitive (Congruence aux valeurs de base, Intérêt et Familiarité) ainsi que la variable résultat de l'évaluation : la Réaction affective. Les trois variables d'évaluation sont reliées à la mémoire et aux préférences de l'individu, elles correspondent à la dimension expérientielle mnésique du système 1 ; la Réaction affective correspond naturellement à la dimension affective de ce système. Le système 2, analytique, logique, explicite, rationnel correspond à la variable cognitive du modèle explicatif : la Qualité perçue du signal.

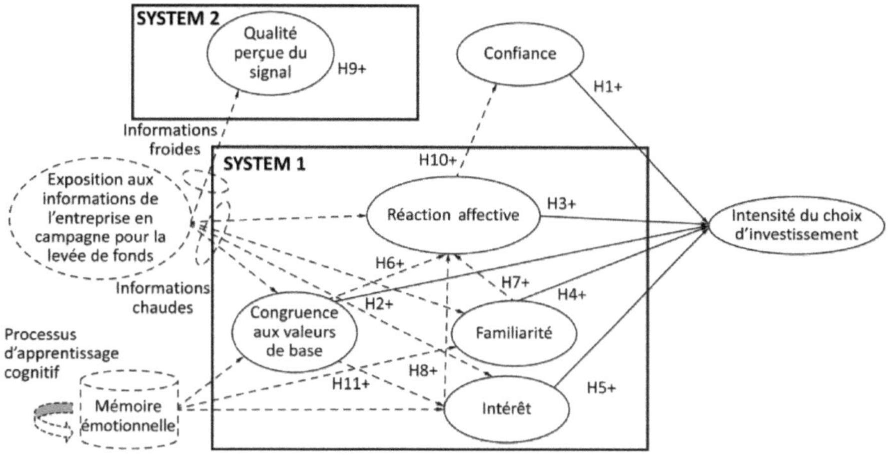

Figure 1.15. *Perspective psychologique : système 1/système 2*

Cette perspective duale peut être reliée à la question secondaire de la problématique qui interroge sur les poids relatifs de l'affectif et du cognitif dans la prise de décision des investisseurs en equity crowdfunding dans un contexte artificiel privé d'interactions sociales. De plus, cette grille de lecture met en exergue l'originalité de ce modèle de décision qui fait une place centrale aux réactions affectives ressenties au moment du choix plutôt qu'à celles associées aux conséquences du choix. Pour Bechara et Damasio (2005) :

> « Il y a […] peu de théories qui traitent de l'émotion comme facteur de prise de décision […]. De plus, ces rares théories ne traitent que des émotions qui sont la conséquence d'une décision (par exemple, la déception ou le regret ressenti après une décision risquée et qui a mal tourné), plutôt que des réactions affectives découlant directement de la décision elle-même au moment de la délibération. L'hypothèse des marqueurs somatiques fournit des preuves neurobiologiques qui soutiennent l'idée selon laquelle les gens font souvent des jugements

basés sur des "intuitions", des "ressentis au niveau des tripes" ainsi qu'une évaluation subjective des conséquences. »

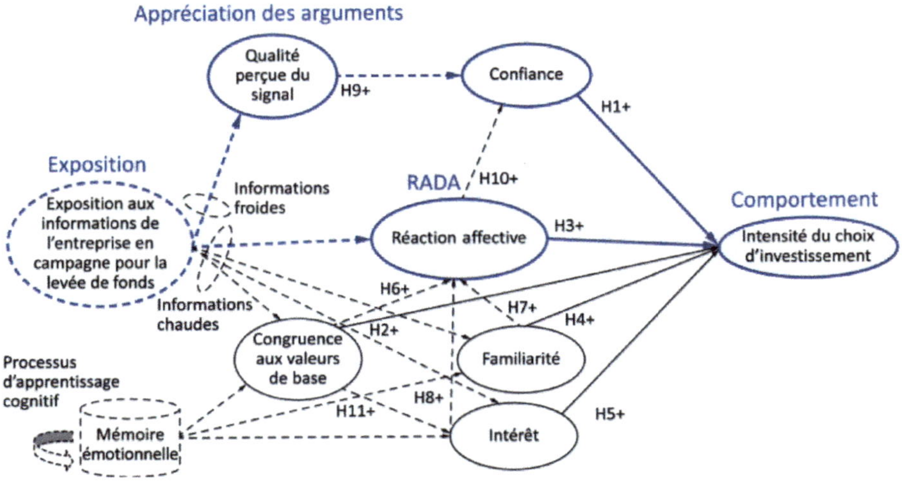

Figure 1.16. *Perspective marketing : la persuasion publicitaire*

La version du modèle de persuasion publicitaire élémentaire (voir Derbaix et Filser 2011) empruntée au marketing et à la théorie du consommateur que nous avons adaptée au contexte de notre recherche (voir figure 2.6 du volume 1) se juxtapose naturellement au modèle explicatif (figure 1.16). Les deux routes causales, la première cognitive d'appréciation des arguments, la seconde, relative à la RADA apparaissent distinctement. L'appréciation des arguments de la vidéo de pitch des entrepreneurs correspond au construit Qualité perçue du signal lorsque la RADA correspond à la Réaction affective. La différence principale réside dans la substitution d'une variable représentant un comportement (l'Intensité du choix d'investissement est un choix) aux deux construits attitudinaux (Attitude envers le pitch vidéo et attitude envers le projet). Cette perspective fait écho à l'argument que nous avions avancé dans la justification de la problématique et qui consistait à dire que l'investissement en equity crowdfunding a ceci de singulier, dans l'univers des produits d'investissement, qu'il se fait dans un contexte de persuasion publicitaire, ce qui induit une dimension affective dans la prise de décision, cette dernière étant insuffisamment prise en compte par la littérature du champ de la finance entrepreneuriale.

Cette troisième perspective (figure 1.17) se propose de relier plusieurs concepts du cadre théorique à l'amont et l'aval de la réaction affective.

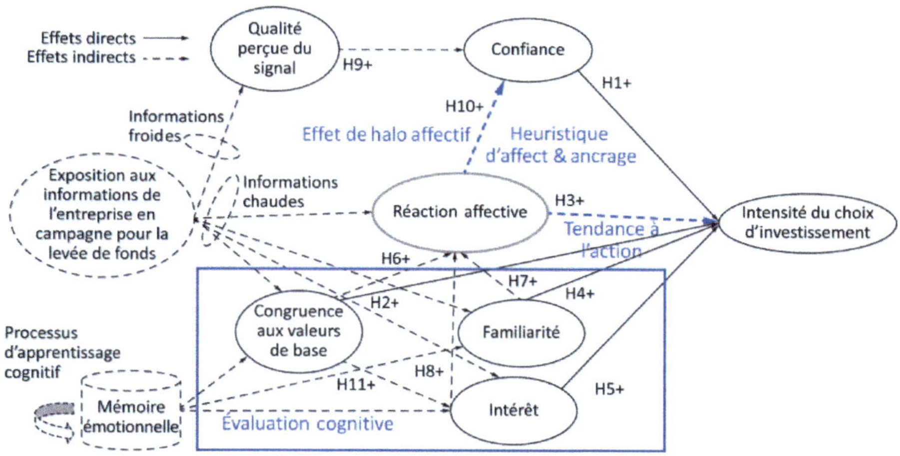

Figure 1.17. *Perspective centrée sur la RA : effets en amont et en aval de la RA*

En amont, si l'on se place sous l'angle de la théorie de l'évaluation cognitive (voir Sander et Scherer 2014), alors les variables antécédentes de la Réaction affective sont les variables d'évaluation qui déterminent l'émotion conséquente.

En aval de la réaction affective, plusieurs phénomènes quasi immédiats opèrent en direction du comportement d'investissement et de la confiance de l'investisseur : la tendance à l'action de Frijda (1986) fait le lien entre réaction affective et comportement d'investissement, l'émotion est une tendance à l'action, une réaction affective de valence positive telle que le plaisir entraîne *ipso facto* un mouvement d'approche que l'on peut traduire dans notre contexte par une motivation à l'investissement.

Par ailleurs trois phénomènes concomitants et intriqués agissent sur la confiance de l'investisseur :

– l'ancrage immédiat de la Confiance à un niveau plus ou moins élevé en fonction de la valence et de l'intensité de la Réaction affective ;

– le sentiment de confiance est d'autant plus fort que la Réaction affective est de valence positive et d'intensité forte en vertu de l'hypothèse d'heuristique d'affectivité ;

– les caractéristiques des trois facettes de la confiance (crédibilité, intégrité, bienveillance) sont appréciées de façon homogène dès lors que l'intensité de la Réaction affective est suffisante par effet de halo affectif.

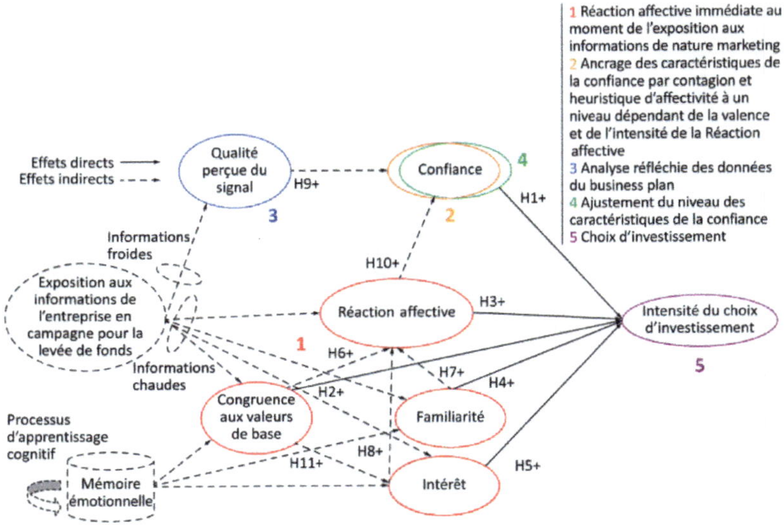

Figure 1.18. *Perspective dynamique : la dynamique du choix d'investissement*

En nous appuyant sur la procédure d'articulation des deux modèles duaux de prise de décision de Kahneman (2003) ci-dessous, nous proposons une lecture dynamique du modèle explicatif en 5 étapes (voir figure 1.18) :

> « 1. Un jugement ou une intention intuitive est initié, et :
>
> a) approuvé par le système 2 ;
>
> b) ajusté (insuffisamment) grâce à d'autres caractéristiques reconnues comme pertinentes ;
>
> c) corrigé (parfois surcorrigé) pour un biais explicitement reconnu ou ;
>
> d) identifié comme violant une règle subjectivement valide avant d'être bloqué.
>
> 2. Aucune réponse intuitive ne vient à l'esprit et le jugement est calculé par le système 2. »

Dans le même article, Kahneman relie aussi heuristique d'affectivité, ancrage et ajustement analytique subséquent :

> « the affect heuristic fits the present model of attribute substitution. [...] Because it is based on salient information and because it comes first, the intuitive impression is likely to serve as an anchor for

subsequent adjustments, and the corrective adjustments are therefore likely to be small. Variations on this theme of anchoring on intuition are common in the literature. »

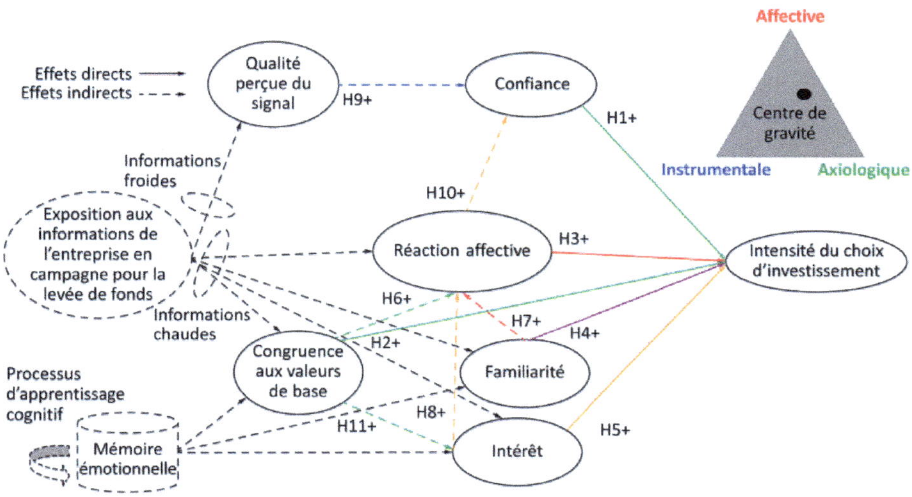

Figure 1.19. *Le modèle explicatif : rationalité de l'investisseur*

Ce dernier schéma (figure 1.19) essaie de faire le lien entre les effets du modèle explicatif et le triptyque de rationalité. Trois couleurs primaires (bleu, rouge et vert) sont respectivement associées aux trois formes de rationalité de l'investisseur : rationalité instrumentale, affective et axiologique.

Le schéma représente les associations entre liens de causalité et couleurs, certains liens ont pour couleur l'une des couleurs primaires. Par exemple, les liens prenant la Congruence aux valeurs de base comme point de départ (source) sont verts, couleur de la rationalité axiologique. Certains liens ont des couleurs issues de mélange. Comme le vert (résultant du mélange entre jaune et bleu) du segment reliant Confiance et Intensité du choix d'investissement ou le jaune (résultant du mélange entre vert et rouge) du segment reliant Réaction affective et Confiance.

Finalement aucune route causale n'est purement cognitive car la route causale partant de la Qualité perçue du signal vers la variable expliquée est bleue sur son premier segment (l'individu analyse froidement les signaux du projet dans une perspective de maximisation, choisir le projet qui réduit au minimum le risque d'agence), puis verte (résultant du mélange entre jaune et bleu mais d'un vert distinct de celui attribué à la rationalité axiologique) sur le segment reliant Confiance et Intensité du choix d'investissement.

De la même façon, aucune route causale n'est purement affective puisque la rationalité affective telle que nous l'appréhendons peut se comprendre comme une forme de rationalité instrumentale (voir brève réflexion du 3e point des postulats préalables de ce chapitre).

1.2.6. *En conclusion*

Cette section 1.2 s'ouvre sur une réflexion, préalable à la modélisation proprement dite, qui articule trois notions-clés intimement liées : la nature de l'incertitude, le concept de conséquentialisme et la rationalité de l'investisseur en equity crowdfunding. Comme nous l'indiquons, nous faisons le choix de nous situer dans un univers incertain dont les conséquences sont non probabilisables sinon par des probabilités subjectives. Les conséquences « qui comptent » sont définies, elles sont d'une grande variété et d'une grande complexité au regard des motivations idiosyncrasiques de l'investisseur. Ce dernier n'agit pas nécessairement de façon conséquentialiste, c'est par exemple le cas lorsqu'il effectue un choix sur une base purement axiologique. Quant à la rationalité de l'investisseur, nous la définissons comme étant à la croisée des sommets d'un triptyque composé des rationalités instrumentales, axiologiques et affectives. Nous précisons en quoi les théories d'évaluation cognitive et de tendance à l'action de notre cadre conceptuel nous incitent à parler de rationalité affective alors que ce rapprochement semble relever *a priori* de l'oxymore.

Ensuite, nous expliquons la démarche adoptée pour l'identification des variables du modèle explicatif, reposant notamment sur l'analyse du corpus collecté. Ce dernier nous a permis de faire des allers-retours entre théorie et données.

Ainsi, la variable Intérêt, dont l'importance est révélée dans la suite de cette recherche, nous est apparue dans les données, alors qu'elle nous avait échappé lors de notre revue de littérature. La variable relative aux valeurs de l'investisseur, la Congruence aux valeurs de base, issue initialement d'une inférence abductive, apparaît clairement dans les données, elle est également confortée par la théorie des valeurs empruntée au champ de la psychologie sociale. Des analyses textuelles lexicographiques du corpus de données qualitatives ont été employées pour confirmer le choix des variables et, dans une approche exploratoire, pour identifier les dimensions de certains construits dans la phase d'opérationnalisation. Aussi, nous avons systématiquement adossé les variables du modèle à la théorie. Dans la mesure où la condition de rétention d'une variable reposait sur la potentialité de sa capacité explicative du choix d'investissement, l'argumentation déployée a été retenue comme justification des premières hypothèses du modèle, reliant de façon directe variable explicative et expliquée.

Puis, dans l'étape d'élaboration du modèle de mesure, nous précisons la source des construits et les adaptations appliquées aux échelles d'origine.

Deux construits plongent leurs racines dans le marketing (construits Confiance et Familiarité), le construit Intérêt est adapté des sciences de l'éducation, la variable Congruence aux valeurs de base trouve sa source dans la psychologie sociale, la mesure de la Réaction affective provient de travaux en psychologie environnementale, celle de la Qualité perçue du signal emprunte aux travaux sur l'equity crowdfunding comme à ceux, plus anciens, sur le capital-risque. Deux construits sont formatifs (Familiarité et Qualité perçue du signal) afin de rendre compte du contexte spécifique de cette recherche. La nature mixte des construits du modèle comme le manque de stabilité de certains d'entre eux (particulièrement des construits formatifs), eu égard à la nature exploratoire de cette recherche, seront deux arguments forts du recours à l'approche *Partial Least Square* pour la modélisation du modèle explicatif. L'opérationnalisation de la variable Congruence aux valeurs de base est originale, elle est calculée, nous justifions théoriquement et empiriquement ce choix de modélisation. Les hypothèses restantes sont ensuite explicitées et justifiées.

Finalement, le modèle explicatif est présenté, assorti de plusieurs grilles de lecture complémentaire faisant à nouveau le lien avec certains composants du cadre théorique.

1.3. Le modèle individuel prédictif

Dans cette section, nous présentons un second modèle, individuel cette fois, car paramétré par les caractéristiques d'un individu, qui dérive directement du modèle explicatif développé dans la première section.

Nous commençons par présenter ce second modèle (section 1.3.1), lui donnons des soubassements théoriques (sections 1.3.2 et 1.3.3) puis définissons plusieurs concepts ainsi qu'une fonction mathématique qui l'implémente et le rend opérationnel (section 1.3.4).

1.3.1. *Présentation*

Cette présentation expose l'origine et l'objectif du modèle (section 1.3.1.1), établit le lien avec le modèle de la première section (1.3.1.2) puis présente ce modèle individuel comme une nouvelle perspective théorique complémentaire du modèle explicatif (section 1.3.1.3).

1.3.1.1. *Origine et objectifs du modèle*

1.3.1.1.1. Origine du modèle

À l'origine de cette thèse, les premières expériences de pensée réalisées vont déboucher sur deux intuitions, avant même que ne démarre la revue de la littérature, donc sans *a priori* théorique. Ces deux intuitions interreliées structurent les développements de ce travail[19]. La première intuition, devenue conjecture, était qu'*a priori*, les choix des investisseurs en equity crowdfunding étaient nécessairement fortement imprégnés d'une dimension affective, la seconde était que ces mêmes investisseurs choisissaient les projets qui leur correspondaient le plus. Dit autrement, ils choisissaient les projets avec lesquels le *matching* était le meilleur. Ces propositions, inférées par simple psychologie naïve vont trouver par la suite des soutiens théoriques dans la littérature, à commencer par celle sur l'equity crowdfunding. Tandis que Bessière et Stéphany (2015) pointaient la dimension affective du choix : « Compte tenu des informations mobilisées, l'évaluation du projet réalisée par la foule est de nature plutôt intuitive, voire affective, éventuellement renforcée par certaines connaissances ou croyances sur le secteur d'activité », Schwienbacher (2015) mentionnait explicitement le matching (projet/investisseur) organisé par les plateformes : « Le rôle principal de la plateforme est d'offrir un service de "matching" entre l'entreprise émettrice et la foule. »

1.3.1.1.2. Objectifs du modèle

Le premier objectif de ce modèle est intrinsèque, il s'agit de prédire (mais aussi expliquer, l'un ne va pas sans l'autre dans un contexte stable sinon stationnaire) les choix des investisseurs *a priori*, étant donnée la connaissance de certaines caractéristiques de l'individu. « A priori » signifie ici avant que l'investisseur n'ait pris connaissance des projets en compétition sur une plateforme. Plus précisément, le modèle individuel prédictif permet, pour un investisseur donné, de définir une relation ordinale *a priori* entre plusieurs projets en financement en fonction de sa structure de préférences, cette dernière étant fournie par voie déclarative. Nous précisons plus loin la portée et le contenu de cette structure de préférences individuelle.

Un second objectif est de nature extrinsèque et utilitaire, les résultats de ce modèle individuel prédictif nous permettent d'ajouter un élément de preuve complémentaire à la thèse défendue dans ce travail, l'approche est donc confirmatoire.

---

19. Précisons que complémentairement, des pistes de réflexion de mon directeur de thèse contribueront à l'émergence de la variable axiologique du modèle explicatif ainsi qu'au concept de rationalité affective.

1.3.1.2. *Le modèle individuel prédictif comme prolongement du modèle explicatif*

La formalisation de ce second modèle dérive directement du modèle explicatif pris comme point de départ, celui-ci étant supposé préalablement estimé sur un échantillon. Le modèle explicatif est transformé, essentiellement par troncature de la variable cognitive Qualité perçue du signal qui, en vertu de la thèse que nous défendons, n'est pas déterminante dans le choix des investisseurs en equity crowdfunding, dans un contexte privé d'interactions sociales, le choix étant essentiellement déterminé par l'affectif et les valeurs de l'investisseur. Autrement dit, ce second modèle part du présupposé que notre thèse est vraie, ce qui est cohérent avec le fait qu'il implémente la théorie du matching affectif qui fait de cette hypothèse un postulat (voir ci-après).

Aussi, l'élément de preuve additionnel de notre thèse par ce second modèle, évoqué comme un objectif extrinsèque du modèle individuel prédictif ci-avant, repose sur le raisonnement suivant : si la thèse défendue est vraie, alors un modèle s'appuyant sur cette hypothèse devrait donner des prédictions de qualité ; *a contrario*, si la thèse défendue est fausse, alors un modèle reposant sur cette hypothèse ne devrait pas produire de prédictions de bonne qualité.

Vu la nature de la thèse défendue, il nous semble que l'on ne peut pas arguer que celle-ci est peut-être sans lien avec la qualité de la prédiction du choix de l'investisseur, ce qui invaliderait le raisonnement précédent puisque par nature, la thèse défendue (le choix est affectif, la qualité du signal n'est pas un antécédent déterminant dans un contexte privé d'interactions sociales) est une explication du choix d'investissement.

1.3.1.3. *Un nouveau prisme de lecture*

Le modèle individuel prédictif place l'émotion au cœur du choix, un projet qui nous est « proche affectivement » nous correspond et nous attire. Notons que le modèle individuel prédictif s'appuie sur les émotions, mais de façon implicite car la variable Réactions affectives en est absente (sinon dans l'expression de ses variables exogènes qui sont précisément les « variables d'évaluation cognitive »). Seules les variables de l'évaluation cognitive, que nous appelons aussi « variables affectives » par abus de langage, c'est-à-dire les variables qui génèrent la réaction affective par *appraisal*, constituent le modèle.

Néanmoins, la Réaction affective s'écrivant comme une fonction linéaire monotone croissante des variables d'évaluation cognitive qui en sont les antécédents, un modèle basé sur la maximisation des valeurs de ces variables maximise aussi la Réaction affective afférente.

Ce modèle s'appuie sur un calcul de matching qui met en correspondance l'investisseur avec un projet donné. Plus précisément, la correspondance porte sur la structure de préférence de l'individu et les données du projet pertinentes au regard de cette structure de données. Nous notons que Ryu et Kim (2014) avaient déjà élaboré un modèle (*Crowdfunding Participation Model*) mettant en correspondance les caractéristiques du projet avec celles (les motivations) de l'investisseur, l'objectif étant toutefois différent : relier les caractéristiques du créateur aux motivations de l'investisseur *via* les caractéristiques du projet, ce qui n'est pas sans rappeler les chaînages cognitifs dans la théorie marketing du consommateur.

Ce second modèle offre un nouveau prisme de lecture du comportement de l'investisseur dont la lecture est la suivante : le choix résulte de la force de la correspondance liant les projets à l'investisseur.

La figure 1.20 présente le matching, soit la mise en correspondance des informations du projet avec la structure de préférence de l'individu, dont le premier résultat est une structure de données, la structure de congruence *a priori*, soient les 3 « variables affectives » ou d'évaluation cognitive, puis l'Intensité du choix d'investissement prédite ou attraction dans un second temps. Dans cette perspective, le choix ne dépend que des valeurs des 3 « variables affectives » résultant du matching sans que la Qualité perçue du signal ne soit prise en compte. Précisons encore que les variables Confiance et Réaction affective sont intégrées dans le modèle sous leur forme développée, c'est-à-dire en tant que fonction linéaire des « variables affectives ».

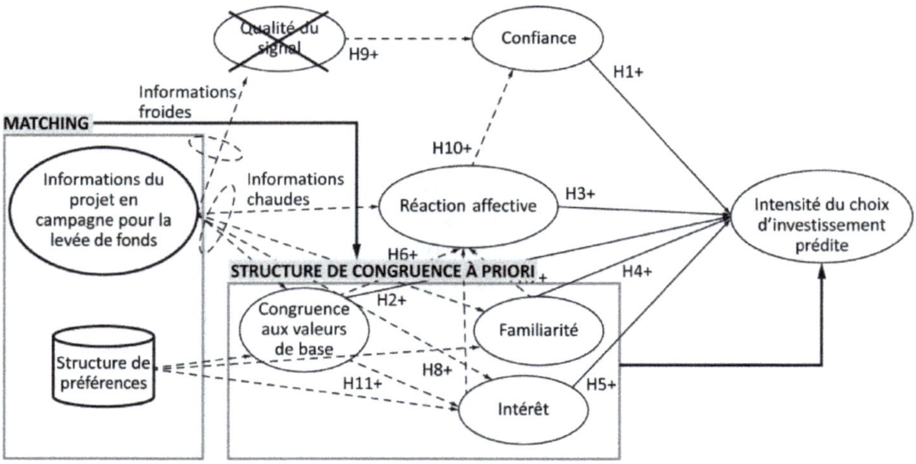

Figure 1.20. *Prisme de lecture du matching affectif*

1.3.2. *Théorie du* matching *affectif*

Comme nous l'avons mentionné, notre intuition première, celle d'un choix fondé sur une correspondance entre investisseur et projet trouve des échos dans la littérature financière, nous avons cité Schwienbacher (2015) évoquant explicitement le terme de matching. En restant dans la sphère de l'equity crowdfunding, nous avons également évoqué les travaux de Ryu et Kim (2014), mettant en correspondance motivations des investisseurs et caractéristiques du projet. Dans le capital-risque, nous pouvons ajouter Mason et Stark (2004) pour lesquels les *business angels* s'appuient sur un sentiment d'affinité subjectif : « In particular, because BAs are looking to take a more hands-on role in their investee businesses than are VCFMs, they place greater importance on the "chemistry" between themselves and the entrepreneur. » Dans le champ de la finance de marché, les travaux d'Aspara et Tikkanen (2011) montrent empiriquement que la plupart des investisseurs ont une motivation supplémentaire, fondée sur l'affectif, pour investir dans des actions, au-delà des rendements attendus. Les deux auteurs s'appuient sur la théorie *Affective self-affinities* ou ASA de Aspara *et al.* (2008), théorie intégrative (notamment des théories de l'attachement et de l'identité sociale) que nous aurions pu choisir, alternativement à celles retenues, comme socle pour la théorie du matching affectif étant donnée leur proximité théorique :

> « L'auto-affinité affective (ASA en anglais) d'un individu pour une chose donnée est définie comme la mesure qu'a un individu de percevoir une congruence affective positive entre la chose considérée et son identité. [...] Une personne ayant une relation d'affinité affective avec une entreprise aura tendance à lui accorder un traitement préférentiel et à la soutenir en étant prête à lui consacrer davantage de ses ressources rares. »

Après avoir évoqué plusieurs références de la littérature financière mettant en exergue le rôle d'une correspondance « investisseur – actif financier », nous énonçons dans l'encadré 1.11 la théorie du matching affectif.

La théorie du matching affectif postule que sous certaines conditions, les investisseurs choisissent l'actif financier qui leur correspond le plus, indépendamment de toute évaluation cognitive.

La correspondance ou matching porte d'une part sur les préférences de l'investisseur et d'autre part sur les caractéristiques de l'actif financier.

Les préférences constituent une structure appelée « structure de préférences » qui recouvre les préférences axiologiques, les préférences sur l'intérêt porté au domaine d'activité sous-jacent à l'actif financier ainsi que les préférences associées à d'autres « variables affectives », dépendantes de la nature de l'actif financier.

Les variables sur lesquelles les préférences sont définies sont dites « variables affectives », car il s'agit nécessairement de variables d'évaluation en entrée du processus d'évaluation cognitif, elles sont des antécédents de la Réaction affective.

L'intensité de la réaction affective associée à l'exposition d'un actif financier est proportionnelle à son attraction.

L'attraction ou Intensité du choix d'investissement prédite d'un actif financier pour un investisseur est le résultat du matching.

La distance affective est définie comme l'inverse de l'attraction ou Intensité du choix d'investissement prédite.

La théorie du matching affectif peut être reformulée : sous certaines conditions, l'investisseur choisit l'actif financier le plus attractif, soit celui qui minimise la distance affective ou de manière équivalente, maximise l'Intensité du choix d'investissement prédite et, par suite, maximise la Réaction affective.

Encadré 1.11. *La théorie du matching affectif*

Ces éléments appellent plusieurs remarques :

– nous ouvrons le champ d'application de cette théorie à la finance sans restriction car nous pensons que le concept est extensible au-delà de l'investissement en equity crowdfunding (voir conclusion générale) ;

– le choix du label matching plutôt que *fit* s'explique d'une part par la connotation financière du matching, procédure d'exécution des ordres de bourse pour la mise à jour des carnets d'ordre, et d'autre part par la finalité de la théorie du matching affectif. Celle-ci explique comment un investisseur choisit un actif financier dans certaines conditions, elle établit une correspondance et apparie l'investisseur et l'actif financier. Or, le terme anglais de matching rend compte des notions de correspondances et d'appariement ;

– il faut distinguer « matching affectif » qui est la théorie du « matching » ou procédure de « matching » qui calcule une attraction ou Intensité du choix d'investissement prédite, fonction de la qualité de la correspondance reliant l'individu et l'actif financier (voir plus loin pour davantage de précisions) ;

– le concept de « distance affective » illustre l'idée qu'un objet (actif financier dans notre cas) nous correspond s'il nous est proche. Par ailleurs, si la distance affective n'est pas formellement une distance mathématique, elle est indirectement implémentée par une mesure de similarité qui possède au moins deux propriétés d'une distance mathématique (voir plus loin) ;

– la phrase « l'intensité de la réaction affective associée à l'exposition d'un actif financier est proportionnelle son attraction » résonne comme une proposition, les détails donnés plus bas sur l'implémentation de l'attraction par le matching expliquent cette relation comme résultant du modèle d'équations structurelles associée au modèle explicatif ;

– la donnée d'une « structure de préférence individuelle » explique le label « individuel » du modèle : « modèle individuel prédictif ». Cette individualisation répond aux attentes d'évolution de la finance comportementale de Mangot (2013) : « un autre univers où la finance comportementale a trouvé des débouchés immédiats est celui de la gestion de fortune où ses découvertes sont précieuses pour améliorer la gestion de la relation-client ». Parmi les applications déjà intégrées chez certaines institutions, on peut citer les questionnaires de comportement qui se juxtaposent aux questionnaires de risque pour « cerner la personnalité financière des clients [...] la finance comportementale ne devrait pas, dans un futur proche, faire l'économie d'une démarche visant à personnaliser les comportements » ainsi qu'à la proposition de Wetzer (2008) :

> « Lorsqu'un client sollicite un conseil en investissement ou confie la gestion de son portefeuille à une PSI, la directive MIF impose aux entreprises de suivre une procédure appelée "test d'adéquation". Au cours de ce test, les PSI interrogeront le futur investisseur sur ses objectifs d'investissement, sa situation financière ainsi que sur ses connaissances et son expérience. [...] Il ne serait pas difficile au cours de ces tests, de prendre en compte certains aspects de la psychologie de l'investisseur en plus de sa situation financière. [...] La pertinence de l'investissement conseillé serait mesurée à la fois en termes d'objectifs financiers et de profil psychologique. »

Enfin, bien que dans notre modèle, les préférences déterminent une attraction et non une utilité, Belleflamme *et al.* (2014) font référence aux préférences dans le cadre d'une étude sur le crowdfunding, l'hétérogénéité des préférences des investisseurs est la source d'utilités de différentes natures pour l'investissement : « Our analysis relies on the assumption that consumers differ in the utility they receive from consuming the good and the community benefits associated with crowdfunding participation. The idea that consumer preferences are heterogeneous in the economy iswell recognized » ;

– la structure de préférence inclut les préférences sur les valeurs, nous avons opté pour la théorie des valeurs de base de Schwartz, qui comprend notamment la valeur Pouvoir par l'acquisition de richesse, ce qui signifie que la mise en œuvre de cette théorie peut rendre compte de motivations financières ;

– le choix d'une fonction objectif de maximisation de l'attraction des actifs financiers est comparable à celui proposé dans la théorie *Choosing by liking* de Daniel Kahneman : « In the nonanalytic procedure that I have called choosing by liking [...], the individual considers the global evaluation of the two options separately and *selects the option that has the higher global value without detailed comparison of the alternatives* » ;

– la maximisation de l'Intensité du choix d'investissement prédite ou attraction évoque les modèles de décision de type espérance d'utilité. Néanmoins, dans notre approche, la quantité maximisée, l'Intensité du choix d'investissement prédite n'est pas une utilité mais une attraction, résultant d'un matching entre l'individu et l'objet. Il ne s'agit donc pas d'une conséquence. Or, l'utilité est une théorie conséquentialiste. Rappelons aussi que nous avons posé comme postulat un triptyque de rationalité pour l'investisseur, incluant la rationalité axiologique qui est non conséquentialiste, ce qui signifie que le cas d'un investissement effectué par pure éthique de conviction (sans tenir compte des conséquences) est admissible et traité par notre « fonction objectif » tout comme les cas où les conséquences (financière et/ou non financières) entrent en ligne de compte. Néanmoins, si on ne peut parler formellement d'utilité, nous ne pouvons pas nous empêcher de penser que ce modèle offre une réponse (comme d'autres modèles par ailleurs) aux appels de nombreux théoriciens de champs en lien avec celui de la *decision and judgment making* pour des modèles de décision plus conformes à l'esprit de l'utilité des premiers précurseurs de l'économie. Ainsi, Bechara et Damasio (2005) déclarent :

> « [...] le développement de ce que l'on a appelé la théorie de "l'utilité espérée" était vraiment basé sur l'idée que les gens établissaient la valeur de leurs actions en fonction de la douleur et du plaisir que ces actions leur apporteraient. Aussi, l'"Utilité" a été conçue comme une balance entre douleur et plaisir. Ces notions de plaisir et de douleur ont été éliminées des notions d'utilité des modèles économiques ultérieurs. L'exclusion du rôle de l'émotion dans les décisions humaines, dans les modèles économiques actuels de l'utilité espérée, est donc incompatible avec ses fondements. »

En effet notre modèle intègre la quête de bien-être puisque l'actif financier choisi est celui qui maximise les réactions affectives de valence positive dont les plaisirs de Bentham font partie.

1.3.3. *Fondements théoriques*

L'attractivité organisationnelle (voir section 2.2.6 du volume 1) est une attitude affective positive vis-à-vis d'une organisation considérée comme particulièrement désirable, associée à la motivation d'établir une relation contractuelle avec elle

(Aiman-Smith *et al.* 2001 ; Lis 2012). Ce concept de GRH, présenté section 2.2.6 du volume 1, est mobilisé pour rendre compte de l'attrait d'une organisation auprès de candidats à l'embauche. Il nous intéresse dans la mesure où la situation de l'investisseur et du candidat à l'embauche est assez semblable. Tous deux font face à un déficit d'information, une asymétrie qu'ils cherchent à dépasser au moyen d'une évaluation, la finalité étant de s'engager dans une relation contractuelle avec l'organisation ciblée (Aiman-Smith *et al.* 2001). Or, faute d'informations disponibles, ils s'appuient sur une impression générale relative à l'attractivité de l'organisation (Rynes et Barber 1990 ; Turban *et al.* 1998).

La théorie du matching affectif peut être considérée comme le pendant de l'attractivité organisationnelle pour le champ de la finance. Outre le contexte, elle s'en démarque dans la mesure où elle place la correspondance (le matching) des caractéristiques de l'objet d'intérêt (l'actif financier) avec celles de l'investisseur (la « structure de préférences ») en son cœur alors que l'attractivité organisationnelle peut, selon Capelli *et al.* (2015), s'expliquer par d'autres cadres théoriques : la théorie de l'identité sociale (Ashforth et Mael 1989), la théorie du signal (Spence 1973), et celle du « *Fit* Individu-Organisation » (ou *Fit* I-O). Seconde différence, la théorie du matching affectif n'explique pas seulement l'attraction mais va plus loin en identifiant l'actif financier pressenti pour le choix effectif comme étant le plus attractif pour l'investisseur, indépendamment de tout jugement analytique. Ajoutons que la théorie du matching affectif est mobilisable préférentiellement pour des situations d'investissement financier spécifiques dans lesquelles certaines conditions accroissent sa pertinence : le manque de temps, le manque d'expertise, un contexte de persuasion publicitaire, etc., tandis que le recours à la théorie de l'attractivité organisationnelle ne nécessite pas de conditions particulières.

Conformément à notre cadre théorique, nous faisons reposer la théorie du matching affectif sur un socle théorique double et complémentaire, le *fit* I-O et l'hypothèse fondamentale partagée par les théories de la consistance cognitive.

Rappelons tout d'abord que les théories de la consistance cognitive (voir section 2.2.6.3 du volume 1) partagent l'explication suivante : les individus essaient de réduire l'inconfort induit par des dissonances, des incongruences ou des inconsistances nées de situations dans lesquelles deux cognitions (attitude, idée, croyance, etc.) sont incompatibles. L'inconfort agit comme une force motivationnelle homéostatique qui régule et rétablit un état cognitif satisfaisant (Osgood et Tannenbaum 1955 ; Festinger 1957 ; Heider 1958). Cette recherche de bien-être cognitif est aussi l'argument développé par Bechara et Damasio (2005) pour associer une explication psychologique à la théorie neurobiologique des marqueurs somatiques. En effet, les auteurs s'appuient sur les travaux de Overskeid (2000) pour lequel les gens sélectionnent les choix qui les font se sentir bien plutôt que ceux qui leur semblent les plus corrects, les plus rationnels. Nous notons que cette idée se rapproche en partie de l'utilitarisme de Bentham (1789) puisque celui-ci prône les actions favorisant le bien-être, en partie seulement, car il n'est pas question ici de conséquentialisme. Comme Overskeid, nous pensons que les individus, en particulier les investisseurs, agissent en sorte de préserver leur bien-être, en restant en accord avec eux-mêmes, notamment au moment de choisir un investissement, source de réactions affectives. D'ailleurs, les bénéfices de l'investissement lui-même sont possiblement comparables à ceux du consommateur lors de l'achat. Comme l'indique Filser (2015), « les bénéfices que l'individu retire de l'achat ne sont pas seulement procurés par les attributs objectifs du bien ou du service, mais aussi par l'état psychologique que l'achat lui-même procure. » Ainsi, cette recherche de bien-être s'appuie sur le principe général des théories de la consistance cognitive qui motive l'individu à faire un choix qui lui correspond, c'est-à-dire qui *fit* ses cognitions. Précisons que si ces cognitions sont des croyances, par exemple des valeurs, un investisseur mû par le désir d'enrichissement, conformément à sa valeur dominante de « pouvoir par l'enrichissement », ressentira un état de bien-être s'il sélectionne un actif financier perçu comme rentable ; il n'y a donc pas d'incompatibilité entre le désir de bien-être et la nature des motivations en jeu.

La théorie du *fit* I-O (Chatman 1989 ; Kristof 1996 ; Chapman *et al.* 2005) dérive du modèle Attraction-Sélection-Attrition de Schneider (1987) qui s'inscrit lui-même dans le courant interactionniste (voir section 2.2.6.2 du volume 1). Pour ce courant de pensée, seule la conjonction de l'individu et de la situation permet de prédire les comportements. La théorie du *fit* I-O, plus spécifique que le modèle ASA, explique que les individus sont attirés par les organisations dont les valeurs et normes sont congruentes à leurs propres valeurs et normes de comportement. En outre, la force de l'attraction est proportionnelle à l'intensité du *fit* perçu entre les valeurs de l'individu et celles de l'organisation.

Si cette théorie correspond bien au matching que nous proposons, la différence principale porte sur les attributs de l'individu utilisés pour le calcul de l'intensité de la congruence. Le *fit* I-O circonscrit ces attributs aux valeurs et normes de comportement alors que le matching opère sur une structure de préférence qui, au-delà des valeurs de l'investisseur, intègre d'autres variables telles que l'intérêt pour le domaine d'activité sous-jacent à l'actif financier pour le cas de l'equity crowdfunding. Or, cette différence est sensible comme en témoigne l'analyse des résultats du modèle explicatif (voir chapitre 3). Ces derniers montrent que, dans le cadre de notre recherche, le *fit* I-O seul ne suffirait pas à expliquer les choix des investisseurs. Cela justifie de la nécessité d'une théorie *ad hoc* propre au champ de la finance. Néanmoins, la parenté de ces deux théories est forte comme en témoigne aussi leur mode d'implémentation respectif, point que nous mentionnons plus loin.

1.3.4. *Définitions et opérationnalisation*

1.3.4.1. *La structure de préférence*

DÉFINITION.– La structure de préférence de l'investisseur est une structure de données composée de trois ensembles ordonnés (ou classements hiérarchiques), un ensemble ordonné de valeurs, un ensemble ordonné de données de familiarité et un ensemble ordonné de données d'intérêt.

Dans le cadre de notre recherche, nous avons choisi d'associer l'intérêt et la familiarité au domaine d'activité des projets par souci de simplicité mais aussi parce que le domaine d'activité est une caractéristique pertinente révélée par l'analyse de notre corpus et partagée par ces deux variables : indicateur ATTR1 pour le construit Familiarité et tous les indicateurs de la dimension intérêt individuel pour le construit Intérêt. La collecte de la structure de préférences de l'investisseur est réalisée par la méthode d'évaluation contingente qui consiste à recueillir les préférences par questionnaire. Selon Ruffieux *et al.* (2008) :

> « Pour un économiste, les préférences des individus s'expriment au travers des comportements d'achat sur les marchés. [...] Lorsqu'il n'est pas possible de déduire les CAP[20] de l'observation directe des comportements d'achat sur les marchés, il est souvent possible de mobiliser d'autres méthodes. L'une d'entre elles, largement utilisée, est *la méthode d'évaluation contingente. Elle permet de révéler les préférences exprimées directement par les individus. Elle se fonde sur le relevé des intentions déclarées par les individus et non pas sur des comportements effectifs.* »

Exemple de structure de préférence

Préférences pour les valeurs de base :

Autonomie > Stimulation > Universalisme > Sécurité > Bienveillance > Réalisation > Pouvoir > Tradition > Hédonisme > Conformité

Préférence pour l'intérêt relatif au domaine d'activité :

Le commerce équitable > Le domaine médical > Les remèdes ou les recettes traditionnelles > Les nouveaux usages technologiques

---

20. CAP est un acronyme pour Consentement à payer individuel, il s'agit du prix maximum que l'agent économique est prêt à payer, dans des conditions normales de marché, pour acquérir un bien ou un service.

Préférence pour la familiarité relative au domaine d'activité :

Le domaine médical > Le commerce équitable > Les remèdes ou les recettes traditionnelles > Les nouveaux usages technologiques

1.3.4.2. *La structure de congruence* a priori

DÉFINITION.– La structure de congruence *a priori* est la donnée des valeurs numériques prises par les variables *CVB*, *Fam* et *Int* (comprises dans l'intervalle [0-1]) relatives aux construits Congruence aux valeurs de base, Familiarité et Intérêt pour un investisseur et un projet. Ces trois valeurs numériques sont le résultat de la procédure de matching (présenté ci-après) entre d'une part les données associées à un projet (valeur promue et domaine d'activité) et d'autre part, la structure de préférence de l'investisseur. Ces trois variables numériques mesurent la qualité de la congruence ou correspondance entre un individu et un projet : plus leur valeur est proche de 1 et plus la congruence est de qualité.

1.3.4.3. *La procédure de* matching, *l'Intensité du choix d'investissement prédite ou attraction et la Distance affective*

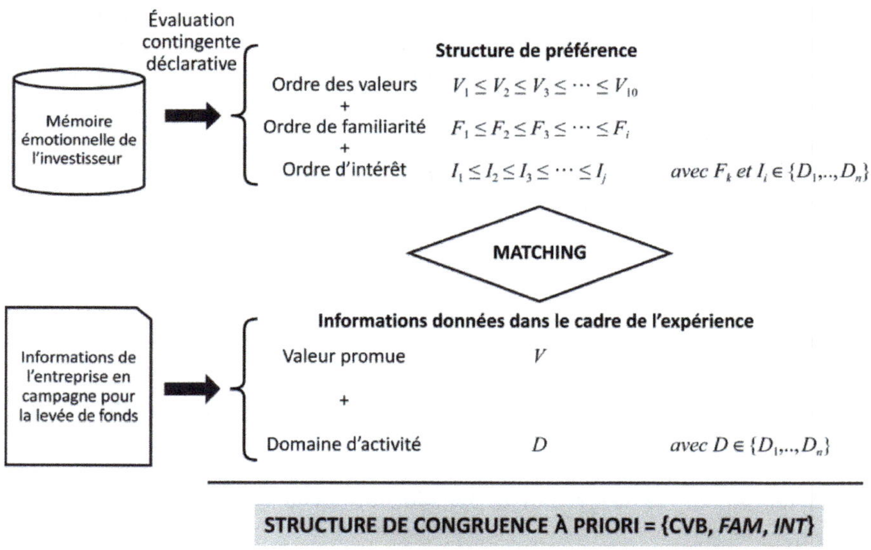

Figure 1.21. *Le premier temps du matching*

DÉFINITION.– La procédure de matching ou « matching » a pour résultat l'attraction ou Intensité du choix d'investissement prédite. C'est une procédure décomposée en deux temps dont le premier établit une correspondance entre l'individu et le projet par une fonction qui a pour opérandes l'information du projet et la structure de préférence de l'investisseur et a pour résultat la structure de congruence de l'individu (dans $[0,1]^3$) :

matching (Individu, Projet) =

matching (Information du projet, structure de préférence) = {*CVB, Fam, Int*}

Cette fonction s'appuie sur une mesure de similarité présentée plus loin. La figure 1.21 illustre le premier temps de la procédure de matching.

L'attraction ou Intensité du choix prédite

Les variables

ICI	: Intensité du choix d'investissement
Conf	: Confiance
RA	: Réaction affective
Fam	: Familiarité
Int	: Intérêt
QS	: Qualité du signal
CVB	: Congruence aux valeurs de base

Les équations

$$\left.\begin{array}{c} ICI = \alpha_1 Conf + \alpha_2 RA + \alpha_3 Fam + \alpha_4 Int + \alpha_5 CVB + \varepsilon_1 \\ Conf = \beta_1 QS + \beta_2 RA + \varepsilon_2 \\ RA = \gamma_1 CVB + \gamma_2 Fam + \gamma_3 Int + \varepsilon_3 \\ Int = \delta_1 CVB + \varepsilon_4 \end{array}\right\} \Rightarrow$$

$$ICI = \alpha_1 \left(\beta_1 QS + \beta_2(\gamma_1 CVB + \gamma_2 Fam + \gamma_3(\delta_1 CVB))\right) + \alpha_2(\gamma_1 CVB + \gamma_2 Fam + \gamma_3(\delta_1 CVB)) + \alpha_3 Fam + \alpha_4(\delta_1 CVB) + \alpha_5 CVB + \varepsilon_5 \quad [1.1]$$

$$\Leftrightarrow$$

$$ICI = (\alpha_1\beta_1)QS + (\alpha_1\beta_2\gamma_1 + \alpha_1\beta_2\gamma_3\delta_1 + \alpha_2\gamma_1 + \alpha_2\gamma_3\delta_1 + \alpha_4\gamma_1 + \alpha_5)CVB + (\alpha_1\beta_2\gamma_2 + \alpha_2\gamma_2 + \alpha_3)Fam + \varepsilon_5 \quad [1.2]$$

$$\Leftrightarrow$$

$$\boldsymbol{ICI = A.QS + B.CVB + [.Fam + \varepsilon_5}$$

$$[1.1] \Leftrightarrow \quad [1.3]$$

$$ICI = \alpha_1 \left(\beta_1 QS + \beta_2(\gamma_1 CVB + \gamma_2 Fam + \gamma_3(\delta_1 CVB))\right) + \alpha_2(\gamma_1 CVB + \gamma_2 Fam + \gamma_3(\delta_1 CVB)) + \alpha_3 Fam + \alpha_4 Int + \alpha_5 CVB + \varepsilon_5 \quad [1.4]$$

$$\Leftrightarrow$$

$$ICI = (\alpha_1\beta_1)QS + (\alpha_1\beta_2\gamma_1 + \alpha_1\beta_2\gamma_3\delta_1 + \alpha_2\gamma_1 + \alpha_2\gamma_3\delta_1 + \alpha_5)CVB + (\alpha_1\beta_2\gamma_2 + \alpha_2\gamma_2 + \alpha_3)Fam + \alpha_4 Int + \varepsilon_5 \quad [1.5]$$

$$\Leftrightarrow$$

$$\boldsymbol{ICI = A.QS + B'.CVB + \Gamma.Fam + \Delta.Int + \varepsilon_5} \quad [1.6]$$

Figure 1.22. *Intensité du choix d'investissement et équations structurelles du modèle explicatif*

Rappelons que l'Intensité du choix d'investissement est la variable expliquée du modèle explicatif de la section 1.2.

La figure 1.22 procède par factorisations sur le modèle d'équations structurelles de la section 1.2 pour mettre en évidence la relation entre la variable expliquée et les variables exogènes (équation [1.3]) mais surtout afin de faire apparaître la relation liant l'Intensité du choix d'investissement à la variable cognitive (*QS*) ainsi qu'aux trois variables d'évaluation affective de la structure de congruence *a priori* : *CVB*, *Fam* et *Int* (équation [1.6]).

DÉFINITION.– L'Intensité du choix d'investissement prédite (ICIp) ou attraction est le résultat final du matching. L'Intensité du choix d'investissement prédite est un proxy de l'Intensité du choix d'investissement calculé exclusivement à partir de la structure de congruence *a priori*, c'est le second temps de la procédure de matching.

Pour un individu I et un projet P, elle vaut :

$$Attraction\,(I,P) = ICIp(I,P) = \alpha.CVB + \beta\,.Fam + \gamma.Int \qquad [1.7]$$

avec $\alpha, \beta, \gamma \in \mathcal{R}$, les coefficients de l'équation linéaire obtenus par estimation (*via* l'approche SmartPLS présentée dans le chapitre 3), *CVB*, Fam et *Int* $\in [0,1]$ étant les variables de congruences *a priori* pour les valeurs, la familiarité et l'intérêt.

L'équation [1.7] dérive directement du modèle explicatif et de la structure de préférence individuelle de l'investisseur (nécessaire au calcul de la structure de congruence *a priori*). Le passage de [1.6] à l'équation [1.7] n'est pas formelle mathématiquement, l'approximation résulte essentiellement de l'éviction de la variable Qualité perçue du signal en vertu de la thèse que nous défendons.

Finalement, la théorie du matching affectif affirme que, sous certaines conditions, l'investisseur I devrait choisir le projet qui lui correspond le plus sur la plateforme d'investissement *Plateforme*, c'est-à-dire le projet P_α le plus attractif, solution d'une optimisation locale (c'est-à-dire optimisation circonscrite aux projets de la plateforme *Plateforme*) :

$$arg \max_{P_\alpha} Attraction(I,P) = \{P_\alpha | \forall\, P \in Plateforme : Attraction(I, P_\alpha) \geq Attraction(I,P)\}$$

Nous définissons également la distance affective qui nous sera utile à l'interprétation des résultats (voir section 3.5 du chapitre 3).

DÉFINITION.– La distance affective est l'inverse de l'Intensité du choix d'investissement prédite :

$$DA(I,X) := \frac{1}{IClp(I,X)}$$

1.3.4.4. *Le vecteur de choix* a priori

DÉFINITION.– Le vecteur de choix *a priori* est un vecteur de projets, ordonnés par une Intensité du choix d'investissement prédite croissante avec l'indice de la composante vectorielle.

Le calcul de l'Intensité du choix d'investissement prédite ou de manière équivalente de la Distance affective permet donc d'ordonner les projets en fonction de leur attractivité *a priori*.

La figure 1.23 illustre le cas de 4 projets en compétition sur une plateforme d'equity crowdfunding, l'Intensité du choix d'investissement prédite et la Distance affective calculés pour un individu I et chaque projet permet de déterminer un ordre *a priori* sur l'attraction des 4 projets, le vecteur de choix *a priori* est le suivant :

$$(A_{\alpha 1}, A_{\alpha 2}, A_{\alpha 3}, A_{\alpha 4}) \qquad \text{avec } \alpha_i \in \{1,..,4\}$$

Dans cet exemple, $A_{\alpha 4}$ est le projet qui maximise l'intensité du choix d'investissement prédite, c'est le projet le plus attractif que devrait *a priori* (avant qu'il ne prenne connaissance des projets) choisir l'individu I, car c'est celui qui correspond le plus à sa structure de préférence (et minimise la distance affective).

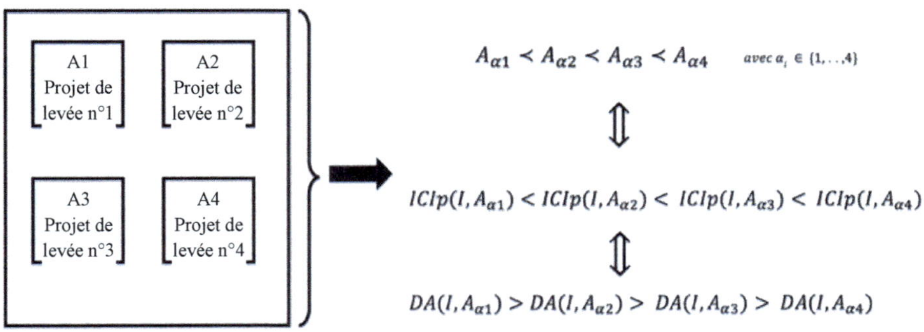

Figure 1.23. *Matching affectif et ordre des projets*

1.3.4.5. *Choix d'une méthode de calcul de la « distance » entre deux vecteurs…*

Si la théorie du matching affectif trouve un support théorique dans la théorie du *fit* I-O, la mesure de l'écart entre l'individu et le projet (fonction de *matching*) que nous avons définie est cohérente avec les modes classiques d'opérationnalisation du *fit* I-O.

Kristof (1996) évoque les méthodes d'évaluation du *fit* I-O comme suit :

> « Une seconde méthode populaire pour évaluer l'adéquation entre personne et organisation consiste à réduire cette mesure en un seul indice reflétant le degré de similitude entre elles. Les chercheurs ont généralement utilisé l'indice de congruence bivarié de différence algébrique (X-Y), absolue (| X-Y |) ou élevée au carré $(X\text{-}Y)^2$. Dans le cas de plusieurs variables, les indices de similarité de profil (PSI) tels que la somme des différences algébriques (D1), la somme de la différence absolue (| D |), la somme des différences au carré (D2), la distance euclidienne (D), ou la corrélation entre deux profils (Q) sont utilisés. »

1.3.4.5.1. … pour opérationnaliser le *matching*

La distance de Spearman permet la mesure de la similarité entre deux vecteurs ordonnés d'une variable nominale en opérant sur les rangs des modalités de la variable :

$$d_{ij} = \sum_{k=1}^{n} (x_{ik} - x_{jk})^2$$

Par exemple[21], si l'on demande à deux personnes A et B leur mode de transport préféré, nous pouvons obtenir pour A : [Bus, Voiture, Train] et pour B : [Voiture, Bus, Train].

Si l'on prend le vecteur de A comme vecteur de référence des rangs, il vient rang (Bus) = 1, rang (Voiture) = 2 et rang (Train) = 3. Le vecteur A se réécrit [1,2,3] tandis que le vecteur B s'écrit [2,1,3] en termes de rangs.

Dans ce cas, la distance de Spearman vaut $(1\text{-}2)^2+(2\text{-}1)^2+(3\text{-}3)^2 = 1 = 1+0 = 2$.

---

21. Cet exemple est emprunté au blog du professeur en sciences informatiques Kardi Teknomo de l'université de Ateneo de Manille (disponible à l'adresse : https://people.revoledu.com/kardi/tutorial/Similarity/SpearmanDistance.html).

Selon nous, cette mesure de similarité ne rend pas compte de l'importance de la position de la permutation dans le vecteur, car que celle-ci ait lieu en tête ou en queue de vecteur ne modifie pas la distance. Par exemple, nous avons calculé précédemment :

Distance ([**1,2**,3] ; [**2,1**,3] = 2 avec une permutation en tête

Nous obtenons le même résultat soit 2 avec une permutation en queue de vecteur :

Distance ([1,**2,3**] ; [1,**3,2**] = 2 avec une permutation en queue

Or la position compte, cela devient évident si l'on prend un exemple plus approprié comme le classement ATP.

Selon que la permutation impacte les deux premiers joueurs du classement ou les joueurs classés respectivement à la 100e et la 101e place, la perception de l'importance de la modification de la structure de rang du classement ne sera pas la même pour les observateurs. Dans le premier cas, les commentaires diront que le sommet de la hiérarchie est bouleversé, dans le second cas, il n'y aura simplement aucun commentaire car l'événement sera jugé comme sans importance.

Ainsi, il serait souhaitable que la mesure de similarité calcule une distance inférieure dans le second cas (le classement est peu modifié, les classements avant et après permutation de rang restent proches) au premier cas (le classement ATP a subi un choc subjectivement plus important).

Dans le même esprit, dans le cadre de notre recherche, nous estimons qu'une prédiction qui échoue en queue de vecteur de choix *a priori* mais prédit correctement les premiers choix est plus performante, *mutatis mutandis*, c'est-à-dire à nombre et écart de permutation identiques, qu'une prédiction qui échouerait à prédire les premiers choix mais prédirait correctement les derniers choix.

Nous proposons donc une mesure de similarité, variante de la distance de Spearman qui tient compte de la profondeur des permutations.

DÉFINITION.– Dans notre recherche, la « distance » de deux vecteurs ordonnés se calcule comme la moyenne des écarts de rang des composants appariés des vecteurs, les écarts étant pondérés par l'inverse de la position de la paire dans le couple de vecteurs, celle-ci étant égale au plus petit rang des composants de la paire.

EXEMPLE.– La fonction « distance » doit rendre compte d'une proximité supérieure entre les vecteurs Vecteur 1 et Vecteur 3 relativement aux vecteurs Vecteur 1 et Vecteur 2 :

Vecteur 1 = ($V_1 \leq \underline{\mathbf{V_2}} \leq V_3 \leq V_4 \leq V_5 \leq V_6$) Écart de rang 2 de profondeur 2

Vecteur 2 = ($V_1 \leq V_4 \leq V_3 \leq \underline{\mathbf{V_2}} \leq V_5 \leq V_6$)

Vecteur 1 = ($V_1 \leq V_2 \leq V_3 \leq \underline{\mathbf{V_4}} \leq V_5 \leq V_6$) Écart de rang 2 de profondeur 4

Vecteur 3 = ($V_1 \leq V_2 \leq V_3 \leq V_6 \leq V_5 \leq \underline{\mathbf{V_4}}$)

Formulation générale d'une mesure de similarité *ad hoc* pour notre recherche : soient deux vecteurs ordonnés $U(U_1 \leq ... \leq U_n)$ et $V(V_1 \leq ... \leq V_m)$ avec $m \leq n$ *avec* $(m, n) \in \mathbb{N}^* \times \mathbb{N}^*$ et U_i, $V_j \in \{\alpha_1, ..., \alpha_N\}$ N modalités d'une variable nominale :

$$Distance'(\mathrm{U,V}) := \sum_{i=1}^{n} |i-j| \times \frac{1}{n \times \min(i,j)}$$

avec :

i = rang U_i dans U soit i ;

j = rang V_j dans V si $\exists\ V_j \in$ V tq $U_i = V_j$;

j = i sinon.

Propriétés de la mesure de similarité proposée :

– la propriété de symétrie ($\forall$ (U,V), « Distance » (U,V) = « Distance » (V,U)) est directe et découle de l'expression de « Distance » (U,V) qui s'écrit comme une fonction de deux fonctions symétriques (valeur absolue et min) ;

– concernant la propriété de séparation ($\forall$ (U,V), « Distance » (U,V) = 0 $\Leftrightarrow$ U = V) :

- l'implication (« Distance » (U,V) = 0 $\Rightarrow$ U = V) se démontre par raisonnement par contraposée (i.e U $\neq$V $\Rightarrow$ « Distance » (U,V) $\neq$ 0). Si U $\neq$V alors il existe au moins un écart de rang non nul et strictement positif ($|i-j_i|>0$) pondéré par une quantité également strictement positive, par suite « Distance » (U,V) > 0 ;

- l'implication réciproque (U = V $\Rightarrow$ « Distance » (U,V) = 0) est directe puisque U=V signifie que les écarts de rang s'annulent terme à terme ($|i-j_i|=|i-i|$).

Nous n'avons pas démontré l'inégalité triangulaire, ce qui explique notre utilisation de guillemets pour évoquer cette distance. À ce stade, il est plus prudent de parler de mesure de similarité.

Si l'on revient à l'exemple des préférences de mobilité des individus A et B : avec la distance de Spearman, nous avions :

Distance ([**1,2**,3] ; [**2,1**,3] = 2 = Distance ([1,**2,3**] ; [1,**3,2**] = 2

Avec la mesure de similarité que nous avons définie, nous obtenons :

« Distance » ([**1,2**,3] ; [**2,1**,3] = |1-2|/1+|2-1|/1+|3-3|/0 = 2

« Distance » ([1,**2,3**] ; [1,**3,2**] = |1-1|/1+|2-3|/2+|3-2|/2 = 1

Nous obtenons le résultat souhaité, cette fois la distance calculée avec les deux vecteurs ayant une permutation de profondeur 2 est inférieure à celle de deux vecteurs ayant une permutation de profondeur 1.

Le calcul de la fonction de matching est un cas d'usage particulier de cette fonction de similarité puisque si le premier opérande est un ordre de préférence (assimilable à un vecteur ordonné), le second opérande est une valeur (valeur promue ou domaine d'activité). La mesure de similarité fonctionne en l'état (voir cas $j_i = i$ sinon dans la formulation générale), une version calculatoire simplifiée est calculée comme suit[22] : si le vecteur V est de dimension 1 et de composante v alors la formulation générale devient :

« Distance » (U,V) = $\frac{k-1}{n}$

avec U de dimension n et k le rang de la composante unique v du vecteur V dans U.

Néanmoins, la version générale de la mesure de similarité pourrait être utilisée pour des modélisations plus sophistiquées que celle retenue avec des caractéristiques hiérarchisées pour le projet tout comme elles le sont pour l'investisseur.

1.3.4.5.2. ... pour disposer d'une mesure d'erreur de prédiction pour le modèle individuel prédictif

La qualité de la prédiction du modèle individuel prédictif doit être mesurée. La comparaison porte sur les deux vecteurs suivants : le vecteur de choix *a priori* et le vecteur de choix *a posteriori* défini par les choix réels de l'individu.

Il s'agit donc de calculer une « distance » entre ces deux vecteurs :

$$Distance(Vecteur\ de\ choix\ a\ priori, \boldsymbol{Vecteur\ de\ choix\ a\ posteriori})$$
$$=$$
$$Distance(A_{\alpha 1} \prec A_{\alpha 2} \prec A_{\alpha 3} \prec A_{\alpha 4}, \boldsymbol{A_{\alpha' 1} \prec A_{\alpha' 2} \prec A_{\alpha' 3} \prec A_{\alpha' 4}})$$

22. Un exemple d'utilisation (calcul de *CVB*) est exposé dans le chapitre 3 de ce volume (section 3.5) qui détaille l'implémentation du matching.

Pour cet objectif, nous proposons d'utiliser la mesure de similarité proposée, précisément en raison du motif qui nous a encouragé à la définir, c'est-à-dire la nécessité de tenir compte de la profondeur des permutations de rang dans le vecteur.

1.3.5. *En conclusion*

Dans cette section 1.3, nous exposons tout à la fois la théorie du matching affectif et le modèle individuel prédictif qui en est une implémentation possible. Cette théorie, offrant un nouveau prisme de lecture pour l'investissement en equity crowdfunding, est à la finance entrepreneuriale ce que l'attraction organisationnelle est à la GRH et s'explique par le *fit* I-O et l'hypothèse fondamentale partagée par les théories de la consistance cognitive. Le modèle individuel prédictif dérive directement du modèle explicatif, celui-ci étant tronqué de sa variable cognitive (en vertu de la thèse défendue, cette dernière étant intégrée comme postulat dans la théorie du matching affectif) et paramétré par la structure de préférence de l'investisseur. Le vocabulaire spécifique de ce modèle est présenté ainsi qu'une mesure de similarité originale utilisée à la fois pour la fonction de matching mais aussi pour la mesure de la qualité de la prédiction, l'enjeu de la qualité de la prédiction étant de conforter la thèse défendue, prise comme postulat de ce modèle individuel.

1.4. Conclusion

Ce premier chapitre est celui de la modélisation. Après avoir précisé notre positionnement à l'égard de plusieurs points théoriques (incertitude, conséquentialisme et rationalité) et formulé des postulats préalables à la modélisation, nous spécifions le modèle explicatif en plusieurs étapes : les variables sont identifiées dans la littérature et les données, leur mesure est précisée puis les hypothèses du modèle sont posées.

Un second modèle, appelé modèle individuel prédictif, dérivant directement du modèle explicatif est ensuite exposé. Ce modèle est une implémentation d'une nouvelle théorie proposée pour rendre compte des choix des investisseurs financiers, notamment en equity crowdfunding : le matching affectif. Nous donnons des racines théoriques à cette théorie, définissons le vocabulaire spécifique du modèle individuel prédictif puis exposons une mesure de similarité originale qui permet de l'opérationnaliser mais aussi de contrôler la qualité des résultats prédits.

Chapitre 2

Expérimentation

2.1. Protocole expérimental

Historiquement, la psychologie est la première discipline des sciences sociales à recourir à l'approche expérimentale pour l'étude des comportements induits par des stimuli dans des conditions fortement contrôlées. On peut faire remonter les origines de l'approche expérimentale en économie aux travaux de Thurstone (1931) qui, sur les recommandations d'un ami et professeur de psychologie de l'université de Chicago, applique la démarche expérimentale à une question économique afin de lui donner des soubassements empiriques. Thurstone cherche à définir les courbes d'indifférence représentatives des préférences des individus par une simulation de choix entre différentes combinaisons de biens (chapeaux et chaussures). Le scepticisme inspiré par la nature artificielle des gains afférents aux choix des participants mènera les économistes à user d'incitations financières réelles pour concrétiser les conséquences des choix et garantir le sérieux et la motivation des participants.

Quelques années plus tard, Chamberlin (1948) et Smith (1962), deux autres précurseurs, ouvriront la voie de l'économie expérimentale. Cette discipline émergente connaîtra un développement important grâce à la théorie des jeux de Neumann et Morgenstern (1944) dont le formalisme se prête bien aux protocoles expérimentaux rigoureux. La théorie de l'utilité espérée sera particulièrement testée et remise en cause par une succession de paradoxes (paradoxe d'Allais, paradoxe d'Ellsberg[1]) grâce aux expérimentations de laboratoire.

Plus récemment, l'approche expérimentale, complémentaire des approches théoriques et empiriques, a gagné ses lettres de noblesse avec l'attribution du prix Nobel d'économie en 2002 au psychologue Daniel Kahneman et à l'économiste Vernon Smith qui représentent les deux courants de l'expérimentation en économie.

1. Voir (Kast 2002).

L'apport indiscutable de la démarche expérimentale tient dans la possibilité d'isoler les variables en présence, manipuler des variables d'intérêt dans un environnement contrôlé correspondant au *queteris paribus* du raisonnement économique grâce à un dispositif reproduisant artificiellement une situation naturelle. Aussi, l'objet de l'expérimentation de laboratoire est la compréhension des causalités plus que des corrélations. La possible reproduction des expériences est une autre caractéristique distinctive de cette démarche qui s'accorde bien avec l'approche de validation progressive des théories par accumulation de preuves ou, *a contrario*, à la réfutation par falsification, démarche épistémologique préconisée par Popper (Chalmers 1987). De plus, comme le remarquent Broihanne *et al.* (2004), la méthode expérimentale n'est pas une fin en soi, elle ne se substitue pas à l'analyse des données de terrain mais peut apporter un début ou un complément d'explication sur un phénomène observé ou supposé.

Dans les sciences de gestion, l'expérimentation de laboratoire reste peu employée, sinon dans le champ du marketing (Lesage 2000). Lesage définit cette approche comme une « observation factuelle sous facteurs contrôlés ». Elle consiste à « reproduire en laboratoire[2] un événement naturel afin d'en faciliter son observation et de disposer de données aisément reproductibles ».

Dans le cadre de notre recherche, nous avons décidé d'étudier en laboratoire les conséquences sur les choix de l'exposition des investisseurs individuels à l'information d'une campagne de levée de fonds de plusieurs projets en compétition sur une plateforme fictive d'*equity crowdfunding*. Aussi, les réactions affectives, au cœur de notre modèle explicatif, sont provoquées et mesurées. Les vidéos de *pitch* des entrepreneurs font office de stimuli, ce sont de puissants inducteurs d'émotions, car elles plongent le sujet dans une histoire qui possède sa propre dynamique et une complexité qui rend le stimulus écologique, c'est-à-dire proche des conditions réelles (Gil 2009). Pour ce qui concerne la mesure des réactions affectives, nous avons recours à l'échelle de Mehrabian et Russel (1974) qui recueille par auto-évaluation les caractéristiques de la dimension cognitive des émotions : le plaisir (ou valence), défini sur un continuum plaisir/déplaisir relatif à la satisfaction et au bien-être du sujet et l'activation, définie sur un continuum calme/excitation qui fait référence au degré d'éveil du sujet.

Dans cette première section, nous justifions tout d'abord du recours à une expérimentation de laboratoire et précisons nos objectifs (section 2.1.1), puis nous décrivons le processus de recrutement des participants (section 2.1.2), le protocole expérimental (section 2.1.3) et le plan d'expérience (section 2.1.4) réalisé.

2. Une expérimentation peut aussi se dérouler en milieu naturel (Petit 2013).

2.1.1. *Justification et objectifs*

2.1.1.1. *Justification*

Afin de confronter empiriquement le modèle explicatif par équations structurelles et le modèle individuel prédictif qui en découle, il était nécessaire de collecter des données. Si dans un premier temps, nous avons envisagé d'administrer une enquête aux investisseurs d'une plateforme d'equity crowdfunding[3], nous avons abandonné cette option, car l'objectif même de cette recherche n'est pas aligné sur les intérêts des plateformes, ces dernières souhaitant véhiculer l'image d'un placement risqué mais raisonné.

Par ailleurs, l'option consistant à administrer le questionnaire en ligne et sans contrôle ne semblait pas envisageable, dans la mesure où sa durée est approximativement d'une heure, ce qui supposait sérieux et forte motivation de la part du répondant. De plus, dans notre cas, le participant est censé ne pas avoir d'échange, d'aucune sorte, ce que ce mode de collecte de données ne garantit pas.Aussi, nous avons examiné l'option d'une expérimentation de laboratoire ou expérimentation *in vivo*.

Selon les critères de Yin (2009), les caractéristiques de cette recherche correspondent à la méthode expérimentale car :

1) la question de cette recherche est de type « comment » puisqu'elle peut être reformulée en : « Comment les investisseurs en equity crowdfunding choisissent-ils leurs projets ? » ;

2) cette recherche nécessite un contrôle des comportements : comme nous l'avons mentionné, il importe de s'assurer que les participants n'aient pas d'échange, et respectent une durée raisonnable pour la prise de connaissance des informations sur lesquelles repose l'analyse ;

3) cette recherche est centrée sur des événements contemporains.

Les avantages d'une expérimentation de laboratoire sur une enquête par administration de questionnaire sont multiples :

– le contrôle du respect de la procédure : dans notre cas, l'observation d'un temps suffisant pour l'analyse des *business plans*, la visualisation des vidéos de pitch dans leur intégralité et l'absence d'échanges entre participants ;

3. À cette fin, nous avons participé à la 3e édition de la Fête du *crowdfunding* du 28 mai 2016 à l'ESCP Europe et noué des contacts avec plusieurs responsables de plateformes d'equity crowdfunding.

– l'approche expérimentale est indiquée dans le cas des recherches de causalité alors que les techniques d'enquêtes le sont pour les recherches corrélationnelles. En effet, seule la recherche expérimentale garantit le respect des trois conditions nécessaires à la causalité posées par les travaux de Mill (1882) :

- une variation concomitante des variables explicatives et expliquées ;

- l'ordonnancement temporel des événements, l'évaluation des variables causales précède l'évaluation de la variable expliquée ;

- l'absence de toute autre cause possible.

Par ailleurs, comme l'explique Lesage (2000), l'expérimentation de laboratoire a traditionnellement deux objectifs : 1) tester une théorie et 2) permettre l'identification de régularités cachées par la complexité du réel.

Ce deuxième objectif concerne des phénomènes difficilement détectables car masqués par un bruit naturel. Lorsque le chercheur infère par abduction une hypothèse H comme étant la cause d'un phénomène, la mise en évidence de H peut nécessiter d'épurer la réalité par une expérimentation qui favorisera sa perception. C'est bien le cas de cette recherche dans laquelle le bruit naturel à épurer correspond à l'ensemble des interactions sociales qui façonnent le jugement de l'investisseur et sont source de mimétisme.

Aussi, nous avons choisi de réaliser notre collecte de données par une expérimentation contrôlée de laboratoire de type jeu de rôle dans laquelle les participants devaient réaliser des objectifs en respectant les règles prescrites.

2.1.1.2. *Objectifs et nature de l'expérimentation*

Selon Petit (2013), une expérience a vocation à tester empiriquement la théorie, explorer de nouvelles connaissances, assister la décision ou encore participer à la pédagogie de concepts abstraits.

Notre recherche est à caractère exploratoire, c'est pourquoi cette expérimentation concourt à faire émerger un phénomène, le rôle de la dimension affective dans le choix des investisseurs individuels en equity crowdfunding, en testant les hypothèses posées, sans suffire en soi à confirmer la théorie proposée.

D'un point de vue pratique, le premier objectif de ce recueil de données est d'estimer le modèle d'équations structurelles préalablement présenté ainsi que son extension, le modèle individuel prédictif. Un sous-objectif conjoint est de développer la variable Intérêt du modèle de mesure du modèle explicatif.

Le second objectif est d'implémenter un plan d'expérience, présenté ci-après, ayant pour finalité la manipulation de la dimension cognitive du choix pour juger de son effet sur le modèle. Ainsi, le business plan sur lequel repose l'évaluation subjective du facteur Qualité perçue du signal sera manipulé selon deux modalités : une bonne qualité de business plan, noté BP+ et une qualité dégradée du business plan, notée BP-.

Rappelons que ces travaux s'inscrivent dans le champ de la finance comportementale, à la croisée des chemins entre finance et psychologie, c'est pourquoi le protocole présenté s'écarte des exigences habituelles de l'économie expérimentale et s'apparente davantage aux expérimentations des psycho-économistes et des psychologues. En particulier, l'incitation financière de cette expérimentation déroge au principe qui prévaut en économie expérimentale en vertu duquel les sujets doivent recevoir une incitation financière proportionnelle à leur gain dans le jeu. Cette modalité d'incitation repose sur le postulat suivant : seule une incitation financière dont le montant est fonction des gains dans le jeu est garante du sérieux du participant[4]. Par ailleurs, ce type de motivation a vocation à contraindre et orienter la conduite des sujets conformément à l'hypothèse de rationalité instrumentale, c'est-à-dire à se comporter de façon égoïste avec comme seul horizon la maximisation de leur utilité économique, soit leur profit.

Pour Loewenstein (1999), si cet artifice n'atteint pas son but (« Even with monetary rewards, subjects are likely to be influenced powerfully by motives other than profit maximization. Such motives include the desire to behave in an appropriate fashion, conform to the expectations of the experimenter, appear to be a smart (or at least not stupid), good, person, a winner »), il n'est pas non plus souhaitable : « Even if experimenters were able to eliminate motives other than profit maximization from their experiments, it would not necessarily be a good thing insofar as external validity is concerned. Profit maximization may be an important incentive in economic transactions, but it probably is not the most important. »

Reprenons ces deux points, 1) une incitation financière proportionnelle au gain dans le jeu est garante du sérieux des sujets et 2) ce type d'incitation garantit un comportement conforme à celui de l'*homo œconomicus*.

Concernant le premier point, nous adoptons le point de vue de la psychologie expérimentale qui pose, comme l'indique Petit (2013), qu'un dédommagement

4. Quelques voix dissonantes parmi les économistes les plus reconnus en matière d'économie expérimentale préconisent d'éviter tout dogmatisme en matière d'incitation, la motivation des participants ne doit pas forcément passer par une incitation monétaire (Eber et Willinger 2012).

forfaitaire modeste suffit (de 5 à 10 euros pour des étudiants), car un niveau de motivation adéquat est garanti par la simple démarche volontaire de participation du sujet.

Le second point est déterminant dans notre recherche puisque contrairement à l'approche économique, nous nous situons dans le cadre d'une rationalité complexe (instrumentale, axiologique et affective). En conséquence, contraindre les participants à adopter un comportement de maximisation de leur profit par incitation monétaire reviendrait à leur imposer artificiellement une motivation financière alors qu'en equity crowdfunding, les motivations financières et non financières sont mêlées. Nous avons donc défini une incitation aléatoire, indépendante des choix des participants, pour approcher les conséquences d'un véritable investissement en equity crowdfunding. Ce faisant, nous respectons la recommandation de (Lesage 2000) : « Il faut faire en sorte que les sujets, bien qu'étant dans une situation fictive, aient un comportement raisonnablement "réaliste" selon les hypothèses déterminées par l'expérimentation. Le chercheur doit déterminer le type d'incitation le plus approprié à son objectif de recherche. »

Deuxième différence majeure avec l'économie expérimentale, nous faisons le choix d'une expérience écologique, se rapprochant des conditions réelles du choix plutôt que de mettre les participants face à des décisions décontextualisées s'appliquant à des loteries (ou distribution de probabilité). En effet, nous nous plaçons dans un contexte d'incertitude, c'est-à-dire une situation sans probabilité (objective) allouée aux conséquences des choix, ce qui exclut toute loterie et formalisation stylisée. D'autre part, nous nous intéressons précisément aux effets de présentation et de contexte sur les choix d'investissement par les éléments des campagnes de levée de fonds : images, vidéos, narration. Notre démarche est donc analogue à celle des psycho-économistes qui tiennent compte du contexte réel dans leurs expérimentations afin de capter les effets de présentation (Petit 2013). Sur ce point, Loewenstein (1999), qui se définit comme un psycho-économiste, rappelle que l'une des découvertes majeures de la psychologie cognitive est l'influence du contexte sur toutes les formes de pensée et de résolution des problèmes. Précisons tout de même que nous circonscrivons le contexte à celui d'un investisseur coupé de toute interaction sociale afin que le choix observé résulte exclusivement de son unique jugement.

2.1.2. *Constitution, taille de l'échantillon et procédure de recrutement*

2.1.2.1. *Constitution*

Si dans l'absolu, chacun peut investir sur une plateforme d'equity crowdfunding, en pratique, la foule des *crowders* qui constitue la population de référence de cette recherche présente un profil socio-économique/démographique bien spécifique.

Néanmoins, ne disposant pas de base de données d'investisseurs réels, nous avons opté pour une méthode d'échantillonnage empirique : l'échantillon de convenance. Selon Gavard-Perret *et al.* (2013), cette méthode ne doit pas, autant que faire se peut, être privilégiée car, contrairement aux méthodes d'échantillonnage probabiliste, elle ne permet pas d'extrapolation statistique. Cependant, son recours est justifié lorsque le délai de l'enquête est très court et le budget faible, ce qui était notre cas. De plus, une contrainte administrative nous était imposée en raison du financement des incitations sur deniers publiques : les participants ne pouvaient être employés par l'État, ce qui limitait de fait notre échantillon à la population étudiante de l'université.

Finalement, des étudiants volontaires pour participer à cette expérience contre rétribution ont constitué l'échantillon de cette expérimentation, ce qui n'est pas sans avantage : Eber et Willinger (2012) indiquent que les étudiants présentent l'avantage d'être disponibles, incités par des sommes modestes et motivés par la curiosité et la volonté de participer à la recherche.

2.1.2.2. *Taille de l'échantillon*

La taille de l'échantillon devait permettre d'atteindre les deux objectifs préalablement définis : 1a) l'estimation du modèle explicatif par équation structurelle et du modèle individuel prédictif associé, 1b) le développement de la variable Intérêt du modèle de mesure et 2) l'analyse des résultats du plan d'expérience.

La taille de l'échantillon est intimement liée aux méthodes statistiques d'analyse des données, aussi, l'encadré 2.1 précise les méthodes d'analyse des données retenues.

1a) Estimation du modèle d'équation structurelle : l'approche *Partial Least Squares* (PLS)

Les points n° 1, 2 et 4 des 5 raisons majeures de recours à l'approche PLS identifiées par Chin et Newsted (1999) sont pertinentes pour notre recherche :

1) l'objectif de la recherche est plus la prédiction que la confirmation de la théorie, ou ;

2) le phénomène étudié est relativement nouveau ou changeant et le modèle théorique ou les mesures ne sont pas très établies, ou ;

3) le modèle est relativement complexe avec un large nombre d'indicateurs ou de variables latentes, ou ;

4) il est essentiel de modéliser les relations entre les variables latentes et leurs mesures de différentes façons (formatives et réflexives) ou ;

5) les conditions sur les données relatives à la distribution normale, à l'indépendance ou à la taille de l'échantillon ne sont pas remplies.

1b) Développement du modèle de mesure : analyse en composantes principales et approche PLS

La dimension Intérêt situationnel de la variable Intérêt est construite en combinant les recommandations de Schiefele (2009) à l'échelle de l'intérêt situationnel activé de Yennek (2014).

Aussi, ce sous-construit est développé selon une procédure adaptée du paradigme de Churchill (1979). Une analyse en composantes principales est utilisée pour la phase de purification. L'approche PLS est également mobilisée pour l'analyse factorielle confirmatoire.

2) Analyse des résultats du plan d'expérience : Test T et approche PLS

La mesure de l'effet du facteur Qualité du business plan sur la variable Qualité perçue du signal résulte d'une analyse de la variance de type Test T.

Une analyse multigroupe par l'approche PLS permet de vérifier si la Qualité perçue du signal a un impact significatif sur les paramètres du modèle explicatif.

Encadré 2.1. *Méthodes d'analyse des données retenues pour les trois objectifs de cette collecte de données*

1a- Taille de l'échantillon pour l'estimation du modèle d'équation structurelle

Dans le cadre de l'approche PLS retenue pour l'estimation du modèle d'équation structurelle, Chin et Newsted (1999) fournissent une règle empirique pour déterminer la taille de l'échantillon requis :

> « Le nombre d'observations doit être supérieur ou égal à 10 fois le nombre d'indicateurs de la variable formative la plus complexe, et/ou 10 fois le nombre de relations structurelles émanant du construit central du modèle structurel. »

Dans le cas du présent modèle, $N = 10 * \max(10{,}5) = 100$ observations.

1b- Taille de l'échantillon pour le développement du modèle de mesure

Pour la phase de purification par analyse en composantes principales, les recommandations standards requièrent un nombre d'observations correspondant au moins au triple du nombre de variables avec un minimum de 100 observations.

Comme précisé dans l'encadré 2.1, les analyses confirmatoires des construits reposent également sur l'approche PLS.

2- Taille de l'échantillon pour l'analyse des résultats du plan d'expérience

Pour le Test T, un effectif de 30 individus est souvent retenu comme valeur limite (Labreuche 2010). L'analyse multigroupe est également réalisée par l'approche PLS.

Finalement, un échantillon de 100 individus au minimum est requis pour cette expérimentation.

2.1.2.3. *Procédure de recrutement*

Afin de recruter les participants de cette expérimentation, nous avons établi un plan de communication en plusieurs phases *via* plusieurs canaux. L'affiche de communication réalisée (disponible sur demande[5]) a été apposée sur les panneaux d'information des bibliothèques universitaires de l'université de Bourgogne ainsi que sur ceux de plusieurs composantes du campus. Une diffusion sur le compte du réseau social Facebook de l'université et l'envoi d'emails à tous les étudiants de l'université par la direction générale des services de l'université de Bourgogne a complété le dispositif.

Dans un premier temps, il était demandé aux étudiants volontaires de se préinscrire sur la plateforme de gestion des événements en ligne Evento (outil du groupement d'intérêt publique Renater). Le nombre de candidats volontaires étant supérieur à 100, nous avons procédé à une sélection par ordre d'arrivée des réponses à un email de confirmation adressé dans les jours précédant l'expérimentation.

Nous avons également lancé une campagne de communication complémentaire et redondante à dessein auprès des étudiants de l'IAE, car cette population dispose d'une caractéristique (la connaissance des fondamentaux de la gestion) utile pour le test de la variable Sophistication qui tient un rôle de variable modératrice dans le modèle explicatif. Ces étudiants présentent également l'avantage d'adopter des comportements différents de ceux des autres étudiants en se montrant plus égoïstes, donc plus conforme à la théorie économique (Petit 2013), ce qui ouvrait la voie à une analyse multigroupe intéressante entre les étudiants issus de l'IAE et les autres étudiants.

Notons que l'affiche de communication mettait en exergue deux points discutés dans la section 2.3 de ce chapitre :

---

5. Contact : christian.goglin@u-bourgogne.fr.

– une incitation financière aléatoire ;

– la plus-value scientifique et l'originalité de l'expérience.

2.1.3. *Le protocole expérimental*

Une expérimentation de laboratoire se doit d'être reproductible pour que d'autres expérimentations puissent en falsifier les résultats conformément aux critères de vérification de Popper (Chalmers 1987) ou au contraire, en étendre la validité externe. La validation d'une proposition procède d'une logique d'accumulation d'observations concordantes dans différents contextes (Lesage 2000). C'est pourquoi nous détaillons ci-après les conditions de cette expérimentation, annexons son matériau et décrivons le plan d'expérience associé.

L'expérimentation a consisté en une simulation (ou jeu de rôle), dans laquelle les participants étaient placés dans une situation écologique de choix, c'est-à-dire une situation assez proche de la réalité. Néanmoins, selon Lesage (2000) : « L'intérêt d'une modélisation se juge par sa capacité à représenter l'aspect choisi de la situation réelle, ainsi que par son aptitude à écarter tous les autres aspects non choisis. La clé du succès est d'introduire les bonnes simplifications. »

En conséquence, la situation réelle de l'investisseur individuel était artificiellement reproduite mais circonscrite à l'objet d'étude, c'est-à-dire à la dimension psychologique d'un choix sans interaction sociale. Aussi tout échange verbal ou virtuel entre les sujets était proscrit. Les participants ne disposaient pas de forums de discussion, de messagerie ni d'aucun moyen de suivi en temps réel du choix des autres étudiants, ce qui rendait impossible tout mimétisme.

L'expérimentation s'est déroulée dans l'environnement contrôlé de deux salles de classe de l'université de Bourgogne organisées en laboratoire. Ces salles étaient équipées de micro-ordinateurs, la saisie des données s'est faite par l'administration d'un questionnaire électronique. Quatre projets, associés à une vidéo de pitch des entrepreneurs et à un business plan étaient soumis aux participants.

Cette expérimentation a nécessité le développement d'un questionnaire en ligne et l'élaboration du matériau d'une pseudo plateforme d'equity crowdfunding réduite à ses deux principaux éléments : un site internet de diffusion des vidéos de pitch des entrepreneurs et les business plans associés aux projets.

Intéressons-nous maintenant plus en détail au développement de ce matériel expérimental.

2.1.3.1. *Élaboration du questionnaire en ligne*

Le questionnaire de cette étude agrège une suite de questions relatives aux indicateurs du modèle de mesure du modèle explicatif ainsi qu'aux variables modératrices et de contrôle. Toutes les questions sont fermées étant donné l'objectif de traitement statistique d'estimation du modèle d'équations structurelles subséquent.

Une attention particulière a été apportée à la formulation des questions en sorte que le vocabulaire employé soit familier, précis et que les questions soient courtes (pas plus de 20 mots), sans question double et n'induisent pas de réponse (Gavard-Perret *et al.* 2013). Hormis une échelle d'Osgood en 5 échelons utilisée pour la mesure des réactions affectives, les modalités de réponse de chaque indicateur des variables latentes sont définies sur une échelle de Likert en 5 points dans laquelle chaque échelon marque le degré d'accord du répondant selon un continuum allant de 1 « tout à fait d'accord » à 5 « pas du tout d'accord ».

Le choix du nombre de 5 échelons pour ces échelles d'intervalle résulte d'une contrainte de l'outil d'implémentation du questionnaire en ligne Lime Survey qui n'est pas paramétrable sur ce point. Si cette limitation a initialement questionné notre sélection de cet outil, les raisons suivantes nous ont convaincu que ce nombre était adéquat :

– la raison principale tient à la longueur du questionnaire qui comporte 235 items. Or, même si toutes les questions ne sont pas définies par une échelle d'intervalle, le nombre d'échelons est indissociable du nombre de questions. La fatigue cognitive et la contrainte de durée de l'expérimentation ne s'accordaient pas avec une plus grande granularité de l'échelle ;

– 5 échelons est bien dans l'intervalle du *magical number seven plus or minus two* de Miller (1955) qui fait consensus dans la communauté scientifique ;

– une plus grande amplitude aurait fait courir le risque d'une précision artificielle qui n'est exclue que si les participants sont intéressés, impliqués ou mis en situation de risque par le sujet de l'étude (Gavard-Perret *et al.* 2013) ;

– il n'y a pas de consensus sur le lien entre nombre d'échelons et fiabilité des échelles même si selon Cox (1980), augmenter le nombre d'échelons améliore sans doute légèrement la fiabilité, mais moins que par le recours à d'autres moyens.

Le questionnaire de collecte des données est organisé en quatre parties. La première correspond à l'échelle de mesure des réactions affectives (Q1), la seconde est celle des choix d'investissement (Q2), la troisième est l'évaluation des autres variables du modèle relativement à chaque projet (Q3, Q4, Q5, Q6), la dernière permet la collecte des variables de personnalité et de structure de préférences, ses questions sont indépendantes des projets (Q7).

REMARQUE. L'intégralité du questionnaire est disponible sur demande.

Nous avons organisé un prétest d'évaluation du questionnaire par administration auprès de quatre personnes, dont deux doctorantes du laboratoire ainsi que deux personnes sans connaissance particulière sur le thème du *crowdfunding*. Celui-ci avait une double vocation :

– estimer la durée totale du questionnaire pour déterminer le nombre de projets à soumettre dans la durée de l'expérimentation (1 heure), trois ou quatre : ces tests nous ont conduit à retenir le nombre de 4 projets ;

– réduire le biais d'instrumentation et plus spécifiquement de mauvaise formulation des questions : une question jugée ambiguë a été reformulée.

Nous avons ensuite implémenté le questionnaire grâce au logiciel libre d'enquête statistique Lime Survey.

2.1.3.2. *Élaboration des* business plans

Les business plans réalisés découlent d'une synthèse des business plans réels des projets sélectionnés pour l'expérimentation sur la plateforme de financement Wiseed.com, toute l'information tient sur trois pages. Les rubriques suivantes sont présentes dans chaque business plan afin d'en faciliter l'analyse comparative :

– présentation ;

– identité ;

– valeurs ;

– vision ;

– récompenses ;

– partenariats ;

– usage des fonds ;

– étapes de développement ;

– stratégie de sortie ;

– concurrence ;

– éléments différenciants ;

– prévisions financières ;

– équipe.

Dans l'optique d'un plan d'expérience, deux business plans ont été développés pour chaque projet. Le premier, de bonne qualité et noté BP+, reprend les informations du véritable plan d'affaires, le second, de qualité dégradée et noté BP-, présente des informations altérées avec des prévisions financières dissuasives, un niveau d'expérience et de diplôme inadaptés pour les fondateurs, etc.

REMARQUE. Les business plans sont disponibles sur demande.

2.1.3.3. *Sélection des vidéos de* pitch *et plateforme de visionnage*

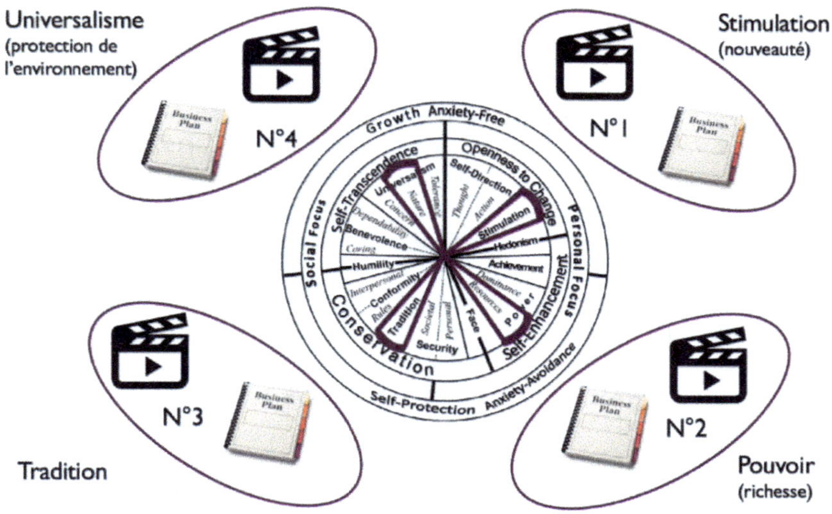

Figure 2.1. *Représentation graphique des projets sur le circumplex des valeurs de Schwartz*

Quatre projets ont été sélectionnés sur la plateforme de financement Wiseed.com de sorte que les valeurs d'entreprise véhiculées par chacun d'entre eux (implicitement et explicitement dans le business plan) maximisent la variance de la variable Congruence axiologique du modèle explicatif. À cette fin, ils se répartissent uniformément sur le circumplex des valeurs de Schwartz (1992). La figure 2.1 situe les 4 valeurs choisies sur ce circumplex.

Les mots-clés représentatifs des valeurs de base proposées par Schwartz sont reliés aux sociétés sélectionnées (disponibles sur demande) sur la plateforme Wiseed.com.

Les 4 vidéos n'avaient pas la même durée, aussi pour ne pas avantager un projet plutôt qu'un autre, une séquence cohérente d'environ une minute a été sélectionnée pour chacun d'entre eux.

Enfin, une page internet a été développée pour intégrer les quatre séquences vidéo des *pitchs* de projets.

2.1.4. *Le plan d'expérience*

Le second objectif de cette expérimentation était de valider ou réfuter l'hypothèse reliée à la question secondaire de cette recherche par un plan d'expérience. Cette hypothèse, explicitée dans la thèse défendue, est que, dans le cadre de l'equity crowd-funding, en l'absence de toute interaction sociale, les choix des projets sont surdéterminés par les valeurs et les réactions affectives de l'investisseur. Autrement dit, la dimension cognitive du choix, identifiée à la variable Qualité perçue du signal, a un effet non significatif ou négligeable (relativement aux autres variables du modèle) sur la variable expliquée, l'Intensité du choix d'investissement.

L'estimation des paramètres du modèle d'équations structurelles par l'approche PLS permet de tester cette hypothèse, néanmoins, il nous est apparu utile de compléter ce résultat par celui d'une expérimentation consistant à manipuler le facteur déterminant l'évaluation subjective de la variable Qualité perçue du signal.

Aussi, nous avons choisi de mettre en œuvre un plan d'expérience classique de type « après seulement » dont les caractéristiques sont listées dans l'encadré 2.2. Ce type de plan d'expérience consiste à distribuer aléatoirement les sujets de l'échantillon dans deux groupes (groupe expérimental et groupe de contrôle), un traitement est appliqué uniquement au groupe expérimental, la variable expliquée est mesurée subséquemment pour les deux groupes. Enfin, l'effet de l'expérimentation est calculé par une différence des moyennes de la variable expliquée dans les deux groupes (Gavard-Perret *et al.* 2013). Ce type de procédure est nommée *between subject* dans la mesure où les comportements de deux groupes de sujets différents sont comparés.

Le traitement appliqué au groupe expérimental découle, dans notre cas, d'une manipulation du facteur Qualité du business plan. En conséquence, deux groupes ont été constitués :

1) le groupe expérimental (ou échantillon testé) dans lequel les étudiants devaient analyser un business plan dégradé ;

2) le groupe de contrôle (ou échantillon témoin) dans lequel les étudiants devaient analyser un business plan normal.

Pour Lesage (2000), ce type d'expérimentation est également connu sous l'appellation « intra expérimentation » (ou *within experiment*), car elle consiste à mesurer l'effet d'une unique variable explicative dans un environnement par ailleurs identique (*ceteris paribus*).

Ajoutons que l'expérimentation était à mesure répétée puisque chaque sujet a évalué successivement 4 projets (toujours avec le même traitement), le nombre total d'observations recueillies est donc égal à 400, soit 200 par groupe. De la sorte, les échantillons sont de taille suffisamment importante pour que le biais de sélection inhérent à une comparaison de groupes selon une procédure *between subject* soit atténué (Eber et Willinger 2012).

Le facteur ou variable explicative est la Qualité du business plan.

La variable à expliquer est la Qualité perçue du signal.

Le traitement appliqué au groupe expérimental est l'exposition à un business plan dégradé.

Les variables externes susceptibles d'influencer la variable à expliquer sont les traits psychologiques des sujets à même d'influencer leurs perceptions.

Les unités testées sont les individus.

Encadré 2.2. *Caractéristiques du plan d'expérience*

La validité interne d'une expérimentation consiste à s'assurer que les facteurs sont manipulables et que les variables externes sont contrôlées. Dans notre cas, l'unique facteur était manipulé directement en exposant les sujets à deux traitements distincts. Les variables externes étaient contrôlées par l'affectation aléatoire (variables randomisées) des sujets aux conditions expérimentales. Ce type de procédure limite le risque d'erreur systématique dû aux variables externes connues et inconnues en s'assurant qu'elles soient distribuées aléatoirement parmi les traitements de l'expérience (Gavard-Perret *et al.* 2013).

Ce plan d'expérience s'exploite en deux temps, le premier temps teste si la Qualité du business plan a un effet sur la Qualité perçue du signal, le second temps focalise sur l'effet de la variable Qualité perçue du signal sur le modèle explicatif par une analyse multigroupe.

2.1.4.1. *Premier temps d'exploitation du plan expérimental*

La relation causale testée est :

Variable expliquée = Φ (Variable explicative) soit

Qualité perçue du signal = Φ (Qualité du business plan)

Le facteur Qualité du business plan prend deux modalités sur une échelle ordinale : mauvaise (BP-) ou bonne (BP+), ce qui correspond aux deux business plans développés pour chaque projet et évoqués ci-avant.

La perception du business plan par les sujets est subjective, elle dépend de leurs perceptions, c'est pourquoi un prétest a été réalisé auprès de deux doctorants volontaires. Ce type de prétest avait pour but de réaliser une étude préliminaire de test de la manipulation des facteurs. Celui-ci a permis de s'assurer d'une variabilité suffisante *a priori* des deux modalités du facteur, qui s'est traduite par une évaluation sensiblement différente. Ainsi, ce prétest assurait un traitement différencié entre les deux groupes.

Les 4 projets, identifiés à leurs vidéos, sont appariés avec des business plans des deux modalités, ce qui forme 8 couples (Vidéo $_{i,}$ BP $_{j}$) avec $i \in \{1..4\}$, $j \in \{-,+\}$.

Vidéo 1	Vidéo 1	Vidéo 2	Vidéo 2	Vidéo 3	Vidéo 3	Vidéo 4	Vidéo 4
BP-	BP+	BP-	BP+	BP-	BP+	BP-	BP+

Tableau 2.1. *Les alternatives de l'expérimentation*

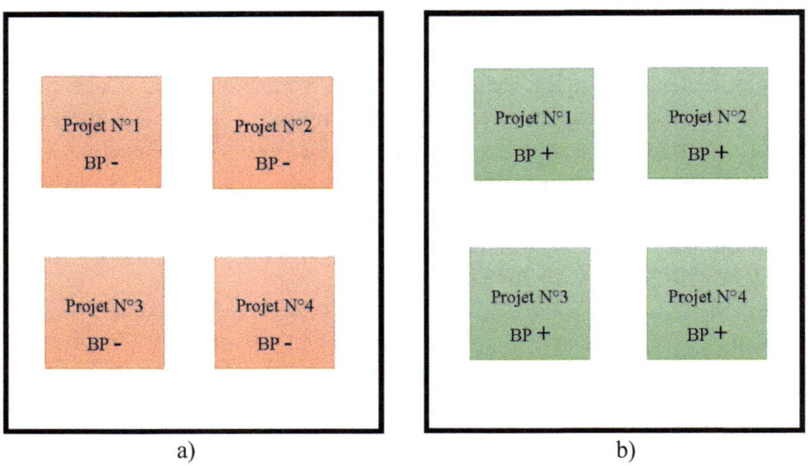

Figure 2.2. *Illustration des deux groupes du plan expérimental : a) échantillon testé ; b) échantillon témoin*

Deux groupes, différenciés uniquement par la variable Qualité du business plan, sont ainsi définis et représentés dans la figure 2.2.

L'effet de sélection, qui peut survenir lorsque les caractéristiques des participants des groupes expérimentaux sont différentes, était réduit par procédé d'affectation aléatoire, chaque étudiant étant affecté alternativement à la salle n° 1 ou n° 2 en fonction de son ordre d'entrée dans la salle n° 1 (la salle n° 2 étant contiguë).

2.1.4.2. *Deuxième temps d'exploitation du plan expérimental*

Dans un second temps, une analyse multigroupe a permis de vérifier si la Qualité du business plan avait un impact significatif sur les paramètres du modèle explicatif.

2.1.5. *En conclusion*

Dans cette section 2.1, nous commençons par justifier du recours à une expérimentation de laboratoire pour la collecte des données en mettant en avant la nécessité de contrôler le bruit représenté par les interactions sociales réelles et virtuelles. Ce bruit peut masquer l'hypothèse du rôle déterminant de la dimension affective dans le choix des investisseurs individuels en equity crowdfunding.

Nous précisons ensuite les deux principaux objectifs de cette expérimentation : 1) disposer de données pour estimer les paramètres du modèle par équations structurelles et 2) exécuter un plan d'expérience classique à 1 facteur, la qualité du business plan afin de valider ou réfuter l'hypothèse secondaire à propos du rôle marginal de la dimension cognitive dans le choix. Le processus de recrutement des participants est détaillé, le protocole expérimental est exposé avec la description du matériau afférent : le questionnaire, les business plans et les vidéos de *pitch*. Enfin le plan d'expérience et son exploitation sont précisés.

2.2. Exécution de la procédure expérimentale

2.2.1. *Déroulement de la procédure expérimentale*

Les participants avaient reçu la consigne de se présenter devant la salle d'expérimentation, munis de leur carte d'étudiant, au moins 15 minutes avant le début de la session pour des raisons pratiques de mise en place. La durée prévue pour l'expérimentation était d'une heure.

À leur entrée, chaque participant était dirigé alternativement vers l'une des deux salles qui correspondaient respectivement au groupe expérimental et de contrôle. Deux expérimentateurs, un par salle, ont géré le bon déroulement de la procédure.

Le premier expérimentateur était l'auteur de ces lignes, le second, interne en médecine, a reçu une formation spécifique préalable pour l'assister.

Une fois les étudiants installés, les instructions générales d'usage ont été communiquées à propos de l'anonymat du questionnaire. Ajoutons sur ce point que l'expérimentation s'est déroulée sous double anonymat ou *double blind* (anonymat des participants et de l'expérimentateur) afin de limiter le risque de l'effet de demande induite, c'est-à-dire une situation dans laquelle les sujets cherchent à répondre aux attentes supposées de l'expérimentateur ou bien à s'y opposer (Petit 2013). Il a également été précisé qu'il n'y avait ni bonne ni mauvaise réponse, ces dernières étant analysées par groupes et non individuellement afin de réduire le biais d'anxiété relatif au souci plus ou moins conscient d'être évalué et au souhait d'obtenir une évaluation positive de la part de l'instance évaluatrice (Rosenberg 1965). Dans le but d'éviter toute interaction sociale, il a été demandé aux étudiants d'éteindre leurs téléphones portables et précisé qu'il n'était pas permis de discuter pendant la session, y compris après avoir finalisé le questionnaire.

Dernière consigne préalable importante, les modalités de distribution des incitations ont été annoncées avant le début de l'expérience conformément aux bonnes pratiques (Eber et Willinger 2012). En outre, il a été précisé aux participants que l'incitation financière aléatoire sous forme de carte cadeaux était sans rapport avec les choix effectués durant l'expérimentation. Sans cette information, certains étudiants auraient pu imaginer un lien entre gain dans le jeu et rétribution réelle, ce qui aurait eu pour effet de fausser les motivations réelles du participant.

Or, *a contrario*, la consigne suivante avait vocation à donner aux participants toute liberté de s'imaginer, par expérience de pensée, les motivations qui leur venaient naturellement à l'esprit :

> « Il vous est simplement demandé de simuler une situation dans laquelle vous avez décidé d'investir la somme de 200 € pris sur votre épargne pour des motifs qui vous appartiennent sur une plateforme d'equity crowdfunding.
>
> Donc, prenez quelques secondes pour vous demander pourquoi vous seriez amené(e) à investir dans une startup. »

Une justification du montant virtuel de 200 € est disponible sur demande.

Une définition neutre de l'equity crowdfunding, extraite de celle proposée par Wikipédia, fut aussi lue pour que les sujets aient une compréhension minimale de l'objet de l'expérimentation.

Précisons que l'objectif de la recherche n'a pas été indiqué de manière à parer à l'effet de contamination par lequel un sujet ayant cette connaissance peut ne pas répondre sincèrement (Lesage 2000).

Après cette phase préparatoire, l'expérimentation s'ouvrait sur la projection des 4 séquences vidéo de pitch des projets en compétition sur la plateforme virtuelle. Chacune était immédiatement suivie par un temps de pause dédié au renseignement de la section du questionnaire liée à la mesure des réactions affectives. Ce faisant, nous nous sommes conformés à la recommandation de Lemoine et Plichon (2000) sur la nécessité d'une mesure immédiate des réactions affectives après exposition à un stimulus pour en garantir la fiabilité.

Ensuite, un temps d'étude des business plans de 12 minutes fut accordé pour prendre connaissance des 4 plans d'affaires. Ce laps de temps correspondait à environ 1 minute par page, soit une durée suffisante d'après nos prétests, mais également au regard du temps moyen nécessaire à la prise de décision d'investisseurs réels[6].

REMARQUE. Le guide de l'expérimentateur complet est disponible sur demande.

À l'issue de ce temps d'analyse, les participants devaient effectuer leur choix d'investissement *via* le questionnaire en ligne, la totalité des 200 € (somme virtuelle) devant être investie avec la contrainte d'une allocation par projet exprimée comme un multiple de 50 € : 0 €, 50 €, 100 €, 150 € ou 200 €.

Un second choix était demandé, il s'agissait de répartir, non plus la somme virtuelle de 200 €, mais la totalité de l'épargne personnelle du sujet, entre les 4 projets afin de vérifier l'effet du montant à investir sur le comportement. À ce sujet, les économistes spéculent, certains avancent que des anomalies, révélées pour de petites sommes pourraient disparaître lorsque l'enjeu devient important (Eber et Willinger 2012).

Après quelques explications sur le sens de l'échelle de Likert en 5 points ainsi que sur les choix d'ordonnancement par empilement de modalités pour les hiérarchies de préférences, les sujets ont renseigné la suite du questionnaire regroupant les items des variables latentes afférentes à chaque projet puis indépendantes des projets, liées à leurs préférences et à leur profil psychologique ainsi qu'aux données relatives aux variables modératrices et de contrôle.

La section du questionnaire qui porte sur l'évaluation des variables de chaque projet ordonne les questions comme suit :

---

6. Skoglund et Bengtsson (2013) rapportent que 72 % des 390 véritables investisseurs en ECF de leur étude choisissent leur investissement en moins de 10 minutes.

1) questions afférentes à la Qualité perçue du signal (immédiatement après les choix d'allocation et la lecture des plans d'affaires) ;

2) questions afférentes à la variable Confiance ;

3) questions afférentes aux variables affectives : Intérêt et Familiarité.

Cet ordre respecte la logique suivante : partir des variables cognitives pour aller vers les variables affectives. En effet, la variable Qualité perçue du signal est la variable cognitive du modèle, la Confiance est une variable mixte cognitive/ affective, les variables Intérêt et Familiarité sont affectives. Ce choix a pour but de réduire un possible effet de répercussion décrit par Bickart (1993), c'est-à-dire de surestimation ou sous-estimation, imputable à la méconnaissance du thème par les participants et conjugué à une évaluation globale (variables affectives) précédant l'évaluation de caractéristiques spécifiques (variable cognitive). Par ailleurs, positionner les questions sur les variables affectives avant celles sur les variables cognitives aurait fait courir le risque d'un effet de halo affectif altérant le jugement de la variable cognitive.

À l'issue de l'heure d'expérimentation, après que chaque participant eut finalisé son questionnaire, les étudiants furent remerciés et rétribués par une incitation financière aléatoire prenant la forme de carte cadeau de 10 € ou 20 €. La figure 2.3 schématise les phases successives de la procédure d'expérimentation.

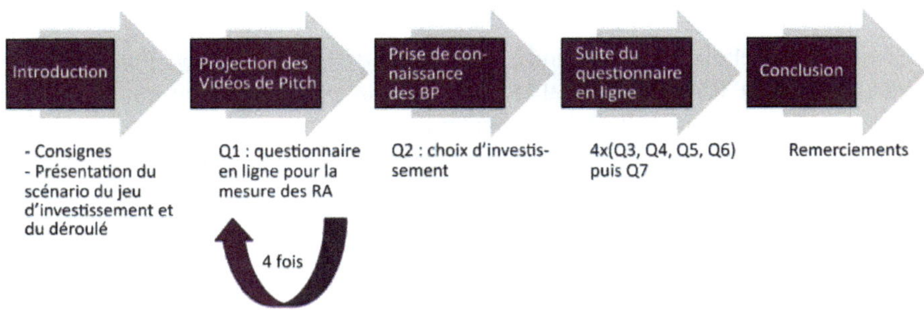

Figure 2.3. *Dynamique de la procédure expérimentale*

2.2.2. *En conclusion*

Avec le contrôle, la possibilité de reproduction des études est un avantage de la méthode expérimentale sur les autres méthodes empiriques. C'est pourquoi cette section avait pour unique objet de décrire plus en détail la procédure expérimentale mise en œuvre. Ainsi, une éventuelle reproduction fidèle de cette étude, par exemple auprès de participants plus représentatifs comme de véritables investisseurs, pourra à l'avenir augmenter la validité externe des résultats obtenus ou bien les falsifier.

2.3. Validité et traitement des biais

2.3.1. *Validité*

Cette expérimentation de laboratoire a un double objectif, collecter les données nécessaires à l'estimation d'un modèle par équations structurelles et implémenter un plan d'expérience. Précisons que la validité du modèle de mesure du modèle par équations structurelles sera traitée dans la section 3.2.

2.3.1.1. *Validité interne*

Selon Loewenstein (1999), la validité interne d'une expérimentation de laboratoire fait référence au niveau de confiance que l'on peut avoir dans les conclusions tirées sur la causalité des phénomènes étudiés. Les résultats obtenus doivent être robustes et réplicables. D'un point de vue pratique, c'est la garantie que la variable expliquée ne dépend que des variations du facteur manipulé. Or, un certain nombre de biais ou effets peuvent nuire à cette relation, c'est pourquoi nous avons essayé de les anticiper pour les traiter préventivement (voir section 2.3.2).

2.3.1.2. *Validité externe*

La validité externe est la possible généralisation des résultats d'une expérimentation, c'est la question du parallélisme ou dans quelle mesure les comportements observés en laboratoire correspondent aux comportements réels.

Il faut noter que validité externe et validité interne entretiennent une relation de tension, voire d'opposition (Schram 2005). Cette tension s'explique par l'éloignement du contexte réel (c'est-à-dire diminution de la validité externe) induit par la démarche d'amélioration de la validité interne, cette dernière reposant sur une simplification et un contrôle accru du contexte pour « coller » à la théorie. Or, cette dernière est, par construction, une représentation simplifiée à l'extrême, pour les sciences sociales, du monde réel.

Dans notre cas, le *design* écologique de l'expérimentation la rapproche par certains traits (la nature de la tâche et la nature de l'environnement) des *fields experiments* (Harrison et List 2004), ce qui en augmente la validité externe. Pour autant, le contexte reconstitué demeure artificiel en raison de l'exclusion de tout échange social réel ou virtuel, alors que ces effets sur le comportement sont vérifiés et documentés par de multiples recherches. Mais c'est précisément ce « bruit » dont nous souhaitions nous défaire afin d'isoler et révéler l'effet de la dimension affective. De surcroît, le biais de sélection induit par la participation exclusive d'étudiants interdit, en soi, toute généralisation. Aussi, la validité des hypothèses formulées ne pourra résulter que d'une accumulation progressive de résultats concordants par réplication de l'expérimentation dans différents contextes. À ce stade, cette expérimentation permet seulement d'établir la possibilité du phénomène étudié.

2.3.2. *Traitement des biais*

2.3.2.1. *Biais de sélection et incitation financière*

Dans l'objectif de réduire le biais de sélection, nous avons essayé d'attirer des étudiants présentant une propension au risque, relativement aux étudiants qui préféreraient une incitation financière certaine. Aussi, l'incitation consistait en une carte cadeau d'un montant aléatoire d'espérance de 15 € selon les distributions suivantes :

– 1 chance sur 2 de gagner 10 € ;

– 1 chance sur 2 de gagner 20 €.

Les étudiants plongeaient leur main à l'aveugle dans un sac opaque contenant 50 cartes cadeaux d'un montant de 10 €, et 50 cartes cadeaux d'un montant de 20 €.

2.3.2.2. *Biais de sélection et motivations extrinsèques*

L'affiche de communication mettait en avant la plus-value scientifique et l'originalité de l'expérience dans le but d'activer les valeurs Universalisme et Stimulation (Schwartz *et al.* 2012) des étudiants et drainer ceux qui sont sensibles à ces messages.

2.3.2.3. *Biais de comportement coopératif ou contradictoire*

Nous avons choisi de ne pas révéler l'objectif de cette recherche, sans pour autant fournir d'objectif trompeur tel que préconisé par le principe de duperie appliqué par les psychologues expérimentalistes, ceci afin d'éviter deux comportements problématiques décrits par Weber et Cook (1972) :

– un comportement coopératif de « bon sujet », cas où le participant souhaite faire plaisir au chercheur en validant ses hypothèses ;

– un comportement de sujet négatif ou contradictoire, cas inverse du précédent, dans lequel le participant tente de saboter l'expérimentation en répondant le contraire de ce qu'il pense être les réponses espérées par le chercheur.

Nous n'avons pas non plus révélé aux participants la nature du traitement auquel ils étaient exposés, nous avons donc conduit une expérimentation en aveugle et même double aveugle comme précédemment mentionné.

2.3.2.4. *Biais d'instrumentation*

Point déjà mentionné ci-avant, un prétest, ayant pour but de s'assurer de la bonne compréhension du questionnaire par quatre personnes, dont deux doctorantes, visait à limiter ce biais.

2.3.2.5. *Premier biais de contamination*

Ce biais peut survenir lorsque les participants discutent entre eux de l'objectif de l'expérimentation. Dans notre cas, les deux expérimentateurs ont veillé au respect de la consigne qui proscrivait tout échange durant la durée de l'expérience.

2.3.2.6. *Second biais de contamination*

La contamination des réactions affectives est un phénomène étudié dans le cadre des séquences publicitaires. Poncin et Derbaix (2009) montrent que la contamination, c'est-à-dire l'influence d'une réaction affective sur une autre réaction affective subséquente, survient lorsqu'une publicité suscitant une émotion d'intensité faible ou moyenne est immédiatement précédée par une publicité suscitant une forte réaction affective à valence négative.

Dans le cadre de notre expérience, aucune des 4 vidéos de *pitch* n'est de nature à susciter une forte réaction affective négative. En outre, les 4 séquences vidéo ne s'enchaînaient pas comme c'est le cas dans un « tunnel publicitaire ». Chaque vidéo était séparée de la suivante par un temps d'évaluations du ressenti émotionnel par les participants *via* le questionnaire en ligne, cette interruption d'une durée approximative d'une minute isolait chaque séquence.

Aussi, pour ces deux raisons, nous estimons que le biais de contamination n'a vraisemblablement pas modifié les évaluations des réactions affectives de l'expérimentation.

2.3.2.7. *Biais lié aux attentes du chercheur*

La performance des participants peut être influencée par le comportement conscient et inconscient de l'expérimentateur/chercheur, généralement dans le sens d'une validation des hypothèses testées. Pour cette raison, nous avons limité les interactions avec les sujets au strict minimum, c'est-à-dire à la lecture des consignes du guide de l'expérimentateur dont la formulation était la plus neutre possible.

2.3.3. *En conclusion*

Cette section 2.3 décrit les traitements préventifs mis en place dans le cadre de cette expérimentation de laboratoire de manière à atténuer les principaux biais de nature à entacher sa validité interne.

2.4. Conclusion

Ce chapitre nous a permis de présenter l'expérimentation de laboratoire retenue pour la collecte des données. Nous justifions l'emploi de cette méthode de recueil empirique par le besoin de contrôle des conditions expérimentales comme du respect de la procédure (donnée par la consigne) et précisons les deux objectifs assignés à cette expérimentation : nourrir le modèle explicatif et tester notre hypothèse secondaire sur le rôle marginal de la dimension cognitive du choix par un plan d'expérience manipulant le facteur qualité du business plan. Notre positionnement relativement à l'économie expérimentale est expliqué, notamment pour ce qui concerne les incitations, qui déterminent les motivations et orientent les comportements, et la contextualisation de l'expérience, centrale dans notre cas.

Le protocole expérimental, le matériau utilisé, le plan d'expérience et le déroulement de la procédure sont détaillés. Nous présentons également les précautions prises pour réduire les principaux biais, de nature à nuire à la validité interne de cette expérimentation.

Enfin, nous exposons nos attentes en termes de validité externe, les résultats obtenus sont uniquement interprétables dans le contexte de l'expérimentation, mais établissent toutefois la possibilité du phénomène étudié. La validité des hypothèses pourra s'accroître progressivement par l'accumulation de preuves et résultats convergents.

Chapitre 3

Test des hypothèses, résultats et discussion

Ce chapitre présente nos résultats et confronte les deux modèles théoriques, formulés dans le chapitre 1, à la réalité empirique. Après l'exposition de prérequis sur les données et l'approche *Partial Least Squares* (PLS) (section 3.1), la section 3.2 se focalise sur la validité du modèle de mesure, la section 3.3 teste les hypothèses du « modèle explicatif » par équations structurelles, la section 3.4 présente les résultats du plan d'expérience ; pour finir, la section 3.5 évalue la qualité de la prédiction du « modèle individuel prédictif ». Les résultats sont discutés au fur et à mesure. Le logiciel principalement utilisé pour l'analyse statistique des données est SmartPLS 3[1].

3.1. Prérequis sur les données et l'approche PLS

3.1.1. *Données statistiques sur l'échantillon*

Le tableau 3.1 présente tout d'abord quelques données statistiques sur l'échantillon des participants à l'expérimentation.

Ces statistiques indiquent que les 100 sujets, tous étudiants à l'université de Bourgogne, étaient inscrits en fin de premier cycle (en moyenne), étaient majoritairement de genre féminin, inexpérimentés en matière d'investissement en *equity crowdfunding* et qu'un quart d'entre eux/elles étudiaient la gestion depuis au moins un an.

1. Ringle, C.M., Wende, S., Becker, J.M. (2015). SmartPLS 3. *Boenningstedt : SmartPLS GmbH* [En ligne]. Disponible à l'adresse : http://www.smartpls.com.

Nombre de participants
100
Âge
Âge moyen des participants : 20 ans et 10 mois
Variance de l'âge : 2 ans et 11 mois
Âge minimum : 17 ans
Âge maximum : 39 ans
Genre
Pourcentage des participants de genre masculin : 38 %
Pourcentage des participants de genre féminin : 62 %
Sophistication
Pourcentage des participants inscrits à l'IAE (niveau ≥ licence 2) : 25 %
Expérience
Pourcentage de participants ayant déjà investi en equity crowdfunding : 4 %

Tableau 3.1. *Données statistiques de l'échantillon*

3.1.2. *L'approche PLS-SEM*[2]

Le choix de cette approche statistique est justifié dans le chapitre 2. Rappelons simplement que notre recherche est de nature exploratoire ; or, l'approche PLS-SEM est appropriée pour le développement de théories nouvelles ou lorsque l'objectif principal de la recherche est l'explication et la prédiction (Rigdon 2012).

Cette méthode d'analyse multivariée de données de seconde génération repose sur l'explication de la variance des variables dépendantes dans un modèle par équations structurelles. Plus précisément, l'estimation des coefficients du modèle d'équations structurel (ou *inner model*) se fait par une maximisation des R^2 des variables/construits endogènes, implémentée à l'aide de régressions linéaires itératives. Cette approche est donc basée sur la variance et non les covariances (une présentation plus détaillée sera faite dans la section 3.3.1).

En outre, l'approche PLS-SEM offre plusieurs avantages utiles dans notre contexte :

– la contrainte de covariation des indicateurs d'un même construit qui prévaut en méthode CB-SEM[3] (méthode basée sur les covariances) est relâchée. Cette souplesse autorise l'usage de construits formatifs et mono-indicateur et non pas seulement réflexifs dans la spécification du modèle sans que cela n'entraîne de problème d'identification ;

2. PLS-SEM signifie *Partial Least Squares-Structural Equation Modeling.*

3. CB-SEM signifie *Covariance-Based Structural Equation Modeling.*

– il n'est pas nécessaire que les données soient normalement distribuées ;

– la méthode est peu contraignante en matière d'échelle de mesure puisqu'elle accepte les échelles de mesure ordinales équidistantes, voire les données binaires ;

– l'approche PLS-SEM est supérieure à l'approche CB-SEM en matière de puissance statistique, autrement dit, elle est davantage capable de rendre compte de la significativité d'une relation réellement significative dans la population (Hair Jr *et al.* 2017). Notons aussi que les deux méthodes convergent pour les échantillons de taille importante (≥ 250 observations), ce qui est notre cas (400 observations).

3.1.3. *Retraitements correctifs, de transformation et d'ajout de variables de contrôle dans le fichier de données*

Le fichier de réponses au questionnaire récupéré depuis l'outil de sondages en ligne Lime Survey (version 2.65.0+170502) n'était naturellement pas correctement formaté pour une intégration dans l'application SmartPLS 3, aussi plusieurs retraitements étaient nécessaires à son exploitation[4]. De plus certaines données ont dû être corrigées ou renseignées avec des valeurs par défaut.

Enfin, quatre questions spécifiques de contrôle de l'attention des participants à l'expérimentation, disséminées dans le questionnaire, ont nécessité un retraitement de type calcul logique. De la même façon, un retraitement de type calcul logique a porté sur des indicateurs de contrôle de *straight lining*[5], à raison d'un indicateur par variable/construit du modèle.

Les principaux retraitements (correctifs et de contrôle mais pas de transformation au format cible SmartPLS 3) sont disponibles sur demande.

3.1.4. *Taille de l'échantillon*

Dans le chapitre 2, nous avons déterminé la taille minimum de l'échantillon requis pour l'application de l'approche PLS grâce à la règle empirique de Chin et Newsted (1999). Dans notre cas, cette règle aboutit à 100 observations. Or, si nous avons sollicité 100 sujets pour notre expérimentation, chacun procédait à l'évaluation successive de quatre projets ce qui, *in fine,* aboutit à un échantillon de 400 observations. Cette taille est suffisante pour garantir la robustesse des résultats, car elle est nettement supérieure à la taille de 212 observations recommandée par

4. Par exemple, SmartPLS 3 n'accepte aucune chaîne de caractères dans le fichier d'entrée.

5. Le *straight lining* désigne une saisie « en ligne », c'est-à-dire un choix de réponse identique pour un grand nombre de questions, caractéristique de participants négligents.

Cohen (1992), pour une puissance statistique de test de 80 %, au seuil α de 1 % pour les R^2 ($\geq 0{,}1$) des construits endogènes du modèle d'équations structurelles et une complexité de modèle de 10 liens maximum pointant sur un construit.

3.1.5. *L'examen des données : complétude et qualité des données*

Avant de procéder à l'analyse multivariée des données à proprement parler, il est nécessaire de s'assurer de plusieurs prérequis concernant la qualité et la complétude (ou exhaustivité) des données. Cette étape est particulièrement recommandée dans le cas de données primaires collectées par voie de questionnaire devant être analysées par modèle d'équations structurelles (ou SEM pour *Structural Equation Modeling*).

3.1.5.1. *Complétude : données manquantes*

Lorsqu'il manque plus de 15 % des données d'une observation, celle-ci doit être supprimée. Dans notre cas, le questionnaire en ligne imposait de renseigner tous les champs requis, seuls deux champs étaient affichés de façon optionnelle (INTR1 et INTR2) car en dépendance logique sur les questions précédentes[6]. Un traitement consistant à assigner une valeur aux occurrences non renseignées de ces deux champs est disponible sur demande. À l'issue de ce traitement, aucune donnée ne manque.

3.1.5.2. *Qualité : données aberrantes (ou* Outliers*)*

Les données aberrantes ou extrêmes peuvent résulter d'erreur de saisie à des questions ouvertes, elles peuvent fausser considérablement les résultats de l'échantillon et doivent être identifiées. Dans notre cas, le fichier ne comporte aucune donnée aberrante, car le questionnaire était fermé, à l'exception du champ de saisie de l'âge des participants. Ce dernier n'affiche pas de donnée manifestement erronée.

3.1.5.3. *Qualité : données à* pattern *de type* straight lining

L'analyse visuelle comme celle des indicateurs de contrôle du phénomène de *straight lining* montre que les participants n'ont pas rempli le questionnaire avec négligence.

3.1.5.4. *Qualité : distribution des données*

L'approche par équations structurelles PLS est non paramétrique, elle ne requiert pas de distribution des données normalement distribuées ni ne présuppose aucune

---

6. En effet, ces deux champs supposent que le sujet ait préalablement investi dans la société concernée, dans le cas contraire, ils ne sont pas pertinents.

hypothèse à cet égard (Cassel *et al.* 1999). Néanmoins, il importe de vérifier que les données ne s'éloignent pas considérablement d'une distribution normale. En effet, des données extrêmement éloignées d'une distribution normale augmentent l'erreur standard obtenue par procédure de *bootstrapping* (technique de ré-échantillonnage expliquée plus loin dans le chapitre), ce qui diminue la probabilité que certaines relations soient considérées comme significatives (Hair Jr *et al.* 2017).

Si les tests de Kolmogorov-Smirnov et Shapiro-Wilks sont indiqués pour tester la normalité d'une distribution, ils ne permettent que de rejeter l'hypothèse nulle de normalité sans évaluer l'éloignement relatif de la distribution considérée avec une distribution normale. En l'espèce, il est préférable de se référer aux paramètres de forme *skewness* (asymétrie) et *kurtosis* (aplatissement), la règle d'interprétation préconisée étant qu'une *skewness* ou un *kurtosis* supérieur à 1 en valeur absolue est éloigné d'une forme de distribution normale.

L'étude de l'asymétrie et de l'aplatissement des distributions de fréquences des variables/indicateurs du modèle révèle que deux variables latentes s'éloignent sensiblement d'une distribution normale :

– les indicateurs de la variable Intérêt qui, bien que symétriques, présentent une forme aplatie et cela en raison de la juxtaposition des quatre distributions (une par projet) de fréquences hétérogènes relativement aux centres d'intérêt des sujets de l'expérimentation ;

– la variable Familiarité présente des indicateurs dont les distributions de fréquences fortement asymétriques sont en forme de pointe, ce qui s'explique par deux facteurs :

- en raison des conditions artificielles de l'expérimentation, il était logique que les sujets n'aient pas de lien avec les projets, c'est-à-dire ne soient pas familiers avec les startups en présence ni avec l'une de leurs caractéristiques. En conséquence, les réponses aux items sont fortement concentrées sur la modalité de réponse « non » ;

- les indicateurs de cette variable sont initialement codés sur une échelle ordinale à 3 points et non 5, ce qui accroît le risque de pointicité (cette échelle est convertie en une échelle de Likert à 5 points pour son exploitation).

Il sera par conséquent nécessaire de garder à l'esprit le risque de sous-estimation de la significativité des effets de ces deux variables dans le modèle (plus particulièrement de la variable familiarité) induite par ces distributions de données sensiblement éloignées de la normalité.

3.1.6. *Échelles de mesure des indicateurs : symétrie et équidistance*

Les indicateurs associés aux variables latentes (non calculées, c'est-à-dire hormis les variables de Congruence aux valeurs de base et d'Intensité du choix d'investissement) du modèle explicatif sont tous associés à des échelles de Likert en 5 points (« tout à fait d'accord » (note 1), « plutôt d'accord » (note 2), « ni d'accord, ni pas d'accord » (note 3), « plutôt pas d'accord » (note 4), « pas du tout d'accord » (note 5)) à l'exception des indicateurs de la variable Familiarité associés à une échelle ordinale en 3 points (« Oui » (note 1), « Incertain » (note 3), « Non » (note 5)).

Une attention particulière a porté sur les items de ces échelles en sorte qu'ils soient symétriques et d'une formulation suggérant l'équidistance des points pris deux à deux. Cette précaution autorise l'assimilation de ces échelles de mesure à des échelles d'intervalle. Par conséquent, les indicateurs des variables latentes peuvent être utilisés dans un modèle par équations structurelles (Hair Jr *et al.* 2017).

3.2. Validité préalable du modèle de mesure

L'objet de cette section est l'analyse des qualités psychométriques (fiabilité et validité) des mesures des construits du modèle. Cette étape précède logiquement l'évaluation du modèle structurel (décrite dans la section 3.3) qui n'est possible que si le modèle de mesure est satisfaisant.

Après avoir révisé les variables, construits et indicateurs associés puis évoqué le cas particulier des variables mono-indicateur, nous évaluerons la qualité de la mesure des variables réflectives puis des variables formatives.

Cette section est donc centrée sur le modèle de mesure, également appelé *outer model* qui relie les construits (ou variables latentes non observables) et les variables observables à leur(s) indicateurs (qui sont eux-mêmes des variables observables).

Rappelons que les construits peuvent être réflectifs ou formatifs et sont associés à un ou plusieurs indicateurs, les variables observables sont mono-indicateur et s'identifient à leur unique indicateur.

3.2.1. *Révision du modèle de mesure*

Les codes des variables utilisés tout au long de ce chapitre sont répertoriés dans le tableau 3.2.

Construit ou variable	Dimension	Code	Signification
Réaction affective	Plaisir	PLAI1	Malheureux/heureux
		PLAI2	Contrarié/content
		PLAI3	Insatisfait/satisfait
		PLAI4	Triste/gai
		PLAI5	Désespéré/optimiste
	Activation	ACTI1	Sans énergie/plein d'énergie
		ACTI2	Endormi/éveillé
		ACTI3	Non stimulé/stimulé
Qualité perçue du signal	Équipe dirigeante	EQUI1	La taille de l'équipe dirigeante est appropriée à ce projet
		EQUI2	Les dirigeants ont des profils complémentaires
		EQUI3	Les diplômes des dirigeants sont appropriés à ce projet
		EQUI4	L'expérience des dirigeants est appropriée à ce projet
	Plan d'affaires	PLAN1	Je trouve ce produit/service innovant
		PLAN2	Je pense que ce marché est en croissance
		PLAN3	Je pense que la concurrence n'empêche pas l'entrée d'un nouveau venu sur le marché
		PLAN4	Les perspectives financières semblent bonnes
Confiance	Bienveillance	BIENV1	Je pense que cette équipe dirigeante est engagée dans une démarche d'amélioration continue pour le développement de son affaire
		BIENV2	Je pense que cette équipe dirigeante cherche continuellement à améliorer les informations données à ses investisseurs

Construit ou variable		Dimension	Code	Signification
Confiance		Crédibilité	CREDI1	L'implication de l'équipe dirigeante m'apporte de la sécurité
			CREDI2	J'ai confiance dans l'engagement des dirigeants
			CREDI3	M'associer à cette équipe dirigeante est une garantie
		Intégrité	INTE1	L'équipe dirigeante est sincère vis-à-vis des investisseurs
			INTE2	L'équipe dirigeante est honnête vis-à-vis des investisseurs
			INTE3	L'équipe dirigeante montre de l'intérêt pour ses investisseurs
Intérêt	Intérêt situationnel	Implication affective	AFFE1	J'apprécie beaucoup ce projet
			AFFE2	J'ai trouvé ce projet stimulant
		Attention	ATTE1	Ce projet a retenu mon attention
			ATTE2	Ce projet m'a captivé
		Curiosité	CURI1	Ce projet a suscité ma curiosité
	Intérêt individuel	Valence émotionnelle	EMO1	Après une longue période sans contact avec ce domaine, je suis impatient d'avoir à nouveau des informations en rapport avec lui
			EMO2	Je préfère parler de mes loisirs plutôt que de ce domaine
			EMO3	Lorsque je suis dans une librairie, j'aime parcourir les revues en rapport avec ce domaine
		Orientation intrinsèque	INTR1	Avec (NOM DE LA SOCIÉTÉ), je suis convaincu d'avoir choisi un investissement qui correspond à mes préférences personnelles
			INTR2	J'ai choisi cet investissement prioritairement en raison de ce domaine intéressant

Construit ou variable	Dimension	Code	Signification
	Valence de la valeur	VALE1	Ce domaine présente une vraie valeur personnelle pour moi
		VALE2	Par comparaison avec les autres sujets qui comptent pour moi (en lien avec mes loisirs), ce domaine a nettement moins d'importance pour moi
		VALE3	Acquérir de nouvelles connaissances sur ce domaine a plus d'importance que d'acquérir de nouvelles connaissances à propos de mes loisirs
		VALE4	Avant que je ne décide d'investir, ce domaine était important pour moi
Familiarité	Familiarité avec des attributs de l'entreprise	ATTR1	Mes loisirs ou passions sont en rapport avec le domaine d'activité de l'entreprise
		ATTR2	J'habite dans la ville ou la région de cette entreprise
		ATTR3	J'ai déjà été confronté avec le problème solutionné par l'offre de cette entreprise
	Familiarité avec l'entreprise	ENTR1	J'ai déjà investi dans l'entreprise
		ENTR2	Je connais les produits ou services de cette entreprise
		ENTR3	Je connais directement ou indirectement un ou plusieurs fondateurs de cette entreprise
Congruence aux valeurs de base		CONGR AXIO	Mesure de la congruence aux valeurs de base, c'est-à-dire de la distance entre les valeurs du participant et la valeur
Intensité du choix d'investissement		MONT CASH	Montant investi dans le projet

Tableau 3.2. *Code des variables utilisées*

Précisons que le choix de regrouper les deux dimensions de l'intérêt (Intérêt individuel et Intérêt situationnel) dans un seul construit est raisonnable au regard de leur corrélation élevée (0,749) et statistiquement significative au seuil de 1 % (*p-value* = 0) indiquée dans la figure 3.1.

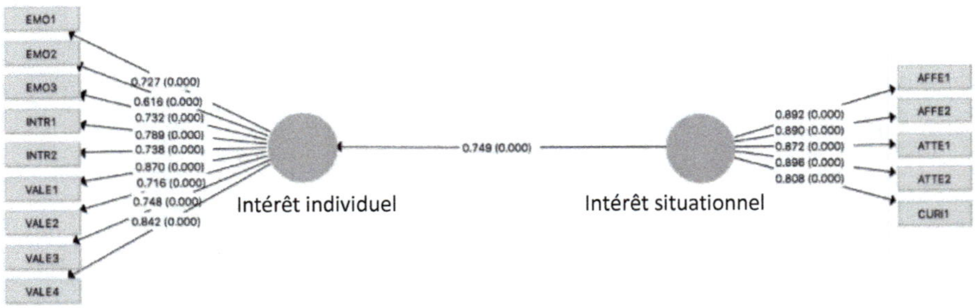

Figure 3.1. *Corrélation liant les dimensions Intérêt situationnel et Intérêt individuel*

3.2.2. *Variables mono-indicateur*

Selon (Hair Jr *et al.* 2017), les variables mono-indicateur sont parfaitement appropriées pour la mesure de variables observables, ce qui est le cas de la variable Intensité du choix d'investissement, révélée par les choix d'investissement. Rappelons que par définition, elle est calculée comme le rapport du montant investi dans le projet évalué sur la dotation initiale.

La variable Congruence aux valeurs de base, également mono-indicateur, est une variable latente, pourtant, comme spécifié dans le chapitre 1, nous avons fait le choix de ne pas développer un instrument de mesure *ad hoc*, construit réflectif ou formatif pour ce concept. En effet, étant donnée la nature même du concept que nous étudions, une congruence, nous avons préféré proposer une variable originale calculée comme une « distance » (plus exactement une mesure de similarité) entre deux points (vecteurs) de l'espace : 1) les valeurs de l'individu et 2) la valeur portée par le projet concerné (en l'espèce, un vecteur à une seule composante). La mesure relative aux valeurs de l'individu s'adosse à une échelle de la littérature (échelle *Short Schwartz Value Survey* ou SSVS) fiable et valide (Lindeman et Verkasalo 2005). La mesure du second point de l'espace (la valeur portée par le projet concerné) était explicite dans les business plans, autrement dit elle était observable. Ajoutons qu'outre le bénéfice conféré par une adéquation entre la nature du concept (une congruence) et la méthode de mesure (une « distance »), ce choix de modélisation a permis de s'abstraire de la subjectivité des sujets pour un questionnement délicat et abstrait du type : « Dans quelle mesure la valeur dominante que je perçois pour ce projet est importante dans mon échelle de valeurs personnelles ? » Aussi, pour que l'individu puisse répondre à cette question, il faudrait qu'il soit capable d'introspection pour identifier, étiqueter et ordonner ses valeurs. Rappelons également qu'une valeur activée peut induire un comportement y compris lorsque l'activation a lieu de façon inconsciente (Chataigné 2014), ce qui plaide en faveur d'un questionnement indirect. Enfin, comme les résultats de la section 3.3 de ce chapitre le montrent, la validité nomologique de cette variable latente est confirmée par des liens entre mesures conformes aux liaisons hypothétiques entre construits (voir H2+ et H11+).

Finalement pour ces deux variables (Intensité du choix d'investissement et Congruence aux valeurs de base), la relation de corrélation liant la variable mono-indicateur à son indicateur vaut toujours 1, ce qui signifie qu'ils ont la même valeur, il n'y a donc pas d'erreur de mesure entre vraie valeur et mesure, la mesure est la vraie valeur. Par conséquent, les critères d'évaluation psychométrique de validité et de fiabilité ne sont pas applicables aux variables mono-indicateur (Hair Jr *et al.* 2017).

Notons aussi que cette propriété d'absence d'erreur de mesure est partagée par certains construits formatifs (nous reviendrons sur ce point plus loin), toutefois, les variables de type mono-indicateur se différencient des construits formatifs par la relation non orientée entre variable et indicateur (c'est-à-dire que la variable mono-indicateur n'est ni formative ni réflective).

3.2.3. *Variables réflectives*

Les mesures réflectives se caractérisent par un construit qui existe par lui-même et dont les indicateurs (ou items) sont les reflets observables (Gavard-Perret *et al.* 2013). Selon Jarvis *et al.* (2003), elles se distinguent des mesures de type formatives par :

– la direction de la causalité entre construit et mesure, celle-ci va du construit aux items ;

– l'interchangeabilité des indicateurs qui doivent partager un thème commun ;

– la covariation entre indicateurs ;

– le réseau nomologique des indicateurs qui doivent avoir les mêmes antécédents et conséquents.

Les indicateurs sont définis comme des fonctions linéaires des variables latentes; en conséquence, un système de régressions linéaires correspond à chaque construit réflectif (voir figure 3.2 pour un exemple).

La covariance entre les indicateurs est attribuable à leur cause commune, la variable latente *VL*. En effet, dans les équations affines de ce système de régression, les coefficients λ_i représentent la pente de la droite. Lorsque l'on applique la méthode des moindres carrés ordinaires, ces coefficients normalisés sont les corrélations entre indicateurs et variable latente et s'expriment en fonction des variances et covariances de la variable expliquée (l'indicateur *Ii*) et explicative (la variable latente *VL*) :

$$\lambda_i = \frac{Cov\,(I_i, VL)}{Var(VL)}$$

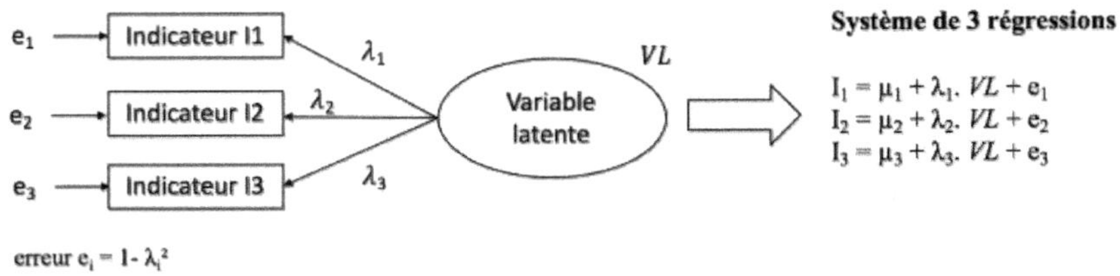

Figure 3.2. *Relation entre indicateurs observables et variable latente réflective, adapté de (Crié 2005)*

Élevés au carré, ces coefficients sont des coefficients de détermination (équivalents aux communautés de l'analyse factorielle en composantes principales) qui indiquent la contribution de la variable latente à l'indicateur, c'est-à-dire la part de variance de la variable manifeste (indicateur) restituée par la variable latente.

Dans le chapitre 1, nous avons spécifié un modèle explicatif intégrant trois variables latentes réflectives : la Réaction affective, l'Intérêt et la Confiance. La vérification de la fiabilité et de la validité proposée ci-après s'appuie sur le calcul de plusieurs statistiques confrontées à des seuils d'acceptation. Le tableau 3.3 synthétise cette démarche.

Fiabilité		Alpha de Cronbach
		Rhô de Jôreskog (*composite reliability*)
Validité	Validité convergente	*Average Variance Extracted* (AVE)
		Outer loadings et *indicator reliability*
	Validité discriminante	*Cross loading*
		Fornell Lacker criterion
		Ratio Heterotrait-Monotrait (HTMT)

Tableau 3.3. *Étapes pour la vérification de la qualité psychométrique des variables latentes réflectives*

3.2.3.1. *Qualité psychométrique de la mesure pour les construits Réaction affective, Intérêt et Confiance*

3.2.3.1.1. La fiabilité

La fiabilité, également appelée *internal consistency reliability*, est la capacité d'une mesure à donner des résultats statistiquement « consistants » dans le temps, c'est-à-dire stables et cohérents. Pour cela, l'erreur aléatoire doit être suffisamment faible. Cela se traduit par des échelles de mesure dont les items mesurent conjointement le même concept mais sans redondance.

Le critère traditionnel est l'alpha de Cronbach défini par la formule suivante :

$$\alpha = \left(\frac{M}{M-1}\right).(1 - \frac{\sum_{i=1}^{M} S_i^2}{S_t^2})$$

où :

– M est le nombre d'items ou questions ou indicateurs ;

– S_i^2 est la variance de l'item i ;

– S_t^2 est la variance totale soit la somme de tous les coefficients de la matrice des variances covariances des items.

L'alpha de Cronbach (Cronbach 1951) mesure la part de la variance totale du construit expliquée par les indicateurs et varie entre 0 et 1. Cette estimation est conservatrice, elle constitue une limite basse pour la consistance interne. D'après le critère de Nunnaly, un alpha de Cronbach supérieur à 0,60 est acceptable pour une recherche fondamentale, une valeur supérieure à 0,80 est acceptable pour une recherche appliquée. Selon Hair Jr *et al.* (2017), une valeur comprise entre 0,60 et 0,70 est acceptable pour une recherche exploratoire tandis qu'une valeur comprise entre 0,70 et 0,90 est satisfaisante pour une recherche plus avancée.

Une valeur supérieure à 0,95 n'est pas souhaitable, car cela signifie que tous les indicateurs mesurent le même phénomène, ce qui est le cas lorsque plusieurs items dans un questionnaire sont redondants et représentent une même question reformulée plusieurs fois.

Le logiciel SmartPLS 3 calcule ce coefficient pour toutes variables, la figure 3.3 (diagramme en bâtons) représente ces coefficients ainsi qu'un seuil d'acceptabilité de 0,70.

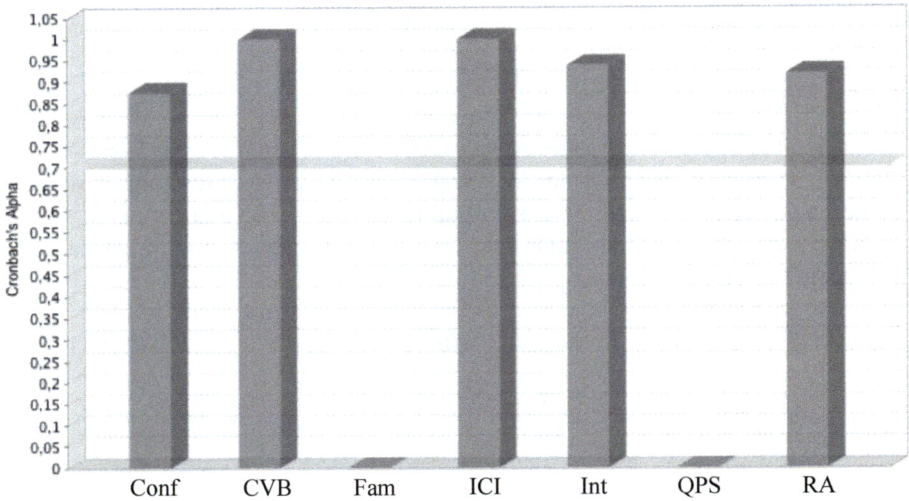

Conf : Confiance ; CVB : Congruence aux valeurs de base ; Fam : Familiarité ; ICI : Intensité du choix d'investissement ; Int : Intérêt ; QPS : Qualité perçue du signal ; RA : Réaction affective.

Figure 3.3. *Coefficient alpha de Cronbach pour toutes les variables du modèle*

Remarquons que ce coefficient n'est pas applicable aux variables mono-item Congruences aux valeurs de base et Intensité du choix d'investissement dont la valeur 1 ne doit pas être interprétée. De plus, il n'est pas calculé pour les variables formatives Familiarité et Qualité perçue du signal car non pertinent.

Parmi ces données, le tableau 3.4 affiche les valeurs des coefficients afférents aux trois construits réflectifs.

	Alpha de Cronbach
Réaction affective	0,918
Confiance	0,876
Intérêt	0,938

Tableau 3.4. *Alpha de Cronbach pour les trois construits réflectifs du modèle explicatif*

Interprétation : les indicateurs de fiabilité alpha de Cronbach sont supérieurs au seuil attendu de 0,70 pour les trois construits, ce qui suggère une fiabilité suffisante.

Néanmoins, comme précédemment mentionné, l'alpha de Cronbach présente certains inconvénients (Cortina 1993) tels qu'une sous-estimation de la fiabilité ainsi qu'une sensibilité au nombre d'items de l'échelle. Par ailleurs, l'alpha de Cronbach fait l'hypothèse d'indicateurs égaux, c'est-à-dire ayant les mêmes coefficients (*outer loadings*) tandis que l'approche PLS-SEM calcule des coefficients distincts.

Aussi, un second coefficient offre une alternative pour l'évaluation de la fiabilité de la cohérence interne : le Rhô de Jöreskog (1971) ou *composite reliability*.

L'expression mathématique du Rhô de Jöreskog est la suivante :

$$\rho_c = \frac{(\sum_{i=1}^{M} l_i)^2}{(\sum_{i=1}^{M} l_i)^2 + \sum_{i=1}^{M} var(e_i)}$$

où :

– l_i est le coefficient standardisé (ou *outer loading*) de la mesure i (indicateur) sur la variable latente ;

– M est le nombre de variables observées nombre d'indicateurs pour la variable latente ;

– e_i est l'erreur de mesure de l'indicateur i ($e_i = 1 - l_i^2$).

Le Rhô de Jöreskog s'appuie sur les coefficients standardisés reliant indicateurs et variable latente selon la spécification *a priori* du modèle de mesure par équations structurelles, il s'agit donc d'une utilisation spécifique de l'analyse factorielle confirmatoire, à des fins d'évaluation de la cohérence interne des construits.

Tout comme l'alpha de Cronbach, le Rhô de Jöreskog varie entre 0 et 1 et son interprétation en termes de seuils est identique. Ce coefficient présente néanmoins un biais inverse à l'alpha de Cronbach puisqu'il tend à surestimer la fiabilité. Finalement, il est raisonnable de poser que la fiabilité réelle se trouve encadrée par ces deux coefficients.

Le logiciel SmartPLS 3 calcule ce coefficient pour toutes les variables du modèle, la figure 3.4 (diagramme en bâtons) les représente.

Les remarques faites plus haut à propos des variables mono-item et des construits formatifs valent aussi pour cette figure.

Parmi ces données, le tableau 3.5 affiche les valeurs des coefficients afférents aux trois construits réflectifs.

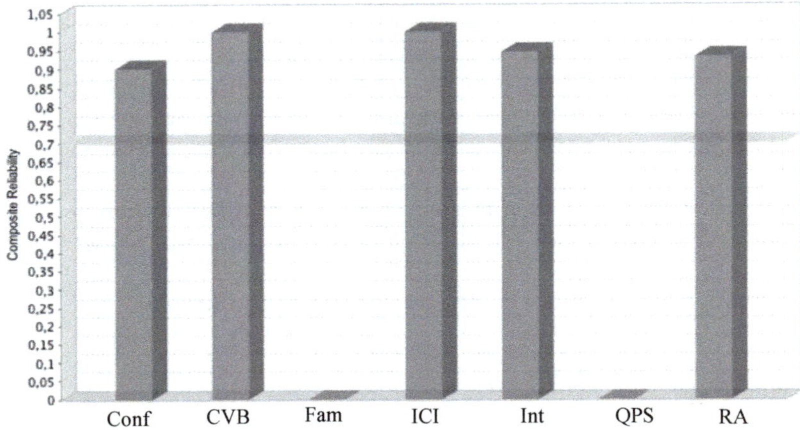

Conf : Confiance ; CVB : Congruence aux valeurs de base ; Fam : Familiarité ; ICI : Intensité du choix d'investissement ; Int : Intérêt ; QPS : Qualité perçue du signal ; RA : Réaction affective.

Figure 3.4. *Coefficient Rhô de Jöreskog pour toutes les variables du modèle (composite reliability)*

	Composite Reliability
Réaction affective	0,933
Confiance	0,902
Intérêt	0,946

Tableau 3.5. *Rhô de Jöreskog pour les trois construits réflectifs du modèle explicatif*

Interprétation : comme attendu, le Rhô de Jöreskog est moins conservateur que l'alpha de Cronbach. Au total, les indicateurs de fiabilité alpha de Cronbach et Rhô de Jöreskog sont supérieurs au seuil attendu de 0,7 et restent en deçà du seuil limite de 0,95 indiquant une redondance excessive entre les mesures. Ces résultats suggèrent une fiabilité suffisante pour ces trois construits réflectifs, c'est-à-dire une bonne cohérence interne des items, les questions censées mesurer la même chose mesurent bien la même chose.

3.2.3.1.2. La validité

La validité de trait (ou *construct validity*) permet de vérifier si les indicateurs représentent bien le phénomène, c'est-à-dire le construit réflectif auxquels ils sont rattachés. Elle se décompose en deux formes de validité distinctes : la validité convergente et la validité discriminante.

La validité convergente

La validité convergente assure que les indicateurs du même phénomène sont positivement corrélés. En effet, ces indicateurs sont le reflet d'un même construit, ils doivent donc partager une forte proportion de variance. L'évaluation de la validité convergente repose sur deux étapes, 1) le Rhô de validité convergente ou AVE pour *Average Variance Extracted* et 2) l'analyse des coefficients (*outer loadings*) ou de façon équivalente, de leur valeur élevée au carré appelée *indicator reliability*.

Le Rhô de validité convergente ou *Average Variance Extracted* (AVE)

L'AVE est une mesure définie comme la moyenne des carrés des *loadings* d'items associés à un construit :

$$AVE = \frac{\sum_{i=1}^{M} l_i^2}{M}$$

Il s'interprète comme la proportion de la variance moyenne des indicateurs expliquée par le construit. De la même façon qu'un seuil minimum de 50 % est attendu pour le carré des loadings (*indicator reliability*) de chaque indicateur, ce même seuil s'applique à l'AVE. La figure 3.5 donne l'AVE de toutes les variables du modèle.

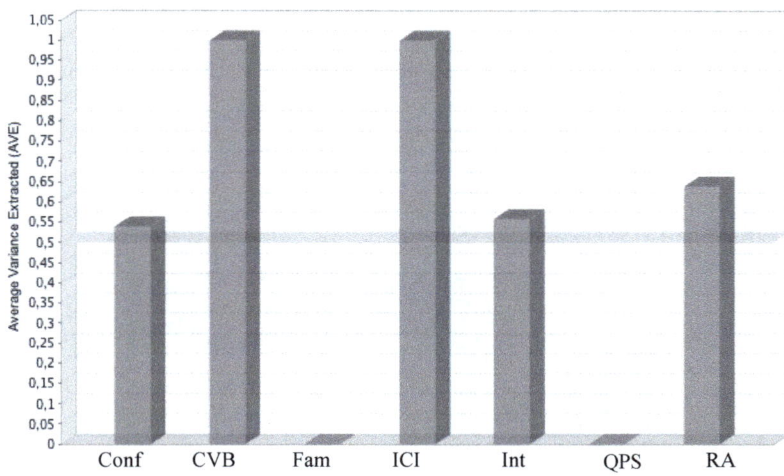

Conf : Confiance ; CVB : Congruence aux valeurs de base ; Fam : Familiarité ; ICI : Intensité du choix d'investissement ; Int : Intérêt ; QPS : Qualité perçue du signal ; RA : Réaction affective.

Figure 3.5. *Rhô de validité convergente (AVE) pour toutes les variables du modèle*

	Average Variance Extracted (AVE)
Confiance	0,539
Intérêt	0,558
Réaction affective	0,638

Tableau 3.6. *Rhô de validité convergente (AVE) pour les trois construits réflectifs du modèle explicatif*

Nous constatons que les Rhô de validité convergente (AVE) des trois construits réflectifs sont supérieurs au seuil de 0,5 et sont par conséquent satisfaisants.

Outer loadings et *indicator reliability*

Le second temps de l'analyse de la validité convergente est plus détaillé puisqu'il procède indicateur par indicateur.

Comme précédemment indiqué, les coefficients (*outer loadings*) des indicateurs sont calculés par régression linéaire, ce sont des corrélations entre indicateurs et construit. Leur valeur doit être supérieure à 0,7 ou plus précisément 0,708 dont le carré est 0,5 soit 50 %. En effet, le carré de l'*outer loading* (corrélation) est un coefficient de détermination (assimilable à une communauté ou *communality*) qui représente la part de la variance de l'indicateur expliquée par le construit. Il est souhaitable que cette part soit substantielle, aussi, le seuil de 50 % est retenu (Hair Jr *et al.* 2017). Précisons que si nous faisons le choix de raisonner à partir des *outer loadings*, les *indicator reliability* (soit les *outer loadings* élevés au carré) sont affichés plus bas dans un tableau synthétique sur la qualité des mesures réflectives.

Le logiciel SmartPLS 3 calcule les *outer loadings*, le tableau 3.7 affiche les coefficients des trois construits réflectifs.

	Confiance	Intérêt	Réaction affective
BIENV1	0,677		
BIENV2	0,546		
CREDI1	0,789		
CREDI2	0,840		
CREDI3	0,794		

	Confiance	Intérêt	Réaction affective
INTE1	0,799		
INTE2	0,788		
INTE3	0,580		
AFFE1		0,867	
AFFE2		0,806	
ATTE1		0,783	
ATTE2		0.818	
CURI1		0,698	
EMO1		0,735	
EMO2		0,568	
EMO3		0,660	
INTR1		0,732	
INTR2		0,728	
VALE1		0,837	
VALE2		0,669	
VALE3		0,695	
VALE4		0,807	
PLAI1			0,853
PLAI2			0,865
PLAI3			0,859
PLAI4			0,807
PLAI5			0,845
ACTI1			0,741
ACTI2			0,653
ACTI3			0,744

Tableau 3.7. *Outer loadings des trois construits réflectifs*

La plupart des *loadings* sont supérieurs au seuil de 0,7. Les *loadings* en deçà du seuil restent toutefois supérieurs à 0,65 hormis deux indicateurs du construit

Confiance (BIENV2 et INTE3) et un indicateur du construit Intérêt (EMO2) dont les corrélations sont plus basses. Notons que la faible corrélation de l'indicateur EMO2 est possiblement imputable à sa formulation inversée, la première du genre rencontrée dans le questionnaire.

Les indicateurs présentant des *loadings* inférieurs au seuil de 0,40 doivent être automatiquement retirés (Hair *et al.* 2011), ceux dont les *loadings* sont compris entre 0,40 et 0,70 réclament un examen plus minutieux. Ils ne peuvent être supprimés qu'à la condition que ce retrait améliore les indicateurs de fiabilité (alpha de Cronbach et Rhô de Jöreskog) et de validité convergente (AVE) au-delà des seuils minimums requis. Cette condition n'est toutefois pas suffisante puisqu'il faut également considérer l'importance de l'indicateur pour la validité de contenu (Hair Jr *et al.* 2017).

Dans notre cas, vérifions tout d'abord l'impact du retrait de chaque indicateur de *loading* < 0,70 sur l'alpha de Cronbach, le Rhô de Jöreskog et l'AVE. Le tableau 3.8 affiche ces variations.

	Réaction affective	Intérêt	Confiance	Variation alpha de Cronbach	Variation Rhô de Jöreskog	Variation de l'AVE
ACTI2	0,653			0	0,002	0,035
CURI1		0,698		– 0,003	– 0,002	0,008
EMO2		0,568		0	0	0,02
EMO3		0,66		– 0,002	– 0,002	0,011
VALE2		0,669		– 0,002	– 0,002	0,011
VALE3		0,695		– 0,003	– 0,002	0,008
BIENV1			0,677	– 0,012	– 0,006	0,02
BIENV2			0,546	0	0,002	0,04
INTE3			0,58	– 0,004	– 0,011	0,033

Tableau 3.8. *Variation des indicateurs de fiabilité et validité convergente pour les retraits d'items dont la corrélation est inférieure au seuil de 0,70*

Nous constatons que le retrait de deux indicateurs (ACTI2 et BIENV2) améliore le Rhô de Jöreskog tandis que le retrait de tous les indicateurs améliore l'AVE. Néanmoins, la règle d'éviction des indicateurs précédemment énoncée indique que les indicateurs dont le *loading* est supérieur ou égal à 0,40, mais strictement inférieur à 0,70 ne sont retirés que si cette action améliore les scores de fiabilité et validité convergente au-delà des seuils requis. Or, comme nous l'avons vu, dans notre cas, ces seuils sont dépassés pour tous les construits. En conséquence et dans un souci de validité de contenu, nous conservons tous les items des échelles de mesure.

La validité discriminante

La validité discriminante permet de s'assurer que les variables latentes d'un modèle sont suffisamment distinctes les unes des autres, chacune doit uniquement capturer un phénomène qui n'est pas représenté par les autres. Aussi les corrélations ne doivent pas être trop importantes entre variables latentes. Trois approches de la validité discriminante sont abordées, 1) les *cross loadings*, 2) la méthode de Fornell et Larcker (1981) et 3) l'approche par le ratio Heterotrait-Monotrait (HTMT) proposée par Henseler *et al.* (2015).

Les *cross loadings*

La première approche par les *cross loadings* postule que l'*outer loading* de l'indicateur d'un construit doit être supérieur aux *cross loading* (corrélation) entre ce même indicateur et les autres construits du modèle. Le tableau 3.9 permet de comparer les corrélations intravariables latentes avec les corrélations intervariables latentes. Par exemple, le premier indicateur BIENV1 du construit Confiance (la mise en couleur bleue marque l'appartenance des indicateurs aux construits) vaut 0,677, ce *loading* (corrélation) est supérieur aux *cross loadings* lus sur la même ligne : 0,372 ; 0,328 ; 0,263 et 0,396. Les variables mono-indicateur n'apparaissent pas, car leur corrélation vaut 1 et ne peut être admettre de majorant.

Comme on peut le constater, les *loadings* sont tous supérieurs aux *cross loadings*, ce qui suggère la validité discriminante des variables latentes.

	Confiance	Intérêt	Réaction affective	Familiarité	Qualité perçue du signal
BIENV1	0,677	0,372	0,328	0,263	0,396
BIENV2	0,546	0,293	0,310	0,168	0,297
CREDI1	0,789	0,530	0,468	0,304	0,484
CREDI2	0,840	0,549	0,450	0,303	0,482
CREDI3	0,794	0,477	0,344	0,257	0,432
INTE1	0,799	0,443	0,402	0,320	0,378

	Confiance	Intérêt	Réaction affective	Familiarité	Qualité perçue du signal
INTE2	0,788	0,447	0,403	0,292	0,363
INTE3	0,580	0,276	0,244	0,209	0,247
AFFE1	0,639	0,868	0,626	0,505	0,458
AFFE2	0,549	0,806	0,547	0,425	0,414
ATTE1	0,402	0,783	0,505	0,365	0,370
ATTE2	0,514	0,818	0,526	0,406	0,409
CURI1	0,385	0,698	0,428	0,302	0,342
EMO1	0,405	0,735	0,472	0,472	0,329
EMO2	0,408	0,568	0,364	0,346	0,302
EMO3	0,292	0,660	0,382	0,401	0,216
INTR1	0,445	0,732	0,431	0,488	0,350
INTR2	0,443	0,728	0,449	0,411	0,323
VALE1	0,529	0,837	0,556	0,561	0,387
VALE2	0,344	0,669	0,403	0,371	0,260
VALE3	0,334	0,695	0,352	0,402	0,279
VALE4	0,398	0,807	0,436	0,563	0,250
PLAI1	0,430	0,554	0,853	0,387	0,297
PLAI2	0,442	0,558	0,865	0,419	0,330
PLAI3	0,453	0,526	0,859	0,393	0,411
PLAI4	0,430	0,505	0,807	0,385	0,312
PLAI5	0,488	0,590	0,845	0,414	0,461
ACTI1	0,330	0,412	0,741	0,259	0,294
ACTI2	0,271	0,364	0,653	0,218	0,258
ACTI3	0,369	0,458	0,744	0,313	0,328
ATTR1	0,204	0,532	0,278	0,670	0,205
ATTR2	0,036	0,106	0,047	0,152	0,048
ATTR3	0,265	0,439	0,378	0,744	0,174

	Confiance	Intérêt	Réaction affective	Familiarité	Qualité perçue du signal
ENTR1	0,225	0,264	0,197	0,463	0,209
ENTR2	0,287	0,262	0,289	0,690	0,174
ENTR3	0,112	0,114	0,173	0,271	0,151
EQUI1	0,345	0,332	0,335	0,246	0,643
EQUI2	0,323	0,251	0,283	0,135	0,601
EQUI3	0,196	0,100	0,117	0,064	0,364
EQUI4	0,349	0,151	0,233	0,109	0,649
PLAN1	0,211	0,311	0,188	0,177	0,392
PLAN2	0,149	0,333	0,116	0,137	0,277
PLAN3	0,156	0,184	0,104	0,069	0,290
PLAN4	0,317	0,346	,0180	0,144	0,591

Tableau 3.9. *Loadings et cross loadings des variables latentes du modèle*

Le critère de Fornell-Larcker

Le principe de cette méthode est que le construit doit, en moyenne, partager plus de variance avec ses indicateurs qu'avec les autres construits. En pratique, la racine carrée de l'AVE de chaque construit doit être supérieure à la plus grande des corrélations de ce construit avec les autres variables latentes réflectives (Hair *et al.* 2016).

Le tableau de Fornell-Larcker fourni par SmartPLS (voir tableau 3.10) affiche les carrés des AVE sur la diagonale et les corrélations interconstruits sous la diagonale.

	Confiance	Intérêt	Réaction affective
Confiance	0,734		
Intérêt	0,594	0,747	
Réaction affective	0,512	0,629	0,799

Tableau 3.10. *Tableau de Fomell-Larcker*

Dans notre cas, ce second critère de validité discriminante est satisfait puisque les carrés des AVE sont supérieurs aux corrélations interconstruits.

Méthode du ratio Heterotrait-Monotrait (HTMT)

Les recherches récentes ont critiqué la performance des deux critères précédents, par exemple, Henseler *et al.* (2015) montrent que les *cross loadings* n'indiquent pas un manque de validité discriminante lorsque deux construits sont parfaitement corrélés. Le critère de Fornell-Larcker présente la même insuffisance lorsque les *loadings* d'indicateurs d'un construit particulier diffèrent peu. Selon Henseler et ses collaborateurs, la méthode du ratio Heterotrait-Monotrait (HTMT) remédie à ces insuffisances.

Le ratio HTMT de deux construits est le quotient des corrélations intertraits sur les corrélations intratraits. Plus précisément, le numérateur est calculé comme la moyenne arithmétique des corrélations des indicateurs des construits pris deux à deux, tandis que le dénominateur est la moyenne géométrique des moyennes des corrélations des indicateurs de chaque construit.

Plus ce ratio est élevé et proche de 1 et moins la validité discriminante est assurée. Si le seuil acceptable est débattu, Henseler *et al.* (2015) suggèrent un seuil maximum de 0,90 si les construits sont conceptuellement proches et 0,85 pour des construits conceptuellement distincts.

La figure 3.6 affiche les ratios Heterotrait-Monotrait pour les couples de construits du modèle.

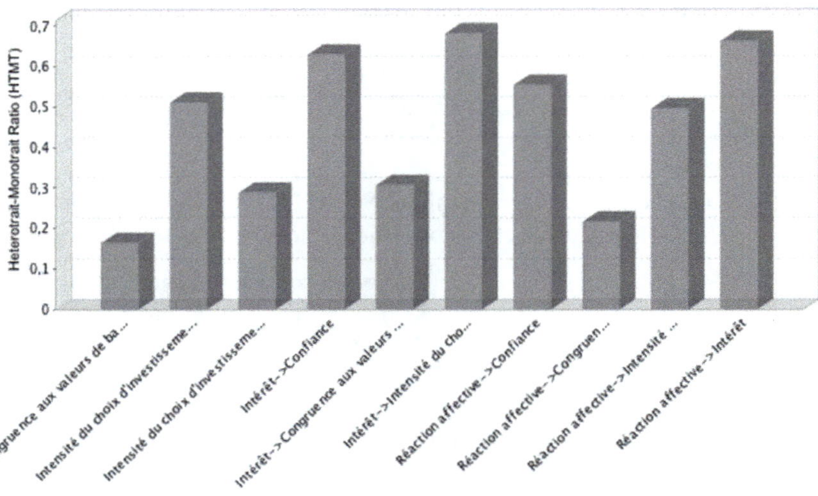

Figure 3.6. *Ratio Heterotrait-Monotrait (HTMT)*

Les valeurs des ratios HTMT des variables réflectives du modèle sont extraites dans le tableau 3.11.

	Confiance	Intérêt
Intérêt	0,630	
Réaction affective	0,554	0,662

Tableau 3.11. *Ratios HTMT des variables réflectives*

Nous constatons que les ratios HTMT concernés sont tous nettement en deçà du seuil de 0,85.

SmartPLS 3 offre aussi un test statistique d'hypothèse permettant de s'assurer que le ratio HTMT est statistiquement significativement différent de 1. Pour ce faire, sachant que l'approche PLS-SEM ne présuppose pas de loi paramétrique pour les données, un algorithme de *bootstrapping* par tirage d'échantillons aléatoires (paramétré à 5 000 dans notre cas) construit une distribution de ratios HTMT.

Le tableau 3.12 affiche les intervalles de confiance à 95 % construits par *bootstrapping*, aucun d'eux ne contient la valeur 1, ce qui confirme la validité discriminante des trois construits formatifs.

	Original Sample (O)	*Sample Mean* (M)	*Bias*	2,5 %	97,5 %
Intérêt → Confiance	0,643	0,643	0,001	0,553	0,712
Réaction affective → Confiance	0,564	0,565	0,001	0,475	0,647
Réaction affective → Intérêt	0,662	0,661	– 0,001	0,572	0,739

Tableau 3.12. *Intervalle de confiance des ratios HTMT des variables réflectives*

Finalement, le tableau 3.13 présente une synthèse de l'analyse de la qualité psychométrique des construits réflectifs.

Variables latentes	Indicateurs	Validité convergente			Fiabilité		Validité discriminante
		Loadings	*Indicator reliability*	AVE	*Composite reliability*	Alpha de Cronbach	
		> 0,70	> 0,50	> 0,50	0,70-0,95	0,70-0,95	HTMT l'intervalle de confiance n'inclut pas 1
Confiance	BIENV1	0,677	0,459	0,539	0,902	0,876	OUI
	BIENV2	0,546	0,298				
	CREDI1	0,789	0,623				
	CREDI2	0,840	0,706				
	CREDI3	0,794	0,631				
	INTE1	0,799	0,639				
	INTE2	0,788	0,621				
	INTE3	0,580	0,336				
Intérêt	EMO1	0,735	0,540	0,558	0,946	0,938	OUI
	EMO2	0,568	0,323				
	EMO3	0,660	0,435				
	INTR1	0,732	0,536				
	INTR2	0,728	0,531				
	VALE1	0,837	0,701				
	VALE2	0,669	0,447				
	VALE3	0,695	0,482				
	VALE4	0,807	0,652				
	CURI1	0,698	0,487				
	AFFE1	0,867	0,751				
	AFFE2	0,806	0,650				
	ATTE1	0,783	0,614				
	ATTE2	0,818	0,668				

Variables latentes	Indicateurs	Validité convergente			Fiabilité		Validité discriminante
		Loadings	*Indicator reliability*	AVE	*Composite reliability*	Alpha de Cronbach	
		> 0,70	> 0,50	> 0,50	0,70-0,95	0,70-0,95	HTMT l'intervalle de confiance n'inclut pas 1
Réaction affective	ACTI1	0,741	0,548	0,638	0,933	0,918	OUI
	ACTI2	0,653	0,426				
	ACTI3	0,744	0,554				
	PLAI1	0,853	0,727				
	PLAI2	0,865	0,748				
	PLAI3	0,859	0,738				
	PLAI4	0,807	0,652				
	PLAI5	0,845	0,714				

Tableau 3.13. *Synthèse de l'analyse de la qualité psychométrique des construits réflectifs*

En conclusion, la fiabilité et les validités convergentes et discriminantes sont établies pour les trois variables latentes réflectives du modèle. Notons toutefois que plusieurs indicateurs présentent des *loadings* inférieurs au seuil requis de 0,70. Trois indicateurs en particulier (BIENV2, INTE3 et EMO2) sont sensiblement en deçà. Néanmoins, conformément à la procédure et aux recommandations de Hair *et al.* (2016), nous ne les retirons pas.

3.2.3.2. *Construit Intérêt comme variable de second rang : Intérêt individuel et Intérêt situationnel*

Jusqu'à présent, dans ce chapitre, nous avons considéré le construit Intérêt comme un unique bloc d'indicateurs. Or, comme le chapitre 1 l'indique, la variable intérêt présente deux dimensions distinctes, l'intérêt individuel et l'intérêt situationnel. Il est donc possible de considérer la variable Intérêt comme une variable de second rang, soit une variable latente composée de plusieurs variables latentes. En particulier, l'échelle de mesure de la dimension de l'Intérêt situationnel est adaptée d'une échelle empruntée aux sciences de l'éducation (Yennek 2014) tout en respectant les recommandations de Schiefele (2009). Le champ des sciences de l'éducation est éloigné de la finance, cette incursion s'explique par l'importance des travaux de recherches centrées sur le concept d'intérêt dans ce champ (Fenouillet 2016). Aussi, nous n'avons pas à proprement parler développé une nouvelle mesure réflective, auquel cas nous nous serions conformés au paradigme de Churchill (1979), mais sommes partis d'une échelle préexistante. Il nous semble néanmoins utile de nous assurer que les deux formes de l'intérêt, prises comme variables indépendantes satisfont aux critères de qualité psychométriques de fiabilité (section 3.2.3.2.1) et validité (sections 3.2.3.2.2 et 3.2.3.2.3). Nous vérifierons également que la liste des items de l'échelle de mesure de l'Intérêt situationnel est bien purifiée, c'est-à-dire que les items forment une seule et même composante principale distincte de celle formée par les indicateurs associés à l'Intérêt individuel (objet de la section 3.2.3.3).

3.2.3.2.1. Fiabilité

Précisons que cette fois, nous capitaliserons sur les explications données ci-avant et exposerons les résultats de façon plus directe. Comme le tableau 3.14 l'indique, les deux indicateurs de fiabilité alpha de Cronbach et Rhô de Jöreskog (*composite reliability*) sont au-delà du seuil requis de 0,7 et sont par conséquent satisfaisants.

	Alpha de Cronbach	*Composite reliability*
Intérêt individuel	0,905	0,923
Intérêt situationnel	0,921	0,941

Tableau 3.14. *Indicateurs de fiabilité pour les construits d'intérêt*

3.2.3.2.2. Validité convergente

Nous établissons la validité convergente en deux étapes : par l'AVE et par l'analyse des *loadings.*

L'AVE

Le tableau 3.15 nous permet de constater que les Rhô de validité convergente (AVE) des deux construits d'intérêt sont supérieurs au seuil de 0,5.

	Average Variance Extracted (AVE)
Intérêt individuel	0,573
Intérêt situationnel	0,761

Tableau 3.15. *Average variance extracted (AVE)*

L'analyse des loadings

L'analyse des *loadings* (tableau 3.16) indique que seul l'indicateur EMO2 (associé à la variable d'Intérêt individuel) est inférieur au seuil de 0,70. Son éviction détériore l'alpha de Cronbach (qui diminue à 0,904), est sans effet sur la *composite reliability* (constante à 0,923), mais améliore sensiblement l'AVE (qui augmente à 0,601). Néanmoins la valeur de l'AVE était préalablement supérieure au seuil minimum, par conséquent, conformément aux recommandations de Hair Jr *et al.* (2017), nous conservons cet indicateur.

	Intérêt individuel	Intérêt situationnel
EMO1	0,716	0,923
EMO2	0,622	0,941
EMO3	0,734	
INTR1	0,793	
INTR2	0,736	
VALE1	0,869	
VALE2	0,722	
VALE3	0,75	
VALE4	0,839	
CURI1		0,813
AFFE1		0,888
AFFE2		0,889
ATTE1		0,874
ATTE2		0,896

Tableau 3.16. *Loadings des construits Intérêt individuel et Intérêt situationnel*

3.2.3.2.3. Validité discriminante

Nous établissons la validité discriminante en trois étapes : l'analyse des *loadings* et *cross loadings*, le critère de Fornell-Larcker et le ratio HTMT.

Analyse des loadings *et* cross loadings

L'analyse des *cross loadings* (voir tableau 3.17) montre que les *loadings* des deux construits d'Intérêt sont supérieurs à leurs *cross loadings* avec les autres variables latentes.

	Intérêt individuel	Intérêt situationnel	Confiance	Familiarité	Qualité perçue du signal	Réaction affective
EMO1	0,716	0,651	0,405	0,472	0,329	0,472
EMO2	0,622	0,422	0,408	0,346	0,302	0,364
EMO3	0,734	0,483	0,292	0,401	0,216	0,382
INTR1	0,793	0,525	0,445	0,488	0,350	0,431
INTR2	0,736	0,589	0,443	0,411	0,323	0,449
VALE1	0,869	0,664	0,529	0,561	0,387	0,556
VALE2	0,722	0,496	0,344	0,371	0,260	0,403
VALE3	0,750	0,537	0,334	0,402	0,279	0,352
VALE4	0,839	0,643	0,398	0,563	0,250	0,436
AFFE1	0,743	0,888	0,639	0,505	0,458	0,626
AFFE2	0,647	0,889	0,549	0,425	0,414	0,547
ATTE1	0,627	0,874	0,402	0,365	0,370	0,505
ATTE2	0,665	0,96	0,514	0,406	0,409	0,526
CURI1	0,541	0,13	0,385	0,302	0,342	0,428

Tableau 3.17. *Loadings et cross loadings des variables d'Intérêt et autres variables du modèle*

Critère de Fornell-Larcker

Le tableau de Fornell-Larcker (voir tableau 3.18) révèle que ce second critère de validité discriminante est satisfait puisque les carrés des AVE (situés sur la diagonale du tableau) sont supérieurs aux corrélations interconstruits (situés sous la diagonale).

	Confiance	Intérêt individuel	Intérêt situationnel	Réaction affective
Confiance	0,734			
Intérêt individuel	0,531	0,757		
Intérêt situationnel	0,576	0,743	0,872	
Réaction affective	0,512	0,568	0,607	0,799

Tableau 3.18. *Tableau de Fornell-Larcker*

Ratio HTMT

Comme le révèle le tableau 3.19, les ratios HTMT concernés (en bleu) sont tous en deçà du seuil de 0,85.

	Confiance	Congruence aux valeurs de base	Intensité du choix d'investissement	Intérêt individuel	Intérêt situationnel
Congruence aux valeurs de base	0,164				
Intensité du choix d'investissement	0,510	0,289			
Intérêt individuel	0,583	0,311	0,635		
Intérêt situationnel	0,793	0,2616	0,662	0,805	
Réaction affective	0,554	0,216	0,495	0,612	0,651

Tableau 3.19. *Ratios HTMT des variables réflectives*

Comme le révèle le tableau 3.20, les intervalles de confiance à 95 % ne contiennent pas la valeur 1.

	Original Sample (O)	*Sample Mean* (M)	*Bias*	2,5 %	97,5 %
Intérêt individuel → Confiance	0,583	0,583	0,000	0,492	0,664
Intérêt situationnel → Confiance	0,618	0,619	0,000	0,523	0,699
Intérêt situationnel → Intérêt individuel	0,805	0,805	0,000	0,749	0,848
Réaction affective → Confiance	0,554	0,555	0,001	0,455	0,639
Réaction affective → Intérêt individuel	0,612	0,614	0,002	0,515	0,696
Réaction affective → Intérêt situationnel	0,651	0,652	0,001	0,567	0,725

Tableau 3.20. *Intervalle de confiance des ratios HTMT des variables réflectives*

Finalement, le tableau 3.21 présente une synthèse de l'analyse de la qualité psychométrique des construits réflectifs d'Intérêt individuel et situationnel.

Variables latentes	Indicateurs	Validité convergente			Fiabilité		Validité convergente
		Loadings	*Indicator reliability*	AVE	*Composite reliability*	Alpha de Cronbach	
		> 0,70	> 0,50	> 0,50	0,70-0,95	0,70-0,95	HTMT l'intervalle de confiance n'inclut pas 1
Intérêt individuel	EMO1	0,716	0,513	0,573	0,923	0,905	Oui
	EMO2	0,622	0,387				
	EMO3	0,734	0,539				
	INTR1	0,793	0,629				
	INTR2	0,736	0,542				
	VALE1	0,869	0,755				
	VALE2	0,722	0,522				
	VALE3	0,750	0,563				
	VALE4	0,839	0,704				
Intérêt situationnel	CURI1	0,813	0,660	0,761	0,941	0,921	Oui
	AFFE1	0,888	0,788				
	AFFE2	0,889	0,791				
	ATTE1	0,874	0,763				
	ATTE2	0,896	0,802				

Tableau 3.21. *Synthèse de l'analyse de la qualité psychométrique des construits d'intérêt*

En conclusion, la fiabilité, la validité convergente et la validité discriminante sont établies pour les deux dimensions de l'intérêt.

3.2.3.3. *Analyse en composantes principales (ACP) et analyse factorielle confirmatoire de la variable Intérêt*

Dans cette section, nous nous assurons tout d'abord que les items de l'échelle de mesure de l'Intérêt situationnel partagent bien un sens commun et forment une seule composante principale grâce à une analyse par composantes principales ou ACP (section 3.2.3.3.1), puis nous confirmons le modèle de mesure de l'Intérêt situationnel par analyse factorielle confirmatoire (section 3.2.3.3.2), dans un troisième temps, nous effectuons une ACP sur la variable Intérêt prise dans sa globalité pour nous assurer que ses deux dimensions (Intérêt situationnel et Intérêt individuel) représentent bien des concepts distincts (section 3.2.3.3.3).

3.2.3.3.1. Résultat d'ACP pour variable Intérêt situationnel

L'analyse en composantes principales (ACP) est une technique multivariée qui vise à la réduction de base de données par l'extraction d'un nombre minimum de facteurs à partir de variables, en sorte que les facteurs s'expriment comme combinaison linéaire de ces variables initiales et restituent la plus grande quantité de variances des variables ainsi résumées. Cette technique est dite d'interdépendance, car les variables ne sont ni identifiées comme dépendantes ou indépendantes, elle offre un outil de compréhension des structures sous-jacentes aux données collectées. Pour ces raisons, elle est généralement considérée comme étant de nature exploratoire (Gavard-Perret *et al.* 2013).

Il est néanmoins possible de l'utiliser dans une approche confirmatoire, c'est le cas lorsque le chercheur a certains *a priori* théoriques et souhaite confirmer une structure factorielle documentée. Nous nous inscrivons dans ce cas de figure puisque notre objectif est de confirmer la dimension Intérêt situationnel de la variable d'Intérêt, définie d'après un construit déjà validé en sciences de l'éducation, adapté au contexte de l'investissement en equity crowdfunding et modifié par intégration des recommandations de Schiefele (2009).

Aussi, notre objectif n'est pas de réduire un nombre de variables conséquent, mais de confirmer que les cinq variables (items) définies dans le chapitre 1 sont factorisables en un unique facteur. Précisons que la nature de ces items (échelles de Likert en 5 points) assimilable à des variables continues (Bentler et Chou 1987) autorise le recours à l'ACP. La taille de notre échantillon (400 observations) est par ailleurs nettement supérieure à la taille minimum requise, en effet Hair Jr *et al.* (2010) suggèrent un ratio de 10 sujets par variable soit 50 (= 5*10) sujets dans notre cas.

L'analyse se fait en deux temps, d'abord par la vérification des conditions d'application, puis au travers de la détermination du nombre de facteurs de la solution factorielle[7]. Précisons que les résultats exploités pour l'analyse sont issus du logiciel SPSS 21.

Vérification des conditions d'application

Cette première étape répond à la question suivante : les données sont-elles factorisables ?

La synthèse de variables en facteurs suppose que les variables soient suffisamment liées les unes aux autres, l'étude des corrélations entre variables apporte une première réponse (les corrélations inter-items), cependant afin de déterminer si des variables corrélées le sont suffisamment, nous aurons recours à deux critères standards : l'indice KMO pour Kaiser-Mayer-Olkin et le test de sphéricité de Barlett.

Les corrélations inter-items

Ce prérequis permet de s'assurer de corrélations minimales entre les cinq items de la mesure de l'Intérêt situationnel. La corrélation entre deux variables mesure l'intensité de la liaison qui existe entre elles ; pour une relation affine, le coefficient de corrélation est linéaire et se calcule par régression linéaire. Prise en valeur absolue, elle varie entre 0 (variables indépendantes) et 1 (variables parfaitement corrélées). Pour l'interprétation, les corrélations supérieures à 0,5 en valeur absolue laissent supposer de possibles regroupements, c'est-à-dire des factorisations. Le tableau 3.22 affiche les coefficients de corrélations calculées sur les cinq indicateurs de l'Intérêt situationnel : tous sont nettement supérieurs à 0,5.

		Matrice de corrélation				
		CURI1	ATTE1	ATTE2	AFFE1	AFFE2
Corrélation	CURI1	1,000	,753	,696	,609	,649
	ATTE1	,753	1,000	,747	,712	,705
	ATTE2	,696	,747	1,000	,743	,764
	AFFE1	,609	,712	,743	1,000	,822
	AFFE2	,649	,705	,764	,822	1,000

Tableau 3.22. *Matrice des corrélations des indicateurs de l'Intérêt situationnel*

7. La solution factorielle est définie par les facteurs retenus.

L'indice KMO

Cette mesure offre une vue globale sur la qualité des corrélations inter-items. L'indice varie entre 0 et 1, il augmente avec la taille de l'échantillon, l'importance des corrélations interitems, le nombre de variables, et diminue avec le nombre de facteurs. Jugé inacceptable s'il est inférieur à 0,5, il est d'autant meilleur qu'il est proche de 1 (Kaiser et Rice 1974).

L'indice KMO calculé dans notre cas est lisible dans le tableau 3.23, sa valeur 0,869 est « méritoire » selon les termes de Kaiser et Rice, c'est-à-dire très bonne.

Le test de sphéricité de Bartlett

Ce test d'hypothèses admet pour hypothèse nulle H_0 l'hypothèse d'une matrice des coefficients de corrélations des indicateurs égale à la matrice identité, correspondant à des variables parfaitement indépendantes. En cas de rejet de l'hypothèse nulle (au risque 5 % dans notre cas, c'est-à-dire si $p < 0,05$), alors la matrice des corrélations est significativement différente de la matrice identité, autrement dit, certains coefficients de corrélations des items sont significativement différents de 0.

Dans notre cas, le tableau 3.23 affiche une probabilité nulle (signification = 0) de rejeter l'hypothèse nulle H_0 (au risque 5 %), alors que celle-ci est vraie (risque de première espèce). Les corrélations ne sont donc pas toutes égales à zéro et nous pouvons poursuivre l'analyse.

Indice KMO et test de Bartlett		
Indice de Kaiser-Meyer-Olkin pour la mesure de la qualité d'échantillonnage		,869
Test de sphéricité de Bartlett	Khi-deux approx.	1597,345
	ddl	10
	Signification	,000

Tableau 3.23. *Indice KMO et test de Barlett sur les indicateurs de l'Intérêt situationnel*

Finalement, vu les coefficients de corrélation, l'indice KMO et le test de significativité de Barlett, nous concluons qu'il est possible de factoriser les items de l'Intérêt situationnel.

Détermination du nombre de facteurs de la solution factorielle

Les approches servant à déterminer le nombre de facteurs retenus s'appuient sur le pourcentage de variance restituée par la solution factorielle retenue. Nous analyserons successivement le critère de Kaiser, le pourcentage de variance restituée puis le critère de Cattell ; nous observerons également la qualité de la solution factorielle retenue pour chaque indicateur.

Le critère de Kaiser

Dans la plupart des logiciels de statistique (en particulier dans SPSS), les indicateurs sont des variables standardisées (afin de gommer les effets dus à des échelles ayant des nombres d'échelons différents). Aussi, chaque variable contribue à la variance totale de la mesure à hauteur de la quantité 1/k si la mesure compte k indicateurs. La valeur propre ou *eigenvalue* (VP) d'un facteur est définie comme le rapport entre la variance qu'il restitue (VR) et la fraction 1/k, nous avons :

$$VP = \frac{VR}{\frac{1}{k}}$$

Or, il paraît naturel qu'un facteur, qui synthétise (par combinaison linéaire) l'information contenue dans plusieurs variables, restitue plus de variance (VR) que celle contribuée par chacune de ses variables (1/k), c'est-à-dire VR > 1/k soit VP > 1. Partant de ce constat, Kaiser (1960) propose de ne retenir que les facteurs de valeur propre supérieure à 1.

Dans notre cas, le tableau 3.24 indique que seul le premier facteur satisfait ce critère avec une valeur propre = 3,882, ce facteur restitue à lui seul 3,882/5 ≅ 77,64 % de la variance.

Le pourcentage de variance restituée

Ce critère propose de déterminer la solution factorielle en fonction d'un seuil minimum de variance restituée. En sciences sociales, le seuil de 60 % est raisonnable (Gavard-Perret *et al.* 2013). Dans notre cas, la première composante (facteur) restitue 77,643 % de l'information totale contenue dans les données (voir tableau 3.24), ce qui est satisfaisant.

Le critère de Cattell

Le graphique (histogramme) des valeurs propres issues d'ACP trace une courbe décroissante qui peut s'analyser en termes de variance marginale restituée par chaque facteur. Le critère de Cattell (1966) (ou *scree test*, test d'éboulis ou encore test du coude) propose de ne retenir que les facteurs qui précèdent la « cassure » de la courbe, dont la forme s'aplanit au-delà, car la variance marginale restituée par les facteurs situés après la cassure (y compris celui situé sur la cassure) est négligeable et nuit à la simplicité de la solution factorielle recherchée. Dans notre cas, le tracé d'effondrement de la figure 3.7 indique une cassure située sur le deuxième facteur, aussi, il convient de ne retenir que le premier facteur.

Variance totale expliquée						
Composante	Valeurs propres initiales			Sommes extraites du carré des chargements		
	Total	% de la variance	% cumulé	Total	% de la variance	% cumulé
1	3,882	77,643	77,643	3,882	77,643	77,643
2	,466	9,327	86,970			
3	,245	4,893	91,863			
4	,238	4,760	96,623			
5	,169	3,377	100,000			

Méthode d'extraction : analyse en composantes principales.

Tableau 3.24. *Valeurs propres et variance totale expliquée par la solution factorielle*

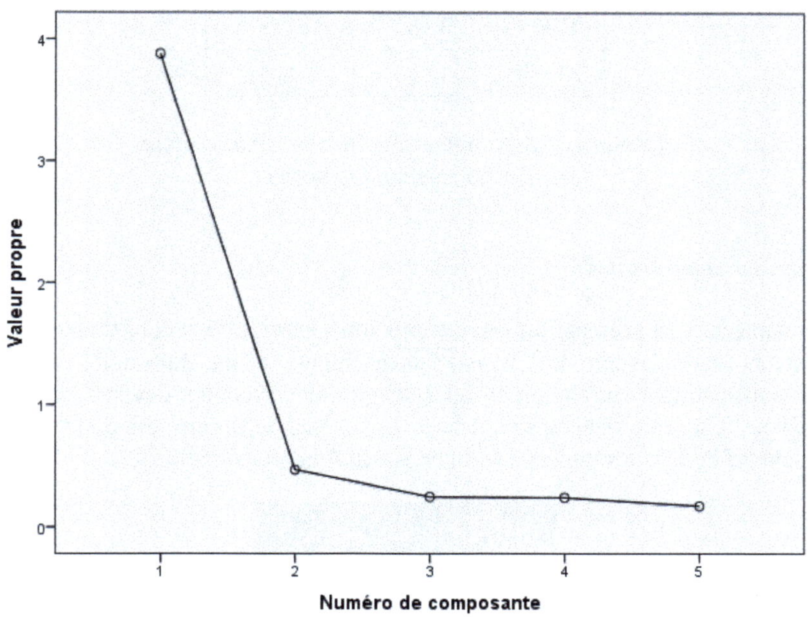

Figure 3.7. *Tracé d'effondrement des valeurs propres*

Qualité de la solution factorielle retenue pour chaque indicateur

Une solution factorielle à un seul facteur est donc retenue, intéressons-nous maintenant à l'impact de cette solution (d'un unique facteur) sur chaque indicateur de la variable latente en termes de communalité et corrélation.

Qualité de la représentation

Le tableau 3.25 affiche les communalités de chaque indicateur du construit intérêt situationnel relativement au facteur retenu. Ces communalités représentent le pourcentage de la variance de chaque indicateur initial restitué par la solution unifactorielle. Dans notre cas, toutes les communalités sont supérieures au seuil minimum de 0,5, toutes les variables (indicateurs) sont donc correctement représentées, autrement dit, la représentation des variables par l'unique facteur est de bonne qualité.

Qualités de représentation		
	Initiales	Extraction
CURI1	1,000	,701
ATTE1	1,000	,790
ATTE2	1,000	,807
AFFE1	1,000	,781
AFFE2	1,000	,803

Tableau 3.25. *Communalité de chaque indicateur avec la solution factorielle*

Matrice des composantes

Le tableau 3.26 présente les corrélations (ou *loadings* ou encore saturations) des indicateurs (variables initiales) avec le facteur unique retenu. Dans notre cas, chaque variable affiche une corrélation élevée (puisqu'une corrélation devient significative au-delà de 0,30 en valeur absolue) avec le facteur, ce dernier est donc fortement représentatif de tous les indicateurs du construit d'Intérêt situationnel.

Matrice des composantes[a]	
	Composante
	1
ATTE2	,898

Matrice des composantes[a]	
	Composante
AFFE2	,896
ATTE1	,889
AFFE1	,884
CURI1	,838

Tableau 3.26. *Loading de chaque indicateur avec la solution factorielle*

En conclusion, cette analyse par ACP des indicateurs de la dimension Intérêt situationnel de la variable latente d'Intérêt confirme que les cinq indicateurs (AFFE1, AFFE2, ATTE1, ATTE2 et CURI1) forment une seule et même composante principale et mesurent le même phénomène.

3.2.3.3.2. Analyse factorielle confirmatoire de l'Intérêt situationnel

La section 3.2.3.3.1 nous a permis d'établir que les items de la variable latente réflective d'Intérêt situationnel mesuraient le même phénomène. Dans cette section, nous souhaitons vérifier si ce modèle de mesure est empiriquement acceptable (Gavard-Perret *et al.* 2013). Pour ce faire, nous procédons à une analyse factorielle confirmatoire visant à s'assurer que les données s'ajustent suffisamment bien au modèle théorique. Plus précisément, il s'agit de comparer les matrices de variances-covariances théoriques et empiriques des variables du modèle par équations structurelles suivant (figure 3.8).

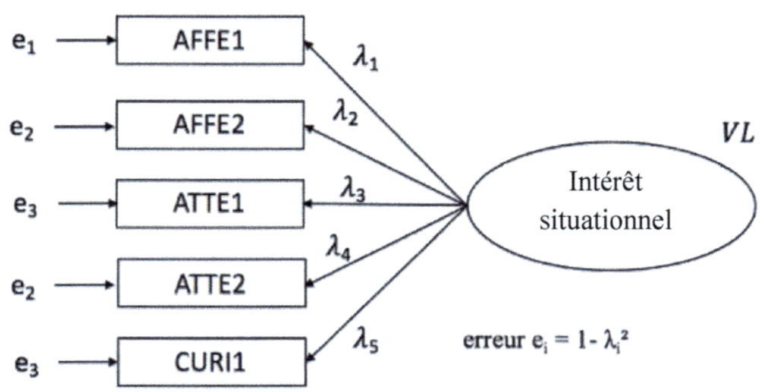

Figure 3.8. *Modèle par équations structurelles de la variable Intérêt situationnel*

Si la méthode d'estimation la plus communément employée est celle du maximum de vraisemblance, celle-ci nécessite que les données respectent la condition de normalité multivariée. Or, nous avons vu dans les prérequis sur les données de ce chapitre que plusieurs indicateurs de la variable latente d'Intérêt, certains en particulier de la dimension Intérêt situationnel (indicateurs AFFE1 et AFFE2), présentaient des distributions de fréquence de forme aplatie (*kurtosis* < – 1) sensiblement différente de celle d'une loi normale. Cela signifie que les distributions marginales afférentes ne sont pas normales et par suite, que la loi jointe multidimensionnelle ne peut être normale. Dans le cas où la condition de normalité multivariée n'est pas satisfaite, il est possible de recourir à d'autres méthodes d'estimation. Nous choisissons la méthode *Asymptotically Distribution Free* (ADF) de Browne (1984). Nous procédons à l'implémentation de cette méthode d'estimation sous le logiciel libre R dédié aux statistiques. Le *package* lavaan pour *latent variable analysis* offre une routine d'estimation de modèle par équations structurelles (sem), la fonction cfa (pour *confirmatory factor analysis*) admettant un paramètre de spécification de la méthode d'estimation choisie. Lorsque ce paramètre prend la valeur WLS (pour *Weighted Least Squares*), alors l'estimation est exécutée avec la méthode ADF. La figure 3.9 présente les résultats de cette analyse confirmatoire.

```
lavaan (0.5-23.1097) converged normally after  17 iterations

  Number of observations                           400

  Estimator                                        WLS
  Minimum Function Test Statistic               29.696
  Degrees of freedom                                 5
  P-value (Chi-square)                           0.000

Model test baseline model:

  Minimum Function Test Statistic              382.642
  Degrees of freedom                                10
  P-value                                        0.000

User model versus baseline model:

  Comparative Fit Index (CFI)                    0.934
  Tucker-Lewis Index (TLI)                       0.867

Root Mean Square Error of Approximation:

  RMSEA                                          0.111
  90 Percent Confidence Interval          0.075  0.151
  P-value RMSEA <= 0.05                          0.004

Standardized Root Mean Square Residual:

  SRMR                                           0.051

Parameter Estimates:

  Information                                 Expected
  Standard Errors                             Standard

Latent Variables:
                   Estimate  Std.Err  z-value  P(>|z|)   Std.lv  Std.all
  INTS =~
    CURI1             1.000                                1.030    0.817
    ATTE1             1.107    0.052   21.451    0.000    1.141    0.877
    ATTE2             1.091    0.051   21.382    0.000    1.124    0.882
    AFFE1             1.206    0.056   21.458    0.000    1.242    0.897
    AFFE2             1.141    0.052   21.745    0.000    1.175    0.907
```

Figure 3.9. *Résultats de l'approche Asymptotically Distribution Free (ADF) sous R*

Nous nous intéressons à l'ajustement ou *fit* entre les matrices théoriques et empiriques des variances-covariances. Si plusieurs indicateurs de *fit* existent, dans le cas d'une estimation exécutée avec la méthode ADF, Browne signale que la plupart des tests habituels de *fit* employés sous l'hypothèse de normalité multivariée ne doivent pas être utilisés lorsque celle-ci n'est pas respectée, en particulier en cas de distribution des données aplatie. Pour la méthode ADF, Hu et Bentler (1998) recommandent l'utilisation de l'indicateur de *fit* SRMR, complété par l'un des indices : TLI, BL89, RNI ou CFI à condition que la taille de l'échantillon soit suffisante, ce qui est notre cas (400 observations). Le SRMR (*Standardized Root Mean Square Residual*) est une mesure absolue de l'ajustement définie comme la différence normalisée entre les corrélations observées et les corrélations prédites. Comme pour toute mesure absolue, une valeur de zéro indique un ajustement parfait, une valeur inférieure à 0,08 est généralement considérée comme un bon ajustement (Hu et Bentler 1998). Dans notre cas, l'indice SRMR vaut 0,051, sa valeur est satisfaisante. Conformément à la préconisation de Hu et Bentler, nous complétons cette information avec l'indice CFI. Cet indice d'ajustement comparatif (*Comparative Fit Index*) est une mesure incrémentale, une valeur inférieure à 0,90 indique un mauvais ajustement, une valeur située entre 0,90 et 0,95 est satisfaisante, une valeur supérieure à 0,95 témoigne d'un bon ajustement. Dans notre cas, le CFI vaut 0,934, ce qui indique un ajustement satisfaisant. Au vu de ces deux indices d'ajustement, nous concluons que l'analyse confirmatoire du modèle de mesure de la dimension Intérêt situationnel de la variable latente réflective d'Intérêt est satisfaisante.

3.2.3.3.3. Résultat d'ACP sur tous les items de la variable Intérêt

L'objet de cette section est de s'assurer que les deux dimensions (Intérêt situationnel et Intérêt individuel) de l'Intérêt représentent des concepts distincts. Pour ce faire, nous allons recourir à une ACP, celle-ci devrait extraire deux facteurs, chacun regroupant les indicateurs des deux dimensions de l'intérêt. Dans la section 3.2.3.3.1, nous avons détaillé la technique de l'ACP, aussi, dans cette section, nous irons à l'essentiel des résultats. Nous respecterons également la même structure de présentation et commencerons par vérifier les conditions d'applications avant de déterminer le nombre de facteurs de la solution factorielle.

Vérification des conditions d'application

Cette fois encore, la taille de notre échantillon (400 observations) est nettement supérieure à la taille minimum requise de 10 sujets par variable/indicateur soit 140 (= 14*10) sujets dans notre cas. La synthèse de variables en facteurs suppose que les variables soient suffisamment liées les unes aux autres, l'étude des corrélations entre variables apporte une première réponse. Cependant afin de déterminer si des variables corrélées le sont suffisamment, nous aurons recours à deux critères standards : l'indice KMO pour Kaiser-Mayer-Olkin et le test de sphéricité de Barlett.

Corrélation	EMO1	EMO2	EMO3	VALE1	VALE2	VALE3	VALE4	INTR1	INTR2	CURI1	ATTE1	ATTE2	AFFE1	AFFE2
EMO1	1	0,345	0,521	0,565	0,376	0,49	0,6	0,483	0,461	0,525	0,536	0,592	0,56	0,536
EMO2	0,345	1	0,43	0,504	0,478	0,51	0,412	0,36	0,288	0,318	0,324	0,325	0,426	0,374
EMO3	0,521	0,43	1	0,567	0,472	0,54	0,57	0,453	0,397	0,419	0,414	0,423	0,442	0,388
VALE1	0,565	0,504	0,567	1	0,611	0,613	0,763	0,624	0,554	0,474	0,543	0,537	0,696	0,571
VALE2	0,376	0,478	0,472	0,611	1	0,513	0,536	0,501	0,444	0,345	0,391	0,394	0,495	0,452
VALE3	0,49	0,51	0,54	0,613	0,513	1	0,622	0,49	0,426	0,421	0,472	0,485	0,521	0,481
VALE4	0,6	0,412	0,57	0,763	0,536	0,622	1	0,638	0,585	0,454	0,572	0,558	0,64	0,555
INTR1	0,483	0,36	0,453	0,624	0,501	0,49	0,638	1	0,727	0,357	0,445	0,517	0,587	0,481
INTR2	0,461	0,288	0,397	0,554	0,444	0,426	0,585	0,727	1	0,424	0,503	0,524	0,578	0,531
CURI1	0,525	0,318	0,419	0,474	0,345	0,421	0,454	0,357	0,424	1	0,753	0,696	0,609	0,649
ATTE1	0,536	0,324	0,414	0,543	0,391	0,472	0,572	0,445	0,503	0,753	1	0,747	0,712	0,705
ATTE2	0,592	0,325	0,423	0,537	0,394	0,485	0,558	0,517	0,524	0,696	0,747	1	0,743	0,764
AFFE1	0,56	0,426	0,442	0,696	0,495	0,521	0,64	0,587	0,578	0,609	0,712	0,743	1	0,822
AFFE2	0,536	0,374	0,388	0,571	0,452	0,481	0,555	0,481	0,531	0,649	0,705	0,764	0,822	1

Tableau 3.27. *Matrice des corrélations des indicateurs de la variable latente d'intérêt*

Les corrélations interitems

Le tableau 3.27 montre que toutes les variables sont au moins légèrement corrélées. De plus, une majorité de valeurs sont supérieures à 0,5, ce qui est un indice de factorisation possible.

L'indice KMO

L'indice KMO calculé sur les variables du construit d'Intérêt est lisible dans le tableau 3.28, sa valeur 0,936 est qualifiée de « merveilleuse » selon les termes de Kaiser et Rice (1974).

Le test de sphéricité de Bartlett

Le test de sphéricité de Barlett calculé sur les variables du construit d'intérêt indique (voir tableau 3.28) une probabilité nulle (signification = 0) de rejeter l'hypothèse nulle H_0 (au risque 5 %), alors que celle-ci est vraie (risque de première espèce). Les corrélations ne sont donc pas toutes égales à zéro et nous pouvons donc poursuivre l'analyse. Finalement, vu les coefficients de corrélation, l'indice KMO et le test de significativité de Bartlett, nous concluons qu'il est possible de factoriser les indicateurs du construit Intérêt.

Indice KMO et test de Bartlett		
Indice de Kaiser-Meyer-Olkin pour la mesure de la qualité d'échantillonnage		,936
Test de sphéricité de Bartlett	Khi-deux approx.	3986,340
	ddl	91
	Signification	,000

Tableau 3.28. *Indice KMO et test de Bartlett sur les indicateurs de la variable d'Intérêt*

Détermination du nombre de facteurs de la solution factorielle

Comme précédemment, nous analyserons successivement le critère de Kaiser, le pourcentage de variance restituée, puis le critère de Cattell. Nous observerons ensuite la qualité de la solution factorielle retenue et la matrice des composantes et concluons par une rotation pour l'identification des facteurs.

Le critère de Kaiser

Le tableau 3.29 indique que deux facteurs satisfont le critère de Kaiser avec une valeur propre supérieure à l'unité, le premier facteur est prépondérant avec un pourcentage de variance expliqué proche de 56 %.

Le pourcentage de variance restituée

Ce même tableau indique qu'une solution factorielle regroupant les deux facteurs de valeur propre supérieure à 1 permet de dépasser le seuil requis de 60 % de la variance totale expliquée avec un cumul de 65,42 %.

Composante	Valeurs propres initiales			Somes extraites du carré des chargements		
	Total	% de la variance	% cumulé	Total	% de la variance	% cumulé
1	7,828	55,914	55,914	7,828	55,914	55,914
2	1,331	9,504	65,419	1,331	9,504	65,419
3	0,893	6,382	71,801			
4	0,693	4,951	76,752			
5	0,501	3,58	80,332			
6	0,48	3,431	83,763			
7	0,441	3,153	86,916			
8	0,391	2,792	89,709			
9	0,368	2,63	92,338			
10	0,271	1,936	94,274			
11	0,25	1,788	96,062			
12	0,21	1,502	97,563			
13	0,198	1,417	98,98			
14	0,143	1,02	100			

Tableau 3.29. *Valeurs propres et variance totale expliquée par la solution factorielle*

Le critère de Cattell

Le tracé d'effondrement de la figure 3.10 indique une cassure située sur le deuxième facteur, aussi, il conviendrait de ne retenir qu'un unique facteur s'il restituait suffisamment de variance totale à lui seul, ce qui n'est pas le cas (puisqu'il restitue 55,91 % pour un seuil requis de 60 %).

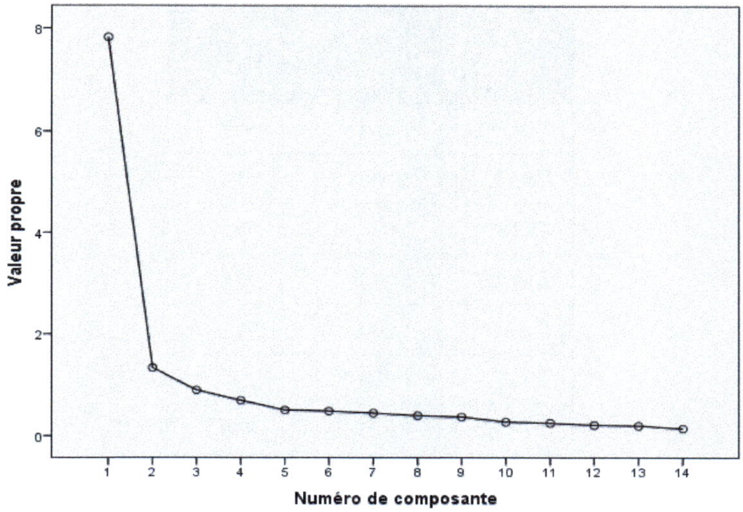

Figure 3.10. *Tracé d'effondrement des valeurs propres*

Finalement, l'analyse des trois critères montre que la solution factorielle doit retenir deux facteurs.

Qualité de la solution factorielle et matrice des composantes

Qualité de la représentation

Les communalités présentées dans le tableau 3.30 sont supérieures au seuil de 0,5 à l'exception de la variable EMO2 pour laquelle 47 % de sa variance est restituée par les deux facteurs, ce qui reste néanmoins très proche du seuil. Aussi, la représentation des variables par une solution factorielle à deux facteurs est globalement de bonne qualité.

Qualités de représentation		
	Initiales	Extraction
EMO1	1,000	,534
EMO2	1,000	,470
EMO3	1,000	,539
VALE1	1,000	,749
VALE2	1,000	,584

Qualités de représentation		
	Initiales	Extraction
VALE3	1,000	,605
VALE4	1,000	,713
INTR1	1,000	,589
INTR2	1,000	,514
CURI1	1,000	,715
ATTE1	1,000	,790
ATTE2	1,000	,808
AFFE1	1,000	,777
AFFE2	1,000	,772

Tableau 3.30. *Communalité de chaque indicateur avec la solution factorielle*

Matrice des composantes

Le tableau 3.31 comme la figure 3.11 présentent les corrélations des indicateurs avec les deux facteurs retenus. Nous constatons que toutes les variables saturent fortement sur le premier facteur tandis que seules quelques variables (AFFE2, ATTE2, ATTE1, CURI1) saturent conjointement sur le premier facteur et le second avec, pour ce dernier, des poids significatifs (c'est-à-dire > 0.3 en valeur absolue) de signe négatif. Ces quatre variables de poids significatif et négatif appartiennent à la dimension de l'Intérêt situationnel, il ne manque que la variable AFFE1. Or, celle-ci est également négativement corrélée avec le second facteur mais avec un poids moindre. Ces éléments nous incitent à procéder à une rotation VARIMAX qui préserve l'orthogonalité (soit l'indépendance) entre les facteurs.

Matrice des composantes[a]		
	Composante	
	1	2
AFFE1	,857	–,208
VALE1	,828	,251
VALE4	,819	,204

Matrice des composantes[a]		
	Composante	
AFFE2	,807	–,348
ATTE2	,806	–,398
ATTE1	,787	–,413
INTR1	,734	,224
EMO1	,729	–,052
VALE3	,721	,291
CURI1	,718	–,446
INTR2	,715	,048
EMO3	,664	,312
VALE2	,662	,382
EMO2	,565	,388

Tableau 3.31. *Loading de chaque indicateur avec la solution factorielle*

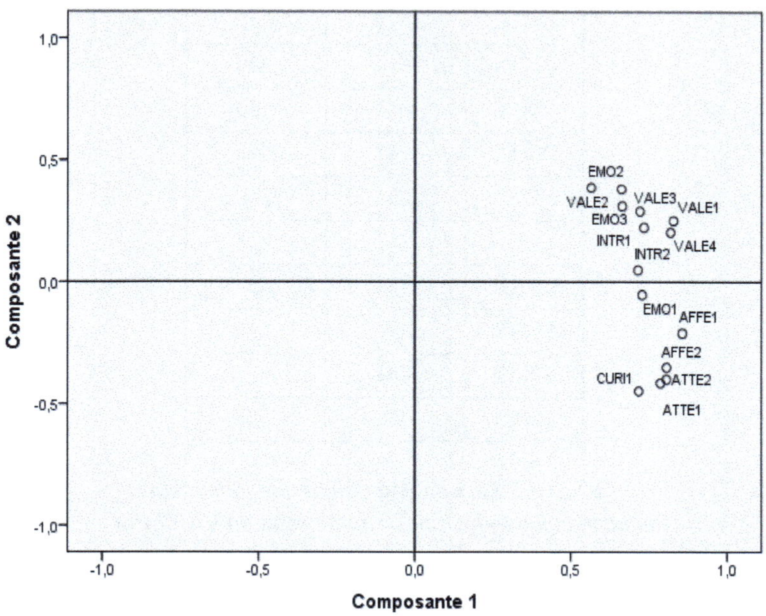

Figure 3.11. *Tracé des composantes dans le plan factoriel*

Rotation pour identification des facteurs

Le tableau 3.32 comme la figure 3.12 présentent les corrélations des indicateurs avec les deux facteurs retenus après rotation VARIMAX[8]. Cette fois, nous constatons que les variables sont beaucoup mieux réparties sur les différents facteurs. En particulier, les cinq variables du sous-construit Intérêt situationnel se détachent par leur poids particulièrement significatif (c'est-à-dire > 0,7) sur le facteur 2 et plus faible sur le facteur 1.

Ainsi la dimension Intérêt individuel est reconnaissable dans le facteur 1 et la dimension Intérêt situationnel est reconnaissable dans le facteur 2.

Rotation de la matrice des composantes[a]		
	Composante	
	1	2
VALE1	,765	,406
VALE2	,739	,196
VALE4	,725	,433
VALE3	,717	,302
EMO3	,691	,247
INTR1	,678	,359
EMO2	,674	,123
INTR2	,541	,470
ATTE2	,291	,851
ATTE1	,267	,848
CURI1	,194	,823
AFFE2	,326	,816
AFFE1	,461	,751
EMO1	,480	,551

Tableau 3.32. Loading *de chaque indicateur avec la solution factorielle après rotation VARIMAX*

8. Notons qu'une rotation OBLIMIN eût été possible dans la mesure où les deux dimensions de l'intérêt sont corrélées, cependant la rotation VARIMAX est suffisante pour conclure.

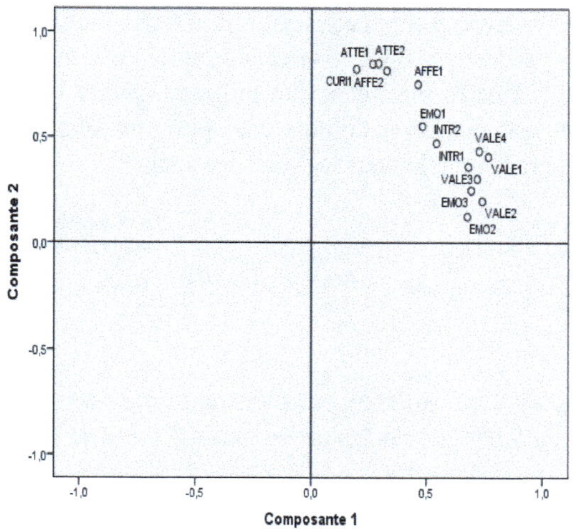

Figure 3.12. *Tracé des composantes dans le plan factoriel après rotation VARIMAX*

3.2.4. *Variables formatives*

Les mesures formatives sont définies par les indicateurs mesurables qui les constituent. Le construit composite ou index n'existe pas par lui-même, il est formé par ses indicateurs (Gavard-Perret *et al.* 2013). Selon Jarvis *et al.* (2003), les construits formatifs se distinguent des mesures de type réflectives par :

– la direction de la causalité entre construit et mesure, celle-ci va des items au construit ;

– les indicateurs ne sont pas interchangeables, ne doivent pas spécialement partager un thème commun et ne peuvent être éliminés sans modifier le domaine conceptuel du construit ;

– l'absence de nécessité que les indicateurs covarient ;

– le réseau nomologique des indicateurs qui ne doivent pas nécessairement avoir les mêmes antécédents et conséquents.

La variable latente formative est une fonction linéaire pondérée de ses mesures (voir figure 3.13), il n'y a pas d'erreur de mesure. Plus précisément, il n'y a pas d'erreur de mesure avec les construits formatifs associés à des « indicateurs composites » tandis qu'une erreur de mesure doit être spécifiée lorsque le construit formatif est associé à des « indicateurs causaux ». Si les variables latentes formatives associées aux indicateurs causaux sont communément utilisées dans l'approche par analyse de la structure de *covariance,* dans l'approche PLS-SEM, les seules variables latentes formatives considérées sont celles associées à des indicateurs composites. Ces derniers « forment » parfaitement le construit, autrement dit, le R^2 de la régression linéaire de la variable latente formative sur ses indicateurs vaut 1 (Rigdon 2012). Aussi, la variable composite est considérée comme une approximation du concept mesuré, ce qui est une hypothèse raisonnable dans les sciences sociales.

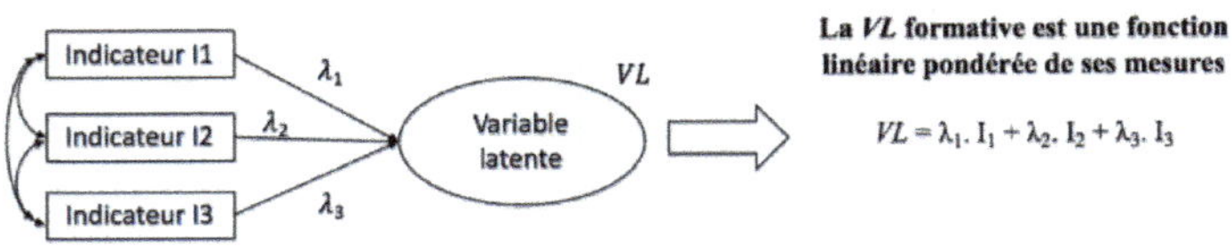

Figure 3.13. *Relation entre indicateurs observables et variable latente formative, adapté de (Crié 2005)*

Dans le chapitre 1, nous avons spécifié un modèle explicatif intégrant deux variables latentes formatives : la Qualité perçue du signal et la Familiarité. Nous étudions ci-après la qualité de ces deux construits (section 3.2.4.1). Il est également possible de traiter la variable d'Intérêt comme formative et modèle de second rang, ce que nous ferons en section 3.2.4.2. Les étapes de vérification de la qualité des construits formatifs diffèrent sensiblement de celles des construits réflectifs. Nombre de chercheurs utilisent incorrectement les critères d'évaluation des mesures réflectives pour les mesures formatives alors qu'elles ne sont pas transférables (Hair *et al.* 2012). En effet, les indicateurs de mesures formatives sont censés représenter les causes indépendantes des construits et ne sont par conséquent pas nécessairement corrélés. De plus, les indicateurs des construits formatifs n'ont pas, par hypothèse, d'erreur de mesure (Diamantopoulos 2006), ces deux points impliquent que l'étude de la fiabilité n'est pas pertinente. Aussi, les critères de validité convergente et discriminante n'ont pas de sens dans le contexte des construits formatifs (Vinzi *et al.* 2010).

La démarche proposée ci-après, d'après les recommandations de Hair Jr *et al.* (2017), repose sur le calcul de plusieurs indicateurs, le tableau 3.33 en donne une vue synthétique. Elle suppose également que la validité de contenu soit préalablement établie, c'est-à-dire que les facettes du construit soient capturées par le construit (voir spécification des variables dans le chapitre 1).

Qualité des mesures formatives	Validité convergente	Analyse de redondance
	Contrôle des colinéarités	*Variance Inflation Factor* (VIF)
	Significativité et pertinence des indicateurs	Analyse des poids relatif et test de significativité

Tableau 3.33. *Étapes pour la vérification de la qualité psychométrique des variables latentes formatives*

3.2.4.1. *Construits Qualité perçue du signal et Familiarité*

Dans cette section, nous étudions successivement la qualité des construits Qualité perçue du signal (section 3.2.4.1.1) puis Familiarité (section 3.2.4.1.2).

3.2.4.1.1. Construit Qualité perçue du signal

Comme indiqué ci-avant, nous analysons successivement la validité convergente, le contrôle des colinéarités, puis la significativité et la pertinence des indicateurs.

Validité convergente

La validité convergente est axée sur l'importance de la corrélation du construit formatif avec une mesure réflective du même construit issue de la littérature, celle-ci doit être élevée. Cette analyse est aussi connue sous le label d'« analyse de redondance » puisque la même information, celle du concept, est censée être représentée par les deux construits de nature différente. Plus précisément, le construit formatif doit être utilisé comme variable exogène explicative du construit réflectif, la corrélation doit être suffisamment forte (supérieure à 0,70).

Cette approche nécessite d'inclure les items relatifs au construit réflectif équivalent dans le questionnaire initial, au risque de le rendre plus long. Or le nombre des questions n'est pas sans conséquence sur la fatigue des sujets et le taux de réponse. Aussi, une alternative consiste à insérer une question globale résumant l'essence du construit formatif (Hair Jr *et al.* 2017). Bien que les construits mono-items ne soient pas recommandés en général (Diamantopoulos *et al.* 2012), leur rôle pour l'analyse de redondance est différent, il ne s'agit pas de capter l'entièreté du contenu du construit formatif mais ses éléments saillants.

Dans notre cas, nous avons introduit une question (item VALI2) censée englober les deux sous-dimensions du construit formatif Qualité perçue du signal : les dimensions « plan d'affaires » et « équipe dirigeante » :

> VALI2 : « Je considère que l'information relative au business plan et à l'équipe dirigeante de cette entreprise est un signal de qualité »

La figure 3.14 affiche les résultats de l'estimation des coefficients du modèle par équations structurelles dans lequel le construit formatif Qualité perçue du signal explique le construit mono-item (de validation) identifié à l'item VALI2.

Le coefficient liant les deux construits est de 0,489, ce qui est en deçà du seuil minimum requis de 0,70. La faiblesse de ce coefficient peut potentiellement s'expliquer par la difficulté qu'ont pu avoir les sujets, inexpérimentés pour la plupart en gestion, à produire l'évaluation synthétique réclamée par la question. Bien que ce critère ne soit pas satisfait, il ne s'agit pas d'un *showstopper* car :

– nous avons recouru à un construit mono-item et non à un construit réflectif fiable et valide issu de la littérature ;

– dans la spécification du modèle explicatif, le choix d'un construit formatif comme *proxy* de la Qualité perçue du signal reposait avant tout sur la volonté de former un index à partir d'items spécifiques au contexte singulier de l'investissement en equity crowdfunding. Pour ce faire, nous avions identifié les items pertinents (pris dans la littérature) au regard d'une analyse de contenu lexicométrique. Aussi le critère de validité de contenu (soit « est-ce que les items sélectionnés composent un index qui approxime correctement le concept étudié ? ») domine celui d'une convergence vers un construit réflectif équivalent fiable et valide qui ne peut exister étant donnée la singularité du construit formatif proposé. De surcroît, cette dernière remarque explique aussi, outre l'avantage déjà exposé d'un choix qui n'alourdit pas le questionnaire, la décision contrainte de recourir à un construit mono-item.

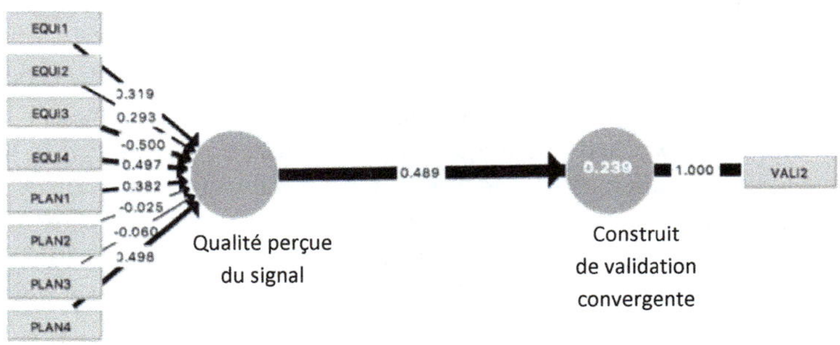

Figure 3.14. *Analyse de redondance de la Qualité perçue du signal*

Contrôle des colinéarités

Contrairement aux construits réflectifs, les indicateurs des variables latentes formatives ne doivent pas être trop redondants, car ils sont censés représenter les différentes facettes complémentaires d'un concept. Par ailleurs, un construit formatif s'exprime comme combinaison linéaire de ses indicateurs ; or, l'algorithme d'estimation des paramètres du modèle par équations structurelles PLS-SEM procède par itérations de régressions linéaires, successivement sur le modèle structurel (ou modèle interne/*inner model*) et le modèle de mesure (ou modèle externe/*outer model*). Ainsi la condition d'application de non-multicolinéarité des variables explicatives qui prévaut pour une régression linéaire (Gavard-Perret *et al.* 2013) s'applique aux indicateurs des construits formatifs. Techniquement, il s'agit de régresser successivement chaque indicateur du construit formatif sur les autres indicateurs. Le complément à 1 du coefficient de détermination est la part non expliquée de la variance de l'indicateur considéré par les autres indicateurs. Cette quantité ($1-R^2$), nommée « Tolérance » (TOL) ne doit pas être trop faible (c'est-à-dire $1-R^2 > 0,20$). Le *Variance Inflation Factor* (VIF) étant défini comme l'inverse de la « Tolérance », une condition équivalente est donnée par l'inégalité : VIF < 5.

Comme le montre le tableau 3.34, les VIF des 8 indicateurs du construit Qualité perçue du signal sont sous le seuil critique de 5, ce qui signifie que moins de 80 % de la variance de chaque indicateur est expliquée par les 7 autres indicateurs.

Indicateur	VIF
EQUI1	1,165
EQUI2	1,550
EQUI3	1,913
EQUI4	1,760
PLAN1	1,337
PLAN2	1,459
PLAN3	1,189
PLAN4	1,682

Tableau 3.34. *Variance Inflation Factor des indicateurs du construit Qualité perçue du signal*

Significativité et pertinence des indicateurs

Le troisième critère d'évaluation des indicateurs des construits formatifs et de leur pertinence se base sur l'analyse des coefficients externes (*outer weight*). Ceux-ci sont calculés par régressions linéaires multiples (processus itératif convergeant) et sont *in fine* les coefficients de régression associés aux indicateurs expliquant le latent formatif. Comme nous l'avons précédemment mentionné, l'approche PLS-SEM ne considère que des construits composites (formés d'indicateurs composites) expliqués à 100 % par leurs indicateurs (R^2 de régression = l'unité). Par ailleurs, les valeurs des coefficients externes sont standardisées, ce qui rend possible leur comparaison ainsi qu'une interprétation de la contribution relative des indicateurs.

Il faut également noter que les coefficients externes sont généralement de valeur plus faible que les *loadings* des construits réflectifs, ce qui s'explique par la relation décroissante liant la valeur maximum d'un indicateur et le nombre n d'indicateurs appartenant au même construit formatif, cette valeur vaut $\frac{1}{\sqrt{n}}$ (dans l'hypothèse où les indicateurs sont non corrélés). Aussi, la question qui se pose est celle de la contribution réelle de chaque coefficient externe (potentiellement faible si n est grand). Autrement dit, le coefficient considéré est-il significatif ? Plus précisément, est-il significativement différent de 0 ?

Comme nous l'avons indiqué, l'approche PLS-SEM ne nécessite pas de données normalement distribuées, c'est pourquoi les tests de signification s'appuient sur une procédure de *bootstrapping*.

Hair Jr *et al.* (2017) précisent que la procédure de *bootstrapping* consiste à générer un grand nombre d'échantillons à partir de l'échantillon des observations initiales. Dans notre cas, 5 000 échantillons de taille 400 observations sont générés[9], construits par tirage aléatoire (avec remise) à partir de l'échantillon initial d'observations. Pour chacun de ces 5 000 échantillons, une estimation des paramètres (internes, entre construits ET externes, entre construits et indicateurs : *loadings* et coefficients externes) du modèle par l'algorithme PLS-SEM est exécutée. Ainsi, chaque paramètre peut être associé à une distribution de fréquences dont l'écart-type (*standard error*) peut raisonnablement s'interpréter comme une approximation de l'écart-type du paramètre pour la population.

Par suite, le test statistique de significativité des coefficients externes repose sur un test de Student dont la statistique de test t suit une loi de Student à N degré de libertés avec N = nombre d'observations – nombre d'indicateurs du construit formatif – 1, soit dans notre cas 400 – 8 – 1 = 391. Ce chiffre étant largement supérieur à 30, la loi de Student peut s'approximer par une loi normale ou t théorique. Dès lors, un coefficient est significatif au (seuil standard α = 5 % en test *two tailed*) si le t empirique est supérieur à 1,96, valeur qui correspond au 97e percentile et demi de la distribution normale du t théorique.

Dit autrement et de manière équivalente, le coefficient externe est significatif au seuil de 5 % si sa *p-value* est inférieure à 5 %. La *p-value* étant la probabilité associée au risque de 1re espèce ou risque α, c'est-à-dire le risque de rejeter l'hypothèse H_0 (le paramètre externe est nul) alors que H_0 est vraie.

Pratiquement, le t empirique est calculé comme le rapport du coefficient externe estimé d'après l'échantillon initial (colonne *Original Sample* (O)) sur l'erreur standard de ce coefficient calculé d'après la distribution issue de la procédure de *bootstrapping* (colonne *Standard Deviation* (STDEV)).

9. Dans la suite du chapitre, nous avons systématiquement adopté un paramétrage de 5 000 échantillons recommandé par les auteurs, sauf exceptions (mentionnées) imputables à l'échec de la procédure.

Finalement un paramètre estimé « Original Sample (O) » est significatif au seuil 5 % si :

$$\frac{\text{Original Sample (O)}}{\text{Standard Deviation (STDEV)}} = T\ Statistics\left(\left|\frac{O}{STDEV}\right|\right) > 1{,}96$$

$$\Leftrightarrow PValues \leq 0{,}05$$

Dans la suite de ce chapitre, nous déterminerons la significativité d'un coefficient estimé en nous basant sur cette seconde condition. Néanmoins nous reporterons systématiquement l'intervalle de confiance à 95 % [$a_{2,5\,\%}$, $b_{97,5\,\%}$] construit d'après la distribution de *bootstrapping* et qui ne doit pas contenir la valeur 0 pour que H_0 soit rejetée. En effet, cet intervalle apporte une information complémentaire sur la stabilité du paramètre estimé, car celle-ci diminue lorsque la taille de l'intervalle augmente.

L'intervalle [a 2,5 %, b 97,5 %] est calculé par la méthode des percentiles, dans notre cas, les 5 000 paramètres estimés sont ordonnés, a 2,5 % est la 125e plus grande valeur (125 = 2,5 %*5 000) et b 97,5 % est la 4 875e plus grande valeur (4 875 = 97,5 %*5 000)[10].

Pour en revenir à la significativité des indicateurs de la variable latente Qualité perçue du signal, le tableau 3.35 récapitule les résultats obtenus par *bootstrapping* avec le logiciel SmartPLS 3.

Trois indicateurs PLAN1, PLAN2 et PLAN3 présentent des coefficients externes non significatifs (*p-value* > 0,05). Dans ce cas, Hair Jr *et al.* (2017) proposent un arbre de décision afin de déterminer s'il convient de supprimer ou non les indicateurs incriminés.

En cas de coefficients externes non significatifs, il convient de considérer l'importance de l'*outer loading* de l'indicateur, car celui-ci représente la contribution absolue (et non relative à celle des autres indicateurs du construit) de l'indicateur au construit. L'*outer loading* est calculé par régression linéaire comme nous l'avons expliqué ci-avant pour les construits réflectifs. Si l'*outer loading* est supérieur à 0,5, alors l'indicateur doit être conservé, sinon il s'agit de vérifier si l'*outer loading* est significatif. Enfin, s'il n'est pas significatif, il est fortement recommandé de supprimer l'indicateur à moins que celui-ci ne repose sur des bases théoriques solides ou que sa suppression ne dénature le contenu du construit, c'est-à-dire n'affecte pas sa validité de contenu.

10. Pour être exact, nous avons choisi d'ajuster les bornes de l'intervalle de confiance à 95 % par la correction de biais BCa (pour *Bias-Corrected and accelerated*) d'Efron (1987) conformément à la recommandation des auteurs.

	Weights							
Qualité perçue du signal (QPS)	*Original Sample* (O)	*Sample Mean* (M)	*Standard Deviation* (STDEV)	*T Statistics* (|O/STDEV|)	*p-values*	*Bias*	2,5 %	97,5 %
EQUI1 → QPS	0,479	0,466	0,103	4,665	0,000	– 0,012	0,287	0,696
EQUI2 → QPS	0,286	0,279	0,112	2,557	0,011	– 0,007	0,065	0,500
EQUI3 → QPS	– 0,412	– 0,400	0,129	3,196	0,001	0,012	– 0,672	– 0,172
EQUI4 → QPS	0,576	0,557	0,125	4,618	0,000	– 0,019	0,336	0,821
PLAN1 → QPS	0,108	0,104	0,093	1,170	0,242	– 0,004	– 0,070	0,294
PLAN2 → QPS	– 0,021	– 0,019	0,114	0,184	0,854	0,002	– 0,256	0,194
PLAN3 → QPS	0,076	0,077	0,104	0,733	0,464	0,001	– 0,134	0,269
PLAN4 → QPS	0,401	0,387	0,105	3,805	0,000	– 0,014	0,202	0,621
	Loadings							
EQUI2 → QPS	0,601	0,580	0,089	6,743	0,000	– 0,021	0,431	0,765
PLAN1 → QPS	0,392	0,377	0,096	4,084	0,000	– 0,015	0,203	0,566
PLAN2 → QPS	0,277	0,268	0,118	2,358	0,018	– 0,009	0,049	0,505
PLAN3 → QPS	0,290	0,278	0,106	2,723	0,006	– 0,012	0,072	0,491

Tableau 3.35. *Estimation et significativité des coefficients externes et des loadings du construit formatif Qualité perçue du signal*

Comme le tableau 3.35 le montre, les *loadings* des indicateurs PLAN1, PLAN2 et PLAN3 sont significatifs (*p-value* ≤ 0,05), ces trois indicateurs représentent respectivement l'innovation produit/service, la croissance et l'intensité de la concurrence du marché dans lequel la société est positionnée. Il s'agit donc de trois éléments importants du plan d'affaires. Or, la littérature sur la sélection des projets dans le capital-risque pointe l'importance du plan d'affaires comme critère de choix (Desbrières et Broye 2000). Aussi, étant donnée la significativité des *loadings* (bien que leur valeur soit inférieure à 0,5) des bases théoriques solides, mais aussi afin de ne pas dénaturer le contenu de ce construit, nous choisissons de conserver ces trois indicateurs. Concernant la pertinence des paramètres, l'analyse des poids relatifs indique que les indicateurs EQUI1, EQUI3, EQUI4 et PLAN4 sont les indicateurs contribuant le plus à cet index.

Pour la dimension Qualité perçue de l'équipe dirigeante du construit, le principal indicateur contributeur est EQUI4 (coefficient externe = 0,576) soit l'adéquation de l'expérience des dirigeants devant la taille de l'équipe, EQUI1 (0,479). Étonnamment, un poids négatif est associé à EQUI3 – 0,412) indiquant que la qualité perçue du signal décroît avec l'adéquation du niveau de diplôme des dirigeants avec le projet. Un retour au questionnaire révèle que la question EQUI3 n'est pas inversée et sa compréhension aisée : « Les diplômes des dirigeants sont appropriés à ce projet. » L'analyse des données brutes puis des différentes étapes de transformation du fichier de données n'a pas permis de déceler d'erreur de manipulation. Ce résultat est contre-intuitif et contredit la théorie, il s'explique possiblement par le *design* des business plans de qualité médiocre (BP-) dans lesquels les niveaux de diplôme étaient volontairement inappropriés à la complexité des projets portés.

Pour la dimension Qualité perçue du plan d'affaires, PLAN4, soit l'indicateur relatif aux perspectives financières, est le seul qui soit significatif avec un coefficient externe 0,401.

Finalement le poids de la sous-dimension Qualité perçue de l'équipe dirigeante est globalement sensiblement supérieur à celui de la dimension Qualité perçue du plan d'affaires.

3.2.4.1.2. Construit Familiarité

Validité convergente

Cette fois, concernant l'analyse de redondance du construit formatif Familiarité, nous avons varié en insérant dans le questionnaire deux items additionnels (et non pas un seul comme pour le construit Qualité perçue du signal) pour définir un construit réflectif *ad hoc*. Cette démarche s'inspire de celle de Sarstedt *et al.* (2013)

et Diamantopoulos et Winklhofer (2001). Les deux questions afférentes avaient vocation à capter respectivement les deux dimensions du construit : familiarité avec l'entreprise et familiarité avec des attributs de l'entreprise :

– VALI3 : « Je connais directement ou indirectement cette entreprise » ;

– VALI4 : « Un élément de contexte (attribut) de cette entreprise m'est familier ».

La figure 3.15 affiche les résultats de l'estimation des coefficients du modèle par équations structurelles dans lequel le construit formatif Familiarité explique le construit réflectif *ad hoc* défini par les items VALI3 et VALI4.

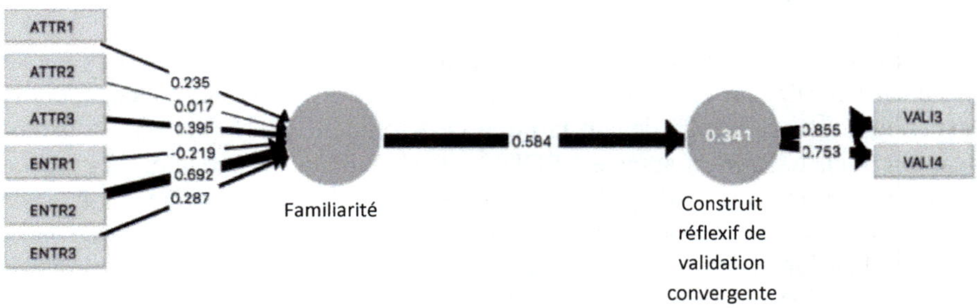

Figure 3.15. *Analyse de redondance de la variable Familiarité*

Le coefficient liant les deux construits est de 0,584, ce qui est à nouveau en deçà du seuil requis de 0,70. Cette fois, la faiblesse de ce coefficient peut potentiellement s'expliquer par la difficulté qu'ont pu avoir les sujets à répondre à des questions relativement abstraites. La remarque faite ci-avant (section 3.2.4.1.1) à propos du construit Qualité perçue du signal à ce sujet vaut également pour la variable latente Familiarité.

Contrôle des colinéarités

Comme le montre le tableau 3.36, le VIF des 6 indicateurs du construit Familiarité est sous le seuil critique de 5, ce qui indique que moins de 80 % de la variance de chaque indicateur est expliquée par les 5 autres indicateurs.

Indicateurs	VIF
ATTR1	1,196
ATTR2	1,012
ATTR3	1,251

Indicateurs	VIF
ENTR1	1,452
ENTR2	1,240
ENTR3	1,348

Tableau 3.36. *Variance Inflation Factor des indicateurs du construit Familiarité*

Significativité et pertinence des indicateurs

Le tableau 3.37 donne les estimations et les *p-values* des *outer weights* du construit Familiarité. Trois indicateurs (ATTR2, ENTR1 et ENTR3) ne sont pas significatifs au seuil de 5 %. Par ailleurs, leurs *loadings* respectifs sont inférieurs à 0,5. Néanmoins, les loadings de ENTR1 et ENTR3 sont significatifs tandis que le *loading* de l'indicateur ATTR2 ne l'est pas.

Selon l'arbre de décision proposé par Hair Jr *et al.* (2017) et résumé ci-avant, les indicateurs ENTR1, ENTR3, et plus encore ATTR2, sont susceptibles d'être supprimés à moins que leur éviction ne nuise à la validité de contenu du construit ou que les indicateurs ne s'appuient sur des fondements théoriques solides.

Les indicateurs ATTR2 et ENTR3 représentent respectivement la familiarité avec la région ou la ville de l'entreprise en financement et la familiarité avec l'un de ses fondateurs. Leur manque de significativité peut s'expliquer par le biais de représentativité de l'échantillon, foule artificielle d'investisseurs déconnectés des projets. *A contrario*, dans le chapitre 1 (de modélisation), l'étude sur matériau qualitatif par lexicométrie portait sur un échantillon constitué de véritables investisseurs en equity crowdfunding. L'analyse avait mis en exergue la relative importance de ces deux indicateurs, corroborant ainsi la littérature, par exemple avec Agrawal *et al.* (2015) pour la région géographique et Mollick (2013) et Wechsler (2013) pour les *friends and family*. L'indicateur ENTR1 représente le fait d'avoir déjà investi dans un projet. À nouveau, l'artificialité de l'échantillon peut expliquer le manque de significativité du coefficient externe. Cependant, son *loading* est proche de 0,5, ce qui indique une contribution absolue au construit non négligeable ; de plus, le *loading* est significatif, enfin l'analyse de concordance pratiquée sur les déclarations d'investisseurs réels avait révélé la pertinence d'un premier investissement antérieur dans le projet. Pour ces motifs, nous conservons en l'état le construit formatif de Familiarité. Ajoutons que ce choix n'a pas impact sur la suite de l'analyse, car selon Hair Jr *et al.* (2017), le retrait d'indicateurs non significatifs est pratiquement sans effet sur l'estimation des paramètres.

				Weights				
Familiarité	*Original Sample* (O)	*Sample Mean* (M)	*Standard Deviation* (STDEV)	*T Statistics* (|O/STDEV|)	*p-values*	*Bias*	2,5 %	97,5 %
ATTR1 → Familiarité	0,440	0,430	0,102	4,321	0,000	– 0,011	0,246	0,638
ATTR2 → Familiarité	0,052	0,055	0,086	0,604	0,546	0,003	– 0,109	0,224
ATTR3 → Familiarité	0,424	0,411	0,104	4,077	0,000	– 0,013	0,220	0,625
ENTR1 → Familiarité	0,090	0,093	0,119	0,755	0,450	0,003	– 0,136	0,325
ENTR2 → Familiarité	0,486	0,476	0,105	4,642	0,000	– 0,010	0,283	0,695
ENTR3 → Familiarité	0,015	0,012	0,121	0,124	0,901	– 0,003	– 0,213	0,256
				Loadings				
ATTR2 → Familiarité	0,152	0,151	0,106	1,428	0,153	– 0,001	– 0,066	0,350
ENTR1 → Familiarité	0,463	0,455	0,095	4,895	0,000	– 0,008	0,283	0,645
ENTR3 → Familiarité	0,271	0,266	0,106	2,559	0,011	– 0,005	0,068	0,481

Tableau 3.37. *Estimation et significativité des coefficients externes et des loadings du construit formatif Familiarité*

Concernant la sous-dimension Familiarité avec des attributs de l'entreprise, les indicateurs ATTR1 et ATTR3 indiquent des poids élevés (respectivement 0,440 et 0,424) signifiant une contribution relative importante à l'index. L'indicateur ATTR1, soit le fait d'avoir des loisirs ou une passion en rapport avec le domaine d'activité de l'entreprise, a le poids le plus important devant ATTR3, qui concerne le fait d'avoir été confronté au problème solutionné par l'entreprise en financement.

Concernant la sous-dimension Familiarité avec l'entreprise, l'indicateur ENTR2 possède la contribution relative la plus importante (0,486) à l'index. ENTR2 est le fait de connaître les produits ou services de l'entreprise. Enfin, la dimension Familiarité avec des attributs de l'entreprise domine globalement la dimension Familiarité avec l'entreprise.

3.2.4.2. *Construit Intérêt comme variable (formative) de second rang*

Transformer la variable d'Intérêt (initialement spécifiée comme réflective) en variable (formative) de second rang a pour finalité de cerner la contribution relative des deux dimensions de l'intérêt : l'Intérêt individuel et l'Intérêt situationnel. Cette transformation est « manuelle » dans SmartPLS 3, il s'agit d'associer les scores de chaque dimension (scores obtenus par estimation du modèle modifié de telle sorte que les deux dimensions soient des variables réflectives distinctes, voir section 3.2.3.2) à un nouvel indicateur, lui-même rattaché à une nouvelle variable d'intérêt formative. La variable Intérêt résultant de cette opération est donc formée de deux indicateurs : INT_IND pour la dimension Intérêt individuel et IND_SIT pour Intérêt situationnel. L'analyse de la qualité psychométrique de cette variable respecte les étapes vues ci-avant pour les construits formatifs.

3.2.4.2.1. Validité convergente

Aucun item du questionnaire n'était prévu pour tester la validité convergente du construit Intérêt en tant que variable formative de second rang, car ce contrôle n'est pas pertinent. En effet, comme nous l'avons rappelé, le construit Intérêt est initialement défini comme réflectif, il ne devient formatif qu'artificiellement par la transformation évoquée ci-avant, il n'est donc pas utile de le corréler avec un construit réflectif équivalent.

3.2.4.2.2. Contrôle des colinéarités

Comme le montre le tableau 3.38, le VIF des deux indicateurs de l'Intérêt ne présente pas de colinéarité excessive et est inférieur à 5, seuil limite. Notons au passage que ce VIF de 2,229 correspond à un R^2 de 55 % conforme à la corrélation de 0,749 correspondant à un R^2 de 56 % de la figure 3.1.

Indicateur	VIF
INT_IND	2,229
INT_SIT	2,229

Tableau 3.38. *Variance Inflation Factor des indicateurs du construit Intérêt*

3.2.4.2.3. Signification et pertinence des indicateurs

Les deux indicateurs sont significatifs, l'analyse de leurs poids relatifs indique que la dimension Intérêt situationnel (poids de 0,60) domine la dimension Intérêt individuel (poids de 0,47).

Ce résultat est concordant avec une moyenne (0,794) des *loadings* des items reliés à la dimension Intérêt situationnel de la variable réflective Intérêt, supérieure à celle (0,715) des *loadings* des items de la dimension Intérêt individuel (voir tableau 3.7).

Rappelons que l'intérêt situationnel se compose de trois sous-dimensions : curiosité, attention et implication affective.

Weights					
Intérêt	*Original Sample* (O)	*Sample Mean* (M)	*Standard Deviation* (STDEV)	*T Statistics* (|O/STDEV|)	*p-values*
INT_IND → Intérêt	0,470	0,470	0,081	5,769	0,000
INT_SIT → Intérêt	0,600	0,599	0,079	7,590	0,000
Intérêt	*Bias*	**2,5 %**	**97,5 %**	**Significativité (p < 0,05) ?**	
INT_IND → Intérêt	– 0,000	0,305	0,622	Oui	
INT_SIT → Intérêt	– 0,001	0,446	0,754	Oui	

Tableau 3.39. *Estimation et significativité des coefficients externes du construit formatif Intérêt*

3.2.5. *En conclusion*

L'objectif de cette section 3.2 est de vérifier la qualité du modèle de mesure, étape préalable à l'analyse du modèle structurel, objet principal de la section 3.3. La section commence par l'étude des prérequis sur les données : les données, collectées par expérimentation sont complètes, sans données aberrantes et sans *pattern* de type *straight lining*. Quelques items (des variables Intérêt et Familiarité) présentent des distributions de données dont la forme s'éloigne de la normalité, ce qui n'empêche pas l'utilisation de l'approche PLS-SEM, mais peut entraîner une sous-estimation des effets liés à ces deux variables.

Les variables mono-items s'identifient à leur unique item, elles sont naturellement sans erreur de mesure et ne requièrent pas d'analyse particulière.

La qualité de la mesure des variables réflectives se déduit de l'analyse de la fiabilité et des validités convergentes puis discriminantes. Les trois variables réflectives du modèle, Réaction affective, Intérêt, et Confiance sont fiables (alpha de Cronbach et Rhô de Jöreskog au-delà des seuils) et la validité convergente est établie. Nous notons que trois indicateurs présentent des *loadings* médiocres, ils sont néanmoins conservés conformément à la règle d'éviction retenue. La validité discriminante des construits est établie.

L'étude se focalise ensuite sur la variable d'Intérêt qui regroupe deux dimensions (Intérêt individuel et Intérêt situationnel) réunies en raison d'une corrélation suffisante, mais séparées en deux construits distincts pour en étudier les qualités psychométriques séparées. Les deux construits réflectifs représentatifs des deux dimensions sont des mesures fiables et valides. Nous exécutons également une première ACP pour nous assurer que les items de mesure de la dimension Intérêt situationnel représentent un même concept et forment une unique composante principale, ce qui est le cas. Nous réalisons aussi une seconde ACP sur tous les items du construit Intérêt afin de vérifier leur regroupement naturel en deux concepts distincts. Ces contrôles nous ont semblé nécessaires, car si la dimension Intérêt situationnel n'est pas développée *ex-nihilo*, elle est transposée depuis un champ de littérature éloigné : les sciences de l'éducation. De plus, comme le révèle la section 3.3, la variable Intérêt est la variable explicative principale du modèle structurel, ce qui justifiait une attention accrue.

La suite de la section s'intéresse à la qualité de la mesure des deux construits formatifs (Qualité perçue du signal et Familiarité). Celle-ci se détermine en trois étapes : la validité convergente, le contrôle des colinéarités et la signification/ pertinence des indicateurs. La validité convergente n'est pas établie, ce qui peut s'expliquer par le recours à des construits de validation *ad hoc*, non empruntés à la littérature en raison d'une trop grande singularité (désirée pour coller au contexte) des deux construits formatifs. La condition de colinéarité est techniquement nécessaire pour la poursuite de l'analyse, elle est satisfaite pour les deux construits.

La signification et la pertinence des indicateurs révèlent plusieurs items dont les coefficients externes sont non significatifs, mais qui sont néanmoins conservés conformément à la procédure d'éviction retenue. En tout état de cause, leur conservation est pratiquement sans effet sur l'estimation des paramètres de structure et n'influe pas sur l'analyse de la section 3.3. Par ailleurs, une analyse du modèle de mesure de la variable d'Intérêt vue comme formative et formée de deux indicateurs déduits de ses deux dimensions révèle une domination de la dimension Intérêt situationnel sur la dimension Intérêt individuel.

Finalement, les résultats obtenus démontrent un modèle de mesure dont la qualité est satisfaisante, ce qui nous permet d'envisager une analyse du modèle structurel dans la section 3.3.

3.3. Estimation du modèle explicatif par équations structurelles

Après s'être assuré de la qualité du modèle de mesure dans la section 3.2, cette section est centrée sur l'évaluation et l'analyse du modèle structurel. Nous présentons tout d'abord brièvement l'approche PLS-SEM (section 3.3.1) puis révisons le modèle structurel (section 3.3.2) avant de procéder à son évaluation (section 3.3.3), à l'analyse des médiateurs (section 3.3.4), des modérateurs (section 3.3.5) et des variables de contrôle (section 3.3.6).

3.3.1. *Approche PLS-SEM*

Nous commençons cette section par une présentation synthétique de l'approche PLS-SEM et de ses mécanismes sous-jacents. L'approche PLS-SEM est l'une des deux approches dominantes pour l'estimation des modèles d'équations structurelles. Elle constitue une alternative à l'approche par l'analyse des covariances. Ces deux approches, qualifiées de méthodes de seconde génération, offrent le moyen d'estimer les modèles relationnels théoriques décrivant des schémas de relation de dépendance simultanée. Ces schémas se décomposent en modèle de mesure et modèle structurel. Le modèle de mesure relie les indicateurs (variables observables ou manifestes) à des variables latentes ou construits. Le modèle structurel relie causalement les variables latentes. Dans le cadre de l'estimation de modèles relationnels théoriques, l'apport principal de ces méthodes est de permettre une estimation simultanée de plusieurs relations de dépendances.

Originellement, la technique de régression PLS a été élaborée par Wold et ses collègues (par exemple Wold 1985) dans le but de décrire les liens entre des ensembles de variables dépendantes et indépendantes pour des systèmes de type entrée-sortie complexes. La méthode PLS repose sur l'application de régressions en moindres carrés partiels (*Partial Least Squares*) à l'estimation de modèles d'équations structurelles.

L'idée centrale de l'algorithme PLS-SEM est d'estimer les coefficients des modèles d'équations structurelles par la maximisation de la variance expliquée des construits dépendants ou maximisation du R^2, ce qui revient aussi à maximiser la covariance entre variable explicative et variable expliquée (Lacroux 2011). On peut encore dire de manière équivalente que l'estimation repose sur la minimisation de la variance non expliquée.

Techniquement, l'algorithme prend en entrée la matrice des indicateurs des variables latentes (réflectives et/ou formatives) de toutes les observations de l'échantillon. Les inconnues de l'algorithme sont les scores des variables latentes, les coefficients du modèle de mesure (*loadings* et *outer weights*) liant indicateurs et variables latentes ainsi que les coefficients du modèle structurel (*path coefficient*) liant variables latentes endogènes (expliquées) et variables latentes exogènes (explicatives). Les éléments connus permettent de déterminer les éléments inconnus. L'algorithme PLS consiste essentiellement en une séquence de régressions en termes de vecteurs de poids, suivant les moindres carrés partiels et qui minimise les variances résiduelles sous une contrainte de « point fixe ». Le processus d'estimation se fait donc par régression des variables latentes avec leurs indicateurs respectifs et régression des variables latentes entre elles. Plus précisément, l'algorithme se décompose en deux temps dont le premier est itératif et se subdivise en quatre étapes : 1) les scores des variables latentes sont estimés à partir de leurs indicateurs respectifs et de leurs coefficients (*weights* et *loadings*) initialisés en poids égaux pour la première itération ; 2) les poids internes (*path coefficients*) reliant les variables latentes sont calculés de sorte à maximiser le R^2 du score de la variable latente expliquée ; 3) les scores des variables latentes sont recalculés grâce aux poids internes de l'étape précédente ; 4) les poids externes (*weights* et *loadings*) sont recalculés en fonction des scores de leurs variables latentes respectives. Ces quatre étapes s'enchaînent jusqu'à la stabilisation des résultats, c'est-à-dire lorsque les changements entre *outer weights* de deux itérations successives sont en deçà d'un seuil ou qu'un nombre maximum d'itérations est atteint. Enfin, le second temps de l'algorithme consiste à estimer les coefficients du modèle (*outer weights*, *outer loadings* et *path coefficients*) par des régressions simples ou multiples (Henseler *et al.* 2012).

Il importe de noter que l'approche PLS-SEM est centrée sur la prédiction des variables dépendantes et non pas sur la confirmation du modèle comme la méthode basée sur l'analyse des covariances et la technique du maximum de vraisemblance s'y emploie. Elle est par conséquent davantage indiquée pour les recherches de nature exploratoire pour lesquelles la théorie ou les construits ne sont pas stabilisés plutôt que pour le test de théories éprouvées.

Étant donné l'objectif statistique (de maximisation de la variance expliquée) de l'approche PLS-SEM, la qualité d'un modèle se juge à l'aune de sa capacité à prédire correctement les variables expliquées et non pas à la qualité de l'ajustement du modèle testé aux données empiriques. L'évaluation du modèle structurel repose donc sur la pertinence prédictive des variables latentes, c'est-à-dire sur leur validité nomologique (Fernandes 2012).

Aussi le concept de *fit* qui prévaut avec l'approche par l'analyse des covariances n'est pas complètement transférable à l'approche PLS-SEM. En effet, dans la méthode basée sur l'analyse des covariances, le *fit* définit une mesure de l'écart entre la matrice de covariances du modèle théorique et celle issue des données. Or, l'approche par l'analyse des covariances estime les paramètres des modèles par la minimisation des écarts entre matrices de covariances théoriques et empiriques, c'est-à-dire par minimisation du *fit*.

Dès lors, ce dernier constitue une mesure naturelle de la qualité d'un modèle. Notons d'ailleurs que la plupart des indices de *fit* employés avec la méthode basée sur l'analyse des covariances reposent sur l'analyse des covariations entre indicateurs et s'appuient donc sur un présupposé de construits réflectifs alors qu'avec l'approche PLS-SEM, les construits peuvent être réflectifs et formatifs (Lacroux 2011).

À nouveau, l'approche PLS-SEM n'a pas le même objectif (de minimisation de l'écart entre matrices de covariances théoriques et empiriques), aussi, il est raisonnable de dire qu'un modèle *fit* (pris dans un sens différent) les données si les variables dépendantes, observées (manifestes) ou approximées (latentes), sont « proches » des variables prédites par le modèle, c'est-à-dire si l'objectif statistique spécifique de cette méthode est atteint (Hair Jr *et al.* 2017).

3.3.2. *Révision du modèle structurel*

La figure 3.16 permet de se remémorer le modèle structurel élaboré dans le chapitre 1, étudié dans cette section.

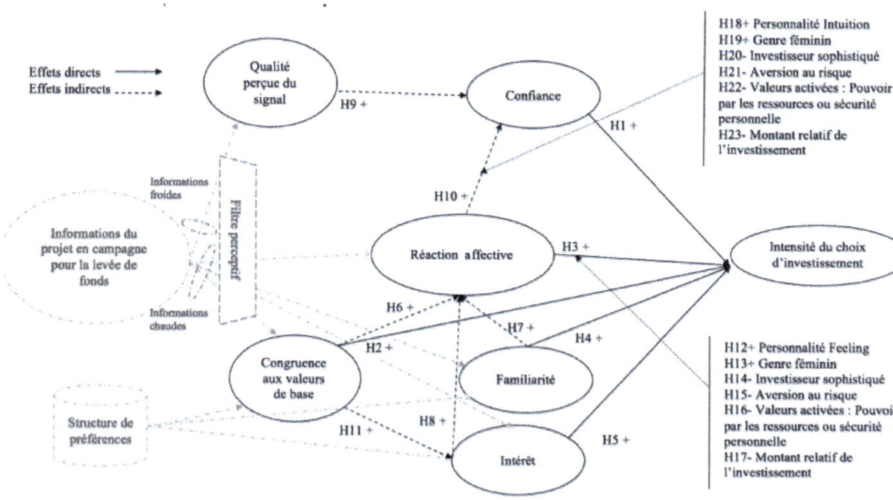

Figure 3.16. *Modèle structurel et hypothèses*

3.3.3. *Modèle structurel*

Dans cette section, nous évaluons le modèle structurel une première fois avec le « Cas Cash » (section 3.3.3.1) estimé d'après les choix d'allocation de la dotation initiale d'un montant cash de 200 € par les sujets de l'expérimentation. Ensuite, nous évaluons le modèle de façon comparative avec le « Cas Pourcent » (section 3.3.3.2) estimé d'après les choix d'allocation relatifs (exprimé en pourcentage du patrimoine total du sujet).

Le « Cas Cash » est le cas principal parce que l'investisseur individuel moyen n'investit pas la totalité de son patrimoine dans un placement de type equity crowdfunding.

C'est pourquoi le « Cas Cash » sert de référence pour l'analyse comparative du « Cas Pourcent » qui est un cas limite (l'investisseur investit tout son patrimoine) dont la vocation est de juger de l'effet du montant alloué sur les coefficients et R^2 du modèle, au-delà des effets de modération H17 et H23 étudiés en section 3.2.

3.3.3.1. *« Cas Cash »*

L'évaluation du modèle structurel explicatif dans le « Cas Cash » respecte la procédure en 6 étapes décrite dans la figure 3.17.

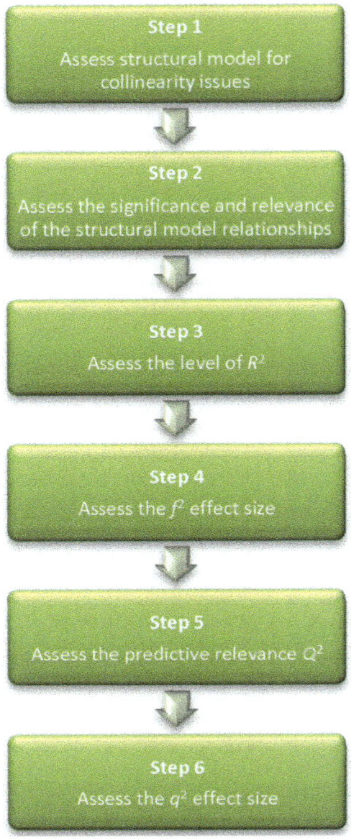

Figure 3.17. *Procédure d'évaluation du modèle structurel de Hair Jr et al. (2017)*

Ainsi, nous évaluerons successivement : les colinéarités (section 3.3.3.1.1), la significativité et pertinence de coefficients (section 3.3.3.1.2), les R^2 (section 3.3.3.1.3), l'apport prédictif des variables ou f^2 de Cohen (section 3.3.3.1.4), la qualité prédictive Q^2 (section 3.3.3.1.5) et l'effet taille q^2 (section 3.3.3.1.6).

Avant d'entrer dans le détail de l'évaluation du modèle structurel, la figure 3.18 présente au lecteur une vue globale et graphique du résultat de l'algorithme PLS-SEM dans le « Cas Cash ». Les R^2 des variables expliquées (endogènes) sont repérables à l'intérieur des variables latentes de forme ovale (par exemple 0,479 pour la variable Intensité du choix d'investissement). Les *path coefficients* du modèle structurel relient les variables latentes (par exemple 0,140 entre les variables Confiance et Intensité du choix d'investissement). Les coefficients du modèle de mesure (*loadings* et *weights*) sont situés sur les flèches reliant construits et indicateurs (par exemple 0,677 pour le *loading* reliant l'indicateur BIENV1 au construit Confiance).

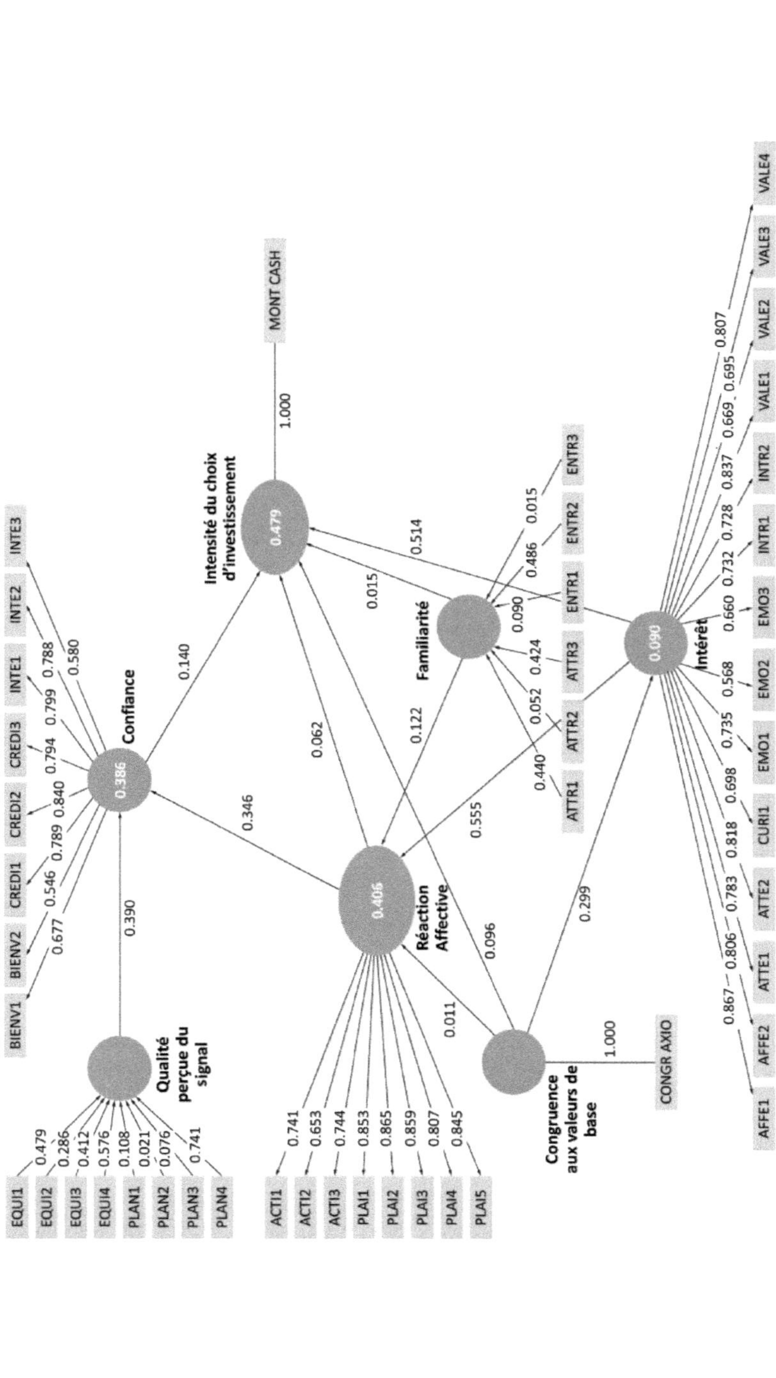

Figure 3.18. *R^2 des variables latentes endogènes et coefficients estimés des modèles de mesure et structurel (« Cas Cash »)*

3.3.3.1.1. Évaluation des colinéarités

Comme dans la procédure d'évaluation de la qualité des construits formatifs, une étape préalable de contrôle des colinéarités est nécessaire pour l'estimation des *path coefficients*, car ceux-ci résultent de régressions linéaires multiples (ou simples dans le cas de la variable Intérêt mais cette dernière n'est pas concernée) des variables endogènes du modèle sur leurs antécédents explicatifs.

Le contrôle d'éventuelles multicolinéarités des construits antécédents se fait au moyen de l'indicateur VIF déjà présenté.

Les indicateurs de colinéarité VIF visibles dans le tableau 3.40 sont en deçà du seuil de 5, ce qui indique que les colinéarités entre prédicteurs des variables endogènes ne sont pas problématiques.

	Confiance	Intensité du choix d'investissement	Intérêt	Réaction affective
Confiance		1,626		
Congruence aux valeurs de base		1,115	1	1,114
Familiarité		1,549		1,524
Intérêt		2,412		1,558
Qualité perçue du signal	1,222			
Réaction affective	1,222	1,768		

Tableau 3.40. *Indicateurs de colinéarité VIF des construits explicatifs du modèle structurel*

3.3.3.1.2. Significativité et pertinence des coefficients

La significativité des coefficients du modèle structurel est d'abord vérifiée, seuls les coefficients significatifs sont soumis à une analyse de pertinence.

Significativité des coefficients

Les coefficients entre construits issus de l'algorithme PLS sont standardisés, compris dans l'intervalle [– 1, +1] ; une valeur proche de 1 (respectivement – 1) signifie une relation positive (respectivement négative) forte. Une valeur proche de 0 indique une relation faible, la significativité dépend de l'erreur standard, calculée par procédure de *bootstrapping*. Nous avons systématiquement appliqué un paramétrage de *bootstrapping* de 5 000 échantillons et avons fixé le seuil de significativité à 5 % comme il est d'usage en sciences de gestion. La lecture des résultats peut se faire à l'aide de la *p-value*. Si celle-ci est inférieure à 5 %, alors le coefficient est significatif, ce qui revient à rejeter l'hypothèse nulle.

Le tableau 3.41 agrège les résultats des tests des 11 hypothèses du modèle structurel, la colonne la plus à droite indique les hypothèses acceptées (valeur « Oui ») et rejetées (valeur « Non »). En outre, deux représentations graphiques (figure 3.19 et figure 3.20) permettent de visualiser l'impact des hypothèses rejetées sur le modèle structurel original.

Hypothèse	Relation	*Original Sample* (O)	*Sample Mean* (M)	*Standard Deviation* (STDEV)	*T Statistics* (|O/STDEV|)	*p-values*	Significativité ($p < 0,05$) ?
H1	Confiance → Intensité du choix d'investissement	0,140	0,141	0,048	2,907	0,004	Oui
H2	Congruence aux valeurs de base → Intensité du choix d'investissement	0,096	0,093	0,047	2,032	0,042	Oui
H3	Réaction affective → Intensité du choix d'investissement	0,062	0,057	0,053	1,164	0,245	Non
H4	Familiarité → Intensité du choix d'investissement	0,015	0,032	0,057	0,263	0,793	Non
H5	Intérêt → Intensité du choix d'investissement	0,514	0,509	0,058	8,853	0,000	Oui
H6	Congruence aux valeurs de base → Réaction affective	0,011	0,010	0,051	0,222	0,824	Non
H7	Familiarité → Réaction affective	0,122	0,131	0,062	1,965	0,049	Oui
H8	Intérêt → Réaction affective	0,555	0,554	0,054	10,355	0,000	Oui
H9	Qualité perçue du signal → Confiance	0,390	0,412	0,055	7,115	0,000	Oui
H10	Réaction affective → Confiance	0,346	0,339	0,047	7,302	0,000	Oui
H11	Congruence aux valeurs de base → Intérêt	0,299	0,300	0,052	5,804	0,000	Oui

Tableau 3.41. *Hypothèses acceptées et rejetées*

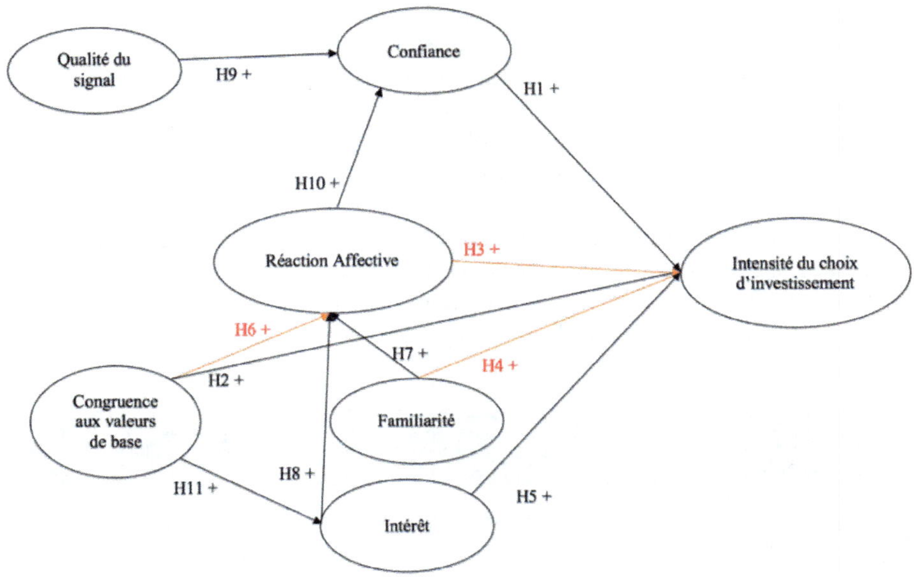

Figure 3.19. *Représentation graphique des hypothèses rejetées (en rouge)*

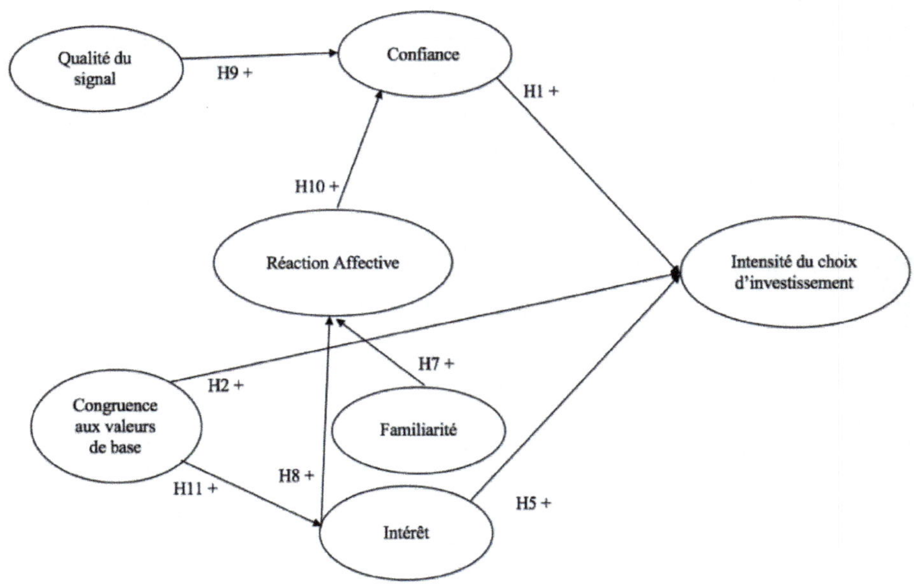

Figure 3.20. *Représentation graphique des hypothèses validées*

Pertinence des coefficients

L'analyse de la pertinence des coefficients consiste à étudier les poids relatifs des coefficients. Un coefficient peut être significatif, mais d'un poids faible relativement à un autre coefficient significatif expliquant le même construit. L'interprétation des coefficients est identique à celle qui prévaut pour les analyses de régression linéaires : le changement d'une unité du construit exogène (explicatif) modifie le construit endogène (expliqué) proportionnellement à la taille du coefficient les reliant (toute chose égale par ailleurs). De plus, les effets totaux, tenant compte de tous les effets indirects (*via* les variables médiatrices) doivent être analysés, car ce sont eux qui indiquent véritablement l'importance d'une variable explicative (Hair Jr *et al.* 2017).

Le tableau 3.42 affiche les coefficients des chemins directs entre construits du modèle structurel. Nous constatons que :

– l'Intensité du choix d'investissement est d'abord déterminée par l'Intérêt, puis par la Confiance, la Congruence aux valeurs de base, la Réaction affective et enfin de façon marginale par la Familiarité. L'Intérêt surdétermine l'Intensité du choix d'investissement au vu des poids relatifs des coefficients ;

– la Confiance est d'abord déterminée par la Qualité perçue du signal puis par la Réaction affective, cette double détermination est assez équilibrée ;

– l'Intérêt est déterminé par la Congruence aux valeurs de base ;

– la Réaction affective est d'abord déterminée par l'Intérêt puis de façon nettement plus faible par la Familiarité, et enfin de façon marginale par la Congruence aux valeurs de base.

	Confiance	Congruence aux valeurs de base	Familiarité	Intensité du choix d'investissement	Intérêt	Qualité perçue du signal	Réaction affective
Confiance				0,140			
Congruence aux valeurs de base				0,096	0,299		0,011
Familiarité				0,015			0,122
Intensité du choix d'investissement							
Intérêt				0,514			0,555
Qualité perçue du signal	0,390						
Réaction affective	0,346			0,062			

Tableau 3.42. *Coefficients des chemins directs*

Les tableaux 3.43 et 3.44 sont des tableaux intermédiaires, nécessaires au calcul des effets totaux présentés dans le tableau 3.45.

	Effets indirects spécifiques
Congruence aux valeurs de base → Réaction affective → Confiance	0,004
Familiarité → Réaction affective → Confiance	0,042
Congruence aux valeurs de base → Intérêt → Réaction affective → Confiance	0,057
Qualité perçue du signal → Confiance → Intensité du choix d'investissement	0,055
Congruence aux valeurs de base → Réaction affective → Confiance → Intensité du choix d'investissement	0,001
Familiarité → Réaction affective → Confiance → Intensité du choix d'investissement	0,006
Congruence aux valeurs de base → Intérêt → Réaction affective → Confiance → Intensité du choix d'investissement	0,008
Congruence aux valeurs de base → Intérêt → Intensité du choix d'investissement	0,154
Congruence aux valeurs de base → Réaction affective → Intensité du choix d'investissement	0,001
Familiarité → Réaction affective → Intensité du choix d'investissement	0,008
Congruence aux valeurs de base → Intérêt → Réaction affective → Intensité du choix d'investissement	0,010
Congruence aux valeurs de base → Intérêt → Réaction affective	0,166

Tableau 3.43. *Effets indirects spécifiques*

	Confiance	Intensité du choix d'investissement	Réaction affective
Congruence aux valeurs de base	0,061	0,173	0,166
Familiarité	0,042	0,013	
Intérêt	0,192	0,061	
Qualité perçue du signal		0,055	
Réaction affective		0,048	

Tableau 3.44. *Effets indirects cumulés*

	Confiance	Intensité du choix d'investissement	Intérêt	Réaction affective
Confiance		0,140		
Congruence aux valeurs de base	0,061	0,269	0,299	0,177
Familiarité	0,042	0,028		0,122
Intérêt	0,192	0,575		0,555
Qualité perçue du signal	0,390	0,055		
Réaction affective	0,346	0,110		

Tableau 3.45. *Effets totaux*

Prenons le cas de l'effet total de la variable Congruence aux valeurs de base sur l'Intensité du choix d'investissement. Ce coefficient total vaut 0,269 (tableau 3.45). Retrouvons ce résultat.

Cet effet total se décompose en effet direct (tableau 3.42) et effets indirects cumulés (tableau 3.44). Nous avons :

Effet total = Effet direct + Effets indirects cumulés = 0,096 + 0,173 = 0,269

avec Effets indirects cumulés = Σ *Effets indirects spécifiques* (tableau 3.43).

Nous avons bien :

Effets indirects cumulés = 0,173 = Σ *Effets indirects spécifiques* = somme des coefficients du tableau 3.43 associés aux chemins reliant la variable Congruence aux valeurs de base à la variable Intensité du choix d'investissement, quel que soit le nombre de variables médiatrices intermédiaires = 0,001 + 0,008 + 0,154 + 0,01

Effets indirects spécifiques :

Congruence aux valeurs de base → Réaction affective → Confiance → Intensité du choix d'investissement = 0,001

Congruence aux valeurs de base → Intérêt → Réaction affective → Confiance → Intensité du choix d'investissement = 0,008

Congruence aux valeurs de base → Intérêt → Intensité du choix d'investissement = 0,154

Congruence aux valeurs de base → Intérêt → Réaction affective → Intensité du choix d'investissement = 0,01

L'analyse des effets totaux (tableau 3.45) montre que :

– les deux principaux déterminants exogènes de l'Intensité du choix d'investissement sont l'Intérêt et la Congruence aux valeurs de base, la Confiance arrive en troisième position, l'impact de la Qualité perçue du signal est nettement en retrait ;

– la Réaction affective est surdéterminée par l'Intérêt puis dans une moindre mesure par la Congruence aux valeurs de base et enfin par la Familiarité ;

– la Confiance est d'abord déterminée par la Qualité perçue du Signal puis par la Réaction affective et enfin par l'Intérêt. Le relatif équilibre des poids associés à la Qualité perçue du signal et la Réaction affective font de la Confiance une variable mixte, à la fois affective et cognitive.

De plus, parmi les variables exogènes (Qualité perçue du signal, Congruence aux valeurs de base et Familiarité), la Congruence aux valeurs de base domine nettement les deux autres variables par l'importance de son effet sur l'Intensité du choix d'investissement.

L'impact des chemins indirects affecte substantiellement les effets des variables suivantes :

– Congruence aux valeurs de base :

- impact sur la Confiance par la médiation de l'Intérêt et de la Réaction affective ;

- impact fort sur l'Intensité du choix d'investissement essentiellement *via* la variable Intérêt ;

- impact fort sur la Réaction affective *via* la variable Intérêt ;

– Familiarité : un effet de la Familiarité sur la Confiance *via* l'Intérêt apparaît (non significatif au seuil de 5 %) ;

– Intérêt : un effet de l'Intérêt sur la Confiance *via* la Réaction affective apparaît ;

– Réaction affective : l'effet de l'Intérêt sur l'Intensité du choix d'investissement est augmenté substantiellement par son effet indirect sur la Confiance.

3.3.3.1.3. Évaluation des R^2

Le coefficient de détermination[11] ou R^2 est une mesure de la qualité prédictive du modèle égale au carré du coefficient de corrélation linéaire des variables réelles et prédites. Le R^2 représente l'effet combiné des variables latentes exogènes, c'est-à-dire la quantité de variance du construit endogène expliquée par tous les construits exogènes qui lui sont reliés. Ce coefficient est compris entre 0 et 1, les valeurs proches de 1 indiquent un niveau élevé de précision prédictive.

Selon Hair *et al.* (2011), l'interprétation du R^2 peut se faire comme suit : effet substantiel pour un coefficient de 0,75, effet modéré pour un coefficient de 0,50 et effet faible pour un coefficient de 0,25.

Dans notre cas, le tableau 3.46 indique que le pourcentage de variance expliqué par les variables exogènes est modéré pour la variable Intensité du choix d'investissement, intermédiaire entre faible et modéré pour les variables Confiance et Réaction affective, et enfin faible pour la variable Intérêt.

	R Square
Confiance	0,386
Intensité du choix d'investissement	0,479
Intérêt	0,09
Réaction affective	0,406

Tableau 3.46. *Coefficients de détermination des variables expliquées*

3.3.3.1.4. Évaluation de l'apport prédictif des variables : le f^2 de Cohen

L'effet taille ou f^2 de Cohen (2009) est un indicateur complémentaire d'évaluation de l'apport prédictif des variables endogènes. Lorsqu'une variable est expliquée par plusieurs antécédents, il est intéressant de mesurer pour chacun d'eux, l'importance de son apport dans l'explication de la variable endogène. Pratiquement, il s'agit de retirer la variable exogène évaluée, calculer le R^2 sans la variable et d'apprécier la variation relative du coefficient de détermination par la formule suivante :

$$f^2 = \frac{R^2_{included} - R^2_{excluded}}{1 - R^2_{included}}$$

11. Nous ne nous baserons pas sur le R^2 ajusté par la taille de l'échantillon et par le nombre de construits exogènes, car ce coefficient n'a d'utilité que pour la comparaison de modèles, l'objectif étant d'identifier le modèle le plus parcimonieux, c'est-à-dire celui qui offre le meilleur rapport pouvoir explicatif/nombre de construits exogènes.

Dans cette expression, $R^2_{included}$ inclut la variable exogène évaluée tandis que $R^2_{excluded}$ l'exclut.

Selon Cohen, un f^2 de 0,02, 0,15 et 0,35 indique respectivement un effet faible, moyen et important.

Dans notre cas, le tableau 3.47 présente les f^2 de Cohen des variables exogènes du modèle. Nous constatons que :

– la Confiance a un faible effet sur l'Intensité du choix d'investissement ;

– la Congruence aux valeurs de base a un effet d'un niveau intermédiaire en faible et moyen sur la variable Intérêt, mais est sans effet sur l'Intensité du choix d'investissement et la Réaction affective ;

– la Familiarité n'a pas d'effet sur l'Intensité du choix d'investissement et la Réaction affective ;

– l'Intérêt a un effet d'un niveau intermédiaire en moyen et important sur l'Intensité du choix d'investissement et un effet important sur la Réaction affective ;

– la Qualité perçue du signal a un effet intermédiaire en moyen et important sur la Confiance ;

– la Réaction affective a un effet intermédiaire sur la Confiance, mais n'a pas d'effet sur l'Intensité du choix d'investissement.

	Confiance	Intensité du choix d'investissement	Intérêt	Réaction affective
Confiance		0,023		
Congruence aux valeurs de base		0,016	0,098	0
Familiarité		0		0,016
Intérêt		0,21		0,333
Qualité perçue du signal	0,202			
Réaction affective	0,159	0,004		

Tableau 3.47. *Effet taille : le f^2 de Cohen*

3.3.3.1.5. Évaluation de la qualité prédictive : le Q^2

Un indicateur de mesure de la qualité prédictive des variables endogènes réflectives ou mono-item, complémentaire au R^2, est le Q^2 de Geisser (1974) et Stone (1974). Son objectif est de mesurer la qualité de prédiction des valeurs observées par la modélisation d'une variable endogène. La procédure de calcul de cette mesure est la suivante.

Soit une variable endogène réflective Y pour laquelle on souhaite évaluer la qualité prédictive de la modélisation. On fixe une distance D (un entier naturel) telle que N ne soit pas un multiple de D, avec N la taille de l'échantillon (D est généralement compris entre 5 et 10). Ce chiffre D est utilisé dans une procédure dite de *blindfolding* de suppression des valeurs des indicateurs de la variable endogène selon un schéma systématique. Par exemple, si D = 5, alors un indicateur sur 5 est supprimé soit 20 % de l'information. Les indicateurs supprimés sont ensuite traités comme des données manquantes et sont, par exemple, initialisés à la valeur moyenne des indicateurs restants (traitement *mean value replacement*).

Le score ($\hat{Y}$) de la variable endogène est alors calculé non pas directement à partir de son modèle de mesure, mais à partir des scores de ses antécédents et des coefficients (*path coefficients*) la reliant à ses antécédents, calculés par l'algorithme PLS au cours d'une exécution qui tient compte des $\frac{100}{D}$% données supprimées. Finalement les indicateurs supprimés sont estimés à partir du score $\hat{Y}$ et des *loadings* (l'indicateur s'exprime comme le produit du score et du *loading*). L'erreur de prédiction est fonction de l'écart entre la valeur réelle connue de l'indicateur supprimé et la valeur de l'indicateur estimée selon la procédure décrite. L'indicateur Q^2 agrège les erreurs de prédiction calculées pour la variable endogène selon un nombre d'itérations (dépendant de D) qui permet à tous les indicateurs d'être supprimés. Cette procédure est dite de type *cross-validated* puisque la validation de la qualité prédictive s'appuie sur le modèle structurel et le modèle de mesure (Hair Jr *et al.* 2017).

En pratique, un Q^2 strictement positif suggère la bonne qualité prédictive du modèle pour un construit endogène donné tandis qu'une valeur nulle ou négative indique une insuffisance de qualité prédictive.

Dans notre cas, la distance 7 (intermédiaire entre 5 et 10) est choisie pour la procédure de *blindfolding* car le nombre d'observations, 400, n'est pas un multiple de 7.

Les résultats de pertinence prédictive des variables réflectives endogènes du modèle sont affichés dans le tableau 3.48. Nous constatons que les Q^2 sont tous strictement positifs, ce qui apporte un support à la qualité prédictive du modèle.

	SSO	SSE	Q^2 (= 1 – SSE/SSO)
Confiance	161,600.000	131,280.535	0,188
Congruence aux valeurs de base	20,200.000	20,200.000	
Familiarité	121,200.000	121,200.000	
Intensité du choix d'investissement	20,200.000	11,067.427	0,452
Intérêt	282,800.000	269,858.328	0,046
Qualité perçue du signal	161,600.000	161,600.000	
Réaction affective	161,600.000	123,197.457	0,238

Tableau 3.48. *Pertinence prédictive : le* Q^2

3.3.3.1.6. Évaluation de l'effet taille : le q^2

L'effet taille q^2 est au Q^2 ce que le f^2 est au R^2, l'approche et la formule de calcul sont identiques. Le q^2 permet de mesurer l'apport prédictif relatif (au sens du Q^2) de l'une des variables explicatives d'un construit endogène. Cet indicateur se calcule comme suit :

$$q^2 = \frac{Q^2_{included} - Q^2_{excluded}}{1 - Q^2_{included}}$$

Dans cette expression, $Q^2_{included}$ inclut la variable explicative évaluée tandis que $Q^2_{excluded}$ l'exclut.

Dans notre cas, le tableau 3.49 fournit les indicateurs q^2 calculés pour tous les antécédents (en colonne) des variables endogènes (en ligne). Le tableau 3.49 est un tableau intermédiaire de calcul des $Q^2_{excluded}$. Par exemple : 0,129 = Q^2 (Confiance) avec Qualité perçue du signal exclue.

Dans le tableau 3.50, l'apport prédictif relatif de la variable explicative Qualité perçue du signal sur le construit endogène Confiance est calculé comme suit :

$$0{,}07 \approx \frac{0{,}188 - 0{,}129}{1 - 0{,}188}$$

avec $Q^2_{included}$ = 0,188 pris dans le tableau 3.48.

	Confiance	Intensité du choix d'investissement	Intérêt	Réaction affective
Confiance		0,447		
Congruence aux valeurs de base		0,449	0	0,238
Familiarité		0,453		0,232
Intérêt		0,344		0,12
Qualité perçue du signal	0,129			
Réaction affective	0,138	0,452		

Tableau 3.49. *Indicateur Q^2 des variables endogènes calculés en excluant une variable causale*

	Confiance	Intensité du choix d'investissement	Intérêt	Réaction affective
Confiance		0,01		
Congruence aux valeurs de base		0,01	0,05	0,00
Familiarité		0,00		0,01
Intérêt		0,20		0,15
Qualité perçue du signal	0,07			
Réaction affective	0,06	0,00		

Tableau 3.50. *Indicateur q^2 des variables endogènes*

L'interprétation pratique du q^2 est la suivante : une valeur de 0,02, 0,15 et 0,35 indique respectivement un effet faible, moyen et important.

Aussi, le tableau 3.50 montre que :

– la qualité prédictive de la variable Confiance sur les variables Intensité du choix d'investissement et Réaction affective est pratiquement nulle ;

– la qualité prédictive de la Congruence aux valeurs de base sur la variable Intérêt est faible, elle est nulle sur les variables Intensité du choix d'investissement et Réaction affective ;

– la qualité prédictive de la variable Familiarité sur les variables Intensité du choix d'investissement et Réaction affective est nulle, (respectivement) pratiquement nulle ;

– la qualité prédictive de la variable Intérêt sur la variable Intensité du choix d'investissement est intermédiaire entre moyenne et importante et moyenne pour la Réaction affective ;

– la qualité prédictive de la Qualité perçue du signal sur la variable Confiance est intermédiaire entre faible et moyenne ;

– la qualité prédictive de la Réaction affective sur la variable Intensité du choix d'investissement est faible et nulle pour la variable Intensité du choix d'investissement.

3.3.3.2. « Cas Pourcent »

Rappelons que le « Cas Pourcent » est un cas limite dans lequel l'investisseur place l'intégralité de son patrimoine en equity crowdfunding. L'objectif est de juger de l'effet du montant alloué sur les coefficients et R^2 du modèle par comparaison avec le « Cas Cash ». Deux effets sont particulièrement intéressants, car ils correspondent aux hypothèses de modération H17 et H23 et sont étudiés dans la section 3.3.5.2.

Nous évaluons maintenant le modèle structurel estimé avec les données du « Cas Pourcent » selon la procédure vue précédemment mais de façon partielle en nous concentrant sur l'évaluation des colinéarités (section 3.3.3.2.1) puis sur la comparaison des effets totaux (section 3.3.3.2.2), des R^2 (section 3.3.3.2.3) et des f^2 de Cohen (section 3.3.3.2.4) avec le modèle estimé d'après les données du « Cas Cash ».

Tout d'abord, la figure 3.21 présente une vue globale et graphique du résultat de l'algorithme PLS-SEM dans le « Cas Pourcent ».

3.3.3.2.1. Évaluation des colinéarités

Les indicateurs de colinéarité VIF visibles dans le tableau 3.51 sont en deçà du seuil de 5, ce qui indique que les colinéarités entre prédicteurs des variables endogènes ne sont pas problématiques.

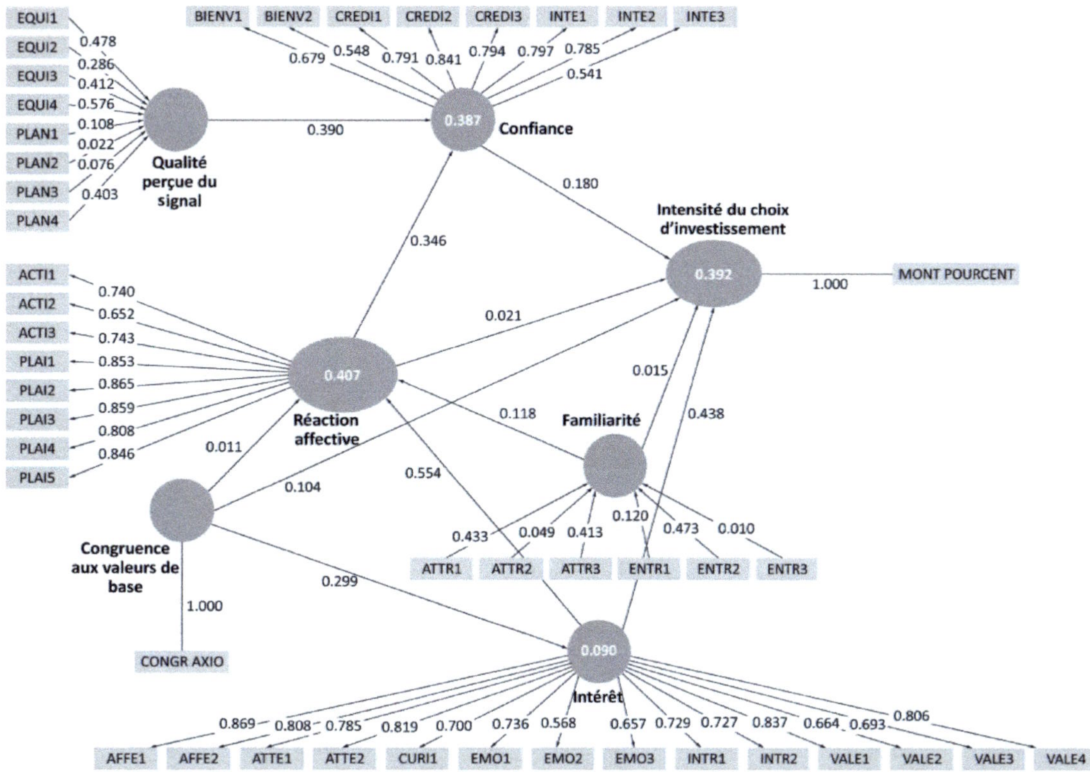

Figure 3.21. *R^2 des variables latentes endogènes et coefficients estimés des modèles de mesure et structurel (« Cas Pourcent »)*

	Confiance	Intensité du choix d'investissement	Intérêt	Réaction affective
Confiance		1,629		
Congruence aux valeurs de base		1,115	1	1,113
Familiarité		1,548		1,524
Intérêt		2,422		1,559
Qualité perçue du signal	1,222			
Réaction affective	1,222	1,77		

Tableau 3.51. *Indicateurs de colinéarité VIF des construits explicatifs du modèle structurel*

3.3.3.2.2. Pertinence des coefficients : analyse comparative

Le tableau 3.52 rapporte les effets totaux (résultant de l'addition des effets directs et indirects cumulés) des variables du modèle.

Il est à comparer au tableau 3.45. Les résultats comparatifs les plus saillants sont les suivants.

Comparativement au « Cas Cash », la Confiance voit l'importance de son effet sur l'Intensité du choix d'investissement augmenter (passant de 0,14 à 0,18), il en va de même avec la variable Qualité perçue du signal (progressant de 0,055 à 0,70), tandis qu'à l'inverse, les poids des coefficients des deux antécédents Intérêt et Réaction affective (hypothèse de modération H17-) diminuent, passant respectivement de 0,575 à 0,485 et de 0,110 à 0,083.

Cela traduit une décision moins affective (diminution de l'effet de l'Intérêt et de la Réaction affective) et plus rationnelle (augmentation de l'effet de la variable Qualité perçue du signal).

Ces résultats semblent logiques, et peuvent s'interpréter comme un besoin de rationalisation plus important du choix d'investissement en raison de l'importance de l'enjeu : investir toute son épargne ou 200 € ne représente pas la même prise de risque.

	Confiance	Intensité du choix d'investissement	Intérêt	Réaction affective
Confiance		0,180		
Congruence aux valeurs de base	0,062	0,254	0,300	0,179
Familiarité	0,041	0,025		0,118
Intérêt	0,193	0,485		0,558
Qualité perçue du signal	0,390	0,070		
Réaction affective	0,346	0,083		

Tableau 3.52. *Effets totaux (« Cas Pourcent »)*

3.3.3.2.3. Évaluation des R^2

Comparativement au modèle estimé dans le « Cas Cash » (voir tableau 3.46), le modèle estimé dans le « Cas Pourcent » voit une dégradation du pouvoir explicatif des variables exogènes sur le construit Intensité du choix d'investissement qui passe de 47,9 % à 39,2 %, soit une diminution relative de 18 % (voir tableau 3.53). Les autres coefficients de détermination sont stables.

Ce résultat est normal dans la mesure où le modèle est spécifié pour décrire la réalité de l'investissement en equity crowdfunding. Or, le « Cas Cash » est précisément calibré pour répliquer de façon écologique (hormis l'éviction des interactions sociales) les conditions du réel, en particulier pour la perception du montant investi. Il est probable que d'autres variables psychologiques seraient apparues si nous avions spécifié le « Cas Pourcent » s'il existait (car il s'agit d'un cas limite invraisemblable).

	R Square
Confiance	0,387
Intensité du choix d'investissement	0,392
Intérêt	0,09
Réaction affective	0,407

Tableau 3.53. *Coefficient de détermination des variables expliquées (« Cas Pourcent »)*

3.3.3.2.4. Évaluation de l'apport prédictif des variables (f^2 de Cohen)

Comparativement au modèle estimé dans le « Cas Cash » (voir tableau 3.47), nous notons une diminution sensible de l'importance de l'effet de la variable Intérêt sur l'Intensité du choix d'investissement qui régresse de 0,21 à 0,13 (soit une diminution relative de 38 %) et n'a plus qu'un effet moyen (voir tableau 3.54). Ce résultat converge avec celui de la section 3.3.3.2.2 sur les effets totaux comparés.

	Confiance	Intensité du choix d'investissement	Intérêt	Réaction affective
Confiance		0,033		
Congruence aux valeurs de base		0,017	0,099	0
Familiarité		0		0,015
Intérêt		0,131		0,337
Qualité perçue du signal	0,203			
Réaction affective	0,16	0		

Tableau 3.54. *Effet taille : le f^2 de Cohen (« Cas Pourcent »)*

3.3.4. *Médiateurs*

Une médiation apparaît lorsqu'une variable (dite médiatrice) s'intercale entre deux construits reliés par une relation causale. Dans ce cas, un changement dans la variable exogène entraîne un changement de la variable médiatrice qui entraîne à son tour un changement de la variable endogène. Afin de déterminer la nature des médiations en jeu, nous avons appliqué la procédure préconisée par Zhao *et al.* (2010) dont la figure 3.22 décrit la trame. Cet arbre de décision décrit les étapes d'identification de la nature d'une médiation dans le cas d'une médiation simple de deux construits Y_1 et Y_3 (liés par le *path coefficient* p_3, notons $Y_1 \rightarrow Y_3 = p_3$) par un construit tiers Y_2 (tel que : $Y_1 \rightarrow Y_2 = p_1$ et $Y_2 \rightarrow Y_3 = p_2$).

Cinq cas sont possibles : 1) il n'y a aucun effet, ni direct ni indirect, 2) seul l'effet direct est significatif, 3) seul l'effet indirect est significatif, 4) il y a une médiation compétitive (effet de sens opposé) avec l'effet direct et 5) il y a une médiation complémentaire (effet de même signe) avec l'effet direct. L'analyse porte sur la significativité du *path coefficients* p_3 du chemin direct et sur celui du chemin indirect : $p_1.p_2$.

Pour les cas de médiations plus complexes telles qu'elles apparaissent dans notre modèle, Hair et ses collègues recommandent de considérer toutes les médiations simultanément avant d'appliquer la procédure de Zhao *et al.* (2010), complétée par le test de l'effet total des médiations indirectes (*total indirect effects*). Notons aussi qu'il est nécessaire d'effectuer une procédure d'échantillonnage par *bootstrapping* pour construire une distribution de fréquences puis en dériver l'erreur standard nécessaire au test de Student de significativité des coefficients. Conformément aux préconisations standard de Hair Jr *et al.* (2017), nous avons paramétré un *bootstrapping* de 5 000 échantillons dans le logiciel SmartPLS et avons obtenu, pour le modèle calibré dans le « Cas Cash », les coefficients directs, spécifiques, indirects totaux et totaux assortis de leur significativité affichée dans le tableau 3.55.

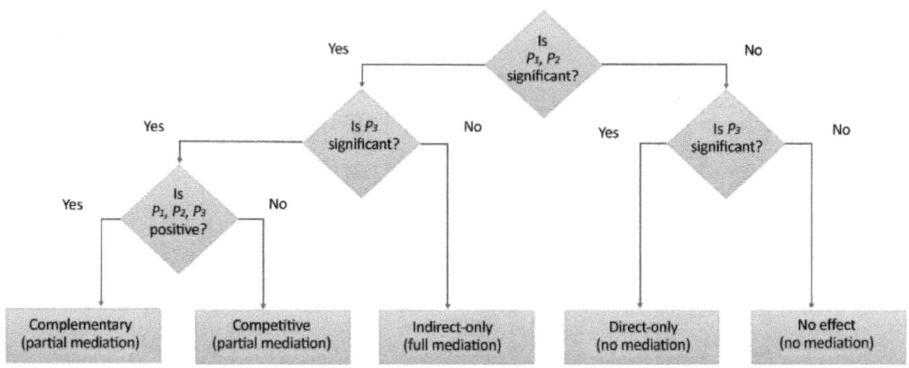

Figure 3.22. *Procédure d'analyse des médiations, adapté de Zhao et al. (2010)*

Dans les sections 3.3.4.1 à 3.3.4.5 ci-après, nous rapportons les résultats obtenus quant à la nature des médiations du modèle structurel, nous nous sommes appuyés sur les données du tableau 3.55 et la procédure de Zhao *et al.* (2010).

Pour les figures 3.23 à 3.27 :

– les chemins de causalité des effets indirects spécifiques (*specific indirect effect*) et indirects totaux (*total indirect effect*) qui n'admettent qu'un seul effet indirect spécifique sont indiqués en italique ;

– pour une meilleure lisibilité, chaque chemin de médiation prend une couleur distincte ;

– les coefficients significatifs au seuil de 5 % apparaissent en vert, autrement, ils apparaissent en rouge.

Path Coefficients						
	Original Sample (O)	*Sample Mean* (M)	*Standard Deviation* (STDEV)	*T Statistics* (|O/STDEV|)	*p-values*	Significativité (p < 0,05) ?
Confiance → Intensité du choix d'investissement	0,140	0,141	0,048	2,907	0,004	Oui
Congruence aux valeurs de base → Intensité du choix d'investissement	0,096	0,093	0,047	2,032	0,042	Oui
Congruence aux valeurs de base → Intérêt	0,299	0,300	0,052	5,804	0,000	Oui
Congruence aux valeurs de base → Réaction affective	0,011	0,010	0,051	0,222	0,824	Non
Familiarité → Intensité du choix d'investissement	0,015	0,032	0,057	0,263	0,793	Non
Familiarité → Réaction affective	0,122	0,131	0,062	1,965	0,049	Oui
Intérêt → Intensité du choix d'investissement	0,514	0,509	0,058	8,853	0,000	Oui
Intérêt → Réaction affective	0,555	0,554	0,054	10,355	0,000	Oui
Qualité perçue du signal → Confiance	0,390	0,412	0,055	7,115	0,000	Oui
Réaction affective → Confiance	0,346	0,339	0,047	7,302	0,000	Oui
Réaction affective → Intensité du choix d'investissement	0,062	0,057	0,053	1,164	0,245	Non

Total Indirect Effects						
	Original Sample (O)	*Sample Mean* (M)	*Standard Deviation* (STDEV)	*T Statistics* ($\lvert O/STDEV \rvert$)	*p-values*	Significativité ($p < 0,05$) ?
Congruence aux valeurs de base → Confiance	0,061	0,06	0,022	2,757	0,006	Oui
Congruence aux valeurs de base → Intensité du choix d'investissement	0,173	0,171	0,033	5,205	0	Oui
Congruence aux valeurs de base → Réaction affective	0,166	0,166	0,034	4,875	0	Oui
Familiarité → Confiance	0,042	0,044	0,022	1,897	0,058	Non
Familiarité → Intensité du choix d'investissement	0,013	0,014	0,01	1,321	0,186	Non
Intérêt → Confiance	0,192	0,188	0,034	5,686	0	Oui
Intérêt → Intensité du choix d'investissement	0,061	0,058	0,03	2,057	0,04	Oui
Qualité perçue du signal → Intensité du choix d'investissement	0,055	0,058	0,022	2,524	0,012	Oui
Réaction affective → Intensité du choix d'investissement	0,048	0,048	0,017	2,77	0,006	Oui

Specific Indirect Effects						
	Original Sample (O)	*Sample Mean* (M)	*Standard Deviation* (STDEV)	*T Statistics* (|O/STDEV|)	*p-values*	Significativité ($p < 0,05$) ?
Congruence aux valeurs de base → Réaction affective → Confiance	0,004	0,003	0,017	0,224	0,823	Non
Familiarité → Réaction affective → Confiance	0,042	0,044	0,022	1,897	0,058	Non
Congruence aux valeurs de base → Intérêt → Réaction affective → Confiance	0,057	0,057	0,015	3,86	0	Oui
Qualité perçue du signal → Confiance → Intensité du choix d'investissement	0,055	0,058	0,022	2,524	0,012	Oui
Congruence aux valeurs de base → Réaction affective → Confiance → Intensité du choix d'investissement	0,001	0	0,003	0,211	0,833	Non
Familiarité → Réaction affective → Confiance → Intensité du choix d'investissement	0,006	0,006	0,004	1,483	0,138	Non
Congruence aux valeurs de base → Intérêt → Réaction affective → Confiance → Intensité du choix d'investissement	0,008	0,008	0,003	2,404	0,016	Oui
Congruence aux valeurs de base → Intérêt → Intensité du choix d'investissement	0,154	0,153	0,032	4,777	0	Oui
Congruence aux valeurs de base → Réaction affective → Intensité du choix d'investissement	0,001	0	0,004	0,175	0,861	Non
Familiarité → Réaction affective → Intensité du choix d'investissement	0,008	0,008	0,008	0,89	0,374	Non
Congruence aux valeurs de base → Intérêt → Réaction affective → Intensité du choix d'investissement	0,01	0,009	0,009	1,114	0,265	Non
Congruence aux valeurs de base → Intérêt → Réaction affective	0,166	0,166	0,034	4,875	0	Oui

Total Effects						
	Original Sample (O)	*Sample Mean* (M)	*Standard Deviation* (STDEV)	*T Statistics* (|O/STDEV|)	*p-values*	Significativité ($p < 0,05$) ?
Confiance → Intensité du choix d'investissement	0,14	0,141	0,048	2,907	0,004	Oui
Congruence aux valeurs de base → Confiance	0,061	0,06	0,022	2,757	0,006	Oui
Congruence aux valeurs de base → Intensité du choix d'investissement	0,269	0,263	0,053	5,051	0	Oui
Congruence aux valeurs de base → Intérêt	0,299	0,3	0,052	5,804	0	Oui
Congruence aux valeurs de base → Réaction affective	0,177	0,176	0,057	3,089	0,002	Oui
Familiarité → Confiance	0,042	0,044	0,022	1,897	0,058	Non
Familiarité → Intensité du choix d'investissement	0,028	0,046	0,056	0,511	0,609	Non
Familiarité → Réaction affective	0,122	0,131	0,062	1,965	0,049	Oui
Intérêt → Confiance	0,192	0,188	0,034	5,686	0	Oui
Intérêt → Intensité du choix d'investissement	0,575	0,567	0,049	11,72	0	Oui
Intérêt → Réaction affective	0,555	0,554	0,054	10,355	0	Oui
Qualité perçue du signal → Confiance	0,39	0,412	0,055	7,115	0	Oui
Qualité perçue du signal → Intensité du choix d'investissement	0,055	0,058	0,022	2,524	0,012	Oui
Réaction affective → Confiance	0,346	0,339	0,047	7,302	0	Oui
Réaction affective → Intensité du choix d'investissement	0,11	0,104	0,052	2,11	0,035	Oui

Tableau 3.55. *Coefficients directs, spécifiques, indirects totaux et totaux assortis de leur significativité*

3.3.4.1. *Effets de la Réaction affective sur l'Intensité du choix d'investissement*

La figure 3.23 montre une médiation seulement indirecte (*Indirect-only*) : la Réaction affective a un effet indirect significatif et positif sur l'Intensité du choix d'investissement par la médiation de la variable Confiance.

Réaction affective → Confiance → Intensité du choix d'investissement 0,048

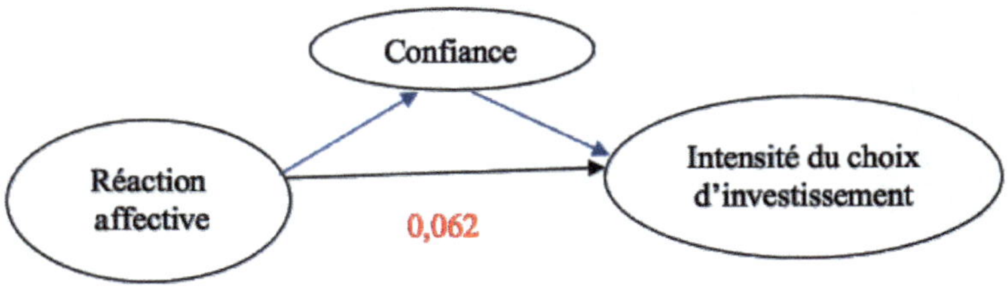

Figure 3.23. *Effet de la Réaction affective sur l'Intensité du choix d'investissement*

3.3.4.2. *Effets de la Congruence aux valeurs de base sur la Réaction affective*

La figure 3.24 montre une médiation seulement indirecte (*Indirect-only*) : la Congruence aux valeurs de base a un effet indirect significatif et positif sur la Réaction affective par la médiation de la variable Intérêt.

Congruence aux valeurs de base → Intérêt → Réaction affective 0,166

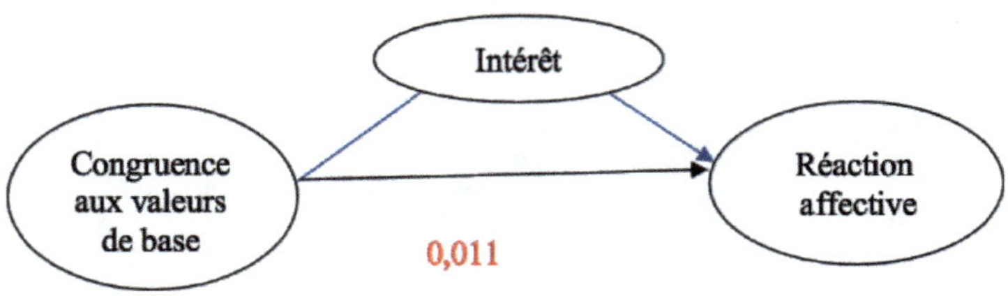

Figure 3.24. *Effet de la Congruence aux valeurs de base sur la Réaction affective*

3.3.4.3. *Effets de l'Intérêt sur l'Intensité du choix d'investissement*

La figure 3.25 montre une médiation partielle complémentaire (*Complementary partial mediation*) : l'effet total indirect de l'Intérêt sur l'Intensité du choix d'investissement est significatif avec un coefficient de 0,061 mais reste relativement marginal.

Cet effet se décompose en deux effets indirects spécifiques. Ceux-ci n'étant pas directement calculés par le SmartPLS, nous les avons calculés manuellement (voir tableau 3.56). Pour ce faire, nous avons extrait les échantillons de *path coefficients* des chemins directs issus du *bootstrapping* et les avons importés dans Excel afin d'en déduire les *path coefficients* des chemins indirects spécifiques (par produit), en calculer l'écart-type pour en déduire le t empirique ainsi que la *p-value*.

	Original Sample (O)	*Sample Mean* (M)	*Standard Error* (STERR)	*T Statistics* (|O/STERR|)	*p-values*
Intérêt → Intensité du Choix d'investissement *via* Réaction affective	0,034	0,033	0,029	1,176	0,240
Intérêt → Intensité du Choix d'investissement *via* Réaction affective et Confiance	0,027	0,026	0,010	2,689	0,007

Tableau 3.56. *Effet spécifique indirect de l'Intérêt sur l'Intensité du choix d'investissement*

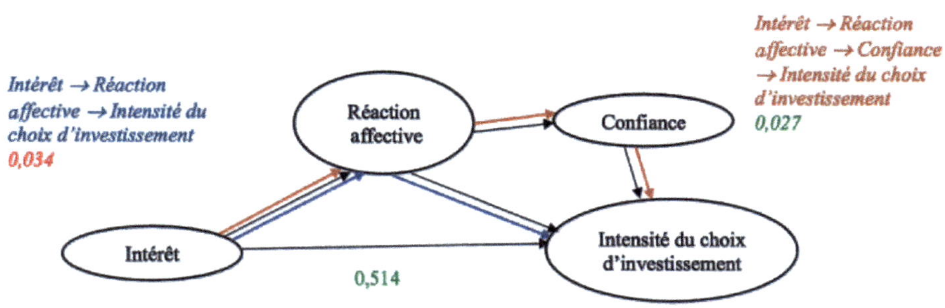

Figure 3.25. *Effets de l'Intérêt sur l'Intensité du choix d'investissement*

3.3.4.4. *Effets de la Familiarité sur l'Intensité du choix d'investissement*

La figure 3.26 montre que la Familiarité est sans effet sur l'Intensité du choix d'investissement (*no effect, no mediation*) : la Familiarité n'a aucun effet significatif direct ou indirect sur l'Intensité du choix d'Investissement.

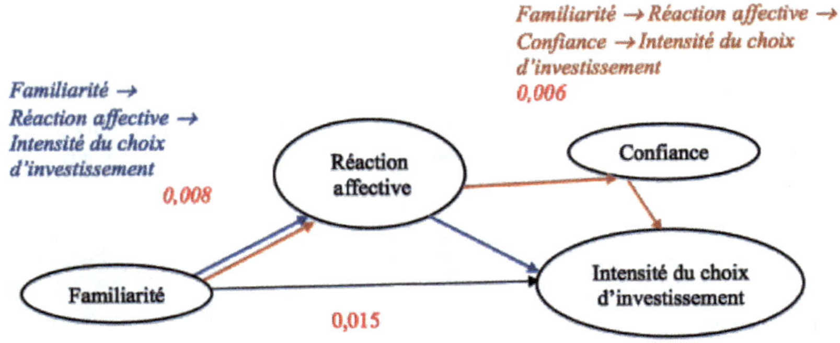

Figure 3.26. *Effets de la Familiarité sur l'Intensité du choix d'investissement*

3.3.4.5. *Effets de la Congruence aux valeurs de base sur l'Intensité du choix d'investissement*

La figure 3.27 montre une médiation partielle complémentaire (*complementary partial mediation*) : la Congruence aux valeurs de base a un effet direct significatif ainsi qu'un effet indirect total positif et significatif sur l'Intensité du choix d'investissement par effet de double médiation de l'Intérêt, de la Réaction affective et de la Confiance d'une part, et par la médiation de la variable Intérêt d'autre part ; ces deux médiations sont complémentaires. La médiation par l'Intérêt explique l'essentiel de l'effet de la Congruence aux valeurs de base sur l'Intensité du choix d'investissement.

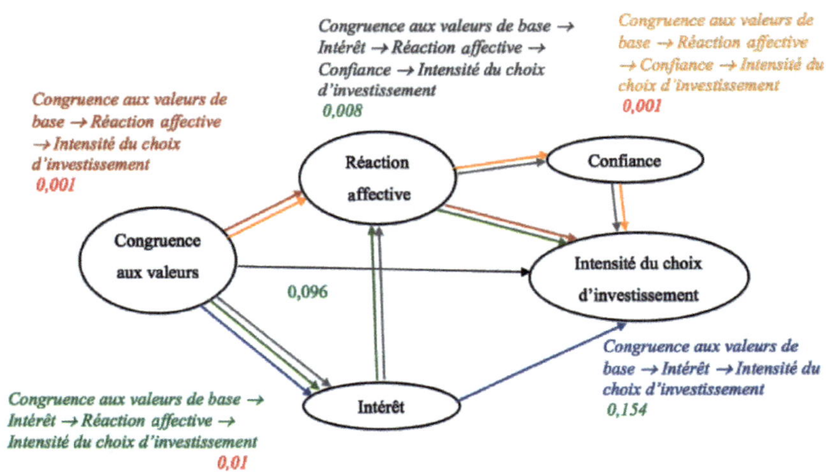

Figure 3.27. *Effets de la Congruence aux valeurs de base sur l'Intensité du choix d'investissement*

3.3.5. *Invariance et modérateurs*

3.3.5.1. *Invariance*

Lorsque l'on procède à des analyses multigroupes, il est nécessaire de s'assurer de l'invariance de la mesure. Lorsque celle-ci est établie, les différences d'estimation de modèle entre groupes sont réelles et ne résultent pas de différence d'interprétation des construits latents entre groupes, la validité de l'analyse est alors assurée.

Henseler *et al.* (2016) proposent une procédure visant à établir l'invariance de la mesure pour l'approche PLS-SEM. Cette procédure, *measurement invariance of composite models* ou MICOM, se décompose en trois étapes :

– l'étape n° 1 établit l'invariance de configuration. Celle-ci est vérifiée si les construits sont identiques (c'est-à-dire ont les mêmes indicateurs) et si les traitements et paramétrages des algorithmes sont semblables pour les groupes analysés. Aussi, cette évaluation repose sur une inspection de la configuration du modèle et des paramètres mais n'implique pas de test statistique. Dans notre recherche, l'invariance de configuration est établie d'emblée pour ce qui concerne les construits ; les paramétrages sont également toujours identiques à une exception près que nous signalerons plus loin (voir H14 et H20). Les étapes 2 et 3 de la procédure MICOM sont implémentées dans le logiciel SmartPLS 3 ;

– l'étape n° 2 n'est effectuée que si l'étape n° 1 établit l'invariance de configuration. Cette deuxième étape établit, par test statistique, l'invariance compositionnelle, qui garantit que les scores des construits ne sont pas sensiblement différents entre les groupes en dépit de coefficients possiblement différents. Pour cette étape, SmartPLS 3 implémente un test de permutation non paramétrique permettant de déterminer si un composite présente une corrélation de son score significativement inférieure à l'unité pour les groupes A et B comparés. Dans le cas contraire, le composite ne diffère pas sensiblement entre les deux groupes et l'invariance compositionnelle est établie ;

– l'étape n° 3 n'est effectuée que si l'étape n° 2 établit l'invariance compositionnelle. Cette troisième étape établit, par test statistique, l'invariance des moyennes et variances des construits. Lorsque l'invariance compositionnelle et, par voie de conséquence, l'invariance de configuration sont établies, alors l'invariance partielle est établie. Lorsqu'en outre, l'invariance des moyennes et variances est établie, alors l'invariance totale est établie. Seule l'invariance partielle est nécessaire pour assurer la validité de la comparaison intergroupe des paramètres du modèle structurel.

Aussi, ci-après, nous nous attachons à étudier l'invariance compositionnelle des couples de classes (Homme/Femme), (*Sensing*/*Intuition*) et (*Thinking*/*Feeling*) afin de nous assurer que les analyses multigroupes, relatives aux hypothèses H12, H13, H18 et H19, réalisées dans la section 3.3.5.2.1 sont valides. Précisons que nous ne pouvons pas appliquer la mesure MICOM aux groupes sous-jacents aux hypothèses H14, H17, H20 et H23, nous y reviendrons plus loin.

Dans notre cas, comme le montrent les tableaux 3.57, 3.58 et 3.59, les corrélations, entre couples de classes concernés, des scores de construits ne sont pas significativement inférieurs à l'unité (au seuil de 5 %).

La mesure d'invariance partielle est donc établie.

	Original Correlation	*Correlation Permutation Mean*	5,0 %	Permutation *p-values*	Significativité (p < 0,05) ?
Confiance	0,994	0,998	0,994	0,063	Non
Congruence aux valeurs de base	1,000	1,000	1,000		
Familiarité	0,979	0,890	0,766	0,971	Non
Intensité du choix d'investissement	1,000	1,000	1,000	0,999	Non
Intérêt	1,000	0,999	0,998	0,908	Non
Qualité perçue du signal	0,763	0,860	0,737	0,083	Non
Réaction affective	0,999	0,999	0,997	0,507	Non

Tableau 3.57. *Invariance compositionnelle des classes Femme/Homme*

	Original Correlation	*Correlation Permutation Mean*	5,0 %	Permutation *p-values*	Significativité (p < 0,05) ?
Confiance	0,999	0,998	0,995	0,606	Non
Congruence aux valeurs de base	1,000	1,000	1,000		
Familiarité	0,929	0,899	0,788	0,654	Non
Intensité du choix d'investissement	1,000	1,000	1,000	1,000	Non
Intérêt	0,999	0,999	0,998	0,190	Non
Qualité perçue du signal	0,865	0,869	0,759	0,419	Non
Réaction affective	1,000	0,999	0,997	0,580	Non

Tableau 3.58. *Invariance compositionnelle des classes Sensing/Intuition*

	Original Correlation	*Correlation Permutation Mean*	5,0 %	Permutation *p-values*	Significativité ($p < 0,05$) ?
Confiance	0,996	0,998	0,995	0,077	Non
Congruence aux valeurs de base	1,000	1,000	1,000		
Familiarité	0,883	0,908	0,811	0,270	Non
Intensité du choix d'investissement	1,000	1,000	1,000	0,096	Non
Intérêt	0,999	0,999	0,999	0,537	Non
Qualité perçue du signal	0,880	0,861	0,741	0,566	Non
Réaction affective	0,999	0,999	0,997	0,315	Non

Tableau 3.59. *Invariance compositionnelle des classes Thinking/Feeling*

3.3.5.2. *Modérateurs*

La modération décrit une situation dans laquelle la relation liant deux variables (ou construits) n'est pas constante mais dépend d'une troisième variable (ou construit) dite variable modératrice. Cette variable modératrice change la force, voire la direction, de la relation.

Par exemple, pour un sous-groupe de l'échantillon (caractérisé par le genre « Femme »), une relation causale positive peut être plus forte que dans le sous-groupe complémentaire (caractérisé par le genre « Homme »). Aussi, la modération est une forme d'hétérogénéité des données. La modération peut ne concerner qu'une relation spécifique d'un modèle, ou concerner la totalité du modèle. Dans notre cas, nous avons spécifié une liste d'hypothèses modératrices (H12 à H23) ne concernant qu'une relation causale spécifique du modèle structurel.

Les modérateurs peuvent prendre deux formes, les modérateurs par classe et les modérateurs continus. Les modérateurs par classe dépendent d'une variable catégorielle, souvent dichotomique, nous analyserons ces variables modératrices dans la section 3.3.5.2.1 par analyse multigroupes ou par le test de Student. Les modérateurs continus sont des variables continues ou des construits continus mesurés par des échelles dotées de suffisamment de points, nous analyserons ces variables modératrices dans la section 3.3.5.2.2 par l'approche *Two-stage*.

Le tableau 3.60 présente la répartition des modérateurs du modèle explicatif par type (modération par classe ou modération continue) et associe à chaque modérateur une ou plusieurs hypothèses ainsi que la méthode employée pour son analyse.

Modérations					
Modération par classe			Modération continue		
Modérateur	Hypothèses	Méthode	Modérateur	Hypothèses	Méthode
Montant relatif	H17, H23	Test de Student	Aversion au risque	H15, H21	*Two-stage approach*
Personnalité (*Feeling/Thinking*)	H12	Analyse multigroupe	Pouvoir	H16, H22	*Two-stage approach*
Personnalité (*Intuition/Sensing*)	H18	Analyse multigroupe			
Genre (Homme/Femme)	H13, H19	Analyse multigroupe			
Sophistication (Iae_oui/Iae_non)	H14, H20	Test de Student			

Tableau 3.60. *Classification des modérateurs, hypothèses et méthodes du modèle explicatif*

3.3.5.2.1. Modérateurs par classe

L'analyse des modérateurs par classe de type catégoriels (dichotomiques dans notre cas) consiste à comparer les coefficients du modèle structurel estimés pour chaque sous-groupe (des classes dans notre cas). La significativité de la différence d'un paramètre donné, correspondant à une hypothèse de modération, est alors étudiée.

Pour ce faire, nous employons deux méthodes, l'analyse multigroupe ou le test de Student. Nous avons privilégié l'analyse multigroupe lorsque c'était possible, car celle-ci est cohérente avec l'approche PLS en étant non paramétrique (par conséquent, elle ne pose pas d'hypothèses sur les distributions de données), est moins sujette à l'erreur de type 1 que les tests paramétriques (Sarstedt *et al.* 2011), de plus, elle est implémentée dans le logiciel SmartPLS 3. La méthode employée pour les analyses multigroupes est la méthode *PLS multi-group analysis* (PLS-MGA, Henseler 2010) qui compare toutes les occurrences de *bootstrapping* du paramètre estimé étudié pour le groupe 1 avec toutes les occurrences de *bootstrapping* du même paramètre pour le groupe 2. Le principe est le suivant : le nombre de différences positives de la quantité $(p^{i}_{groupe2} - p^{j}_{groupe1})$ entre occurrences du paramètre pour les deux groupes avec i et $j \in$ [1, Nb observations du *bootstrapping*]), divisé par le nombre total de comparaisons (= [Nb observations du *bootstrapping*]^2) indique la probabilité que le paramètre du groupe 2 soit supérieur au paramètre du groupe 1 dans la population.

Le test de Student de comparaison de moyennes est classiquement précédé par un test de Fisher d'égalité des erreurs standards entre les deux classes :

$$F = (\text{Erreur-standard groupe } 1)^2/(\text{Erreur-standard groupe } 2)^2$$

Le résultat de ce premier test détermine la formule utilisée pour la variance de la différence des moyennes. La significativité de la différence de paramètre entre les groupes comparés est ensuite déterminée par la comparaison du t empirique, égal au rapport de la différence des moyennes sur la variance de la différence des moyennes au t théorique au seuil de 5 %, soit 1,95. Finalement, si t empirique > 1,95, alors la différence de paramètre est significative.

H17 et H23 : modération par l'importance de la somme investie

Tester les hypothèses H17 et H23 consiste à comparer deux fois le même groupe de sujets, ces derniers ayant investi en montant cash (200 €) puis en pourcentage de leur patrimoine. Par conséquent, les deux groupes ne sont pas des sous-groupes de l'échantillon définis par les modalités d'une variable modératrice, nous ne pouvions pas procéder à une analyse multigroupe ni au test d'invariance en nous appuyant sur SmartPLS.

Aussi, afin de tester les deux hypothèses H17 et H23 de modération par l'importance de la somme investie, nous avons utilisé successivement les tests de Fisher puis de Student, implémentés dans une feuille Excel[12], les erreurs standards proviennent d'une procédure d'échantillonnage par *bootstrapping* à 5 000 échantillons. La taille conséquente de l'échantillon autorise le test t de Student, car celui-ci est robuste à l'hypothèse de normalité, grâce au Théorème central limite, pour des échantillons suffisamment grands. Précisons que nous ne procédons pas à un test t pour échantillons appariés car les échantillons de paramètres des deux groupes comparés proviennent d'une procédure d'échantillonnage aléatoire, ils ne sont par conséquent pas appariés.

HYPOTHÈSE 17 (H17).– *Modération de H3. Plus la somme investie est importante relativement à la richesse de l'investisseur, plus la relation positive entre la Réaction affective et l'Intensité du choix d'investissement est atténuée.*

L'hypothèse H17 est rejetée car la différence des paramètres est non significative (tableau 3.61).

---

12. Le calcul du test de différence des erreurs standards est le suivant : =SI(INVERSE.LOI.F.DROITE(0,05;Taille_Groupe1-1;Taille_Groupe2-1)>=MAX(Erreur_Standard_Groupe1^2;Erreur_Standard_Groupe2^2)/MIN(Erreur_Standard_Groupe1^2;Erreur_Standard_Groupe2^2) ;"Equivalentes" ;"Différentes") Le calcul du test de différence des paramètres est le suivant : =SI(ABS(Différence)>1,95 ;"Différence significative" ;"Différence non significative") avec Différence =SI(Erreurs_Standards_Différentes;(Param_Groupe1-Param_Groupe2)/(RACINE(((Taille_Groupe1-1)^2/(Taille_Groupe1+Taille_Groupe2-2))*Erreur_Standard_Groupe1^2+((Taille_Groupe1-1)^2/(Taille_Groupe1+Taille_Groupe2-2))*Erreur_Standard_Groupe2^2)*RACINE((1/Taille_Groupe1)+(1/Taille_Groupe2)));(Param_Groupe1-Param_Groupe2)/RACINE(Erreur_Standard_Groupe1^2+Erreur_Standard_Groupe2^2)).

	Taille de l'échantillon	Paramètre	Erreur-Standard	
Groupe 1	5 000	0,062	0,053	
Groupe 2	5 000	0,0210	0,059	
	Test de différence Erreurs-Standards		1,239	Différentes
	Test de différence des paramètres		0,517	Différence non significative

Tableau 3.61. *Tests de Fisher et Student pour H17*

HYPOTHÈSE 23 (H23). – *Modération de H10. Plus la somme investie est importante relativement à la richesse de l'investisseur, plus la relation positive entre la Réaction affective et la Confiance est atténuée.*

L'hypothèse H23 est rejetée car la différence des paramètres est non significative (tableau 3.62).

	Taille de l'échantillon	Paramètre	Erreur-Standard	
Groupe 1	5 000	0,3456	0,048	
Groupe 2	5 000	0,3459	0,047	
	Test de différence Erreurs-Standards		1,043	Équivalentes
	Test de différence des paramètres		– 0,004	Différence non significative

Tableau 3.62. *Tests de Fisher et Student pour H23*

*H12 : modération par la personnalité (*Feeling/Thinking*)*

HYPOTHÈSE 12 (H12).– *Modération de H3. Plus l'investisseur a un type de personnalité orienté* feeling *(axe* Thinking/Feeling*) dans le modèle du MBTI, plus la relation positive entre la Réaction affective et l'Intensité du choix d'investissement est forte.*

Le tableau 3.63, résultat de la procédure PLS-MGA (paramétrée avec un *bootstrapping* de 5 000 échantillons), ne montre aucune différence significative entre les deux groupes au seuil de 5 % pour le paramètre Réaction affective → Intensité du choix d'investissement.

L'hypothèse H12 est rejetée. Notons toutefois que l'effet de la Réaction affective sur la Confiance est significativement différent entre les deux groupes, l'effet est plus important pour les sujets *Feeling* que *Thinking*, ce qui est assez intuitif.

Feeling (F)/ *Thinking* (T)	*Path Coefficients Original* (F)	*Path Coefficients Original* (T)	*Path Coefficients Mean* (F)	*Path Coefficients Mean* (T)	STDEV (F)	STDEV (T)	*t-values* (F)	*t-values* (T)
Confiance → Intensité du choix d'investissement	0,109	0,154	0,110	0,156	0,076	0,064	1,437	2,408
Congruence aux valeurs de base → Intensité du choix d'investissement	0,069	0,113	0,063	0,109	0,068	0,068	1,016	1,665
Congruence aux valeurs de base → Intérêt	0,287	0,317	0,289	0,318	0,076	0,071	3,776	4,449
Congruence aux valeurs de base → Réaction affective	0,041	– 0,025	0,038	– 0,031	0,068	0,070	0,600	0,361
Familiarité → Intensité du choix d'investissement	– 0,062	0,125	– 0,025	0,143	0,094	0,073	0,667	1,709
Familiarité → Réaction affective	0,097	0,161	0,114	0,176	0,091	0,091	1,067	1,774
Intérêt → Intensité du choix d'investissement	0,567	0,461	0,552	0,458	0,095	0,076	5,963	6,088
Intérêt → Réaction affective	0,603	0,510	0,598	0,511	0,071	0,079	8,438	6,480
Qualité perçue du signal → Confiance	0,337	0,503	0,373	0,539	0,077	0,056	4,396	8,991
Réaction affective → Confiance	0,432	0,241	0,419	0,232	0,063	0,062	6,797	3,850
Réaction affective → Intensité du choix d'investissement	0,071	0,046	0,067	0,038	0,080	0,068	0,888	0,686

Feeling (F)/ *Thinking* (T)	*p-values* (F)	*p-values* (T)	2,5 % (F)	97,5 % (F)	2,5 % (T)	97,5 % (T)	*Path Coefficients-diff* (|F – T|)	*p-values* (F *vs* T)	Significativité ($p < 0,05$) ?
Confiance → Intensité du choix d'investissement	0,151	0,016	– 0,040	0,257	0,024	0,277	0,045	0,674	FAUX
Congruence aux valeurs de base → Intensité du choix d'investissement	0,310	0,096	– 0,061	0,200	– 0,011	0,251	0,045	0,676	FAUX
Congruence aux valeurs de base → Intérêt	0,000	0,000	0,128	0,429	0,164	0,443	0,030	0,612	FAUX
Congruence aux valeurs de base → Réaction affective	0,548	0,718	– 0,089	0,177	– 0,154	0,120	0,066	0,250	FAUX
Familiarité → Intensité du choix d'investissement	0,505	0,087	– 0,278	0,083	– 0,038	0,249	0,187	0,942	FAUX
Familiarité → Réaction affective	0,286	0,076	– 0,118	0,247	– 0,052	0,313	0,064	0,689	FAUX
Intérêt → Intensité du choix d'investissement	0,000	0,000	0,396	0,769	0,310	0,606	0,105	0,193	FAUX
Intérêt → Réaction affective	0,000	0,000	0,467	0,745	0,355	0,667	0,093	0,192	FAUX
Qualité perçue du signal → Confiance	0,000	0,000	0,176	0,457	0,333	0,578	0,166	0,958	FAUX
Réaction affective → Confiance	0,000	0,000	0,309	0,552	0,130	0,375	0,191	0,019	VRAI
Réaction affective → Intensité du choix d'investissement	0,375	0,493	– 0,088	0,223	– 0,075	0,194	0,025	0,403	FAUX

Tableau 3.63. *Résultats de l'analyse multigroupe de la modération par la personnalité (Feeling/Thinking)*

Intuition (I)/ *Sensing* (S)	*Path Coefficients Original* (I)	*Path Coefficients Original* (S)	*Path Coefficients Mean* (I)	*Path Coefficients Mean* (S)	STDEV (I)	STDEV (S)	*t-values* (I)	*t-values* (S)
Confiance → Intensité du choix d'investissement	0,078	0,220	0,080	0,216	0,072	0,064	1,081	3,459
Congruence aux valeurs de base → Intensité du choix d'investissement	0,087	0,100	0,082	0,096	0,069	0,063	1,262	1,577
Congruence aux valeurs de base → Intérêt	0,380	0,223	0,381	0,223	0,064	0,082	5,896	2,724
Congruence aux valeurs de base → Réaction affective	– 0,116	0,113	– 0,121	0,111	0,056	0,076	2,067	1,479
Familiarité → Intensité du choix d'investissement	0,023	0,023	0,040	0,050	0,094	0,080	0,242	0,281
Familiarité → Réaction affective	0,146	0,129	0,166	0,146	0,080	0,098	1,824	1,316
Intérêt → Intensité du choix d'investissement	0,556	0,470	0,554	0,464	0,090	0,079	6,184	5,928
Intérêt → Réaction affective	0,610	0,509	0,605	0,506	0,064	0,085	9,465	5,989
Qualité perçue du signal → Confiance	0,411	0,402	0,446	0,443	0,070	0,072	5,876	5,574
Réaction affective → Confiance	0,361	0,341	0,351	0,330	0,058	0,070	6,194	4,845
Réaction affective → Intensité du choix d'investissement	0,032	0,078	0,025	0,072	0,064	0,077	0,502	1,007

Intuition (I)/ *Sensing* (S)	*p-values* (I)	*p-values* (S)	2,5 % (I)	97,5 % (I)	2,5 % (S)	97,5 % (S)	*Path Coefficientsdiff* (|I – S|)	*p-values* (I *vs* S)	Significativité ($p < 0,05$) ?
Confiance → Intensité du choix d'investissement	0,280	0,001	– 0,061	0,223	0,097	0,349	0,143	0,930	FAUX
Congruence aux valeurs de base → Intensité du choix d'investissement	0,207	0,115	– 0,040	0,227	– 0,024	0,225	0,013	0,555	FAUX
Congruence aux valeurs de base → Intérêt	0,000	0,006	0,246	0,499	0,058	0,376	0,157	0,065	FAUX
Congruence aux valeurs de base → Réaction affective	0,039	0,139	– 0,220	– 0,000	– 0,033	0,263	0,229	0,992	FAUX
Familiarité → Intensité du choix d'investissement	0,808	0,779	– 0,187	0,181	– 0,176	0,155	0,000	0,498	FAUX
Familiarité → Réaction affective	0,068	0,188	– 0,034	0,281	– 0,096	0,292	0,017	0,448	FAUX
Intérêt → Intensité du choix d'investissement	0,000	0,000	0,372	0,726	0,326	0,638	0,085	0,234	FAUX
Intérêt → Réaction affective	0,000	0,000	0,484	0,733	0,341	0,672	0,101	0,172	FAUX
Qualité perçue du signal → Confiance	0,000	0,000	0,226	0,516	0,211	0,501	0,009	0,464	FAUX
Réaction affective → Confiance	0,000	0,000	0,254	0,481	0,217	0,492	0,020	0,411	FAUX
Réaction affective → Intensité du choix d'investissement	0,616	0,314	– 0,089	0,160	– 0,070	0,234	0,045	0,674	FAUX

Tableau 3.64. *Résultats de l'analyse multigroupe de la modération par la personnalité (Intuition/Sensing)*

Homme (H)/Femme (F)	*Path Coefficients Original* (F)	*Path Coefficients Original* (H)	*Path Coefficients Mean* (F)	*Path Coefficients Mean* (H)	STDEV (F)	STDEV (H)	*t-values* (F)	*t-values* (H)
Confiance → Intensité du choix d'investissement	0,154	0,130	0,147	0,136	0,070	0,071	2,195	1,836
Congruence aux valeurs de base → Intensité du choix d'investissement	0,065	0,131	0,056	0,131	0,059	0,075	1,105	1,756
Congruence aux valeurs de base → Intérêt	0,291	0,334	0,292	0,332	0,066	0,084	4,385	3,976
Congruence aux valeurs de base → Réaction affective	0,011	0,036	0,008	0,034	0,064	0,078	0,172	0,454
Familiarité → Intensité du choix d'investissement	– 0,009	0,101	0,018	0,124	0,077	0,082	0,117	1,227
Familiarité → Réaction affective	0,082	0,185	0,095	0,195	0,081	0,109	1,003	1,705
Intérêt → Intensité du choix d'investissement	0,500	0,515	0,496	0,509	0,075	0,084	6,688	6,146
Intérêt → Réaction affective	0,595	0,479	0,591	0,483	0,065	0,089	9,137	5,354
Qualité perçue du signal → Confiance	0,382	0,462	0,412	0,513	0,075	0,059	5,079	7,894
Réaction affective → Confiance	0,393	0,316	0,382	0,312	0,061	0,062	6,424	5,104
Réaction affective → Intensité du choix d'investissement	0,062	0,063	0,058	0,054	0,068	0,073	0,905	0,868

Homme (H)/Femme (F)	*p-values* (F)	*p-values* (H)	2,5 % (F)	97,5 % (F)	2,5 % (H)	97,5 % (H)	*Path Coefficients-diff* (|H – F|)	*p-values* (H *vs* F)	Significativité (p < 0,05) ?
Confiance → Intensité du choix d'investissement	0,028	0,066	0,013	0,286	– 0,008	0,266	0,023	0,595	FAUX
Congruence aux valeurs de base → Intensité du choix d'investissement	0,269	0,079	– 0,048	0,182	– 0,008	0,285	0,066	0,245	FAUX
Congruence aux valeurs de base → Intérêt	0,000	0,000	0,158	0,416	0,154	0,486	0,042	0,340	FAUX
Congruence aux valeurs de base → Réaction affective	0,864	0,650	– 0,114	0,138	– 0,116	0,188	0,025	0,405	FAUX
Familiarité → Intensité du choix d'investissement	0,907	0,220	– 0,214	0,112	– 0,103	0,233	0,110	0,164	FAUX
Familiarité → Réaction affective	0,316	0,088	– 0,099	0,223	– 0,107	0,356	0,104	0,211	FAUX
Intérêt → Intensité du choix d'investissement	0,000	0,000	0,365	0,657	0,346	0,672	0,016	0,436	FAUX
Intérêt → Réaction affective	0,000	0,000	0,467	0,725	0,282	0,634	0,116	0,854	FAUX
Qualité perçue du signal → Confiance	0,000	0,000	0,211	0,503	0,272	0,527	0,080	0,204	FAUX
Réaction affective → Confiance	0,000	0,000	0,277	0,514	0,196	0,439	0,077	0,813	FAUX
Réaction affective → Intensité du choix d'investissement	0,366	0,385	– 0,073	0,193	– 0,068	0,220	0,002	0,495	FAUX

Tableau 3.65. *Résultats de l'analyse multigroupe de la modération par le genre (Homme/Femme)*

*H18 : modération par la personnalité (*Intuition/Sensing*)*

HYPOTHÈSE 18 (H18).– *Modération de H10. Plus l'investisseur a un type de personnalité orienté* Intuition *(axe* Sensing/Intuition*) dans le modèle du MBTI, plus la relation positive entre la Réaction affective et la Confiance est forte.*

Le tableau 3.64, résultat de la procédure PLS-MGA (paramétrée avec un *bootstrapping* de 5 000 échantillons), ne montre aucune différence significative au seuil de 5 % entre les deux groupes. L'hypothèse H18 est rejetée.

H13 et H19 : modération par le genre (Homme/Femme)

HYPOTHÈSE 13 (H13).– *Modération de H3. Si l'investisseur est de genre féminin, la relation positive entre la Réaction affective et l'Intensité du choix d'investissement est renforcée.*

HYPOTHÈSE 19 (H19).– *Modération de H10. Si l'investisseur est de genre féminin, la relation positive entre la Réaction affective et la Confiance est renforcée.*

Le tableau 3.65, résultat de la procédure PLS-MGA (paramétrée avec un *bootstrapping* de 5 000 échantillons), ne montre aucune différence significative au seuil de 5 % entre les deux groupes. Les hypothèses H13 et H19 sont rejetées.

H14 et H20 : modération par la sophistication (Iae_oui/Iae_non)

HYPOTHÈSE 14 (H14).– *Modération de H3. Si l'investisseur est sophistiqué, la relation positive entre la Réaction affective et l'Intensité du choix d'investissement est atténuée.*

HYPOTHÈSE 20 (H20).– *Modération de H10. Si l'investisseur est sophistiqué, la relation positive entre la Réaction affective et la Confiance est atténuée.*

Ces deux hypothèses n'ont pu être testées par la procédure PLS-MGA, car les *path coefficients* moyens du groupe Iae_oui n'étaient pas disponibles, quel que soit le paramétrage. Aussi, afin de tester ces deux hypothèses, nous avons utilisé successivement les tests de Fisher puis de Student.

Notons que pour l'élaboration des résultats qui suivent (H14 et H20), la procédure de *bootstrapping* utilisée pour retrouver l'erreur standard était paramétrée sur 5 000 échantillons pour le groupe Iae_non, mais avec seulement 250 échantillons pour le groupe Iae_oui. Ce choix contraint de paramétrage réduit considérablement la validité de ces résultats car la condition d'invariance de configuration n'est pas respectée.

L'hypothèse H14 est rejetée car la différence des paramètres est non significative (tableau 3.66).

	Taille de l'échantillon	Paramètre	Erreur-Standard	
Groupe 1	5 000	– 0,0600	0,104	
Groupe 2	250	0,0990	0,053	
	Test de différence Erreurs-Standards		3,850	Différentes
	Test de différence des paramètres		– 0,305	Différence non significative

Tableau 3.66. *Tests de Fisher et Student pour H14*

L'hypothèse H20 est rejetée car la différence des paramètres est non significative (tableau 3.67).

	Taille de l'échantillon	Paramètre	Erreur-Standard	
Groupe 1	5 000	0,3530	0,079	
Groupe 2	250	0,3610	0,047	
	Test de différence Erreurs-Standards		2,825	Différentes
	Test de différence des paramètres		– 0,019	Différence non significative

Tableau 3.67. *Tests de Fisher et Student pour H20*

3.3.5.2.2. Modérateurs continus

Concernant, les modérateurs continus, nous modéliserons le terme d'interaction (produit de la variable exogène explicative et du modérateur) par l'approche *two-stage approach* de Chin *et al.* (2003). Cette approche présente l'avantage de s'appliquer aux construits exogènes et aux modérateurs formatifs comme réflectifs, de plus son usage est recommandé par Hair Jr *et al.* (2017) lorsque l'objectif visé est de révéler la significativité de l'effet de modération, ce qui est notre cas.

Considérons le cas d'une relation causale entre une variable exogène explicative (X) et une variable endogène expliquée (Y), cette relation étant modérée par une variable modératrice (M). Comme son nom l'indique, l'approche *two-stage approach* se décompose en deux étapes :

– étape 1 : le modèle structurel est enrichi de la variable modératrice (M) qui est intégrée uniquement comme variable explicative additionnelle de la variable expliquée (Y). L'algorithme PLS est exécuté en sorte de calculer les scores des trois variables latentes : Score(X), Score(Y) et Score(M) ;

– étape 2 : le modèle structurel précédent est enrichi par un terme d'interaction (produit de X et M) défini comme un construit mono-item dont l'item égale le produit de Score(X) et Score(M). Toutes les autres variables latentes du modèle sont transformées en construits mono-items, ce dernier étant égal au score du construit concerné calculé dans l'étape 1.

Ce modèle est estimé par l'algorithme PLS, le paramètre p_{xm} du terme d'interaction (X.M) exprime la magnitude de l'effet d'interaction du modérateur sur le paramètre p_{xy} reliant X à Y. Plus précisément, il s'interprète comme la variation de p_{xy} lorsque M augmente ou diminue d'un écart-type. Ajoutons que p_{xy} n'est pas le paramètre mesurant la force de la relation liant X à Y dans le modèle original, c'est-à-dire sans la présence de la variable modératrice. Le coefficient p_{xy} représente la force de la relation liant X à Y lorsque la variable modératrice est présente mais égale à sa moyenne (nulle lorsque celle-ci est préalablement normalisée).

Enfin, il est utile de compléter l'analyse par le f^2 (voir apport prédictif dans la section 3.3.3.1.4) afin de mesurer l'importance de la contribution de l'effet d'interaction au R^2, c'est-à-dire à l'explication de la variable endogène Y. Notons que l'interprétation du f^2 pour le terme d'interaction diffère du cas général, selon Kenny (2015), les valeurs 0,005, 0,001 et 0,025 correspondent respectivement à effet faible, moyen et important.

H15 et H21 : modération par l'aversion au risque (modérateur continu)

HYPOTHÈSE 15 (H15).– *Modération de H3. Plus l'investisseur est averse au risque, plus la relation positive entre la Réaction affective et l'Intensité du choix d'investissement est atténuée.*

Afin de tester l'effet de modération de l'Aversion au risque, les deux indicateurs d'aversion au risque sont combinés en un unique indicateur (AVER) résultant de la somme des items proposés par Nivoix (2008) (variables AVER1 et AVER2 dans le questionnaire). La variable AVER peut prendre des valeurs allant de 2 à 10.

Comme indiqué précédemment, l'objectif étant de vérifier la significativité de l'effet de modération (terme d'interaction), nous adoptons l'approche *two stage*. La figure 3.28 représente le modèle d'équations structurel enrichi de la variable modératrice avec ses effets conjoints : l'effet direct sur la variable expliquée et l'effet du terme d'interaction.

Le tableau 3.68 affiche les résultats de significativité de l'effet de la modération pour un *bootstrapping* de 5 000 échantillons.

L'effet de modération de l'Aversion au risque sur la relation entre Réaction affective et Intensité au choix d'investissement (soit l'effet du terme d'interaction « Réaction affective * Aversion au Risque ») est non significatif.

Il n'y a pas non plus d'effet direct significatif de la variable l'Aversion au risque sur l'Intensité au choix d'investissement.

L'hypothèse H15 est rejetée.

	Original Sample (O)	*Sample Mean* (M)	*Standard Deviation* (STDEV)	*T Statistics* (|O/STDEV|)	*p-values*	Significativité (p < 0,05) ?
Aversion au risque → Intensité du choix d'investissement	0,034	0,035	0,044	0,771	0,441	Non
Réaction affective → Intensité du choix d'investissement	0,058	0,053	0,053	1,077	0,281	Non
Réaction affective * Aversion au risque → Intensité du choix d'investissement	0,007	0,006	0,040	0,164	0,870	Non

Tableau 3.68. *Significativité de l'effet du terme d'interaction « Réaction affective * Aversion au risque » sur l'Intensité du choix d'investissement*

HYPOTHÈSE 21 (H21).– *Modération de H10. Plus l'investisseur est averse au risque, plus la relation positive entre la Réaction affective et la Confiance est atténuée.*

Le tableau 3.69 affiche les résultats de significativité de l'effet de la modération pour un *bootstrapping* de 5 000 échantillons.

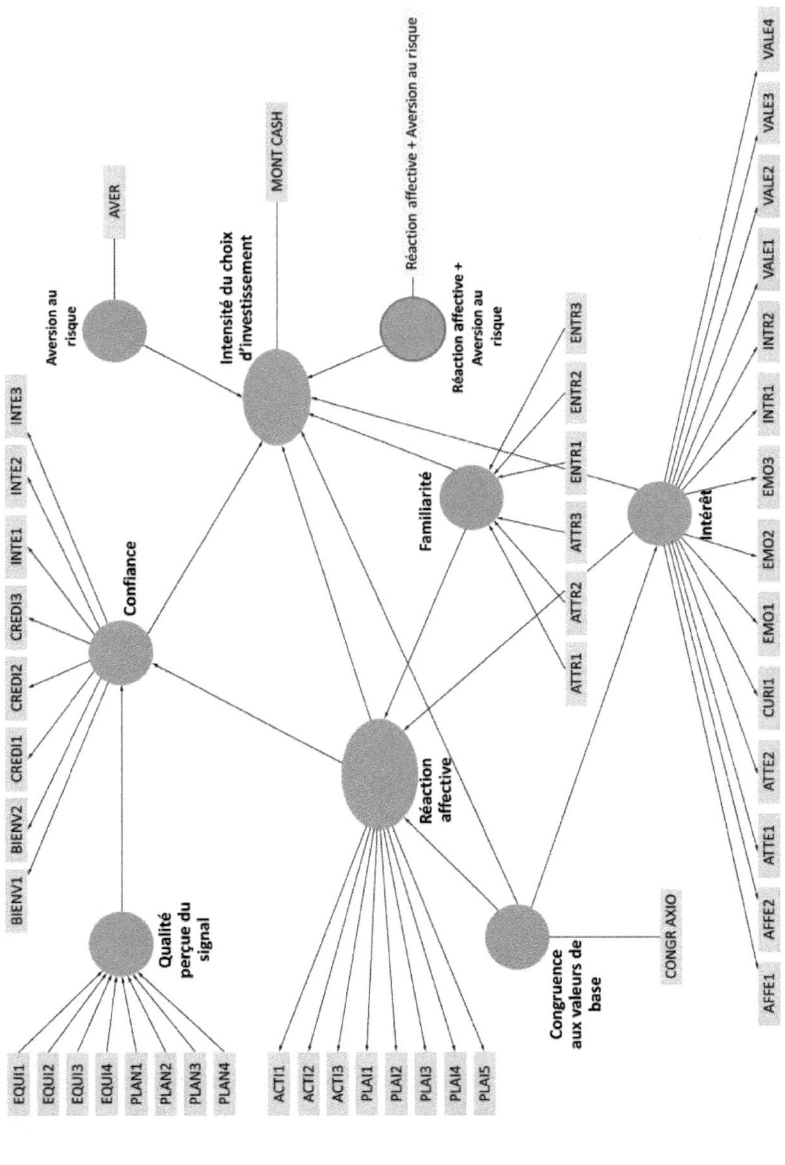

Figure 3.28. *Modèle structurel intégrant le modérateur Aversion au risque*

L'effet de modération de l'Aversion au risque sur la relation entre Réaction affective et Confiance (soit l'effet du terme d'interaction « Réaction affective * Aversion au risque ») est significatif. Il n'y a pas d'effet direct significatif de la variable l'Aversion au risque sur la Confiance.

L'hypothèse H21 est confirmée.

	Original Sample (O)	*Simple Mean* (M)	*Standard Deviation* (STDEV)	*T Statistics* (|O/STDEV|)	*p-values*	Significativité ($p < 0{,}05$) ?
Aversion au risque → Confiance	– 0,076	– 0,074	0,048	1,571	0,116	Non
Réaction affective → Confiance	0,347	0,341	0,047	7,427	0,000	Non
Réaction affective * Aversion au risque → Confiance	0,100	0,097	0,048	2,104	0,035	Oui

Tableau 3.69. *Significativité de l'effet du terme d'interaction « Réaction affective * Aversion au risque » sur la Confiance*

La figure 3.29 permet l'interprétation de ce résultat.

La relation entre Réaction affective et Confiance est de 0,347 pour une valeur moyenne de la variable Aversion au risque. Lorsque la variable Aversion au risque augmente d'un écart-type, cette relation = 0,347 + 0,1 = 0,447. Lorsque la variable Aversion au risque diminue d'un écart-type, cette relation = 0,347 – 0,1 = 0,247.

Le sens de l'effet est l'inverse de celui attendu.

Plus l'Aversion au risque est importante, plus forte est la relation liant Réaction affective et Confiance. Ce résultat surprenant trouve éventuellement une explication dans la composition de l'échantillon. Celui-ci était davantage composé de participants féminins, qui sont à la fois plus averses au risque que les hommes, mais aussi plus sujets à prendre des décisions sur des bases affectives. Autrement dit, l'hypothèse de modération initiale H21 est peut-être dépendante du genre.

L'évaluation de la valeur prédictive du terme d'interaction « Réaction affective * Aversion au risque » sur la Confiance par la mesure de l'effet taille du f^2 = 0,016 qui correspond à un effet intermédiaire entre effet moyen et effet important mais plus proche de la borne de l'effet important.

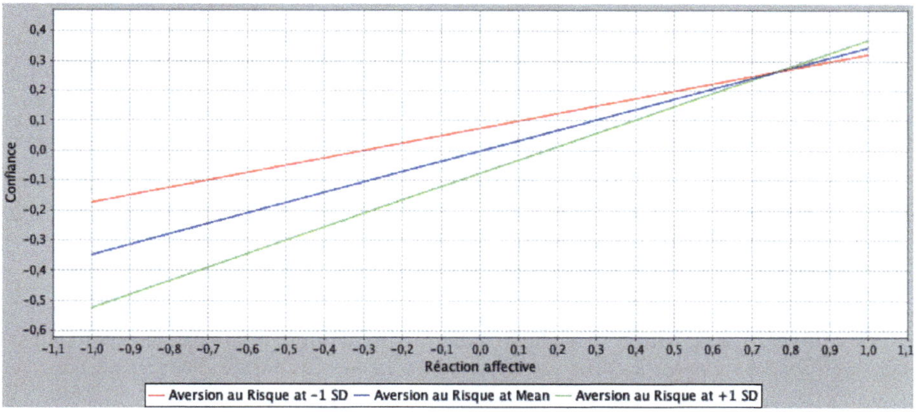

Figure 3.29. *Effet du terme d'interaction « Réaction affective * Aversion au risque » sur la Confiance*

H16 et H22 : modération par la valeur activée Pouvoir (initialement modérateur binaire transformé en modérateur continu)

Le modérateur défini par la valeur de base Pouvoir, séparant le groupe ayant choisi cette valeur comme première valeur du groupe complémentaire était de trop petite taille, avec 7 observations, pour procéder à une analyse multigroupe par la méthode PLS-MGA.

Néanmoins, il nous semble intéressant d'exposer le modèle estimé pour ces deux groupes, car si nous ne pouvons évaluer statistiquement la significativité des écarts, les différences de paramètres sont sensibles, ce qui offre des pistes de recherches futures.

La figure 3.30 estime le modèle structurel pour les participants ayant choisi la valeur « Pouvoir » comme première valeur, tandis que la figure 3.31 estime le modèle structurel d'après les réponses des autres sujets.

Nous constatons tout d'abord que :

– l'hypothèse H16 ne semble pas vérifiée avec des paramètres proches dans les deux groupes (– 0,054 contre + 0,052) ;

– l'hypothèse H22 ne semble pas vérifiée avec des paramètres également proches (0,343 et 0,337).

Par contre, les effets suivants sont notablement différents :

– l'effet de la Confiance sur l'Intensité du choix d'investissement domine celui de l'Intérêt sur l'Intensité du choix d'investissement dans le groupe des participants ayant choisi la valeur Pouvoir comme première valeur ;

– l'effet de la Qualité perçue du signal sur la Confiance domine celui de la Réaction affective sur la Confiance dans le groupe des participants ayant choisi la valeur Pouvoir comme première valeur.

Ces observations semblent naturelles dans la mesure où les participants favorisant le Pouvoir (par l'acquisition de richesse) devraient davantage rationaliser leur investissement et se baser sur les éléments cognitifs plus qu'affectifs.

Afin de dépasser ce problème d'analyse statistique, nous avons créé une seconde variable Pouvoir non plus binaire mais métrique prenant des valeurs de 1 à 10 selon le rang de cette valeur pour le participant. Ainsi, il devenait possible de tester les hypothèses H16 et H22 par effet d'interaction (indicateur continu) sur l'échantillon des 400 participants.

HYPOTHÈSE 16 (H16).– *Modération de H3. Plus la valeur Pouvoir est classée dans un rang élevé de la hiérarchie des valeurs de l'investisseur, plus la relation positive reliant la Réaction affective et l'Intensité du choix d'investissement est atténuée.*

Le tableau 3.70 affiche les résultats de significativité de l'effet de la modération pour un *bootstrapping* de 5 000 observations.

L'effet de modération de la variable modératrice Pouvoir sur la relation entre Réaction affective et Intensité du choix d'investissement (soit l'effet du terme d'interaction « Réaction affective * Pouvoir ») est significatif. Il n'y a pas d'effet direct significatif de la variable Pouvoir sur l'Intensité du choix d'investissement.

	Original Sample (O)	*Sample Mean* (M)	*Standard Deviation* (STDEV)	*T Statistics* (|O/STDEV|)	*p-values*	Significativité (p < 0,05) ?
Pouvoir → Intensité du choix d'investissement	0,036	0,037	0,042	0,849	0,396	Non
Réaction affective → Intensité du choix d'investissement	0,063	0,061	0,052	1,207	0,228	Non
Réaction affective * Pouvoir → Intensité du choix d'investissement	0,100	0,100	0,038	2,639	0,008	Oui

Tableau 3.70. *Significativité de l'effet du terme d'interaction « Réaction affective * Pouvoir » sur l'Intensité du choix d'investissement*

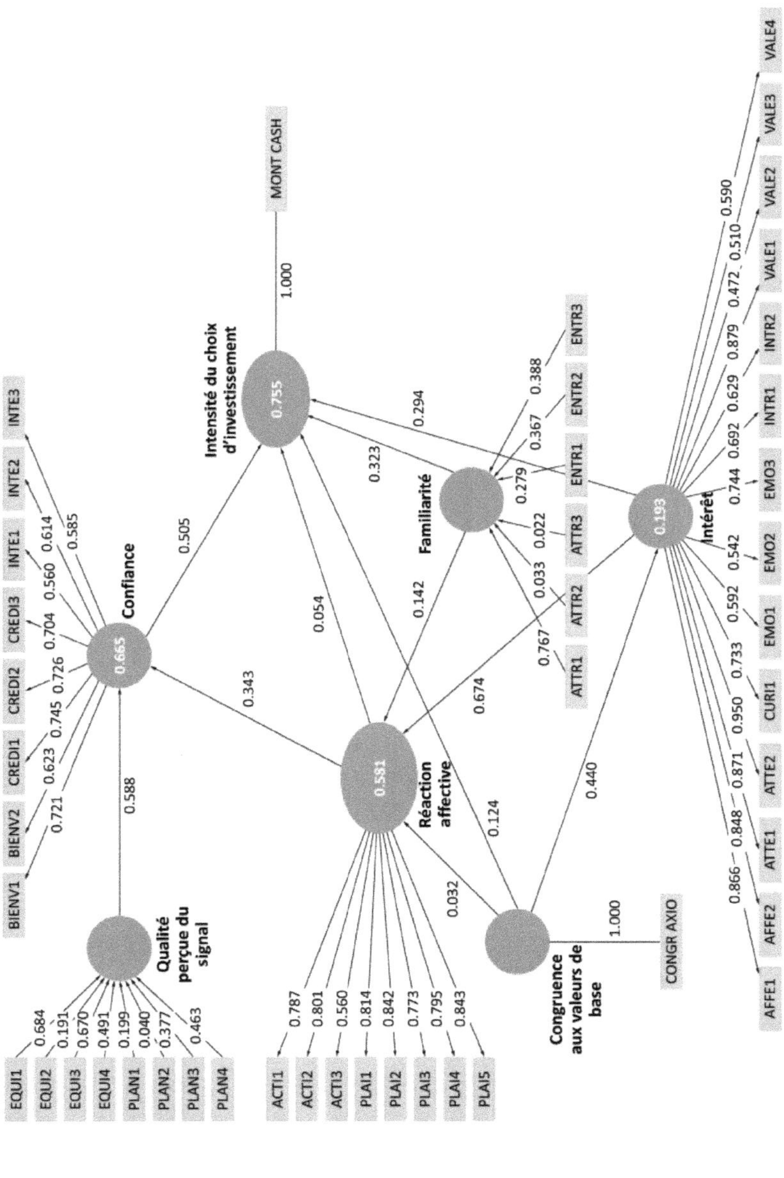

Figure 3.30. *Estimation du modèle structurel pour les participants ayant choisi la valeur Pouvoir comme première valeur*

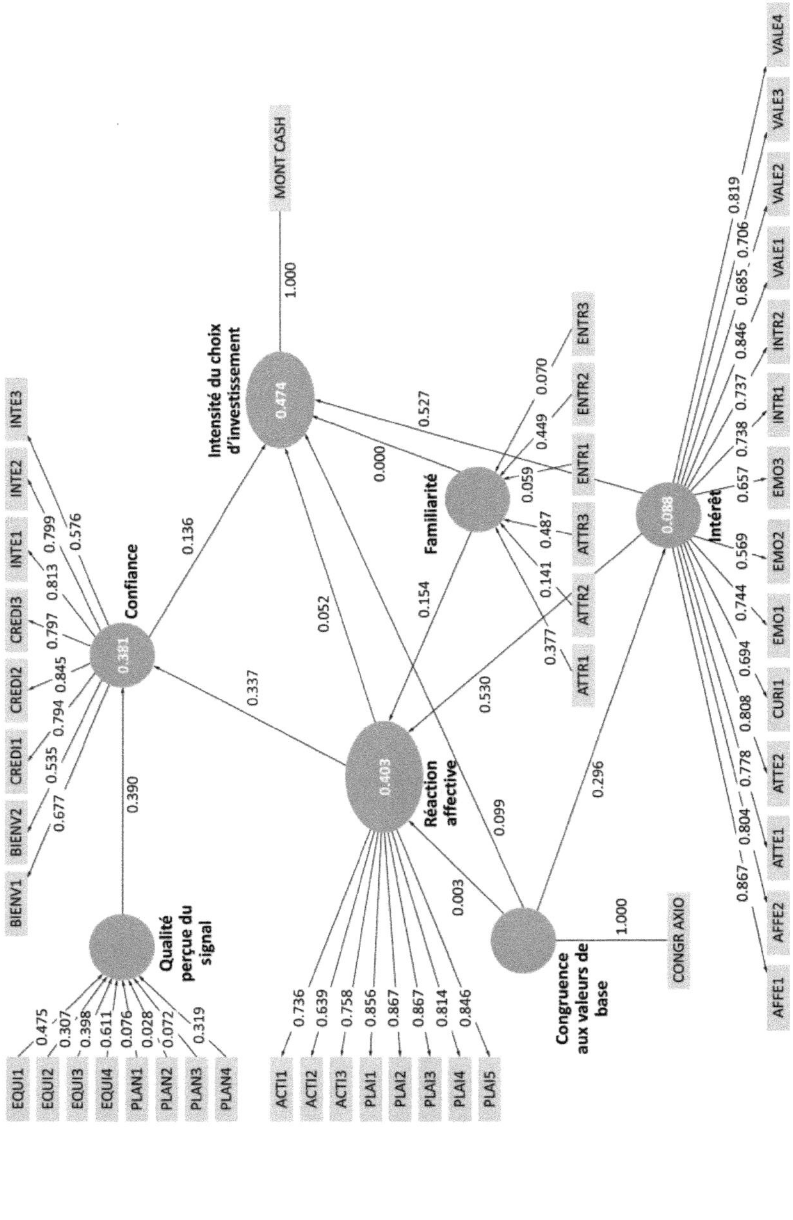

Figure 3.31. *Estimation du modèle structurel pour les participants n'ayant pas choisi la valeur Pouvoir comme première valeur*

L'hypothèse H16 est confirmée.

La figure 3.32 permet l'interprétation de ce résultat. La relation entre Réaction affective et Intensité du choix d'investissement est de 0,063 pour une valeur moyenne de la variable Pouvoir. Lorsque la variable Pouvoir augmente d'un écart-type, cette relation = 0,063 + 0,1 = 0,163. Lorsque la variable Pouvoir diminue d'un écart-type, cette relation = 0,063 – 0,1 = – 0,037.

Plus la valeur Pouvoir activée est importante, plus forte est la relation liant Réaction affective et Intensité du choix d'investissement, ce qui peut s'interpréter comme : les personnes pour qui le pouvoir (matériel, financier) est important prennent des décisions davantage fondées sur l'affectif.

Finalement :

– le sens de l'effet est l'inverse de celui attendu ;

– la variable Pouvoir modère une relation non significative entre Réaction affective et Intensité du choix d'investissement.

L'évaluation de la valeur prédictive du terme d'interaction « Réaction affective * Pouvoir » sur l'Intensité du choix d'investissement par le f^2 de Cohen = 0,018 qui correspond à un effet intermédiaire entre effet moyen et effet important mais plus proche de la borne de l'effet important.

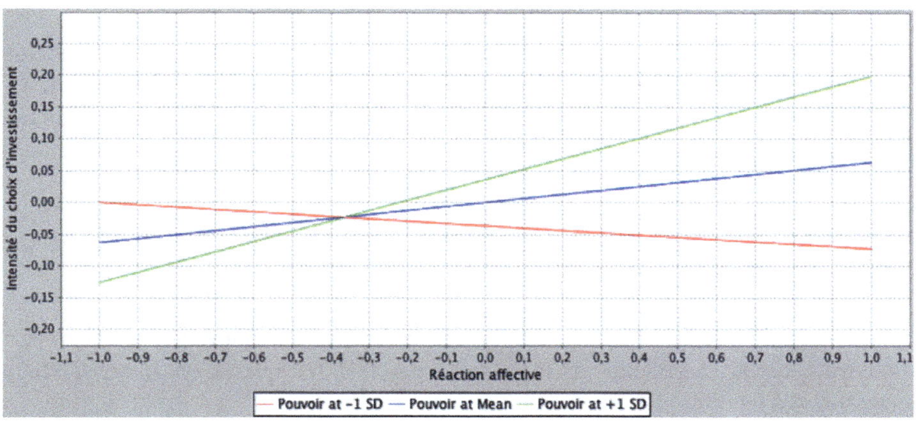

Figure 3.32. *Effet du terme d'interaction « Réaction affective * Pouvoir » sur l''Intensité du choix d'investissement*

HYPOTHÈSE 22 (H22).– *Modération de H10. Plus la valeur Pouvoir est classée dans un rang élevé de la hiérarchie des valeurs de l'investisseur, plus la relation positive entre la Réaction affective et la Confiance est atténuée.*

Le tableau 3.71 affiche les résultats de significativité de l'effet de la modération pour un *bootstrapping* de 5 000 observations.

L'effet de modération de la variable modératrice Pouvoir sur la relation entre Réaction affective et Confiance (soit l'effet du terme d'interaction « Réaction affective * Pouvoir ») est significatif. Il n'y a pas d'effet direct significatif de la variable Pouvoir sur la Confiance.

	Original Sample (O)	*Sample Mean* (M)	*Standard Deviation* (STDEV)	*T Statistics* (|O/STDEV|)	*p-values*	Significativité (p < 0,05) ?
Réaction affective * Pouvoir → Confiance	– 0,116	– 0,111	0,046	2,535	0,011	Oui
Pouvoir → Confiance	0,048	0,047	0,042	1,125	0,260	Non
Réaction affective → Confiance	0,341	0,336	0,046	7,346	0,000	Oui

Tableau 3.71. *Significativité de l'effet du terme d'interaction « Réaction affective * Pouvoir » sur la Confiance*

L'hypothèse H22 est confirmée.

La figure 3.33 permet l'interprétation de ce résultat. La relation entre Réaction affective et Confiance est de 0,341 pour une valeur moyenne de la variable Pouvoir. Lorsque la variable Pouvoir augmente d'un écart-type, cette relation = 0,341 – 0,116 = 0,225. Lorsque la variable Pouvoir diminue d'un écart-type, cette relation = 0,341 + 0,116 = 0,457.

Plus la valeur Pouvoir activée est importante, moins forte est la relation liant Réaction affective et Confiance.

L'évaluation de la valeur prédictive du terme d'interaction « Réaction affective * Pouvoir » sur la Confiance par le f^2 de Cohen = 0,021 qui, selon Kenny (2016), correspond à un effet pratiquement important.

Au terme de cette étude des variables modératrices, nous synthétisons nos résultats dans le tableau 3.72.

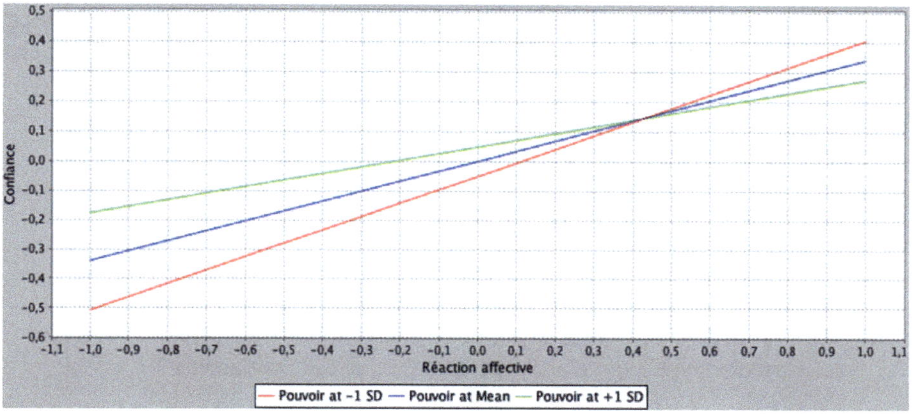

Figure 3.33. *Effet du terme d'interaction « Réaction affective * Pouvoir » sur la Confiance*

Hypothèses acceptées	H16, H21, H22
Hypothèses rejetées	H12, H13, H14, H15, H17, H18, H19, H20, H23

Tableau 3.72. *Hypothèses de modération acceptées et rejetées*

Rappelons toutefois que :

– dans H16, le modérateur modère une relation non significative et l'effet est l'inverse de celui attendu ;

– dans H21, l'effet est l'inverse de celui attendu.

3.3.6. *Variables de contrôle*

Dans le chapitre 1, nous avons défini deux variables de contrôle pour le modèle structurel : l'âge et le fait d'avoir déjà investi en equity crowdfunding. Concernant l'âge, précisons que l'écart-type de cette variable est faible dans notre échantillon : 2,89 ans. L'effet de l'âge est donc difficilement appréciable dans cette étude. Concernant la seconde variable de contrôle, seuls 4 participants avaient déjà investi en equity crowdfunding avant l'expérimentation.

La démarche d'analyse de l'effet des variables de contrôle dans SmartPLS est expliquée par le docteur Jan-Michael Becker, l'un des développeurs du logiciel SmartPLS 3 et coauteur d'articles spécialisés sur l'approche PLS-SEM :

> « Paramétrez simplement une flèche allant de votre variable de contrôle (par exemple, l'âge) vers tous les construits pour lesquels vous voulez que l'âge soit une variable de contrôle. »[13]

> « Il vous suffit d'ajouter les données à votre fichier de données et de le modéliser comme un construit mono-indicateur dans PLS. Vous incluez dans le modèle un chemin allant de ce construit monoindicateur à votre construit expliqué pour contrôler l'influence de cette variable. »[14]

Aussi, conformément à cette préconisation, nous avons défini deux variables de contrôle (« Âge » et « Déjà investi en ECF ») comme explicatives des quatre variables endogènes (voir figure 3.34), puis nous avons estimé le modèle par un *bootstrapping* de 5 000 tirages afin de vérifier la significativité des paramètres.

Les résultats de l'estimation des paramètres et du *bootstrapping*, affichés dans le tableau 3.73, indiquent des paramètres proches de 0 et non significatifs au seuil de 5 %.

	Original Sample (O)	*Sample Mean* (M)	*Standard Deviation* (STDEV)	*T Statistics* (|O/STDEV|)	*p-values*	Significativité (p < 0,05) ?
Déjà investi en ECF → Confiance	0,005	0,006	0,041	0,114	0,909	Non
Déjà investi en ECF → Intensité du choix d'investissement	0,015	0,014	0,028	0,531	0,596	Non
Déjà investi en ECF → Intérêt	– 0,033	– 0,032	0,040	0,810	0,418	Non
Déjà investi en ECF → Réaction affective	– 0,012	– 0,011	0,040	0,303	0,762	Non
Âge → Confiance	– 0,083	– 0,079	0,045	1,848	0,065	Non
Âge → Intensité du choix d'investissement	– 0,009	– 0,006	0,051	0,170	0,865	Non
Âge → Intérêt	0,042	0,044	0,052	0,807	0,420	Non
Âge → Réaction affective	0,009	0,007	0,042	0,211	0,833	Non

Tableau 3.73. *Test de signification des effets des variables de contrôle*

13. http://forum.smartpls.com/viewtopic.php?f=12&t=3944.
14. http://forum.smartpls.com/viewtopic.php?f=12&t=16017.

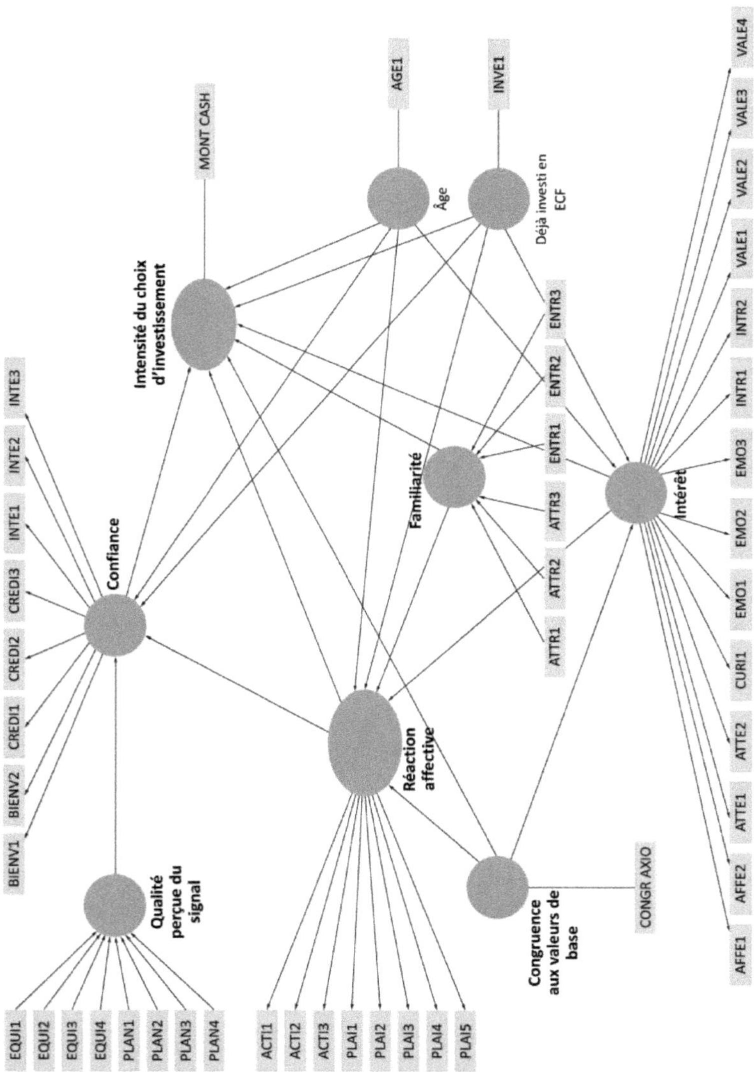

Figure 3.34. Spécification des variables de contrôle dans le modèle

3.3.7. *En conclusion*

Cette section focalise sur l'évaluation et l'analyse du modèle structurel. Après avoir présenté brièvement les spécificités de l'approche PLS-SEM, nous avons évalué le modèle structurel. Celui-ci ne présente pas de colinéarités particulières. Les paramètres du modèle sont significatifs à l'exception de trois d'entre eux afférents aux hypothèses H3, H4 et H6 et correspondant respectivement aux liens de causalité liant la Réaction affective à l'Intensité du choix d'investissement, la Familiarité à l'Intensité du choix d'investissement et la Congruence aux valeurs de base à la Réaction affective.

L'analyse des effets totaux montre que les deux principaux déterminants de l'Intensité du choix d'investissement sont l'Intérêt et la Congruence aux valeurs de base. L'impact de la Qualité perçue du signal est nettement en retrait, ce qui légitime le modèle individuel prédictif. Rappelons que l'analyse du modèle de mesure donne un poids supérieur à la dimension Intérêt situationnel qui regroupe la Curiosité, l'Attention et l'Implication affective. Ces résultats trouvent un soutien dans les indicateurs f^2 et q^2. De plus, la variance de la principale variable endogène, l'Intensité du choix d'investissement est expliquée à près de 48 % par le modèle, l'évaluation de la qualité prédictive du modèle par le Q^2 étant satisfaisante.

Le « Cas Pourcent » correspondant au modèle estimé en fonction des choix d'investissement en pourcentage du patrimoine total des sujets voit un écart dans les paramètres traduisant une décision moins affective (diminution de l'effet de l'Intérêt et de la Réaction affective) et plus rationnelle (augmentation de l'effet de la variable Qualité perçue du signal).

L'étude des médiateurs met en avant le rôle de la variable Intérêt. La médiation par l'Intérêt explique notamment la part principale de l'effet de la Congruence aux valeurs de base sur l'Intensité du choix d'investissement.

L'étude des modérateurs invalide la plupart des hypothèses. Trois variables modératrices ont un effet significatif, néanmoins parmi celles-ci, deux hypothèses ont un effet empirique inverse à celui attendu (H16 et H21), seule l'hypothèse 22 est véritablement confirmée.

Enfin, les variables de contrôle n'ont aucun effet significatif.

3.4. Plan d'expérience

Rappelons brièvement l'objectif de ce plan d'expérience (détaillé dans le chapitre 2). Il s'agit d'apporter un élément de réponse complémentaire à l'analyse par équations structurelles, sur la question secondaire de cette recherche. Celle-ci s'intéresse à la dimension cognitive et analytique du choix, représentée par la variable Qualité perçue du signal dans le modèle et postule que cette variable a un effet négligeable, relativement aux autres variables affectives, sur la variable expliquée : l'Intensité du choix d'investissement.

L'échantillon total des sujets est scindé en deux groupes, un groupe expérimental ayant bénéficié du « traitement », l'exposition aux business plans dégradés, tandis que le second groupe, de contrôle, était exposé aux business plans originaux.

Le traitement consistait donc à manipuler le facteur Qualité du business plan selon deux modalités d'une échelle ordinale : mauvaise (BP-) ou bonne (BP+).

L'exploitation de ce plan d'expérience se fait en deux temps, le premier temps consiste à s'assurer de l'effet du facteur Qualité du business plan sur la Qualité perçue du signal (section 3.4.1), le second temps est centré sur l'effet de la variable Qualité perçue du signal sur la variable du modèle explicatif qui en dépend directement (la variable Confiance) et celle qui en dépend indirectement (la variable Intensité du choix d'investissement) par la médiation de la variable Confiance au moyen d'une analyse multigroupe (section 3.4.2).

3.4.1. *Impact de la Qualité du* business plan *sur la Qualité perçue du signal*

Il s'agit de vérifier si la Qualité du business plan est un facteur significatif qui explique la variable dépendante Qualité perçue du signal.

La Qualité du business plan est une variable catégorielle dichotomique qui prend deux modalités :

– « 2 » pour le groupe des sujets soumis au business plan BP+ ;

– « 5 » pour le groupe des sujets soumis au business plan BP-.

La Qualité perçue du signal est une variable quantitative continue, calculée comme la moyenne des indicateurs de la variable latente formative composite pondérée pas ses *outer weights,* ces derniers résultant de l'algorithme de l'approche PLS-SEM dans le « Cas Cash », c'est-à-dire le cas où le modèle est estimé relativement aux allocations d'actif en cash (*versus* en pourcentage du patrimoine).

On a, pour i variant de 1 à 100 (100 = nombre de sujets) et j variant de 1 à 4 (4 = nombre de choix d'allocation cash par sujet) :

Qualité perçue du signal (Individu i, choix j) =

PLAN1(i,j)*0,108284157313197 +

PLAN2(i,j)*-0,0209974202530764 +

PLAN3(i,j)*0,0759900741620221 +

PLAN4(i,j) *0,401325323909841 +

EQUI1(i,j)*0,478613987411354 +

EQUI2(i,j)*0,286492348991311 +

EQUI3(i,j)*-0,41208205445248 +

EQUI4(i,j)*0,576472124661253

Nous disposons donc de 100 × 4 = 400 observations pour la variable Qualité perçue du signal.

Nous cherchons à établir un lien entre deux variables, une variable catégorielle dichotomique et une variable quantitative continue, le test de Student ou test t pour échantillons indépendants (ou non appariés) est adapté pour établir la significativité d'un tel lien à condition que certaines conditions soient vérifiées. En effet, le test t offre un moyen de comparaison des moyennes de deux groupes, la question étant de savoir si leur différence est assez importante (statistiquement significative) pour ne pas être due au hasard.

3.4.1.1. *Conditions d'application du test t*

Quatre conditions sont nécessaires à l'application du test t : (C1) les groupes sont indépendants, (C2) la normalité de la variable expliquée, (C3) les variances des groupes sont égales (homogénéité de la variance ou homoscédasticité) et (C4) disposer d'un nombre suffisant d'observations.

3.4.1.1.1. (C1) Indépendance des groupes

Cette condition stipule que les mêmes observations ne peuvent pas appartenir aux deux groupes. Dans notre cas, les deux groupes sont composés d'individus différents (*between subject experiment*). Or, les observations dépendent des individus (la Qualité perçue du signal (i,j) est fonction de l'individu i et son choix j), la condition d'indépendance est donc naturellement satisfaite.

3.4.1.1.2. (C2) Normalité de la variable expliquée Qualité perçue du signal

Vérifions si pour les deux groupes, les paramètres de forme, soit les moments Skewness (asymétrie) et Kurtosis (aplatissement) ne dépassent pas 1 en valeur absolue, ce qui indiquera une forme de distribution de fréquences raisonnablement analogue à celle d'une distribution normale :

Groupe BP+ (modalité 2) : Skewness = – 0,275714419 et Kurtosis = – 0,048462383

Groupe BP- (modalité 5) : Skewness = – 0,281446421 et Kurtosis = 0,061298697

La variable expliquée Qualité perçue du signal présente une distribution de fréquence suffisamment proche de celle d'une loi normale pour les deux groupes.

3.4.1.1.3. (C3) Homogénéité de la variance

Nous testons cette condition ci-après grâce au test de Levene, automatiquement réalisé avec le test de Student sous SPSS et dont l'hypothèse nulle est l'homogénéité des variances.

3.4.1.1.4. (C4) Nombre d'observations suffisant pour l'analyse

Cette condition est satisfaite (voir section 2.1.2.2 du chapitre 2).

3.4.1.2. *Résultats du test t*

Ci-après se trouvent les résultats du test t produits par le logiciel SPSS sur la variable explicative catégorielle (variable Groupe à deux modalités 2 pour BP+ et 5 pour BP-) et la variable continue expliquée (Qualité perçue du signal). Nous les commentons au fur et à mesure.

	Statistiques de groupe				
	Groupe	N	Moyenne	Écart-type	Moyenne erreur standard
Qualité perçue	5	196	5,38370883568	1,061329362776	,075809240198
	2	196	5,83848271287	,892654505581	,063761036113

Tableau 3.74. *Statistiques descriptives des groupes BP+ et BP-*

Les statistiques descriptives ci-dessus nous indiquent qu'en moyenne, les participants du groupe BP+ ont logiquement évalué, en moyenne, une Qualité perçue du signal des business plans en leur possession, supérieure (avec une moyenne de 5,84) à celle des participants du groupe BP- (avec une moyenne de 5,38).

		Test des échantillons indépendants		
		Test de Levene sur l'égalité des variances		Test t pour égalité des moyennes
		F	Sig.	T
Qualité perçue	Hypothèse de variances égales	4,729	,030	– 4,591
	Hypothèse de variances inégales			– 4,591

Tableau 3.75. *Test d'homogénéité des variances des groupes BP+ et BP-*

Le test d'homogénéité des variances est significatif (p = 0,03 < 0,05). Nous rejetons l'hypothèse nulle : les variances sont significativement différentes, l'hypothèse d'homoscédasticité n'est pas satisfaite. Ce résultat n'est cependant pas rédhibitoire. Dans ce cas, la statistique t doit être corrigée en utilisant une variance combinée plutôt que les variances individuelles des deux groupes. Le t de Student corrigé est lisible dans la seconde ligne des résultats SPSS.

		Test des échantillons indépendants		
		Test t pour égalité des moyennes		
		ddl	Sig. (bilatéral)	Différence moyenne
Qualité perçue	Hypothèse de variances égales	390	,000	– ,454773877189
	Hypothèse de variances inégales	378,873	,000	– ,454773877189

Tableau 3.76. *Test t de student corrigé*

		Test des échantillons indépendants		
		Test t pour égalité des moyennes		
		Différence erreur standard	Intervalle de confiance de la différence à 95 %	
			Inférieur	Supérieur
Qualité perçue	Hypothèse de variances égales	,099058117414	– ,649528607621	– ,260019146757
	Hypothèse de variances inégales	,099058117414	– ,649546412948	– ,260001341430

Tableau 3.77. *Test t de student corrigé, 2e partie*

Finalement, le test t est significatif au seuil 5 % (0,000 < 0,05), les moyennes de deux groupes sont donc significativement différentes.

Afin d'apprécier la force de la relation liant la Qualité du business plan à la Qualité perçue du signal, nous calculons l'indice de magnitude eta-carré (η^2) défini par la formule :

$$\eta^2 = \frac{t^2}{t^2 + (N_1 + N_2 - 2)}$$

$$\eta^2 = \frac{-4{,}591^2}{-4{,}591 + (196 + 196 - 2)} \approx 0{,}05$$

D'après Cohen (2009), un eta-carré situé autour de 0,06 correspond à un effet de taille moyenne (*moderate effect*).

Finalement, les participants ayant étudié un business plan original, de bonne qualité (BP+), ont évalué une Qualité perçue du signal moyenne de 5,84, supérieure à la Qualité perçue du signal moyenne de 5,38, associée aux participants ayant étudié un business plan de qualité dégradée (BP-). Ces moyennes sont significativement différentes ($p \leq 0{,}001$). La force de cette relation est moyenne comme en témoigne un eta-carré de 0,05.

Autrement dit, la variable Qualité du business plan a un effet significatif de force moyenne sur la variable Qualité perçue du signal, nous pouvons poursuivre l'analyse en étudiant l'impact de la Qualité perçue du signal sur les paramètres estimés du modèle structurel en procédant à une analyse multigroupe.

3.4.2. *Effet du* business plan *sur les paramètres estimés par analyse multigroupe*

Dans cette section, nous comparons l'effet direct de la variable Qualité perçue du signal sur la variable Confiance ainsi que son effet indirect sur la variable Intensité du choix d'investissement par la médiation de la variable Confiance pour les deux groupes BP+ et BP- en sorte de vérifier si ces effets diffèrent significativement d'un groupe à l'autre. Aussi, nous nous appuyons sur une analyse multigroupe, semblable à celles déjà menées dans la section 3.3.5.2.1 pour l'analyse des modérateurs par classe. Le tableau 3.78 présente les résultats de l'analyse multigroupe (en méthode PLS-MGA) pour les groupes BP+ et BP- mais avec un paramétrage de *bootstrapping* de 500 échantillons seulement. En effet, un meilleur paramétrage n'était pas possible, les *path coefficients* du groupe BP- n'étant plus disponibles au-delà du seuil de 500 échantillons.

Néanmoins, les résultats indiquent que :

– l'effet de la Qualité perçue du signal sur la Confiance est logiquement supérieur dans le groupe BP+ avec un coefficient de 0,453 contre un coefficient de 0,359 pour le groupe BP- ;

– l'effet de la Confiance sur l'Intensité du choix d'investissement est supérieur dans le groupe BP- avec un coefficient de 0,141 contre un coefficient de 0,103 pour le groupe BP+. Ce résultat s'explique par l'effet de la Réaction affective sur la Confiance, supérieur dans le groupe BP- avec un coefficient de 0,397 contre seulement 0,232 pour le groupe BP+.

Nous ne nous étendrons pas davantage sur l'interprétation de ces résultats, car les *p-values* n'indiquent aucune différence significative de paramètre au seuil de 5 % entre les deux groupes.

Le contrôle de l'invariance de la mesure, mené dans les précédentes analyses multigroupes et visant à s'assurer que les écarts des coefficients structurels entre groupes ne sont pas imputables à des différences de perception du modèle de mesure entre groupes, n'est pas pertinent dans le cadre de ce plan d'expérience puisque, par *design* de l'expérimentation, les données de mesure de la variable Qualité perçue du signal ne sont pas identiques.

3.4.3. *En conclusion*

Dans cette section, nous cherchons à apporter des éléments complémentaires de réponse à la question secondaire de ce travail sur le rôle négligeable de la cognition et du jugement délibératif dans le choix d'investissement en equity crowdfunding.

Pour ce faire, le *design* de notre plan d'expérience a subdivisé l'échantillon total des sujets de l'expérimentation en deux sous-groupes, le premier recevant un « traitement », soit une exposition à des business plans dégradés, le second étant exposé aux business plans originaux.

Le business plan est la source unique d'information déterminant la variable cognitive et analytique Qualité perçue du signal. Aussi, le premier temps de cette section s'attache à vérifier si la variable Qualité perçue du business plan dépend significativement de la Qualité du business plan.

Les résultats d'analyse par le test de Student démontrent un effet significatif de force moyenne.

BP+/BP-	*Path Coefficients Original* (BP+)	*Path Coefficients Original* (BP-)	*Path Coefficients Mean* (BP+)	*Path Coefficients Mean* (BP-)	STDEV (BP+)	STDEV (BP-)	*t-values* (BP+)	*t-values* (BP-)
Confiance → Intensité du choix d'investissement	0,103	0,141	0,109	0,140	0,082	0,056	1,259	2,529
Congruence aux valeurs de base → Intensité du choix d'investissement	0,068	0,100	0,067	0,095	0,077	0,062	0,888	1,616
Congruence aux valeurs de base → Intérêt	0,205	0,354	0,207	0,359	0,082	0,071	2,505	4,993
Congruence aux valeurs de base → Réaction affective	– 0,010	0,017	– 0,019	0,020	0,079	0,066	0,129	0,265
Familiarité → Intensité du choix d'investissement	0,022	0,035	0,054	0,059	0,109	0,068	0,201	0,522
Familiarité → Réaction affective	0,006	0,223	0,023	0,230	0,112	0,079	0,056	2,805
Intérêt → Intensité du choix d'investissement	0,596	0,464	0,578	0,459	0,113	0,070	5,285	6,667
Intérêt → Réaction affective	0,622	0,505	0,620	0,507	0,074	0,066	8,412	7,620
Qualité perçue du signal → Confiance	0,453	0,359	0,493	0,398	0,080	0,074	5,630	4,832
Réaction affective → Confiance	0,232	0,397	0,229	0,383	0,079	0,063	2,947	6,270
Réaction affective → Intensité du choix d'investissement	– 0,114	0,154	– 0,109	0,148	0,083	0,070	1,375	2,185

BP+/BP-	*p-values* (BP+)	*p-values* (BP-)	2,5 % (BP+)	97,5 % (BP+)	2,5 % (BP-)	97,5 % (BP-)	*Path Coefficients-diff* (|BP+ – BP-|)	*p-values* (BP+ *vs* BP-)	Significativité ($p < 0,05$) ?
Confiance → Intensité du choix d'investissement	0,209	0,012	– 0,079	0,250	0,041	0,263	0,038	0,645	FAUX
Congruence aux valeurs de base → Intensité du choix d'investissement	0,375	0,107	– 0,075	0,207	– 0,007	0,230	0,032	0,626	FAUX
Congruence aux valeurs de base → Intérêt	0,013	0,000	0,015	0,341	0,200	0,481	0,149	0,917	FAUX
Congruence aux valeurs de base → Réaction affective	0,897	0,791	– 0,152	0,155	– 0,122	0,150	0,028	0,610	FAUX
Familiarité → Intensité du choix d'investissement	0,840	0,602	– 0,229	0,196	– 0,111	0,142	0,014	0,538	FAUX
Familiarité → Réaction affective	0,955	0,005	– 0,284	0,185	0,040	0,372	0,216	0,948	FAUX
Intérêt → Intensité du choix d'investissement	0,000	0,000	0,387	0,835	0,331	0,591	0,133	0,161	FAUX
Intérêt → Réaction affective	0,000	0,000	0,480	0,753	0,355	0,632	0,117	0,120	FAUX
Qualité perçue du signal → Confiance	0,000	0,000	0,294	0,581	0,113	0,455	0,094	0,197	FAUX
Réaction affective → Confiance	0,003	0,000	0,086	0,388	0,283	0,522	0,164	0,946	FAUX
Réaction affective → Intensité du choix d'investissement	0,170	0,029	– 0,283	0,026	0,027	0,302	0,268	0,994	FAUX

Tableau 3.78. *Analyse multigroupe pour les groupes BP+ et BP-*

La question qui s'ensuit consiste à déterminer si les sujets exposés à un business plan non dégradé, de bonne qualité, se sont davantage appuyés sur cette information pour effectuer leurs choix d'investissement. Le second temps de cette section répond à cette question au moyen d'une analyse multigroupe portant sur les groupes BP+ et BP- et focalisant sur les effets directs et indirects de la variable Qualité perçue du signal. Ces effets sont non significatifs au seuil de 5 %.

Ceci nous amène à conclure que les sujets ne s'appuient pas significativement sur les business plans pour effectuer leurs choix. Autrement dit, le choix dépend peu du jugement analytique, le cognitif est un déterminant marginal du choix, conformément aux résultats d'analyse du modèle d'équations structurelles par l'approche PLS-SEM.

3.5. Résultats du modèle individuel prédictif

3.5.1. *Rappel du modèle*

Le modèle individuel prédictif précédemment introduit dans le chapitre de modélisation a vocation à prédire les choix d'un individu dont on connaît la structure de préférence. Cette structure de préférence individualisée paramètre le modèle individuel, dérivant directement du modèle structurel, simplifié par hypothèse et dont on récupère les coefficients estimés d'après les données de l'expérimentation.

Le modèle individuel prédictif constitue une implémentation de la théorie de *matching* affectif, appliquée au cas particulier de l'investissement en equity crowdfunding[15].

3.5.1.1. *Détermination de l'ordre* a priori *des projets*

L'ordre des projets choisis *a priori* est prédit par la « distance affective » entre chaque projet en compétition et le décideur (investisseur). La Distance affective est définie comme l'inverse de l'Intensité du choix d'investissement prédite. L'Intensité du choix d'investissement prédite est calculée comme une combinaison linéaire des variables de congruence *a priori* : l'Intérêt et la Congruence aux valeurs de base[16]. Les coefficients de l'équation sont directement issus de l'estimation du modèle explicatif. Les deux variables de congruence *a priori* sont calculées par le premier temps du *matching,* soit la fonction qui prend pour paramètre deux structures de préférence déclaratives (la première pour l'Intérêt et la seconde pour la Congruence

15. La feuille Excel d'implémentation du modèle est disponible sur simple demande.

16. Le construit Familiarité est exclu car il n'a pas d'effet significatif sur l'Intensité du choix d'investissement.

aux valeurs de base) ainsi que la valeur et le domaine d'activité associés au projet évalué. Illustrons la détermination de l'ordre *a priori* des projets sur un exemple.

Prenons le cas de deux projets en compétition *A* et *B* pour un investisseur *I*.

La théorie du *matching* affectif stipule que certains projets nous correspondent davantage, ils ont naturellement notre préférence avant tout jugement évaluatif. Sous certaines conditions, le projet qui nous correspond le plus, soit le plus attractif, sera choisi. Aussi l'investisseur *I* choisira le projet *A* ou *B* qui lui correspond le plus. Dans le cas de l'equity crowdfunding, notre étude a permis de dégager deux variables affectives de correspondance non évaluatives : les valeurs (variable Congruence aux valeurs de base) et les centres d'intérêt (variable Intérêt).

L'investisseur *I* devrait donc choisir le projet (*A* ou *B*) qui correspond le plus à ses valeurs et à ses centres d'intérêt, cette correspondance étant d'autant plus forte que la Distance affective est faible. De façon équivalente, cette correspondance est d'autant plus forte que l'Intensité du choix d'investissement prédite est grande puisque par définition, la Distance affective est l'inverse de l'Intensité du choix d'investissement prédite.

D'où :

A est préféré à B noté $A \succ B \Leftrightarrow ICIp(I,A) > ICIp(I,B) \Leftrightarrow DA(I,A) < DA(I,B)$

A est préféré à B si et seulement si l'Intensité du choix d'investissement prédite (ICIp) calculée pour l'individu I et le projet A est strictement supérieure à l'Intensité du choix d'investissement prédite calculée pour l'individu I et le projet B

ou :

A est préféré à B si et seulement si la Distance affective (DA) calculée pour l'individu I et le projet A est strictement inférieure à la Distance affective calculée pour l'individu I et le projet B

Nous avons la relation :

$$DA(I,X) := \frac{1}{ICIp(I,X)}$$

et :

$$ICIp(I,X) = \alpha . CVB(I,X) + \beta . Int(I,X)$$

que nous écrivons plus simplement :

$$ICIp = \alpha . CVB + \beta . Int \quad [3.1]$$

avec $\alpha, \beta \in \mathcal{R}$, les coefficients de l'équation linéaire, *CVB* et *Int* $\in [0,1]$, les variables de congruences *a priori* pour les valeurs (*CVB*) et l'Intérêt (*Int*).

Rappelons que cette équation dérive directement des régressions linéaires du modèle structurel, obtenues par l'approche PLS-SEM, et mises en forme par factorisation (voir équation [3.2]) pour exprimer l'Intensité du choix d'investissement en fonction des variables affectives (Congruence aux valeurs de base = *CVB*, Familiarité = *Fam* et Intérêt = *Int*) et de la variable cognitive (Qualité perçue du signal = *QS*) :

$$ICI = A . QS + B' . CVB + \Gamma . Fam + \Delta . Int + \varepsilon_6 \quad [3.2]$$

Le passage de [3.2] à l'équation [3.1] n'est pas formel mathématiquement, aussi, l'équation [3.1] doit être considérée comme une approximation ou *proxy* de l'équation [3.2]. Cette approximation résulte de :

– l'éviction de l'erreur résiduelle de régression ;

– la suppression de l'effet de la variable Familiarité, non significative ;

– la suppression de l'effet de la variable Qualité perçue du signal qui, bien que significatif, est marginal par rapport aux effets de la Congruence aux valeurs de base et de l'Intérêt, en termes d'effets cumulés, comme les résultats de la section 3.3 le montrent. De plus cette éviction découle de l'hypothèse du *matching* affectif, celle-ci étant étroitement liée à la thèse que nous défendons : « Dans le contexte de l'equity crowdfunding, soit celui d'un investissement en situation d'incertitude dans lequel l'outil de la persuasion publicitaire est utilisé, le choix de l'investisseur est surdéterminé par l'affectif et ses valeurs, son jugement délibératif n'étant qu'un antécédent au pouvoir causal marginal. »

En considérant les coefficients α *et* β issus de l'algorithme PLS-SEM, [3.1] devient :

$$ICIp = 0{,}096 . CVB + 0{,}514 . Int \quad [3.3]$$

La structure de congruence *a priori*, définie comme l'ensemble des variables de congruence *a priori* {*CVB*, *Int*} résulte du premier temps de la procédure de *matching* entre les données explicitement communiquées à l'investisseur (*X*) et sa structure de préférence (*I*).

Les données explicitement communiquées à l'investisseur, pertinentes au regard des deux construits Congruence aux valeurs de base et Intérêt sont :

– la valeur prônée par l'entreprise, indiquée dans le business plan ;

– le domaine d'activité de l'entreprise, indiqué dans le business plan.

Valeurs : les 4 valeurs associées aux projets en lice dans l'expérimentation sont : « Universalisme », « Stimulation », « Pouvoir » et « Tradition ».

Domaine d'activité : rappelons que le domaine d'activité est l'objet auquel se rapportent 8 des 9 items du construit Intérêt individuel. Dans l'expérimentation, les 4 domaines d'activité associés aux projets sont : « le commerce équitable », « les nouveaux usages technologiques », « le domaine médical » et « les remèdes ou les recettes traditionnelles ».

La structure de préférence de l'investisseur est issue des questions n° 23 du questionnaire pour les préférences sur les valeurs et n° 25 du questionnaire pour les préférences en termes d'intérêt sur les domaines d'activité.

Par exemple, l'individu *I* peut avoir la structure de préférence suivante.

Pour les valeurs :

> Autonomie > Stimulation > Universalisme > Sécurité > Bienveillance > Réalisation > Pouvoir > Tradition > Hédonisme > Conformité

Autrement dit, la valeur autonomie est sa valeur la plus importante, puis vient la valeur stimulation… jusqu'à la valeur conformité.

Pour le domaine d'activité :

> Le commerce équitable > Le domaine médical > Les remèdes ou les recettes traditionnelles > Les nouveaux usages technologiques

Autrement dit, le domaine d'activité commerce équitable est celui qui présente le plus d'intérêt pour l'individu *I*, puis vient le domaine d'activité domaine médical… jusqu'au domaine d'activité nouveaux usages technologiques.

Supposons maintenant que le projet *A* soit la société Ethiquable pour laquelle la valeur associée est « Universalisme » et le domaine d'activité associé est « Le commerce équitable ». Le *matching* dispose de tous les paramètres nécessaires au calcul des variables de congruence *a priori* : *CVB, Int* :

CVB_A = *matching* de valeur (Individu, Projet) = *matching* de valeur (*I*, ETHIQUABLE)

= *matching* de valeur (*structure de préférence pour les valeurs de I*, valeur prônée par la société ETHIQUABLE)

= *matching* de valeur (« Autonomie > Stimulation > Universalisme > Sécurité > Bienveillance > Réalisation > Pouvoir > Tradition > Hédonisme > Conformité », « Universalisme »)

Int, la seconde variable de congruence *a priori*, est calculée de la même façon :

Int_A = *matching* d'intérêt pour le domaine d'activité (Individu, Projet) = *matching* d'Intérêt pour le domaine d'activité (*I*, ETHIQUABLE)

= *matching* d'intérêt pour le domaine d'activité (*structure de préférence pour les domaines d'activité de I*, domaine d'activité de la société ETHIQUABLE)

= *matching* d'intérêt pour le domaine d'activité (« Le commerce équitable > Le domaine médical > Les remèdes ou les recettes traditionnelles > Les nouveaux usages technologiques », « Le commerce équitable »)

La fonction de *matching* calcule les variables de congruence *a priori* comme l'inverse du résultat de la mesure de similarité entre deux vecteurs ordonnés, définie dans le chapitre 1.

Cependant, nous sommes dans le cas particulier où l'un des deux vecteurs est de dimension 1 (car une seule valeur et un seul domaine d'activité sont associés à chaque projet). Dès lors, les variables de congruence *a priori* *CVB* et *Int* sont calculées à l'aide d'une formule simple, équivalente à l'inverse de la mesure de similarité et précisée dans l'encadré 3.1 pour la variable *CVB*.

Hypothèses (Ha et Hb)

Ha : on se donne la structure de préférence axiologique de l'individu *I*, issue du questionnaire, soit la liste ordonnée $V1 \leq V2 \leq \ldots \leq V10$ avec k rangs ; k dans [1,10].

Hb : à chaque startup i du scénario d'investissement est associée une valeur unique Vi.

La variable de Congruence aux valeurs de base CVB est calculée dans ce cas simple (une seule valeur associée à la startup) en fonction du rang r de Vi dans la liste ordonnée et de k, nombre total de rang de la suite, selon la formule :

$$Similarité = 1 - \frac{(k+1)-r}{k} = \frac{k-(k+1)+r}{k} = \frac{r-1}{k}$$

et :

CVB=1/Similarité

(=k+1 si Similarité =0)

Exemples : soient 4 valeurs V1, V2, V3, V4 ordonnées comme suit pour un sujet ayant renseigné le SSVS :

V2>V1=V4>V3 avec k = 3

– Soit une startup à laquelle est associée la valeur V1. Le rang r de cette valeur vaut 2 et la Congruence aux valeurs de base = *1- [(k+1)-r]/k = 1- [(3+1)-2]/3 =1-2/3* = 1/3 (congruence intermédiaire).

– Soit une autre startup à laquelle est associée la valeur V2. Son rang r vaut 1 et la Congruence aux valeurs de base = *1- [(k+1)-r]/k = 1- [(3+1)-1]/3 =3/3=1-1* = 0 (congruence maximale, similarité minimale).

– Soit enfin une startup à laquelle est associée la valeur V3. Son rang r vaut 3 et la Congruence aux valeurs de base = *1- [(k+1)-r]/k = 1- [(3+1)-3]/3 =1-1/3* = 2/3 (congruence minimale, similarité maximale).

Encadré 3.1. *Méthode calculatoire pour la variable CVB*

La même formule s'applique pour déterminer la variable *Int*, nous pouvons revenir à notre exemple pour décrire l'implémentation adoptée sous Excel. Notons que dans cette implémentation, les formules utilisées sont différentes, ceci afin de normaliser les congruences (c'est-à-dire la congruence maximale vaut 1) :

A est préféré à B soit $A \succ B$

$\Leftrightarrow$ ICIp (I, A)> ICIp (I, B)

$$\Leftrightarrow 0{,}096.\,CVB_A + 0{,}514\,.\,Int_A > 0{,}096.\,CVB_B + 0{,}514\,.\,Int_B$$

CVB_A = SI (ESTNA(=RECHERCHEH("UNIVERSALISME";ORDRE_DES_VALEURS;2;FAUX));1/10;(11-RECHERCHEH("UNIVERSALISME"; TABLEAU; FAUX))/10) = 0,8

Avec ORDRE_DES_VALEURS = (voir tableau 3.79).

Autonomie	Stimulation	Universalisme	Sécurité	Bienveillance
1	2	3	4	5
Réalisation	**Pouvoir**	**Tradition**	**Hédonisme**	
6	7	8	9	

Tableau 3.79. *Ordre de préférence des valeurs pour l'individu*

Int_A = 1/RECHERCHEH("Le commerce équitable";ORDRE_DES_DOMAINES_D_INTERET;2;FAUX) = 1

Avec ORDRE_DES_DOMAINES_D_INTERET = (voir tableau 3.80).

Le commerce équitable	Le domaine médical	Les remèdes ou les recettes traditionnelles	Les nouveaux usages technologiques
1	2	3	4

Tableau 3.80. *Ordre de préférence des domaines d'intérêt pour l'individu*

Nous obtenons :

$$ICIp(I, A) = 0{,}096.\,0{,}8 + 0{,}514\,.\,1 = 0{,}59$$

Supposons maintenant que le projet *B* soit la société Mamie & Co dont la valeur associée est « Tradition » et le domaine d'activité associé est « Les remèdes ou les recettes traditionnelles ».

En adoptant la même démarche qu'avec la société *A*, nous obtenons :

$$ICIp(I, B) = 0{,}096.\,0{,}3 + 0{,}514\,.\,1/3 = 0{,}20$$

Finalement $ICIp(I, A) = 0{,}59 > ICIp(I, B) = 0{,}20 \Leftrightarrow A \succ B$.

Étant données les préférences de l'individu *I* et les caractéristiques des projets *A* et *B*, l'individu *I* a une préférence *a priori* pour le projet *A*.

La même méthode permet naturellement d'ordonner n projets. Dans l'expérimentation menée, n vaut 4, la méthode détermine un « quarté », c'est-à-dire un vecteur ordonné de dimension 4 appelé vecteur de choix *a priori*.

Les valeurs des Intensité de choix d'investissement de chaque projet sont ordonnées pour l'individu :

$$ICIp(I, A_{\alpha 1}) > ICIp(I, A_{\alpha 2}) > ICIp(I, A_{\alpha 3}) > ICIp(I, A_{\alpha 4})$$

$$\Leftrightarrow A_{\alpha 1} \succ A_{\alpha 2} \succ A_{\alpha 3} \succ A_{\alpha 4} \quad avec\ \alpha_i \in \{1,..,4\}$$

Ce qui détermine le vecteur de choix *a priori* :

$$(A_{\alpha 1}, A_{\alpha 2}, A_{\alpha 3}, A_{\alpha 4}) \quad avec\ \alpha_i \in \{1,..,4\}$$

Il s'agit maintenant de mesurer la qualité de la prédiction, c'est-à-dire de se donner une mesure de l'erreur séparant le « quarté » *a priori* et le quarté *a posteriori*, soit celui choisi par l'individu après évaluation.

Il s'agit donc de comparer le vecteur de choix *a priori* :

$$(A_{\alpha 1}, A_{\alpha 2}, A_{\alpha 3}, A_{\alpha 4}) \quad avec\ \alpha_i \in \{1,..,4\}$$

avec le vecteur de choix *a posteriori* :

$$(A_{\alpha' 1}, A_{\alpha' 2}, A_{\alpha' 3}, A_{\alpha' 4}) \quad avec\ \alpha'_i \in \{1,..,4\}$$

La section 3.5.1.2 décrit la méthode de calcul choisie pour cette mesure d'erreur définissant la qualité de la prédiction *a priori.*

3.5.1.2. *Qualité de la prédiction* a priori

La qualité de la prédiction *a priori* est quantifiée par une mesure de l'erreur de prédiction du vecteur choisi par l'individu *I* (vecteur *a posteriori*) par le vecteur prédit (vecteur *a priori*).

Avec les notations vues précédemment, nous écrivons :

Erreur de prédiction = Similarité ($Vecteur$ a $priori$; $Vecteur$ a $posteriori$)

=

Similarité $((A_{\alpha 1}, A_{\alpha 2}, A_{\alpha 3}, A_{\alpha 4})\ ;\ (A_{\alpha' 1}, A_{\alpha' 2}, A_{\alpha' 3}, A_{\alpha' 4}))$

Cette mesure d'erreur est calculée grâce à la mesure de similarité vectorielle déjà employée (dans une version simplifiée et normalisée) dans la fonction de *matching* de calcul de la structure de congruence *a priori.*

La mesure de similarité vectorielle (voir rappel ci-dessous) opère sur deux vecteurs ordonnés, le vecteur de choix *a priori* et le vecteur de choix *a posteriori*, elle vaut 0 si les deux vecteurs sont identiques, et croît avec :

– l'éloignement de rang des composantes d'une permutation ;

– la proximité du rang de la permutation, définie par le rang de la composante de rang le plus petit.

Voici un rappel de la formule de la mesure de similarité vectorielle.

Soient deux vecteurs ordonnés $U(U_1 \leq \ldots \leq U_n)$ et $V(V_1 \leq \ldots \leq V_m)$ tels que $m \leq n$ avec $(m, n) \in \mathbb{N}^* \times \mathbb{N}^*$ et U_i , $V_j \in \{\alpha_1,\ldots,\alpha_N\}$ N modalités d'une variable nominale :

$$\text{Mesure de similarité } (U,V) \coloneqq \sum_{i=1}^{n} |i - j_i| \times \frac{1}{n \times \min(i, j_i)}$$

avec :

i = rang U_i dans U soit i ;

j_i = rang V_j dans V si $\exists\, V_j \in V$ tq $U_i = V_j$;

j = i sinon.

Dans le cas de l'expérimentation, les vecteurs *a priori* et *a posteriori* à comparer sont des « quartés », l'implémentation de la mesure de similarité dans Excel est donnée ci-après, notons que le coefficient 1/n de la formule n'est pas appliqué, car il n'est pas nécessaire au travail de comparaison que nous faisons par la suite à partir de ces mesures de similarité.

Mesure de similarité (Vecteur *a posteriori*, Vecteur *a priori*) =

SOMME (VECTEUR_DE_SIMILARITE_PAR_COMPOSANTE)

Avec VECTEUR_DE_SIMILARITE_PAR_COMPOSANTE=

ABS(RANG_A_POSTERIORI_1 -
RANG_A_PRIORI_1)/MIN(RANG_A_POSTERIORI_1; RANG_A_PRIORI_1)

ABS(RANG_A_POSTERIORI_2 -
RANG_A_PRIORI_1)/MIN(RANG_A_POSTERIORI_2; RANG_A_PRIORI_2)

ABS(RANG_A_POSTERIORI_3 -
RANG_A_PRIORI_3)/MIN(RANG_A_POSTERIORI_3; RANG_A_PRIORI_3)

ABS(RANG_A_POSTERIORI_4 -
RANG_A_PRIORI_1)/MIN(RANG_A_POSTERIORI_4; RANG_A_PRIORI_4)

Détaillons la mesure de similarité pour la composante 1 :

ABS(RANG_A_POSTERIORI_1 - RANG_A_PRIORI_1)/MIN(RANG_A_POSTERIORI_1; RANG_A_PRIORI_1)

Celle-ci est fonction des paramètres RANG_A_POSTERIORI_1 et RANG_A_PRIORI_1.

Le paramètre RANG_A_POSTERIORI_i (pour i variant de 1 à 4) détermine le rang (variant également de 1 à 4) de la composante n° i en fonction des montants cash investis par l'individu I dans les 4 projets.

Composante n° 1 = ETHIQUABLE

Composante n° 2 = HEXAPAY

Composante n° 3 = MAMIE & CO

Composante n° 4 = STEMCIS

RANG_A_POSTERIORI_1 =

SI(ET($MI_{\text{ETHIQUABLE}}$>=MI_{HEXAPAY};$MI_{\text{ETHIQUABLE}}$>=$MI_{\text{MAMIE \& CO}}$;$MI_{\text{ETHIQUABLE}}$>=MI_{STEMCIS});1;

SI(OU(ET($MI_{\text{ETHIQUABLE}}$>=MI_{HEXAPAY};$MI_{\text{ETHIQUABLE}}$>=$MI_{\text{MAMIE \& CO}}$);ET($MI_{\text{ETHIQUABLE}}$>=MI_{HEXAPAY};$MI_{\text{ETHIQUABLE}}$>=MI_{STEMCIS});ET($MI_{\text{ETHIQUABLE}}$>= $MI_{\text{MAMIE \& CO}}$;$MI_{\text{ETHIQUABLE}}$>=MISTEMCIS));2; SI(OU($MI_{\text{ETHIQUABLE}}$>=MI_{HEXAPAY};$MI_{\text{ETHIQUABLE}}$>=$MI_{\text{MAMIE \& CO}}$;$MI_{\text{ETHIQUABLE}}$>=MI_{STEMCIS});3;4)))

RANG_A_POSTERIORI_2 =

SI(ET(MI_{HEXAPAY}>=$MI_{\text{ETHIQUABLE}}$;MI_{HEXAPAY}>=$MI_{\text{MAMIE \& CO}}$;MI_{HEXAPAY}>=MI_{STEMCIS});1;

SI(OU(ET(MI_{HEXAPAY}>=$MI_{\text{ETHIQUABLE}}$;MI_{HEXAPAY}>=$MI_{\text{MAMIE \& CO}}$);ET(MI_{HEXAPAY}>=$MI_{\text{ETHIQUABLE}}$;MI_{HEXAPAY}>=MI_{STEMCIS});ET(MI_{HEXAPAY}>=$MI_{\text{MAMIE \& CO}}$;MI_{HEXAPAY}>=MI_{STEMCIS}));2;SI(OU(MI_{HEXAPAY}>=$MI_{\text{ETHIQUABLE}}$;MI_{HEXAPAY}>=$MI_{\text{MAMIE \& CO}}$;MI_{HEXAPAY}>=MI_{STEMCIS});3;4)))

RANG_A_POSTERIORI_3 =

SI(ET($MI_{MAMIE\ \&\ CO}$>=$MI_{ETHIQUABLE}$;$MI_{MAMIE\ \&\ CO}$>=$MI_{HEXAPAY}$;$MI_{MAMIE\ \&\ CO}$>=$MI_{STEMCIS}$);1;

SI(OU(ET($MI_{MAMIE\ \&\ CO}$>=$MI_{ETHIQUABLE}$;$MI_{MAMIE\ \&\ CO}$>=$MI_{HEXAPAY}$);ET($MI_{MAMIE\ \&\ CO}$>=$MI_{ETHIQUABLE}$;$MI_{MAMIE\ \&\ CO}$>=$MI_{STEMCIS}$);ET($MI_{MAMIE\ \&\ CO}$>=$MI_{HEXAPAY}$;$MI_{MAMIE\ \&\ CO}$>=$MI_{STEMCIS}$));2;SI(OU($MI_{MAMIE\ \&\ CO}$>=$MI_{ETHIQUABLE}$;$MI_{MAMIE\ \&\ CO}$>=$MI_{HEXAPAY}$;MI_{MAMIE} & CO>=$MI_{STEMCIS}$);3;4)))

RANG_A_POSTERIORI_4 =

SI(ET($MI_{STEMCIS}$>=$MI_{ETHIQUABLE}$;$MI_{STEMCIS}$>=$MI_{HEXAPAY}$;$MI_{STEMCIS}$>=$MI_{MAMIE\ \&\ CO}$);1;
SI(OU(ET($MI_{STEMCIS}$>=$MI_{ETHIQUABLE}$;$MI_{STEMCIS}$>=$MI_{HEXAPAY}$);ET($MI_{STEMCIS}$>=$MI_{ETHIQUABLE}$;$MI_{STEMCIS}$>=$MI_{MAMIE\ \&\ CO}$);ET($MI_{STEMCIS}$>=$MI_{HEXAPAY}$;$MI_{STEMCIS}$>=$MI_{MAMIE\ \&\ CO}$));2;SI(OU($MI_{STEMCIS}$>=$MI_{ETHIQUABLE}$;$MI_{STEMCIS}$>=$MI_{HEXAPAY}$;$MI_{STEMCIS}$>=$MI_{MAMIE\ \&\ CO}$);3;4)))

Avec MI_{PROJET} = montant cash investi dans le projet PROJET

Le paramètre RANG_A_PRIORI_j (pour j variant de 1 à 4) détermine le rang (variant également de 1 à 4) de la composante n° j en fonction des ICI prédits pour les 4 projets et l'individu paramétré par sa structure de préférence.

Composante n° 1 = ETHIQUABLE

Composante n° 2 = HEXAPAY

Composante n° 3 = MAMIE & CO

Composante n° 4 = STEMCIS

RANG_A_PRIORI_1=SI(ET($ICI_{(ETHIQUABLE,\ I)}$ >=$ICI_{(HEXAPAY,\ I)}$;$ICI_{(ETHIQUABLE,\ I)}$ >=$ICI_{(MAMIE\ \&\ CO,\ I)}$;$ICI_{(ETHIQUABLE,\ I)}$ >=$ICI_{(STEMCIS,\ I)}$);1;SI(OU(ET($ICI_{(ETHIQUABLE,\ I)}$ >=ICI(HEXAPAY, I);$ICI_{(ETHIQUABLE,\ I)}$ >=$ICI_{(MAMIE\ \&\ CO,\ I)}$);ET($ICI_{(ETHIQUABLE,\ I)}$ >=$ICI_{(HEXAPAY,\ I)}$;$ICI_{(ETHIQUABLE,\ I)}$ >=$ICI_{(STEMCIS,\ I)}$);ET($ICI_{(ETHIQUABLE,\ I)}$ >=$ICI_{(MAMIE\ \&\ CO,\ I)}$;$ICI_{(ETHIQUABLE,\ I)}$ >$ICI_{(STEMCIS,\ I)}$));2; SI(OU($ICI_{(ETHIQUABLE,\ I)}$ >=$ICI_{(HEXAPAY,\ I)}$;$ICI_{(ETHIQUABLE,\ I)}$ >=$ICI_{(MAMIE\ \&\ CO,\ I)}$;$ICI_{(ETHIQUABLE,\ I)}$ >=$ICI_{(STEMCIS,\ I)}$);3;4)))

RANG_A_PRIORI_2=SI(ET($ICI_{(HEXAPAY, I)}$>=$ICI_{(ETHIQUABLE, I)}$;$ICI_{(HEXAPAY, I)}$>=$ICI_{(MAMIE \& CO, I)}$;$ICI_{(HEXAPAY, I)}$>=$ICI_{(STEMCIS, I)}$);1;SI(OU(ET($ICI_{(HEXAPAY, I)}$>=$ICI_{(ETHIQUABLE, I)}$;$ICI_{(HEXAPAY, I)}$>=$ICI_{(MAMIE \& CO, I)}$);ET($ICI_{(HEXAPAY, I)}$>=$ICI_{(ETHIQUABLE, I)}$;$ICI_{(HEXAPAY, I)}$>=ICI(STEMCIS, I));ET($_{ICI(HEXAPAY, I)}$>=$ICI_{(MAMIE \& CO, I)}$;$ICI_{(HEXAPAY, I)}$>=$ICI_{(STEMCIS, I)}$));2;SI(OU($ICI_{(HEXAPAY, I)}$>=$ICI_{(ETHIQUABLE, I)}$;$ICI_{(HEXAPAY, I)}$>=$ICI_{(MAMIE \& CO, I)}$;$ICI_{(HEXAPAY, I)}$>=$ICI_{(STEMCIS, I)}$);3;4)))

RANG_A_PRIORI_3=SI(ET($ICI_{(MAMIE \& CO, I)}$>=$ICI_{(ETHIQUABLE, I)}$;$ICI_{(MAMIE \& CO, I)}$>=$ICI_{(HEXAPAY, I)}$;$ICI_{(MAMIE \& CO, I)}$>=$ICI_{(STEMCIS, I)}$);1;SI(OU(ET($ICI_{(MAMIE \& CO, I)}$>=$ICI_{(ETHIQUABLE, I)}$;$ICI_{(MAMIE \& CO, I)}$>=$ICI_{(HEXAPAY, I)}$);ET($ICI_{(MAMIE \& CO, I)}$>=$ICI_{(ETHIQUABLE, I)}$;$ICI_{(MAMIE \& CO, I)}$>=$ICI_{(STEMCIS, I)}$);ET($ICI_{(MAMIE \& CO, I)}$>=$ICI_{(HEXAPAY, I)}$;$ICI_{(MAMIE \& CO, I)}$>=$ICI_{(STEMCIS, I)}$));2;SI(OU($ICI_{(MAMIE \& CO, I)}$>=$ICI_{(ETHIQUABLE, I)}$;$ICI_{(MAMIE \& CO, I)}$>=$ICI_{(HEXAPAY, I)}$;$ICI_{(MAMIE \& CO, I)}$>=$ICI_{(STEMCIS, I)}$);3;4)))

RANG_A_PRIORI_4=SI(ET($ICI_{(STEMCIS, I)}$>=$ICI_{(ETHIQUABLE, I)}$;$ICI_{(STEMCIS, I)}$>=$ICI_{(HEXAPAY, I)}$;$ICI_{(STEMCIS, I)}$>=$ICI_{(MAMIE \& CO, I)}$);1;SI(OU(ET($ICI_{(STEMCIS, I)}$>=$ICI_{(ETHIQUABLE, I)}$;$ICI_{(STEMCIS, I)}$>=$ICI_{(HEXAPAY, I)}$);ET($ICI_{(STEMCIS, I)}$>=$ICI_{(ETHIQUABLE, I)}$;$ICI_{(STEMCIS, I)}$>=$ICI_{(MAMIE \& CO, I)}$);ET($ICI_{(STEMCIS, I)}$>=$ICI_{(HEXAPAY, I)}$;$ICI_{(STEMCIS, I)}$>=$ICI_{(MAMIE \& CO, I)}$));2;SI(OU($ICI_{(STEMCIS, I)}$>=$ICI_{(ETHIQUABLE, I)}$;$ICI_{(STEMCIS, I)}$>=$ICI_{(HEXAPAY, I)}$;$ICI_{(STEMCIS, I)}$>=$ICI_{(MAMIE \& CO, I)}$);3;4)))

Avec

$ICI_{(ETHIQUABLE, I)} = 0{,}096*CVB_{ETHIQUABLE}+0{,}514*Int_{ETHIQUABLE}$

$ICI_{(HEXAPAY, I)} = 0{,}096*CVB_{HEXAPAY} +0{,}514*Int_{HEXAPAY}$

$ICI_{(MAMIE \& CO, I)} = 0{,}096*CVB_{MAMIE \& CO} +0{,}514*Int_{MAMIE \& CO}$

$ICI_{(STEMCIS, I)} = 0{,}096*CVB_{STEMCIS} + 0{,}514*Int_{STEMCIS}$

Les variables de congruence *a priori* CVB_{Projet} *et* Int_{Projet} *avec Projet* $\in$ *{ETHIQUABLE, HEXAPAY, MAMIE & CO, STEMCIS}* sont calculées selon les modalités de la section 3.5.1.1.

3.5.2. Résultats du modèle individuel prédictif

Dans la section 3.5.1, nous avons présenté une implémentation possible de la théorie du *matching* affectif pour le cas de l'investissement en equity crowdfunding. Nous avons d'abord exposé la méthode de détermination des préférences *a priori* sur les projets puis une mesure de la qualité de la prédiction des choix *a priori* pour un individu ayant préalablement révélé sa structure de préférence.

Nous présentons maintenant les résultats obtenus avec le modèle individuel prédictif sur les données de l'expérimentation. Le taux de prédictions exactes des projets préférés pour l'ensemble des 100 sujets de l'échantillon est d'abord rapporté (section 3.5.2.1). Ensuite, nous comparons les mesures d'erreur des prédictions du *matching* affectif avec celles de tirages aléatoires (section 3.5.2.3). Enfin nous montrons comment la théorie du *matching* affectif peut apporter un élément de réponse complémentaire à la question centrale de cette recherche.

3.5.2.1. *Taux de prédictions exactes du projet préféré de chaque sujet de l'échantillon*

Nous définissons tout d'abord le projet préféré comme celui ayant obtenu le montant investi maximum. Rappelons que dans un premier temps, le questionnaire demandait aux sujets de l'expérimentation de ventiler la totalité des 200 € de dotation virtuelle initiale (par tranches de 50 €) sur les 4 projets en compétition de la plateforme d'equity crowdfunding.

Dans un second temps, il leur était demandé de ventiler virtuellement la totalité de leur patrimoine-personne sur les 4 projets par tranche de 25 % de leur patrimoine.

Cette double allocation a permis de définir deux projets préférés, un « projet préféré cash » pour le choix d'investissement en cash et un « projet préféré pourcent » pour le choix d'investissement relatif (en pourcentage).

En pratique, pour chacun des 100 sujets de l'expérimentation, nous avons comparé « le projet préféré cash » avec le projet préféré prédit par le *matching* affectif. Nous avons renouvelé l'opération avec le « projet préféré pourcent ».

Finalement, le *matching* affectif (paramétré avec les préférences *a priori* sur les valeurs et les domaines d'activité, révélées par les sujets) a permis de prédire correctement le projet préféré dans 55 % des cas dans la configuration des investissements en montants cash et dans 53 % des cas dans la configuration des investissements en montants relatifs (pourcentage).

Déterminons la probabilité d'obtenir un score aussi élevé ou plus élevé que 55 % de prédiction correcte sur l'ensemble de l'échantillon des participants avec une loi uniforme (dé équilibré à 4 faces, une pour chaque projet). Probabilité de faire au moins aussi bien que la prédiction, résultat du *matching* affectif avec le hasard :

$$\text{Probabilité} = \sum_{i=55}^{100} C_{100}^{i} \left(\frac{1}{4}\right)^{i} \left(\frac{3}{4}\right)^{100-i}$$

$$= 0{,}000000015\%$$

soit 15 chances sur 1 milliard.

Autrement dit le résultat de la prédiction du projet préféré (Cas Cash) obtenu par le *matching* affectif est incommensurablement meilleur que celle donnée par le hasard.

3.5.2.2. Qualité relative de la prédiction : mesures d'erreur comparées entre prédiction et tirage aléatoire

Dans la section 3.5.2.1, nous nous sommes intéressés à la qualité de la prédiction du projet préféré révélé par le modèle individuel prédictif. Dans cette section, nous allons un cran plus loin en nous focalisant sur la qualité de la prédiction du vecteur *a priori* (un quarté dans notre cas).

Pour ce faire, nous prenons pour *benchmark* un vecteur aléatoire dont chaque composante suit une la loi uniforme.

Nous mesurons ensuite pour chaque individu i, l'erreur $\varepsilon_{prédit(i)}$ de prédiction du vecteur *a priori* (prédit) par rapport au vecteur *a posteriori*, déterminé par les choix effectifs de ce même sujet i.

Nous mesurons également pour chaque individu i, l'erreur $\varepsilon_{Aléa(i)}$ de « prédiction » du vecteur aléatoire par rapport au vecteur *a posteriori*, déterminé par les choix effectifs de ce même sujet.

Nous pouvons donc écrire :

$$\varepsilon_{prédit(i)} = Similarité(Vecteur\ \text{a}\ priori\ ;\ Vecteur\ \text{a}\ posteriori)$$

et :

$$\varepsilon_{Aléa(i)} = Similarité(Vecteur\ aléatoire\ ;\ Vecteur\ \text{a}\ posteriori)$$

Les calculs de ces deux quantités sont implémentés selon les indications vues ci-avant section 3.5.1.2.

La figure 3.35 affiche l'écart $\varepsilon_{Aléa(i)} - \varepsilon_{prédit(i)}$ en ordonnée, l'axe des abscisses indique le n° de l'individu (de 1 à 100). Sur cette figure (qui se rapporte à un jeu de tirages particuliers), le gain moyen du quarté prédit sur le quarté aléatoire est de 18 %, calculé comme la moyenne pour les 100 individus du pourcentage suivant :

$$Pourcentage\ de\ gain\ relatif(prédit, Aléa, i) = \frac{\varepsilon_{Aléa(i)} - \varepsilon_{Prédit(i)}}{\varepsilon_{Aléa(i)}}$$

Autrement dit, la mesure de l'erreur de similarité du vecteur prédit avec le vecteur *a posteriori* est inférieure de 18 % à la mesure de l'erreur de similarité du vecteur aléatoire avec le vecteur *a posteriori* (voir figure 3.35). Les vecteurs prédits sont davantage similaires aux vecteurs *a posteriori* que les vecteurs aléatoires.

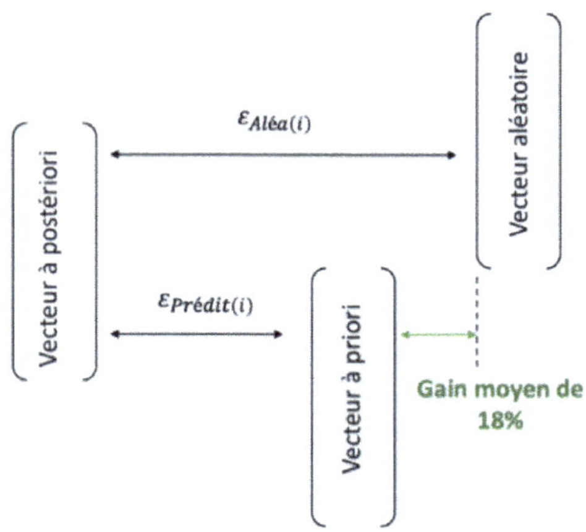

Figure 3.35. *Gain relatif de l'erreur de prédiction sur l'erreur aléatoire*

Ce résultat se traduit visuellement dans la figure 3.36 par une courbe positionnée au-dessus de l'axe des abscisses en moyenne.

La prédiction « bat » le hasard, ce qui est naturel étant donné l'information additionnelle (sur les préférences de l'individu utilisées comme paramètre) de la fonction de *matching*. On peut aussi en conclure que les individus font des choix conformes à leurs préférences (en termes de valeurs et d'intérêt pour les domaines d'activité).

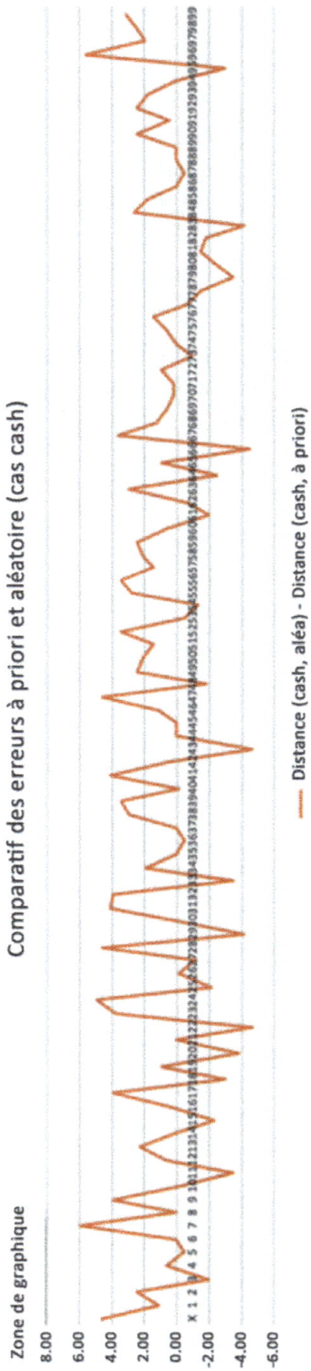

Figure 3.36. *Représentation graphique de la différence entre erreurs prédites et erreurs aléatoires*

3.5.2.3. *Théorie du* matching *affectif : dimensions affectives et cognitives du choix d'investissement en* equity crowdfunding

La question centrale de cette recherche porte sur la domination de la dimension affective sur la dimension cognitive du choix d'investissement des investisseurs individuels en equity crowdfunding. Les résultats de l'estimation du modèle explicatif par l'approche PLS ont validé cette conjecture initiale avec un effet (cumulé indirect) de la Qualité perçue du signal (variable cognitive) marginal par rapport aux effets des variables d'évaluation affectives de Congruence aux valeurs de base et d'Intérêt.

Dans cette section, nous exprimons ce dualisme affectif/cognitif grâce au concept de distance affective de la théorie du *matching* affectif.

Rappelons que la théorie du *matching* affectif pose l'hypothèse de la supériorité de l'affectif sur le cognitif sous certaines conditions. La figure 3.37 représente un nuage de points. Chaque point du plan est associé à un projet choisi, c'est-à-dire dans lequel l'investisseur individuel a effectivement investi (de couleur orange) et un projet non choisi (de couleur bleue). Les projets ont pour coordonnées une « Distance affective » et une « Qualité perçue du signal ». La théorie du *matching* affectif prédit que les projets qui correspondent le mieux à l'individu sont choisis indépendamment de tout jugement délibératif. Dit autrement, les projets qui minimisent la Distance affective (et maximisent l'Intensité du choix d'investissement) sont sélectionnés par l'investisseur, quelle que soit la Qualité perçue du signal associée. Ces projets tracent une « frontière affective ».

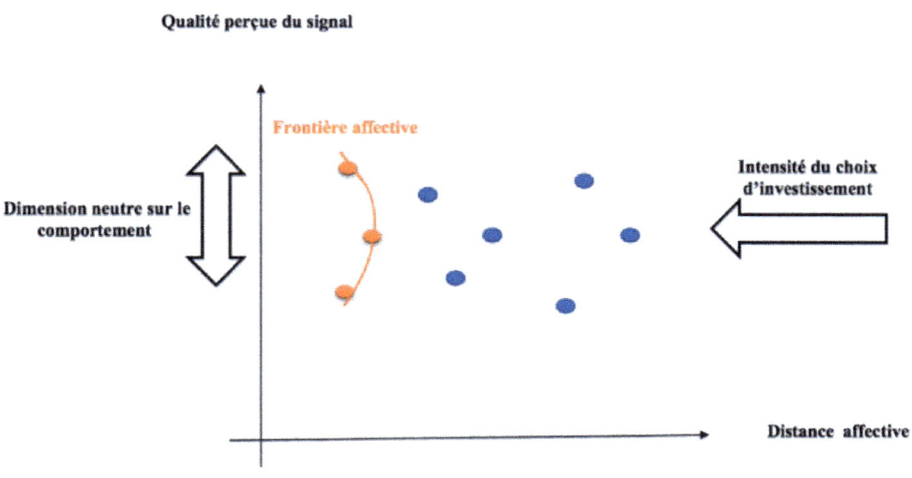

Figure 3.37. *Frontière affective des projets choisis*

La figure 3.38 représente les 400 observations, associées chacune à un couple (individu, projet), projetées dans le plan (X,Y) tel que X soit la Distance affective calculée pour le couple (individu, projet) et Y soit la Qualité perçue du signal calculée pour cette observation. Les observations de couleur orange indiquent que le sujet a investi dans le projet (en cash ou en pourcentage), autrement les observations sont de couleur bleue.

Pour les X, la Distance affective est calculée selon les modalités précisées dans la section 3.5.1.1.

Pour les Y, la Qualité perçue du signal est calculée par le score des coefficients externes (*outer weights*) déterminés par la méthode PLS-SEM (voir tableau 3.35) :

> Y= 0,108*PLAN1(i,j)-0,021* PLAN2(i,j)+0,076* PLAN3(i,j)+0,401* PLAN4(i,j)+0,479*EQUI1(i,j)+0,286*EQUI2(i,j)-0,412*EQUI3(i,j)+0,576*EQUI4(i,j)

avec i variant de 1 à 100 (le sujet) et j variant de 1 à 4 (le projet).

Les résultats (voir figure 3.38) ne sont pas aussi nets que la théorie le prévoit. Néanmoins, si une ligne affective ne se dégage pas clairement du schéma, on note tout de même visuellement une concentration des observations de couleur orange situées sur la gauche (valeur en abscisse inférieure à 2), c'est-à-dire pour les projets qui correspondent le plus au sujet en minimisant la Distance affective.

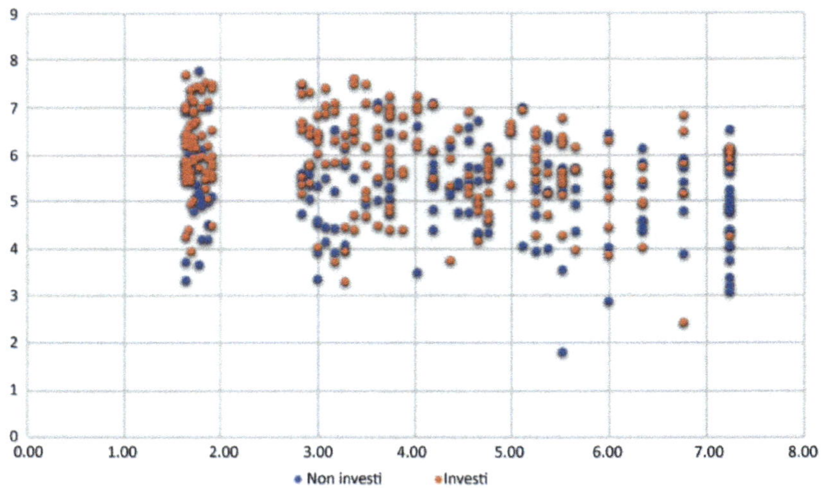

Figure 3.38. *Projets choisis et non choisis projetés sur les axes affectifs et cognitifs (X = Distance affective ; Y = Qualité perçue du signal)*

Étudions plus finement ce résultat en séparant le cas des investissements en cash (section 3.5.2.3.1) du cas des investissements relatifs, c'est-à-dire en pourcentage du patrimoine (section 3.5.2.3.2).

3.5.2.3.1. Cas de l'investissement en cash

Les deux cas ne se distinguent pas visuellement (voir figures 3.39 et 3.40), ce qui s'explique par une certaine constance des choix des investisseurs, que la somme investie soit marginale (« Cas Cash ») ou importante (« Cas Pourcent »). Ce phénomène est capté par les hypothèses non significatives de modération H17 et H23 (voir section 3.3.5.2.1).

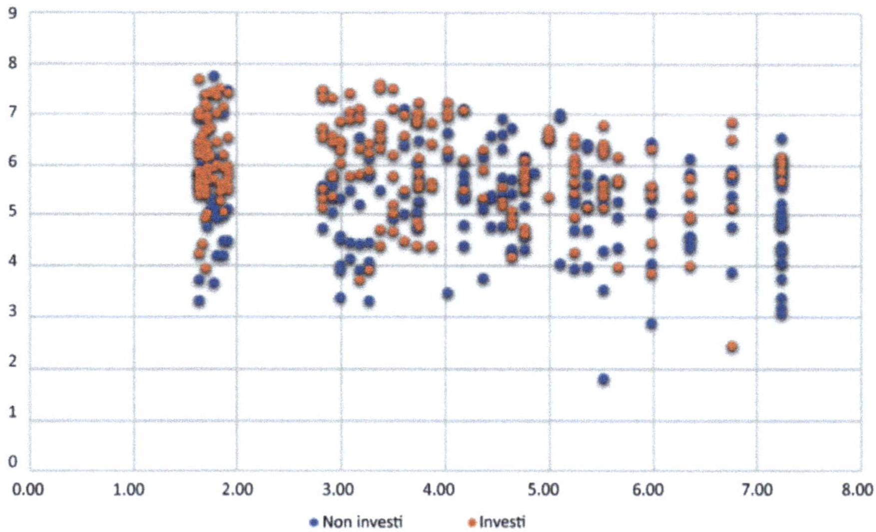

Figure 3.39. *Projets choisis et non choisis projetés sur les axes affectifs et cognitifs (« Cas Cash ») (X = Distance affective ; Y = Qualité perçue du signal)*

Les résultats agrégés sont intéressants, si l'on calcule l'observation « bleue » (c'est-à-dire non investi) moyenne de coordonnées (X = moyenne des Distance affective des observations bleues, Y = moyenne des Qualité perçue du signal des observations bleues) et que l'on procède de la même façon pour calculer une observation orange (c'est-à-dire investi) moyenne, nous obtenons les résultats suivants :

Distance affective moyenne (non investi/bleu) = 4,49

Qualité perçue du signal (non investi/bleu) = 5,18

Distance affective moyenne (investi/orange) = 3,54

Qualité perçue du signal (investi/orange) = 5,94

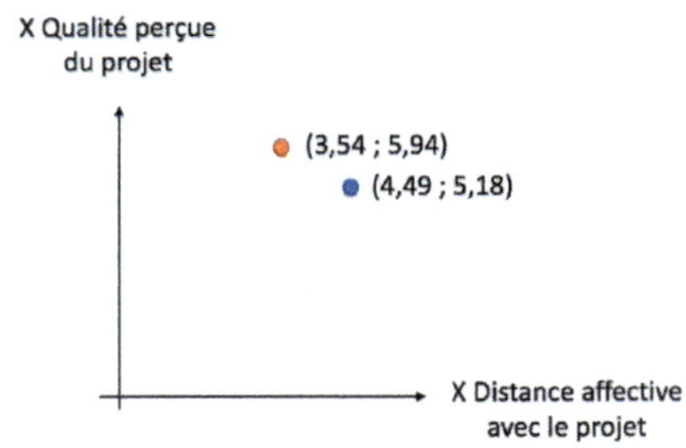

Figure 3.40. *Projets moyens investi (orange) et non investi (bleu)*

Delta Distance affective = Distance affective moyenne (investi) – Distance affective moyenne (non investi) = – 0,95 < 0

Delta Qualité perçue du signal = Qualité perçue du signal (investi) – Qualité perçue du signal (non investi) = 0,76 > 0

La figure 3.41 montre qu'en moyenne, les participants ont investi dans les projets plus proches affectivement (Delta « Distance affective » négatif) et présentant une meilleure « Qualité perçue du signal » (Delta « Qualité perçue du signal » positif).

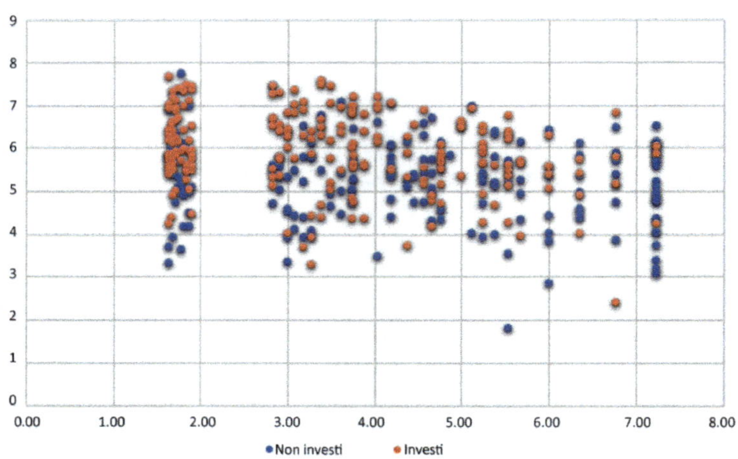

Figure 3.41. *Projets choisis et non choisis projetés sur les axes affectifs et cognitifs (« Cas Pourcent ») (X = Distance affective ; Y = Qualité perçue du signal)*

3.5.2.3.2. Cas de l'investissement relatif

Les résultats calculés sur les choix d'investissement relatifs (en pourcentage du patrimoine des sujets) sont similaires à ceux obtenus dans le « Cas Cash ». On note toutefois un accroissement (en valeur absolue) du « Delta Distance affective » qui passe de – 0,95 à – 1,01, alors que dans le même temps le « Delta Qualité perçue du signal » diminue légèrement, ce qui indique que les sujets ont davantage favorisé les projets proches affectivement alors que l'enjeu était d'investir (virtuellement) la totalité de leur patrimoine. Ce résultat est contre-intuitif, car on pouvait s'attendre à des choix plus raisonnés se basant davantage sur la qualité perçue des projets :

Distance affective moyenne (non investi/bleu) = 4,51

Qualité perçue du signal (non investi/bleu) = 5,20

Distance affective moyenne (investi/orange) = 3,50

Qualité perçue du signal (investi/orange) = 5,94

Delta Distance affective = Distance affective moyenne (investi) – Distance affective moyenne (non investi) = – 1,01 < 0

Delta Qualité perçue du signal = Qualité perçue du signal (investi) – Qualité perçue du signal (non investi) = 0,74 > 0

3.5.3. *En conclusion*

Cette section commence par exposer une implémentation de la théorie du *matching* affectif. La méthode de détermination des projets préférés puis une mesure de la qualité des prédictions du modèle individuel prédictif sont présentées.

La suite expose les résultats du modèle individuel prédictif appliqué aux données issues de l'expérimentation.

Tout d'abord, nous constatons que la théorie du *matching* affectif a prédit correctement le projet préféré des sujets dans 55 % des cas dans la configuration des investissements en montants cash, ce qui est un très bon score eu égard aux probabilités d'occurrence d'un tel résultat avec une prédiction aléatoire.

Dans un second temps, nous montrons que la prédiction du vecteur *a priori* par le modèle individuel prédictif fait mieux que le hasard en nous basant sur un comparatif de l'erreur prédite et de l'erreur aléatoire.

Enfin, nous représentons le nuage des projets choisis et non choisis par les sujets de l'expérimentation dans un plan d'abscisse X = Distance affective et d'ordonnée Y = Qualité perçue du signal. Les résultats agrégés montrent que si l'on compare le projet moyen choisi/investi et le projet moyen non choisi/non investi, alors le projet moyen choisi présente une meilleure Qualité perçue du signal et une Distance affective plus faible que le projet moyen non choisi, ce qui indique que les investisseurs choisissent les projets qu'ils jugent les plus solides mais aussi qu'ils préfèrent. De plus, dans le cas de l'investissement du patrimoine total, la dimension affective est plus marquée que dans le cas d'un petit investissement, ce qui témoigne d'une forme d'irrationalité instrumentale.

3.6. Conclusion

Ce troisième et dernier chapitre confronte les deux modèles théoriques formulés dans le chapitre 1 (modèle explicatif et modèle individuel prédictif) à la réalité empirique. La section 3.3 est consacrée à l'analyse du modèle explicatif, la section 3.5 est centrée sur la présentation et l'analyse du modèle individuel prédictif. Les deux modèles sont toutefois intimement liés puisque le modèle individuel prédictif dérive directement du modèle explicatif.

La section 3.2 montre que les construits du modèle de mesure du modèle explicatif par équations structurelles ont une qualité psychométrique satisfaisante pour procéder à l'analyse du modèle structurel. Par ailleurs, le construit Intérêt étant central dans la suite de l'analyse, précisons que l'analyse de son modèle de mesure donne un poids prépondérant à la dimension Intérêt situationnel qui regroupe la Curiosité, l'Attention et l'Implication affective.

La section 3.3 évalue le modèle structurel du modèle explicatif. Elle révèle les deux principaux déterminants de l'Intensité du choix d'investissement, soient l'Intérêt et la Congruence aux valeurs de base tandis que l'impact de la Qualité perçue du signal a un effet total relativement marginal. Ce résultat légitime la spécification du modèle individuel prédictif qui supprime précisément cette variable cognitive. L'étude des médiateurs met à nouveau en lumière le rôle déterminant de la variable Intérêt dont la médiation explique la part principale de l'effet de la Congruence aux valeurs de base sur l'Intensité du choix d'investissement.

La section 3.4 analyse les résultats du plan d'expérience. Ceux-ci montrent que si la Qualité du business plan a un effet sensible sur la Qualité perçue du signal, elle n'a en revanche aucun effet significatif sur les coefficients du modèle explicatif. Ceci nous conduit à la conclusion suivante : « Les sujets ne s'appuient pas significativement sur les business plans pour effectuer leurs choix d'investissement », ce qui est conforme aux résultats de la section 3.3.

La section 3.5 expose l'implémentation de la théorie originale du *matching* affectif : la méthode de détermination des projets préférés puis une mesure de la qualité des prédictions du modèle individuel prédictif sont présentées. Nous montrons ensuite que le *matching* affectif prédit correctement le projet préféré des sujets dans 55 % des cas. De plus, la prédiction du vecteur *a priori* par le modèle individuel prédictif fait mieux que le hasard. Enfin, une représentation des projets choisis et non choisis par les sujets de l'expérimentation dans un plan d'abscisse X = Distance affective et d'ordonnée Y = Qualité perçue du signal montre que si l'on compare le projet moyen choisi/investi et le projet moyen non choisi/non investi, alors le projet moyen choisi présente une meilleure Qualité perçue du signal et une Distance affective plus faible que le projet moyen non choisi. Dit autrement, les investisseurs choisissent en moyenne les projets qu'ils préfèrent et jugent plus solides. En outre, la dimension affective du choix est amplifiée dans le cas de l'investissement relatif (en pourcentage du patrimoine des sujets), ce qui est paradoxal et appuie l'idée d'une irrationalité (instrumentale) des sujets.

Conclusion

L'objet de cette recherche exploratoire était de comprendre, expliquer et prédire le comportement des investisseurs en *equity crowdfunding* en focalisant sur les dimensions affectives et axiologiques du choix d'investissement. Grâce à un corpus de données qualitatives, nous avons pu adopter une démarche par aller-retour entre théorie et données. À l'aide de cette approche en boucles d'inférence abductive/déductive/inductive, nous avons développé un modèle explicatif que nous avons estimé empiriquement en collectant des données par expérimentation de laboratoire. Ci-après, nous présentons tout d'abord nos contributions théoriques, méthodologiques et managériales (section C.1), nous poursuivons avec les limites rencontrées à chaque étape majeure de cette recherche (section C.2), enfin, nous énumérons les voies de recherche envisagées (section C.3).

C.1. Contributions

Cette première section expose notre contribution sur les volets théoriques, méthodologiques et managériaux.

C.1.1. *Contribution théorique*

C.1.1.1. *Une compréhension accrue du poids relatif des déterminants rationnels et émotionnels du choix entre plusieurs opportunités d'investissement en situation d'incertitude*

L'investisseur en equity crowdfunding est-il un calculateur froid, sans émotion, à la recherche du projet qui présente les meilleurs signaux de qualité ? N'est-il mû que par une pure motivation financière de maximisation de son utilité, c'est-à-dire de son profit ?

Dans le champ de la finance entrepreneuriale, les recherches sur l'equity crowdfunding s'intéressant au choix d'investissement focalisent sur l'asymétrie d'information à laquelle l'investisseur fait face. La théorie du signal répond tout naturellement à cette situation risquée. Aussi, les signaux peuvent prendre différentes formes : informations pertinentes du business plan (prévisions financières, positionnement marché, brevets) ou profil des entrepreneurs (Ahlers *et al.* 2015), décisions des autres investisseurs (Lin *et al.* 2013 ; Freedman et Jin 2014), informations privées (sur la compétence de l'entrepreneur) que l'on détient si l'on est un *friends and family* (Agrawal *et al.* 2015), dynamique de la campagne ou encore taux de complétion des levées (Agrawal *et al.* 2014 ; Hornuf et Schwienbacher 2015b), etc. Toutes ces informations permettent à l'investisseur soit de fonder son analyse s'il est compétent, soit de répliquer les choix des autres par mimétisme s'il ne l'est pas. *In fine*, le choix est traité comme rationnel, cognitif et orienté vers un but : la maximisation du profit.

Nous ne contestons pas qu'une fraction des investisseurs en equity crowdfunding recherche exclusivement ou prioritairement le profit ou à tout le moins un avantage fiscal. Nous ne contestons pas davantage les résultats établis sur les liens entre interactions sociales réelles ou virtuelles et choix d'investissement.

Cependant, nous avons expliqué en quoi ce mode d'investissement présente des caractéristiques singulières qui appellent d'autres cadres théoriques en lien avec l'affectif pour affiner sa compréhension. Le cadre transversal synthétique que nous avons retenu croise essentiellement les champs de la finance, de la psychologie, du marketing et de la GRH.

Nous ne sommes pas seuls dans cette démarche théorique puisqu'un petit nombre de travaux en entrepreneuriat ont récemment amorcé un mouvement vers des explications intégrant la dimension affective du choix. Ces études portent sur le phénomène de contagion émotionnelle, sur l'impact des vidéos de pitch des entrepreneurs ou encore sur les effets de la narration et de la persuasion sur les investisseurs (Milovac *et al.* 2015 ; Wuillaume *et al.* 2016 ; Allison *et al.* 2017 ; Davis *et al.* 2017 ; Wuillaume *et al.*, 2017). Nous nous insérons dans la lignée de ces travaux, mais en nous situant dans le champ de la finance entrepreneuriale.

Pour ces raisons, nous avons choisi de retenir l'identification et l'appréciation de l'importance des déterminants affectifs du choix des investisseurs comme objet de recherche, en circonscrivant toutefois le contexte du choix par la suppression des interactions sociales réelles comme virtuelles, ceci dans le but de mettre en exergue le phénomène étudié.

Finalement, à l'issue de ce travail, nous sommes en mesure de répondre aux deux questions retenues pour notre problématique.

La question principale visait à déterminer dans quelle mesure les valeurs et les réactions affectives déterminent les choix des investisseurs en equity crowdfunding. L'estimation empirique de notre modèle explicatif sur un échantillon issu d'une expérimentation de laboratoire menée sur 100 sujets révèle que les valeurs ont un effet significatif important et arrivent en seconde place en termes d'influence sur le comportement. Ensuite, prises isolément, les réactions affectives sont significatives, mais leur impact n'est pas aussi sensible que celui des valeurs. Une variable affective, l'Intérêt, surpasse toutes les variables explicatives par l'importance de son effet sur le choix d'investissement. Pour cette variable, la dimension Intérêt situationnel, définie par les sous-dimensions Curiosité, Attention et Implication affective, présente un poids supérieur à la dimension d'Intérêt individuel définie par les sous-dimensions Valence de la valeur et Valence émotionnelle.

La variable cognitive du modèle pèse peu et se positionne en 5e position des variables explicatives par le poids de son effet. Rapportée à l'ensemble des variables affectives, elle devient négligeable, ce qui apporte une réponse à la question secondaire de cette recherche : la dimension affective du choix domine la dimension cognitive, au moins dans le cadre de notre expérimentation. De plus, les résultats de l'expérimentation sont convergents et montrent que les sujets ne s'appuient pas significativement sur les business plans pour effectuer leurs choix d'investissement. Ces conclusions légitiment la spécification du modèle individuel prédictif qui supprime précisément la variable cognitive du modèle explicatif.

Les résultats du modèle individuel prédictif confortent l'analyse du modèle explicatif ainsi que celle du plan d'expérimentation. Les participants ont, en moyenne, souscrit au capital des projets qu'ils préféraient (c'est-à-dire qui leur correspondaient le plus en termes d'intérêt et de valeurs) et jugeaient en moyenne, d'une meilleure qualité, mais paradoxalement, dans le cas de l'investissement relatif (en pourcentage du patrimoine des sujets), l'effet affectif était amplifié avec dans le même temps un effet cognitif diminué, ce qui appuie l'idée d'une irrationalité (instrumentale) des sujets.

C.1.1.2. *Proposition d'une théorie originale de* matching *affectif entre l'information perçue par l'investisseur et la structure de préférence de ce dernier*

Pour Pare et Rédis (2011), les hypothèses de la finance traditionnelles ne sont pas nécessairement capables d'appréhender précisément le champ de la finance entrepreneuriale, car celui-ci présente des spécificités, aussi bien dans la dimension entrepreneuriale que financière. À son échelle, notre proposition répond à leur appel pour un renouvellement théorique.

Le cœur de ce travail doctoral réside dans la proposition d'une théorie originale visant à appréhender et comprendre le choix des investisseurs en situation d'incertitude. Cette grille de lecture a vocation à compléter la théorie du signal (Akerlof 1970 ; Spence 1973) invoquée pour expliquer les choix des investisseurs faisant face à une forte asymétrie d'information.

Comme nous l'expliquons dans nos travaux, ce prisme de lecture, inscrit dans le paradigme de l'efficience des marchés financiers, n'explique vraisemblablement pas totalement les choix des investisseurs, particulièrement pour ceux qui s'adonnent à l'equity crowdfunding avec des motivations non financières et s'éloignent de ce fait du prototype de l'*homo œconomicus*.

La théorie que nous proposons est en quelque sorte la projection de la théorie de l'attraction organisationnelle dans la finance entrepreneuriale. L'attraction organisationnelle est l'attitude affective d'un individu vis-à-vis d'une organisation considérée comme particulièrement désirable, combinée à la motivation de nouer une relation contractuelle avec elle (Aiman-Smith *et al.* 2001 ; Lis 2012). Empruntée à la GRH, cette théorie repose sur une approche affective et holistique plus que cognitive et évaluative, elle trouve un fondement dans la théorie du *Fit* I-O qui explique l'attractivité d'un individu pour une organisation par une congruence de valeurs et de normes (Chatman 1989 ; Kristof 1996 ; Chapman *et al.* 2005). Enfin, la théorie du *Fit* I-O peut elle-même s'adosser à l'hypothèse fondamentale partagée par les théories de la consistance cognitive telle la théorie de la dissonance cognitive de Festinger (1957) ainsi que sur la psychologie des valeurs (Rokeach 1973 ; Schwartz 2006).

La théorie du *matching* affectif repose sur une congruence ou correspondance de valeurs, mais plus largement sur une correspondance entre caractéristiques du projet et préférences psychologiques de l'individu ; ces préférences incluent les valeurs ainsi que d'autres dimensions spécifiques au contexte de l'equity crowdfunding, c'est pour cette raison qu'une théorie *ad hoc* nous semblait nécessaire. Cette théorie peut se définir comme suit : dans le contexte de l'equity crowdfunding, certains projets entrepreneuriaux nous correspondent davantage, ils ont naturellement notre préférence, indépendamment de toute évaluation subjective. La correspondance entre investisseur et projet porte sur deux dimensions[1] : les valeurs prônées implicitement

1. Une troisième dimension, la familiarité avec le projet, n'a pas été retenue en raison du manque de significativité de son effet sur le choix d'investissement. Nous pensons néanmoins que ce résultat est imputable aux conditions artificielles de l'expérimentation.

ou explicitement par l'équipe entrepreneuriale et l'intérêt pour le domaine d'activité du projet. Cette préférence quasi immédiate est un déterminant affectif du choix de l'investisseur qui, sous certaines conditions, liées à l'importance de l'enjeu, à la nature des motivations, à la sophistication, à l'expérience et au temps disponible de l'investisseur individuel, domine les effets d'une évaluation cognitive subséquente.

C.1.2. *Contribution méthodologique*

C.1.2.1. *Modélisation du comportement de l'investisseur individuel par la conception d'un algorithme de calcul d'une distance affective entre investisseur et projet*

La démarche exploratoire de ce travail visait en premier lieu à l'élaboration d'une théorie positive rendant compte du rôle de l'affectif dans le choix des investisseurs en equity crowdfunding. C'est pourquoi, dans un premier temps, nous avons développé un modèle explicatif que nous avons estimé empiriquement sur un échantillon d'individus. Les coefficients estimés coïncidaient avec nos anticipations : la variable cognitive du modèle, la Qualité perçue du signal, avait un effet négligeable au regard des variables affectives.

Partant, nous avons développé un modèle individuel prédictif en tronquant l'équation du modèle explicatif (soit en supprimant la variable Qualité perçue du signal) et en recourant à une information supplémentaire : la structure de préférence de chaque investisseur, soit la donnée des listes ordonnées des dix valeurs de base et des domaines d'activité des projets classés selon l'intérêt qui leur était porté.

Grâce à une procédure ou algorithme original de *matching*, le modèle explicatif individuel calcule une distance affective entre un individu et 1 ou n projets. Il est ensuite possible d'ordonner ces distances affectives pour définir *in fine* une relation ordinale entre les projets en compétition, information résumée dans le vecteur de choix *a priori*.

L'application de cette procédure aux sujets de l'expérimentation donne un résultat encourageant puisqu'il permet de prédire correctement 55 % des premiers choix des 100 sujets de l'expérimentation. Par ailleurs, la prédiction du vecteur de choix *a posteriori* par le vecteur de choix *a priori* fait mieux que le hasard avec un gain relatif de 18 % sur une séquence de 50 tirages, résultat calculé grâce à la mesure de similarité que nous proposons.

Remarquons tout d'abord que le développement d'un modèle individuel prédictif répond aux attentes de Mangot (2013) qui définit le futur de la finance comportementale en trois points : personnalisation, apprentissage et modélisation.

Ensuite, nous avons choisi de nous placer dans le cadre de l'incertitude, c'est-à-dire dans un univers où les conséquences ne sont pas probabilisées (objectivement) sans pour autant nous inscrire dans le cadre de la théorie de la décision, alors que c'eût été possible, essentiellement en raison de notre objectif principal qui est explicatif et exploratoire et non pas normatif. Néanmoins, comme l'indique Kast (2002) : « L'un des objets de la théorie de la décision est de donner les moyens de construire des descriptions quantifiées des problèmes, ainsi que des critères, qui permettent d'y apporter des solutions. »

Or, le modèle individuel prédictif offre un moyen pour quantifier la distance affective entre un individu et un projet, le critère de choix étant défini par l'optimum de la procédure de *matching* qui apparie l'individu avec le projet qui lui correspond le plus. Cette fonction ne s'applique pas aux conséquences des choix, il ne s'agit donc pas d'une utilité. Le *matching* est défini par l'écart entre certaines caractéristiques d'un projet et celles d'un individu, et repose sur des fondements théoriques interactionnistes (la théorie du *Fit* I-O) et l'hypothèse de consistance cognitive. Ainsi, ce modèle, fondé sur une optimisation, fonction des préférences affectives, implémente une version hédonique de l'utilité (sans pour autant être formellement une utilité) proche de celle des précurseurs de la théorie économique. En effet, le projet qui nous correspond (résultat du *matching* affectif) et nous attire le plus, est aussi celui qui génère le plus de réactions affectives positives. Nous arrivons donc à une conclusion analogue à celle de Slovic *et al.* (2002) à propos du système expérientiel (c'est-à-dire système intuitif ou encore système 1) : « Ironically, the perception and integration of affective feelings, within the experiential system, appears to be the kind of high-level maximization process postulated by economic theories since the days of Jeremy Bentham. These feelings form the neural and psychological substrate of utility. »

Se pose alors la question de la dimension éventuellement normative de ce travail. Peut-on recommander à un investisseur de choisir le projet qui correspond le plus à ses préférences indépendamment de l'évaluation de sa qualité ? Autrement dit, dans un critère de choix, peut-on prendre pour fonction objectif, celle que l'on maximise, une fonction issue d'une approche empirique et ne résultant pas d'une axiomatique ?

Dans la préface de l'ouvrage de Billot (1987), l'économiste Claude Ponsard répond à cette question. Pour ce chercheur, optimisation et explication ne sont pas disjoints. Un modèle normatif repose toujours sur l'optimisation d'une fonction objectif qui découle nécessairement d'une explication. « C'est la connaissance que l'on a de la réalité qui conduit à décréter que tel choix est meilleur que tel autre. »

De notre point de vue, une fonction issue d'une démarche explicative empirique peut ou pas faire office de fonction objectif. En effet, si cette fonction décrit un biais comportemental préjudiciable aux intérêts de l'individu, quel sens aurait une recommandation basée sur la maximisation de cette fonction, c'est-à-dire du biais ? Aussi nous sommes en accord avec Howard (1988) pour qui un modèle normatif fait sens seulement s'il pallie les déficiences humaines :

> « L'idée du modèle normatif s'impose lorsque nous ne sommes pas satisfaits de notre fonctionnement. Parce que nous savons que nous sommes sujets à des illusions d'optique, nous croyons nos instruments de mesure plutôt que nos perceptions. [...] Au vu de toutes les insuffisances si facilement démontrées dans la prise de décision humaine, qui voudrait se reposer sur un jugement qui n'est pas aidé pour régler un problème décisionnel complexe et important ? »

Dans le cas qui nous intéresse, nous distinguons deux alternatives : soit la motivation principale de l'investisseur est financière, et dans ce cas, il ne semble pas opportun de fonder une recommandation d'investissement sur la base de ses préférences sans prise en compte de la qualité du projet, même subjective ; soit sa motivation principale est non financière, et dans ce cas, une telle recommandation devient possible, voire souhaitable, car alignée sur les préférences de l'individu, ce qui correspond à la définition d'une bonne décision selon Howard (1988) : « Une bonne décision est une action que nous entreprenons et qui est compatible logiquement avec les alternatives que nous percevons, les informations que nous avons, les préférences que nous ressentons. »

C.1.2.2. *Conception d'une mesure de similarité originale*

Le modèle individuel prédictif (ou procédure de *matching*) associe une valeur numérique à chaque couple (investisseur, projet) : l'Intensité du choix d'investissement prédite (ou attraction). Ce nombre est calculé sans que l'investisseur n'ait connaissance du projet (donc sans évaluation) sur la base des caractéristiques du projet et de l'individu. Il devient dès lors possible d'ordonner les projets les plus attractifs, *a priori*, pour l'investisseur. Si celui-ci fait face à n projets en compétition, alors cet algorithme a pour résultat un vecteur ordonné à n composantes ou vecteur de choix *a priori*. La question posée est alors celle de la qualité de la prédiction, mesurée par l'erreur de prédiction entre le vecteur de choix *a priori* et le vecteur choisi (ou vecteur de choix *a posteriori*), déterminé par l'évaluation des n projets par l'investisseur. Pour le calcul de cette mesure d'erreur, nous avons proposé un calcul original, de type mesure de similarité vectorielle qui repose sur deux règles :

1) la mesure de similarité, donc de l'erreur, est d'autant plus faible que le rang de chaque composante est proche, c'est-à-dire que la permutation de rang de la composante est petite. Cette règle est analogue à celle qui détermine la distance de Spearman ;

2) la mesure de similarité, donc de l'erreur, est d'autant plus faible que le rang de la permutation, défini par le rang de la composante de rang le plus petit est grand. Grâce à cet outil, nous avons pu mesurer le gain relatif de la prédiction proposée sur une prédiction aléatoire, ce qui valide la valeur ajoutée du modèle individuel prédictif.

Ajoutons que cette mesure de similarité peut trouver une application dans tout problème, y compris de mesure perceptuelle, mettant en jeu la comparaison de structure de données (ou d'objets) ordonnée (hiérarchisée) pour lesquelles l'importance des données (ou objets) est décroissante.

Considérons par exemple, le classement ATP des 20 meilleurs joueurs mondiaux pris à deux dates successives t_1 et t_2 (avec $t_2 > t_1$). Supposons que la seule différence intervenue dans l'intervalle t_2-t_1 soit la permutation du n° 2 mondial avec le n° 5 mondial (cas A), ou bien que la seule différence soit la permutation du n° 17 mondial avec le n° 20 mondial (cas B), alors la mesure proposée calculera une distance plus grande dans le cas A que dans le cas B. Ce résultat correspond à l'intuition naturelle d'un changement plus important intervenu dans le cas A car le sommet de la hiérarchie est modifié.

C.1.3. *Contribution managériale*

C.1.3.1. *Pour les investisseurs et l'AMF*

Nos travaux mettent au jour l'importance des valeurs et de l'intérêt pour le projet comme déterminants du choix d'investissement. Le faible impact sur la décision de la qualité du projet, évaluée sur la base du business plan, est un second résultat frappant. En l'espèce, la dimension affective l'emporte sur la dimension cognitive si l'on en juge par les poids relatifs des effets des variables de notre modèle explicatif.

Ce résultat pose la question des risques conscients ou inconscients pris par l'investisseur, en particulier si son objectif est sous-tendu par une motivation financière, auquel cas celui-ci devrait se conformer à la théorie du choix rationnel. Mais quelle que soit sa motivation, y compris altruiste, un jugement altéré par un biais affectif peut conduire au mieux à la désillusion, au pire à des pertes financières substantielles dommageables.

Il n'est pas nécessaire de remonter aux philosophes classiques qui, de Platon à Kant, critiquaient vigoureusement les passions, mauvaises en soi et dont il faudrait se libérer pour vivre une vie bonne, pour appréhender le lien entre risque et décision affective.

Dans le champ des neurosciences, Bechara et Damasio (2005) sont à l'origine de la théorie des marqueurs somatiques et défendent le rôle des émotions comme guide pour une bonne décision. Toutefois, ils mettent en garde contre un risque, révélé par une expérimentation dans laquelle le sujet, soumis à un inducteur émotionnel fort, n'effectuait pas les meilleurs choix au cours des tâches auxquelles il était soumis.

À propos de son modèle de prise de décision dual système 1 et système 2, Kahneman (2003) met en garde contre les décisions prises de façon affective, c'est-à-dire celles où le système 1 prime sur la raison, car rien n'indique que leur choix soit pertinent. En effet, Kahneman explique le raisonnement affectif par le concept d'accessibilité des informations mémorisées. Les informations sont d'autant plus accessibles qu'elles sont associées à des états émotionnels intenses ; or, il n'y a pas de raison pour que les informations les plus accessibles soient pertinentes pour la prise de décision. À ce sujet, Slovic (2001) évoque le cas des décisions aux conséquences lointaines pour lesquelles les risques sont minorés. Il illustre son propos par le cas emblématique des cigarettes. Il n'est pas déraisonnable de faire l'analogie avec les horizons de sortie lointains (5 à 8 ans) d'un investissement en equity crowdfunding.

Les travaux sur l'heuristique d'affectivité démontrent que la perception des risques et des bénéfices est négativement corrélée lors d'une prise de décision portant sur un objet perçu positivement (Fischhoff *et al.* 1978). Ainsi, en finance, Ganzach (2000) démontre que la familiarité des analystes financiers avec un actif altère leur perception du couple rentabilité/risque. Pour Slovic *et al.* (2002), l'heuristique d'affectivité peut induire des décisions erronées par les limites intrinsèques du système expérientiel, mais de surcroît, l'affectif est manipulable.

Les professionnels de la publicité et du marketing manipulent délibérément nos réactions affectives en usant de persuasion en sorte d'influencer nos attitudes et comportements.

Pour Epstein (1994b), la persuasion publicitaire est non seulement efficace, mais elle a surtout plus de poids que le discours rationnel. *A fortiori* si l'inducteur d'émotion est une image ou une vidéo comme le démontrent les résultats obtenus lors d'expérimentations associant images et préférences de destinations de voyages (Slovic *et al.* 1991).

Dans ce travail, nous avons signalé l'impact sur la prise de décision d'une persuasion par pitch vidéo « marketé » de façon professionnelle par les plateformes de *crowdfunding* et les équipes entrepreneuriales.

Au vu des risques afférents aux décisions affectives, conjugués à nos résultats sur l'importance vraisemblable de la dimension affective dans le choix d'investissement en equity crowdfunding, il nous semble indispensable, *a minima*, d'informer et mettre en garde l'investisseur individuel en equity crowdfunding sur l'existence de ce risque spécifique.

Un courant du droit s'est d'ailleurs saisi de l'approche comportementale des comportements des investisseurs pour imaginer une réglementation visant à corriger les biais mis au jour (Wetzer 2008). Une voie possible pour protéger l'investisseur de ses propres biais pourrait passer par le *nudge* (Thaler et Sustein 2012) qui consiste simplement à proposer un choix par défaut que la plupart des individus adoptent.

Pour la France, il revient à l'Autorité des marchés financiers (AMF), l'institution financière et autorité administrative qui a notamment pour mission de veiller à l'information des investisseurs, de se saisir de ces travaux pour protéger les investisseurs.

Nous soumettons quatre propositions d'intensité graduelle :

– intégrer un avertissement à propos de ce biais affectif dans l'information aux investisseurs ;

– insérer une mention légale dans les pitchs vidéo, car il s'agit de l'inducteur émotionnel le plus puissant ;

– imposer une diversification minimum pour des investissements dont les montants rapportés à la capacité financière de l'investisseur dépassent un seuil ;

– imposer des limites d'exposition proportionnelles au niveau de revenu et/ou de richesse, inspirées du Jobs Act (titre 3) de la réglementation américaine.

C.1.3.2. *Pour les sociétés envisageant un financement par* equity crowdfunding

Outre l'aspect financier, les travaux sur le crowdfunding font ressortir l'importance de l'information apportée par la foule des contributeurs aux entrepreneurs. Les conseils, contacts et retours d'expérience sont autant de sources d'amélioration, voire de validation de l'offre par le marché (Bessière et Stéphany 2015). La foule favorise les chances de succès du projet et participe à sa gouvernance cognitive, c'est-à-dire à la création de valeur par construction de compétences encourageant l'innovation et l'émergence de nouvelles opportunités (Charreaux 2011). Par conséquent, susciter l'engagement de ces futurs actionnaires devient stratégique. Or, l'engagement vers la réalisation des objectifs de la firme est l'une des trois dimensions du concept d'implication organisationnelle (Meyer et Allen 1991) qui trouve une explication par le *Fit* I-O, c'est-à-dire la congruence entre les valeurs et normes de l'individu avec celles d'une organisation que nous mobilisons déjà pour donner une assise théorique à la théorie du *matching* affectif proposée.

Ce raisonnement, comme les résultats de nos travaux, révèle l'importance du rôle des valeurs dans le choix des projets. Rappelons que dans notre modèle explicatif, la variable Congruence aux valeurs de base est la seconde plus importante par les effets totaux (effets directs et indirects cumulés) après la variable Intérêt pour expliquer l'Intensité du choix d'investissement.

Finalement, ces éléments théoriques et empiriques nous incitent à recommander aux entrepreneurs désirant développer une gouvernance cognitive avantageuse d'attirer les investisseurs alignés sur leurs valeurs, car ces derniers seront impliqués, donc engagés.

Une communication explicite des valeurs du projet *via* le pitch vidéo et le business plan nous semble un moyen pertinent pour atteindre cet objectif.

C.1.3.3. *Pour les plateformes*

C.1.3.3.1. Satisfaire plus finement à l'obligation légale de test d'adéquation

Le statut de CIP ou PSI impose aux plateformes une obligation légale de conseil en investissement personnalisé cohérent avec le profil des investisseurs. Celle-ci est appréhendée par le test d'adéquation, défini par la directive MIF II n° 2014/65/UE du 15 mai 2014 et administré par questionnaire. Actuellement, les informations requises sont relatives aux objectifs d'investissement, à la connaissance et l'expérience du client ou prospect en matière d'investissement du type de produit ou service proposé, à sa situation financière et à sa tolérance aux pertes. Comme le mentionne Wetzer (2008), « il ne serait pas difficile d'enrichir ce questionnaire d'une rubrique comportant certains aspects psychologiques en vue d'un conseil en investissement pertinent à la fois sur les objectifs financiers comme sur le profil psychologique de l'investisseur ». Plus précisément, ces questions additionnelles pourraient avoir trait à la structure de préférence de l'investisseur définie par sa hiérarchie de valeurs et de préférences pour une liste synthétique des secteurs d'activité de l'économie.

Dès lors, l'algorithme individuel prédictif permettrait de déterminer la proximité affective des projets recommandés, c'est-à-dire le niveau d'adéquation d'un projet avec le profil psychologique de l'investisseur.

C.1.3.3.2. Satisfaire plus finement à l'obligation légale de conseil personnalisé

La finalité du test d'adéquation est de permettre aux plateformes la délivrance d'un conseil d'investissement personnalisé pertinent aux clients et prospects. Comme nous l'avions mentionné dans le premier chapitre du volume 1, la doctrine de l'AMF accorde aux envois de messages en nombre le statut de conseil en investissement à la condition qu'ils s'accompagnent d'une recommandation, d'une opinion ou d'un jugement de valeur sur une opportunité de transaction. Autrement dit, le conseil personnalisé peut être identique pour la totalité du fichier des clients et prospects d'une plateforme, ce qui est assez paradoxal.

Comme nous l'avons évoqué dans le précédent point, l'algorithme individuel prédictif offre la possibilité de quantifier l'adéquation du profil psychologique de l'investisseur, réduite à sa structure de préférence, avec un projet en financement. Cette information pourrait aussi être utilisée pour définir puis transmettre une sélection d'entreprises en financement qui correspondent au caractère idiosyncratique de chaque individu. Ainsi le conseil en investissement serait véritablement individualisé.

Ce type d'application va dans le sens d'une finance comportementale personnalisée qui, selon Mangot (2013), correspond à l'évolution future de ce champ de recherche. D'ailleurs, comme le rapporte cet auteur, la finance comportementale a déjà trouvé des débouchés concrets dans la gestion de fortune dans laquelle ses résultats sont employés pour améliorer la relation-client par des questions de comportement donnant des informations sur la personnalité financière des clients.

Notons qu'il est possible d'aller plus loin en matière d'automatisation. La définition du profil psychologique des individus pourrait par exemple être inférée de façon non déclarative à partir du double numérique du client dont les contours sont définis par l'ensemble des données laissées par le client lorsqu'il surfe sur Internet, en particulier sur les réseaux sociaux. Junghans (2016) évoque à ce sujet la puissance du Big Data pour la prédiction des comportements des consommateurs, en précisant toutefois que la limite de ces technologies est de prédire le futur en s'appuyant sur le passé et le calcul des probabilités sans pouvoir anticiper les ruptures de tendance.

Le conseil automatisé et personnalisé en investissement ou *robot-advisor* est une autre application possible de l'algorithme individuel prédictif. Ces outils de gestion de patrimoine en ligne offrent des solutions financièrement compétitives pour gérer l'épargne des ménages de façon totalement ou partiellement automatisée et selon des stratégies de gestion passive ou active relativement à un profil d'investisseur. Aussi, il serait envisageable d'allouer automatiquement une fraction de capital du compartiment « objectif de richesse » du portefeuille comportemental de Shefrin et Statman (2000) à des souscriptions de titres en equity crowdfunding. Cette allocation automatique avec objectifs de diversification et croissance présenterait l'avantage de la simplicité.

Cependant, ce mécanisme court-circuiterait la phase de découverte et sélection des projets par l'investisseur, alors que celle-ci constitue une véritable expérience hédonique dans laquelle, semblable à un consommateur, il jouit du contrôle conféré par la plateforme pour opérer ses choix. Cette dimension d'autonomie est, selon Ryu et Kim (2014), une source de motivation intrinsèque (Deci et Ryan 1985) prégnante sur les plateformes de crowdfunding.

C.1.3.3.3. Structure de préférence et segmentation marketing

Pour les investisseurs individuels, inscrits sur une plateforme à laquelle ils accepteraient de révéler leur structure de préférence par voie déclarative, par exemple pour bénéficier de notifications ciblées à propos de nouveaux projets qui leur correspondent, l'information collectée permettrait d'établir une segmentation marketing, c'est-à-dire une classification.

Rappelons que la structure de préférence est la donnée pour chaque investisseur de trois listes ordonnées (hiérarchiques), une pour la congruence aux valeurs de base, la seconde pour l'intérêt avec le domaine d'activité et la troisième pour la familiarité avec le domaine d'activité.

Grâce à la mesure de similarité proposée dans nos travaux, il devient possible de classer les investisseurs d'une plateforme selon une méthode hiérarchique standard (ascendante ou descendante) pour créer des typologies d'investisseurs sur la base de proximité de profil psychologique au regard d'une, deux ou de ces trois variables (liste ordonnée).

On peut envisager 7 segmentations différentes :

– segmentation à une variable : (1) congruence aux valeurs de base ou (2) intérêt ou (3) familiarité ;

– segmentation à deux variables : (4) (congruence aux valeurs de base, intérêt) ou (5) (congruence aux valeurs de base, familiarité) ou (6) (intérêt, familiarité) ;

– segmentation à trois variables : (7) (congruence aux valeurs de base, intérêt, familiarité).

Par exemple, une classification par le couple (congruence aux valeurs de base, intérêt) réunirait tous les investisseurs d'une plateforme proches à la fois par leurs valeurs et par l'intérêt qu'ils portent aux différents domaines d'activité des projets financés.

Une application possible, après avoir associé des données quantitatives à ces classes, tel le montant total des fonds investis, serait d'analyser comparativement ces segments marketing pour en tirer des enseignements sur les types de projets à même de générer le plus de souscriptions, etc.

C.1.3.3.4. Possibilité d'implémentation d'une place de marché avec système de *matching* automatique pour les actifs non cotés

Sur les marchés financiers, le prix des actifs autorise l'automatisation des transactions. Par exemple, pour les marchés dirigés par les ordres, l'automatisation de l'appariement (*matching*) des ordres est fonction du type d'ordre (« cours limité », « meilleure limite », etc.), des quantités et des prix, hormis pour l'ordre au marché qui privilégie la rapidité d'exécution et ne dépend pas des prix.

Aussi ce *matching* associe un ordre d'achat avec un ou plusieurs ordres de vente pour un titre donné, issu d'une sélection préalable par l'investisseur ou son mandataire (société de gestion, CGPI, etc.). Cette présélection repose généralement sur une stratégie de gestion passive (réplication d'un indice de marché) ou sur une stratégie de gestion active par *picking* (basé sur une analyse fondamentale et technique) généralement automatisable par algorithme.

Dans l'univers du non coté (*private equity*) et plus spécialement pour l'equity crowdfunding, les étapes de sélection des titres (projets) et d'appariement d'ordre sont confondues dans la mesure où l'investisseur individuel opère sur un marché primaire. La sélection est nécessairement active, car les startups en financement ne sont pas cotées et n'appartiennent à aucun indice.

Le modèle individuel prédictif offre la possibilité d'une forme de gestion active automatique pertinente pour les cas de sélection s'effectuant sur un très large choix de projets. Ce type de configuration devrait se développer à l'avenir, par exemple avec des plateformes d'agrégation ou des places de marché pour titres non cotés telle Alternativa[2].

De plus, une sélection automatisée sera indispensable si, comme l'attend la profession de l'equity crowdfunding, une partie des actifs OPCVM UCITS devient éligibles aux titres non cotés. Cette évolution réglementaire fait partie de la liste de propositions de l'association Financement participatif France de juillet 2017 pour flécher l'épargne des Français vers l'économie réelle *via* les contrats d'assurance-vie en unité de compte et l'épargne salariale.

Ajoutons qu'une autre évolution pourrait justifier ce type de mécanisme : le projet de loi Pacte prévoit de rendre les titres financés par crowdfunding éligibles à l'enveloppe fiscale PEA-PME.

---

2. Alternativa, société liquidée en 2017, offrait une bourse alternative pour les PME non cotées : https://www.boursorama.com/bourse/actualites/alternativa-une-solution-de-crowdfunding-equity-alternative-a-euronext-alternext-et-le-marche-libre-df35be927770fe9fa3516c2075560b4e.

C.2. Limites

Cette section présente les limites de ce travail, y seront évoquées successivement les limites liées aux jalons chronologiques de cette recherche : la revue de littérature, l'étude qualitative, l'expérimentation de laboratoire et l'étude quantitative.

C.2.1. *Limites liées à la revue de littérature*

La nature de ce travail est exploratoire. Partant d'une conjecture intuitive sur le rôle probable de l'affectif dans les prises de décision des investisseurs en equity crowdfunding, une première revue de littérature dans le champ de la finance entrepreneuriale (incluse dans le chapitre 1 du volume 1) nous a convaincu de l'existence d'un *gap* entre les raisons invoquées pour rendre compte des choix de projets par les investisseurs, centrées sur la dimension cognitive du choix, et le dualisme cognitif/affectif qui nous semble plus pertinent, car potentiellement doté d'un pouvoir explicatif plus grand.

Le cheminement intellectuel de cette recherche nous a alors naturellement entraîné hors des sentiers battus de la finance. Aussi, le second temps de notre revue de littérature (voir chapitre 2 du volume 1) a vu s'élargir le périmètre des champs de la connaissance explorés, d'abord aux disciplines des sciences de gestion puis au-delà, en puisant aux sources des sciences humaines avec la psychologie cognitive et la psychologie sociale.

La modélisation proposée est le fruit de ce travail de recherche théorique transversal. La démarche intégrative qui a prévalu a permis d'aboutir à un modèle synthétique dont les variables sont transposées à la finance depuis des champs plus ou moins éloignés.

Par conséquent, une faiblesse de l'étape théorique, corollaire de cette démarche transversale et synthétique, a trait au manque de profondeur accordé à certains construits qui mériteraient un effort centré sur une opérationnalisation plus fine. C'est en particulier le cas pour la variable Intérêt, à la fois parce qu'elle est transposée de la psychologie cognitive appliquée aux sciences de l'éducation, mais aussi parce que nos travaux révèlent son importance. Conscient de ce point, nous pensons néanmoins que notre démarche abductive d'enrichissement des construits par le terrain a partiellement atténué cette lacune.

De la même façon, si la transversalité de ce travail a permis de produire une théorie originale (la théorie du *matching* affectif), celle-ci nécessite des approfondissements aussi bien dans sa formulation que pour son ancrage théorique.

Une seconde critique légitime peut être faite à propos du caractère *a priori* déséquilibré de notre modèle explicatif. Celui-ci ne compte qu'une seule variable représentative de la dimension cognitive (Qualité perçue du signal) contre quatre variables pour la dimension affective (Congruence axiologique, Intérêt, Familiarité et Réaction affective), la variable Confiance étant de nature mixte. Cette modélisation asymétrique n'expose-t-elle pas à un biais ?

Tout d'abord, l'objet de notre recherche étant centré sur l'explication des choix par leur dimension affective, il était naturel d'identifier les variables qui nous semblaient pertinentes à cet égard. Ensuite, il nous semble que lorsque l'on ajoute une ou plusieurs variables à un modèle, l'analyse statistique révèle leur importance et le cas échéant leur inutilité.

C.2.2. *Limites liées à l'étude qualitative*

C.2.2.1. *Limites liées aux données*

Le corpus qualitatif publique collecté sur la plateforme Wiseed.com est conséquent puisqu'il regroupe 3 020 mini-récits d'investisseurs témoignant des raisons de leur choix de projet.

Cet échantillon de convenance présente des avantages et des inconvénients. Au titre des avantages, citons :

– la disponibilité des données ;

– un échantillon regroupant de véritables investisseurs, ce qui favorise la validité externe ;

– la taille du corpus, suffisamment conséquente pour employer des outils de lexicométrie et bien entendu satisfaire au critère de saturation des données ;

– des réponses données par questionnaire en ligne sans échange avec un enquêteur, ce qui élimine l'effet Pygmalion[3] par lequel un expérimentateur influence consciemment ou non un sujet interrogé.

Concernant les inconvénients :

– des réponses courtes (19 mots en moyenne), ce qui est probablement lié au manque de motivation des investisseurs à expliciter davantage leurs motifs décisionnels. Notons, à cet égard, que des entretiens individuels permettraient d'obtenir des réponses plus riches ;

– des données issues d'une unique plateforme.

3. Voir (Trouilloud et Sarrazin 2003).

Ce dernier point représente, à notre avis, la limite principale liée à la nature des données. En effet, Wiseed.com est le principal acteur français par les volumes collectés pour la finance participative. Il s'agit également d'une plateforme généraliste, cependant, une proportion conséquente des projets proposés relève de la thématique du développement durable et plus spécialement de l'environnement. À l'heure où nous écrivons ces lignes, la répartition des projets financés dans les quatre catégories possibles, environnement, santé, numérique, alimentation, est respectivement de : 62, 19, 35 et 19 projets. Par conséquent, ces données ne sont-elles pas une représentation biaisée de la réalité qui fausse la validité interne de ce travail ?

Nous reconnaissons que cette surreprésentation des projets à caractère environnemental a pu influencer notre jugement sur le poids des motivations non financières dans le choix des investisseurs et renforcer notre croyance *a priori* sur un investissement plus affectif que cognitif. Pour autant, nous avons la conviction qu'il s'agit là d'une question de degré, car même réduite au sous-ensemble des projets des classes « santé » et « numérique » de la plateforme, c'est-à-dire des projets les plus éloignés du concept de développement durable, l'analyse des verbatim atteste de la pertinence des variables du modèle.

C.2.2.2. *Limites liées au traitement des données*

La lecture flottante et l'analyse de contenu thématique manuelle ont été réalisées par un seul chercheur, ce qui est préjudiciable à la fiabilité des résultats. L'intersubjectivité contradictoire eût permis de tendre vers davantage d'objectivité et ainsi d'améliorer la validité interne des résultats. Néanmoins, l'exécution de routines de lexicométrie (intensité lexicale, co-occurrence et concordances) a pu limiter ce risque par le caractère objectif de ces outils.

Enfin, si nous n'avons pas triangulé par croisement plusieurs sources d'information, notre démarche d'aller-retour entre terrain et théorie nous a permis de corroborer les résultats issus d'inférences abductive.

C.2.3. *Limites liées à l'expérimentation de laboratoire*

Dans le chapitre 2 du présent volume, nous avons exposé les traitements appliqués aux principaux biais de cette expérimentation. Malgré notre volonté de réduire ces effets par un protocole approprié, notre recherche s'est poursuivie dans un cadre contraint (par le temps, les moyens, etc.), ce qui a inévitablement induit certaines limites.

C.2.3.1. *La captation des réactions affectives*

Concernant la mesure des réactions affectives, nous avons eu recours à un questionnaire autorapporté immédiatement après l'exposition au stimulus : les vidéos de pitch des entrepreneurs.

Ce moyen facile à mettre en œuvre présente des limites. D'abord, les résultats obtenus sont purement subjectifs, ensuite, Derbaix et Poncin (2005) évoquent la difficulté de certains sujets face à des questions d'introspection ou de rétrospection.

Les moyens de captation des réactions affectives, en particulier des émotions, sont multiples : mesure des expressions vocales, mesure des expressions faciales, mesures psychobiologiques (conductibilité électrique de la peau, dilatation pupillaire, rythme cardiaque, activité électrique des muscles, mesure des ondes alpha ou des flux sanguins dans le cerveau, etc.).

En la matière, seule une approche multiméthodes permettrait d'améliorer la fiabilité de la mesure.

C.2.3.2. *Biais de sélection et variable Familiarité*

Une conséquence du biais de sélection induit par la constitution de notre échantillon est, de notre point de vue, le faible effet de la variable Familiarité du modèle.

En effet, la littérature en finance entrepreneuriale abonde au sujet du rôle des *friends and family* pour amorcer la pompe du financement des projets. L'entourage social des entrepreneurs est naturellement soumis au biais de familiarité alors que dans le cadre artificiel de notre expérimentation, les étudiants étaient parfaitement déconnectés des entrepreneurs des quatre projets en compétition. Aussi nous pensons que ce travail sous-estime l'importance de cette variable, particulièrement dans la dimension de proximité avec les entrepreneurs. Ajoutons que les données des indicateurs du construit formatif Familiarité présentaient des distributions notablement éloignées de la loi normale, ce qui a entraîné mécaniquement une sous-estimation de la significativité des relations causales par l'approche PLS-SEM.

C.2.3.3. *Biais de sélection et genre*

Le manque de représentativité de l'échantillon a été souligné dans le chapitre 2 du présent volume. Le groupe des participants était composé d'une proportion d'étudiantes (62 %) sensiblement supérieure à celle des étudiants (38 %). Or, si l'on considère le cas de la plateforme Wiseed.com, l'étude de Hervé *et al.* (2016) indique que 93 % des investisseurs sont des hommes et que leurs comportements diffèrent de ceux des investisseurs femmes, ces dernières ayant une préférence pour les actifs moins risqués conformément à leur niveau d'aversion au risque.

Cependant, dans notre recherche, l'analyse multigroupe réalisée n'a pas révélé de différence significative (au seuil de 5 %) entre étudiants et étudiantes pour les hypothèses du modèle, sans considérer toutefois les effets des variables de contrôle et modératrices, dont l'aversion au risque, non testée en analyse multigroupe.

C.2.3.4. *Biais de sélection et incitation financière*

Nous avons fait le choix d'une incitation sous forme de loterie ayant pour distribution une chance sur deux de gagner une carte de 10 € et une chance sur deux de gagner une carte de 20 €. Or, cette distribution de probabilité est nettement plus favorable que celle qui prévaut dans le monde réel du capital-risque. Ainsi, le profil d'aversion au risque des participants n'est sans doute pas aussi *risk lover* que celui des véritables investisseurs.

Cette limite s'explique par notre souhait d'attirer suffisamment de sujets pour que la taille de l'échantillon permette un traitement statistique.

C.2.3.5. *Biais lié au jeu de rôle, motivations réelles et motivations artificielles*

Nous n'avons pas de doute sur le sérieux et l'implication de la quasi-totalité des participants à l'expérimentation en raison de leur attitude durant la séance mais aussi, plus objectivement, grâce à quatre questions de contrôle disséminées dans le questionnaire (seuls quatre participants sur 100 se sont trompés à l'une des quatre questions) ou encore par la vérification automatique d'absence de *straight lining* (réponses identiques à toutes les questions) dans les réponses au questionnaire.

Nous nous posons néanmoins la question de la limite d'un jeu de rôle dans lequel les motivations étaient imaginées et non réelles. Dans quelle mesure les étudiants auraient effectué les mêmes choix s'ils avaient vraiment dû investir 200 € et *a fortiori* toute leur épargne ?

La solution des expérimentalistes économistes à ce problème est claire, les conséquences doivent être réelles et les gains proportionnels aux résultats dans le jeu. Comme nous nous en sommes précisément expliqué dans le chapitre 2 de ce volume, ce type de paramétrage du protocole n'était pas aligné avec notre hypothèse de rationalité (instrumentale, axiologique et « affective ») des investisseurs, car les sujets auraient été artificiellement orientés vers des comportements de type utilitaristes alignés sur une rationalité strictement instrumentale.

Trois remarques néanmoins nous laissent penser que la simulation a engendré des comportements fidèles à ceux qui auraient prévalu dans la réalité :

1) à l'issue de la séance, lors d'un bref échange informel, certains étudiants nous ont indiqué qu'ils avaient choisi tel projet plutôt que tel autre, car il présentait, à

leurs yeux, un meilleur potentiel en termes de profits futurs, leur choix n'était donc pas le simple fruit de leur préférence ;

2) les étudiants de l'IAE (assimilés à des investisseurs sophistiqués dans l'expérimentation) ont effectué des investissements moins affectifs que les autres (voir modération de l'effet de la Réaction affective sur l'Intensité du choix d'investissement par la variable modératrice Sophistication) ;

3) les étudiants choisissant la valeur Pouvoir par l'acquisition de richesses comme première valeur les caractérisant ont également effectué un choix notablement plus cognitif que les autres participants.

C.2.3.6. *Effet de contamination*

En vue d'éviter l'effet de contamination, par lequel des sujets informés de l'objectif d'une étude peuvent ne pas répondre sincèrement, nous n'avons pas révélé la finalité de l'expérimentation. Néanmoins, le *design* du questionnaire pouvait laisser deviner son objectif dans la mesure où de nombreuses questions étaient liées au thème de l'affectif.

C.2.3.7. *Une validité externe limitée appelant de nouvelles recherches*

Comme pour toute expérimentation de laboratoire de ce type, la validité externe de notre expérimentation est limitée au cadre et aux conditions qui ont prévalu pour sa réalisation. Nous ne saurions prétendre à une quelconque généralisation de ces résultats. En effet, d'une part, notre échantillon n'est pas représentatif de la foule réelle des investisseurs en equity crowdfunding et d'autre part, le contexte de réalisation des tâches était artificiel (jeu de rôle, absence d'interactions réelles ou virtuelles, etc.) par construction et en vertu du protocole implémenté. Il n'empêche que les conclusions obtenues permettent de poser la possibilité du phénomène. De nouvelles recherches permettront, dans une logique d'accumulation, de valider progressivement ces premiers résultats.

C.2.4. *Limites liées à l'étude quantitative*

Si l'approche PLS présente de nombreux avantages, elle comporte aussi quelques inconvénients. Parmi ceux-ci, citons :

– la méthode ne propose pas d'indice d'ajustement (*fit*) aux données, ce qui est un frein pour la comparaison de modèles. Sur ce point, rappelons que cette recherche est de nature exploratoire ;

– le problème de consistance : l'approche PLS ne tient pas compte des erreurs de mesure pour l'estimation des coefficients qui deviennent asymptotiquement justes avec de grands échantillons, la conséquence en est une sous-estimation des relations structurelles et une surestimation des *loadings* des indicateurs. Dans notre cas, le nombre de points de l'échantillon (400) était élevé, ce qui limite ce problème.

C.3. Voies de recherche

Cette section évoque les cinq voies de recherche envisagées à la suite de ce travail : la transposition du modèle à d'autres objets de la finance, les *business angels* et l'investissement socialement responsable (ISR) (sections C.3.1 et C.3.2), la proposition d'un modèle normatif formel multicritère intégrant le *matching* dans l'espérance d'utilité (section C.3.3), perfectionner la modélisation grâce à l'informatique affective (section C.3.4), et réfléchir sur le lien entre éthique et théorie du *matching* affectif (section C.3.5).

C.3.1. *Adaptation et transposition du modèle au cas des BA*

Si les recherches sur les facteurs explicatifs de la sélection de projets (*screening*) par les *business angels* mettent l'accent sur la dimension cognitive du choix en adoptant les cadres analytiques des théories de l'agence et de l'information, le rôle des motivations non financières telles que le plaisir d'accompagner un créateur ou l'affinité interpersonnelle (Mason et Stark 2004) comme le rôle de l'intuition (Ola 2016) semble établir un pont avec notre recherche.

L'intuition, en particulier, repose sur l'expérience et sur l'affectif (Coget *et al.* 2009), aussi, il nous semble que le modèle explicatif de notre travail pourrait être adapté au cas des *business angels*.

Cela semble faire sens dans la mesure où des *business angels* s'associent à des levées d'equity crowdfunding par syndication, voire participent à ces levées en direct, sans statut particulier. Pour autant, les spécificités de l'investissement par les *business angels* relativement à l'investissement en equity crowdfunding sont multiples : les montants en jeu, la sophistication, les *dues diligences*, la relation directe et *hands on*, etc.

Aussi, nous envisageons de mobiliser le concept d'attraction personnelle (Michinov 2001) en lieu et place du concept d'attractivité organisationnelle pour adapter la théorie du *matching* affectif au cas des *business angels*.

C.3.2. *Adaptation et transposition du modèle au cas de l'ISR et à la finance éthique*

L'investissement en ISR et la finance éthique présentent des similitudes avec l'equity crowdfunding sur au moins deux points, 1) le rôle des motivations extrafinancières dans les choix d'investissement et 2) l'importance des valeurs. Pour cette raison, nous pensons qu'il serait pertinent d'appliquer notre modèle à ce segment de la finance.

C.3.2.1. *Le rôle des motivations extrafinancières dans les choix d'investissement*

Si le rôle des motivations non financières dans les choix des investisseurs en equity crowdfunding fait encore débat, un faisceau de présomption (voir chapitre 1 du volume 1, section 1.2.1.2) semble témoigner de leur importance.

Dans la finance éthique comme dans l'ISR, le rôle de motivations non financières dans la sélection des titres ou projets est attesté par la littérature. Par exemple, dans une étude comparative des investisseurs éthiques et non éthiques, Lewis (2001) montre que les motivations de tous les participants sont à la fois financières et non financières. Il n'y a pas d'*homo œconomicus*, en particulier, les investisseurs éthiques sont comme tiraillés entre leur besoin de sécurité, qui les pousse à investir dans des fonds standards, et leur culpabilité, sentiment qui les incite à investir dans des fonds éthiques.

L'*impact investing* présente la même caractéristique, pour Bugg-Levine et Emerson (2011), l'investisseur poursuit un objectif de profit tout en visant les buts d'impact social et environnemental. Le concept de *blended value* est la combinaison indivisible entre trois éléments : l'économique, le social et l'environnemental auxquels correspondent des motivations intrinsèques et extrinsèques.

C.3.2.2. *L'importance des valeurs*

Une classification des investisseurs ISR révèle l'hétérogénéité de cette population. Lavison (2011) évoque les deux principales classes d'investisseurs ISR :

– les *value seeking* s'inscrivent dans une démarche classique de maximisation du rendement ajusté au risqué, les informations ESG (environnemental, social et de gouvernance) n'étant qu'un indicateur complémentaire révélateur de la qualité des titres ;

– les *value based* sont altruistes et prêts à renoncer à de la rentabilité pour accroître le bien-être collectif, ils fondent leurs choix sur des valeurs indépendamment des outils classiques de l'analyse financière.

Kinder (2005), à l'origine de l'appellation *value based investors*, souligne également le besoin de consistance des investisseurs entre leurs investissements et leurs valeurs, ce qui n'est pas sans rappeler la variable Congruence aux valeurs de base de notre modèle explicatif. L'auteur précise aussi que l'investisseur *value based* s'inscrit dans une démarche de long terme par une stratégie *buy-and-hold*, ce qui constitue une autre similitude avec l'investisseur en equity crowdfunding, car ce dernier est captif et ne peut espérer une sortie avant plusieurs années.

Dans la finance éthique, Lewis (2001) note que l'investissement réalisé est conforme à la morale et aux valeurs de l'investisseur ; de plus, il a vocation à changer les choses. La principale différence entre les investisseurs éthiques et non éthiques est que les premiers transforment leurs croyances en actions et maintiennent ainsi une cohérence entre leurs investissements financiers et leur style de vie. À nouveau nous relevons que la cohérence, plus globale cette fois, caractérise les investisseurs éthiques, ce qui fait écho à la théorie du *matching* affectif proposée dans nos travaux.

C.3.2.3. *Une possible grille de lecture pertinente*

Déjean (2002) estime que les recherches sur l'IRS n'ont pas de fondements théoriques et confrontent par défaut l'investisseur ISR à l'agent rationnel, les biais constatés ne signifiant pas qu'il soit irrationnel mais que les contours de sa rationalité demandent à être établis.

En raison du rapprochement suggéré, à notre avis légitime, entre equity crowdfunding et investissement ISR/éthique, nous pensons qu'il serait pertinent d'appliquer notre modèle à ces typologies d'investissement. En outre, la théorie du *matching* affectif puise ses racines dans la théorie du *Fit* I-O selon laquelle les individus seraient davantage attirés par les organisations dont les normes et valeurs sont congruentes aux leurs (Chatman 1989 ; Kristof 1996 ; Chapman *et al.* 2005), ce qui s'accorde avec la démarche de l'investisseur *value based.*

Enfin, la logique de maximisation d'une attraction (par *matching* de différentes préférences) de notre modèle individuel prédictif, voisine d'une utilité Benthamienne dans la mesure où elle est associée à un accroissement de bien-être, fait écho à l'assertion de Lavison (2011) pour qui « les agents [*value based* et *value seeking* de l'ISR] maximisent tous leur utilité, mais les sources de satisfaction des différents individus ne sont pas identiques ».

C.3.3. *Définir un modèle normatif multicritère comme extension de l'utilité espérée*

Si la transposition de cette recherche à l'ISR porte ses fruits, il serait alors intéressant de réfléchir à la modélisation d'une décision optimale, résultat d'une fonction objectif multicritère. Le premier critère serait l'utilité espérée et le second le critère du *matching*. Les pondérations de ces deux dimensions permettraient de représenter les trois classes d'investisseurs selon la typologie des investisseurs en ISR de Lavison (2011) : altruiste, *value based, value seeking.*

La recherche opérationnelle offre des outils adaptés à ce type de problématique comme l'aide à la décision multicritère (Roy 1985) et qui permettrait d'étendre la théorie du choix rationnel de l'agent animé d'une rationalité instrumentale à un agent animé par une rationalité plus complexe. Cette extension se distinguerait des modèles de la décision économique dérivés de l'utilité espérée intégrant la morale et les considérations sociales dans la fonction d'utilité (Lopes 2005), car elle ne serait pas uniquement utilitariste. En effet, dans la fonction-objectif que nous proposerions, le terme représentant le *matching*, soit l'adéquation d'un projet avec les valeurs et préférences affectives de l'investisseur, n'est pas une utilité mais une attraction résultant d'une congruence. Cependant, la limite de ce type d'outil décisionnel serait de restreindre l'univers des titres d'investissement possibles avec pour corollaire une moindre diversification du risque.

C.3.4. *Affiner la modélisation en s'appuyant sur l'IA affective pour un modèle de simulation dynamique en temps discret*

Le modèle individuel prédictif permet de prédire par *matching* à un instant t les préférences de projets d'un investisseur dont on connaît la structure de congruence *a priori*. Le projet choisi est celui qui minimise la Distance affective ou maximise sa Congruence, soit l'Intensité du choix d'investissement prédite ou encore attraction.

Il serait intéressant de vérifier l'effet d'apprentissage de l'investisseur au fil du temps, en se basant sur un historique d'investisseurs réels, car la théorie nous apprend que l'expérience réduit la plupart des biais comportementaux (Mangot 2008). Par conséquent, l'effet d'apprentissage devrait se manifester par un choix de plus en plus rationnel, autrement dit par une Distance affective des choix monotones croissante dans le temps. Conformément à la théorie des marqueurs somatiques de Bechara et Damasio (2005), une sortie positive ou négative serait considérée comme un événement favorisant l'apprentissage, générant du plaisir ou du déplaisir et modifiant les poids respectifs des dimensions affectives et cognitives issus de la dynamique des choix précédents. Une perte totale en capital serait par exemple un événement hautement déplaisant, remémoré à l'occasion d'un investissement ultérieur, ce qui aurait pour effet d'orienter l'investisseur vers davantage de réflexion et d'analyse afin d'éviter le risque d'éprouver à nouveau ce sentiment d'inconfort.

L'informatique affective est une branche de l'intelligence artificielle qui vise à modéliser les émotions et à concevoir des systèmes capables de reconnaître, synthétiser et exprimer des émotions. Dans ce champ, un courant centré sur la modélisation des processus émotionnels vise notamment à 1) modéliser les sous-processus de déclenchement des émotions et 2) modéliser les sous-processus qui influencent les processus cognitifs (Ochs 2007). Dans une certaine mesure, notre modèle explicatif est lié à ce champ de recherche, car nous empruntons à la théorie de l'*appraisal* pour la génération des réactions affectives de la même façon[4] que l'informatique affective le fait pour modéliser les sous-processus déclenchant les émotions.

Le second point évoqué, modéliser les sous-processus qui influencent les processus cognitifs, trouve des applications dans les techniques d'apprentissage par renforcement. Salichs et Malfaz (2012) proposent par exemple l'implémentation d'un programme apprenant dans lequel les émotions renforcent la mémorisation des actions favorables pour guider les choix ultérieurs : « Emotions [...] provide the means by which the robot can learn from past emotional experiences and modify its behavior accordingly. »

Ochs (2007) nous indique que dans ce type d'algorithme :

> « les *émotions* sont utilisées comme *heuristique pour la sélection d'une action,* la mémorisation et la recherche d'information, ou le choix d'une stratégie de raisonnement. Ces modèles sont particulièrement destinés [...] aux agents évoluant dans *un environnement incertain,* pouvant avoir *plusieurs buts simultanément* et *des ressources limitées.* »

Partant de la similitude entre les contextes d'application de ce type de programme avec ceux auxquels l'investisseur en equity crowdfunding fait face (décision à dimension affective, situation d'incertitude, multiplicité des buts, ressources limitées), il nous semble qu'une simulation par algorithme d'informatique affective, transposé au cas de l'equity crowdfunding et calibré sur un échantillon d'individus, permettrait de mieux comprendre la dynamique des choix des investisseurs et d'étudier plus particulièrement l'hypothèse d'un apprentissage par renforcement.

C.3.5. *Réflexion sur la dimension éthique liée à la perspective du* matching *affectif*

Il nous semble utile de prendre du recul pour réfléchir davantage à la dimension éthique que l'on peut éventuellement attribuer aux investissements en equity crowdfunding.

En effet, les investisseurs en equity crowdfunding semblent présenter un trait commun avec les investisseurs de la finance éthique : ils sont mus par des motivations financières et non financières (Akili-Goglin 2018).

4. Précisons tout de même que notre approche des émotions est continue alors qu'elle est généralement discrète dans le champ de l'informatique affective.

Par ailleurs, selon Lelart (2014) : « La finance éthique, celle qui l'est réellement, se définit par sa destination : à qui l'argent va-t-il être prêté, à quoi va-t-il servir ? [...] La finance éthique est désormais celle qui est orientée vers certaines entreprises, certaines activités. »

Cette définition fait ressortir la dimension éthique de l'equity crowdfunding qui donne à l'investisseur individuel la possibilité de choisir la destination et l'usage de son épargne. La théorie du *matching* affectif est précisément un prisme de lecture dans lequel l'investisseur oriente son épargne en alignant les caractéristiques du projet choisi avec ses buts et ses préférences. Ce faisant, consciemment ou non, il participe à la transformation du réel en sélectionnant une équipe entrepreneuriale qu'il mandate pour réaliser ses propres objectifs. Cette démarche peut s'opposer à celle de l'*homo œconomicus* de la finance traditionnelle qui maximise consciemment son profit, sans volonté d'impacter le réel dans une direction précise. Pourtant, par ses choix d'allocation financiers, l'*homo œconomicus* modifie le monde en contribuant à la transformation opérée par les forces aveugles (c'est-à-dire sans orientation) du capitalisme économique. Il mandate des dirigeants, *a priori* capables de générer du profit, quelle que soit leur vision du monde, y compris si celle-ci est en opposition avec leurs valeurs.

Bibliographie

Ackert, L.F., Church, B.K. (2006). Firm image and individual investment decisions. *Journal of Behavioral Finance*, 7(3), 155–167.

Agrawal, A., Catalini, C., Goldfarb, A. (2011). The geography of crowdfunding. Document de travail, NBER, Cambridge.

Agrawal, A., Catalini, C., Goldfarb, A. (2014). Some Simple Economics of Crowdfunding. *Innovation Policy and the Economy*, 14(1), 63–97.

Agrawal, A., Catalini, C., Goldfarb, A. (2015). Crowdfunding: Geography, Social Networks, and the Timing of Investment Decisions. *Journal of Economics & Management Strategy*, 24(2), 253–274.

Agrawal, A., Catalini, C., Goldfarb, A. (2016). Are Syndicates the Killer App of Equity Crowdfunding?. *California Management Review*, 58(2), 111–124.

Ahlers, G.K.C., Cumming, D., Günther, C., Schweizer, D. (2015). Signaling in Equity Crowdfunding. *Entrepreneurship Theory and Practice*, 39(4), 955–980.

Aiman-Smith, L., Bauer, T.N., Cable, D.M. (2001). Are you attracted? Do you intend to pursue? A recruiting policy-capturing study. *Journal of Business and psychology*, 16(2), 219–237.

Aïte, A.A. (2013). Processus émotionnels et cognitifs dans le développement des capacités de prise de décision sous ambiguïté. Thèse de doctorat, Paris 5, Paris.

Akerlof, G.A. (1970). The Market for "Lemons": Quality Uncertainty and the Market Mechanism. *Quarterly Journal of Economics*, 84(3), 488–500.

Akili-Goglin, C. (2018). Financer les jeunes entreprises innovantes. *Centraliens*, 657.

Alba, J.W., Hutchinson, J.W. (1987). Dimensions of Consumer Expertise. *Journal of Consumer Research*, 13(4), 411–454.

Allais, M. (1953). Le comportement de l'homme rationnel devant le risque : critique des postulats et axiomes de l'École américaine. *Econometrica*, 21(4), 503–546.

Allison, T.H., Davis, B.C., Webb, J.W., Short, J.C. (2017). Persuasion in crowdfunding: An elaboration likelihood model of crowdfunding performance. *Journal of Business Venturing*, 32(6), 707–725.

Andrieu, G., Groh, P. (2018). Specialist versus generalist investors: Trading off support quality, investment horizon and control rights. *European Economic Review*, 101, 459–478.

Arrow, K.J. (1974). *The Limits of Organization*. W.W. Norton & Company, New York.

Ashforth, B.E., Mael, F. (1989). Social Identity Theory and the Organization. *Academy of Management Review*, 14(1), 20–39.

Aspara, J., Tikkanen, H. (2011). Individuals' Affect-Based Motivations to Invest in Stocks: Beyond Expected Financial Returns and Risks. *Journal of Behavioral Finance*, 12(2), 78–89.

Aspara, J., Olkkonen, R., Tikkanen, H., Moisander, J. (2008). A Theory of Affective Self-Affinity: Definitions and Application to a Company and its Business. *AMS Review*, 12(3), 40.

Aurifeille, J.-M. (1991). Proposition d'une méthode de mesure du halo affectif en marketing. *Recherche et application en marketing*, 6(4), 59–77.

Baker, H.K., Nofsinger, J.R. (2010). *Behavioral Finance: Investors, Corporations, and Markets*. John Wiley & Sons, New York.

Baker, M., Pan, X., Wurgler, J. (2009). The Psychology of Pricing in Mergers and Acquisitions. Document de travail, Harvard Business School, Boston.

Baker, W., Hutchinson, J.W., Moore, D., Nedungadi, P. (1986). Brand Familiarity and Advertising: Effects on the Evoked Set and Brand Preference. *ACR North American Advances*, 13, 637–642.

Bammens, Y., Collewaert, V. (2014). Trust Between Entrepreneurs and Angel Investors: Exploring Positive and Negative Implications for Venture Performance Assessments. *Journal of Management*, 40(7), 1980–2008.

Barber, B.M., Heath, C., Odean, T. (2003). Good reasons sell: Reason-based choice among group and individual investors in the stock market. *Management Science*, 49(12), 1636–1652.

Bargh, J.A. (1997). The Automaticity of Everyday Life: Advances in Social Cognition. Dans *The Automaticity of Everyday Life: Advances in Social Cognition*, volume X, Wyer Jr., R.S. (dir.). Psychology Press, Hove.

Bechara, A., Damasio, A.R. (2005). The somatic marker hypothesis: A neural theory of economic decision. *Games and Economic Behavior*, 52(2), 336–372.

Bechara, A., Damasio, A.R., Damasio, H., Anderson, S.W. (1994). Insensitivity to future consequences following damage to human prefrontal cortex. *Cognition*, 50(1–3), 7–15.

Bechara, A., Damasio, H., Damasio, A.R., Lee, G.P. (1999). Different Contributions of the Human Amygdala and Ventromedial Prefrontal Cortex to Decision-Making. *Journal of Neuroscience*, 19(13), 5473–5481.

Bechter, C., Jentzsch, S., Frey, M. (2011). From wisdom of crowd to crowdfunding. *Journal of Communication and Computer*, 951–957.

Becker, J.-M., Rai, A., Ringle, C.M., Völckner, F. (2013). Discovering unobserved heterogeneity in structural equation models to avert validity threats. *MIS Quarterly*, 37(3), 665–694.

Bell, D.E. (1985). Disappointment in Decision Making Under Uncertainty. *Operations Research*, 33(1), 1–27.

Belleflamme, P., Lambert, T., Schwienbacher, A. (2014). Crowdfunding: Tapping the right crowd. *Journal of Business Venturing*, 29(5), 585–609.

Bentham, J. (1789). An Introduction to the Principles of Morals and Legislation. Dans *The Collected Works of Jeremy Bentham: An Introduction to the Principles of Morals and Legislation*, Burns, J.H., Hart, H.L.A. (dir.). Oxford University Press, Oxford.

Bentler, P.M., Chou, C.-P. (1987). Practical Issues in Structural Modeling. *Sociological Methods & Research*, 16(1), 78–117.

Bernoulli, D. (1954). Exposition of a New Theory on the Measurement of Risk. *Econometrica*, 22(1), 22–36.

Bessière, V., Stéphany, É. (2014). Le financement par crowdfunding. Quelles spécificités pour l'évaluation des entreprises ?. *Revue française de gestion*, 40(242), 149–161.

Bessière, V., Stéphany, É. (2015). Financement et gouvernance des start-ups en equity crowdfunding. *Finance Contrôle Stratégie*, 18(4).

Bessière, V., Stéphany, É. (2017). *Le crowdfunding : Fondements et pratiques, Business school*, 2e édition. De Boeck Université, Louvain-la-Neuve.

Bhaskar, R. (1998). The logic of scientific discovery. Dans *Critical realism: essential readings (Critical realism: interventions)*, Archer, M., Bhaskar, R., Collier, A., Lawson, T., Norrie, A. (dir.). Routledge, Londres et New York, 48–103.

Bickart, B.A. (1993). Carryover and Backfire Effects in Marketing Research. *Journal of Marketing Research*, 30(1), 52–62.

Billot, A.B. (1987). *Préférence et utilité floues*. PUF, Paris.

Bleichrodt, H., Wakker, P.P. (2015). Regret Theory: A Bold Alternative to the Alternatives. *The Economic Journal*, 125(583), 493–532.

Bonnet, C. (2005). La confiance entre capital-investisseurs et dirigeants: conséquences comportementales et influence sur la performance financière. *Finance Contrôle Stratégie*, 8(2), 99–132.

Bornstein, R.F. (1989). Exposure and affect: Overview and meta-analysis of research, 1968-1987. *Psychological Bulletin*, 106(2), 265–289.

Boudon, R. (1999). La « rationalité axiologique » : une notion essentielle pour l'analyse des phénomènes normatifs. *Sociologie et sociétés*, 31(1), 103.

Boudon, R. (2004). Théorie du choix rationnel ou individualisme méthodologique ?. *Revue du MAUSS*, 24(2), 281–309.

Boudon, R. (2011). La théorie générale de la rationalité, base de la sociologie cognitive. Dans *La sociologie cognitive*, Kaufmann, L., Clément, F. (dir.). Ophrys, Paris.

Boyle, G.J. (1989). Sex differences in reported mood states. *Personality and Individual Differences*, 10(11), 1179–1183.

Bretschneider, U., Knaub, K., Wieck, E. (2014). Motivations for crowdfunding: what drives the crowd to invest in start-ups?. Dans *European Conference on Information Systems*. ECIS, Tel Aviv.

Brody, L., Hall, J.A. (2008). *Gender and Emotion in Context. Handbook of emotions*, 3e édition. Guilford Press, New York.

Broihanne, M.-H., Merli, M., Roger, P. (2004). *Finance comportementale*. Economica, Paris.

Brown, B., Perry, S. (1994). Removing the financial performance halo from fortune's "most admired" companies. *Academy of Management Journal*, 37(5), 1347–1359.

Browne, M.W. (1984). Asymptotically distribution-free methods for the analysis of covariance structures. *British Journal of Mathematical and Statistical Psychology*, 37(1), 62–83.

Bryan, M. (2013). *Histoire illustrée de la philosophie*. Le Pré aux Clercs, Paris.

Bugg-Levine, A., Emerson, J. (2011). Impact investing: Transforming how we make money while making a difference. *Innovations*, 6(3), 9–18.

Burke, L.A., Miller, M.K. (1999). Taking the mystery out of intuitive decision making. *Academy of Management Executive*, 13(4), 91–99.

Burtch, G., Ghose, A., Wattal, S. (2014). Cultural differences and geography as determinants of online prosocial lending. *MIS Quarterly*, 38(3), 773–794.

Buttard, A., Gadreau, M. (2008). D'une rationalité instrumentale à une rationalité interprétative de l'agent. Document de travail, Université de Bourgogne, Dijon.

Calvet, L., Campbell, J., Sodini, P. (2009). Measuring the Financial Sophistication of Households. *American Economic Review*.

Camerer, C., Loewenstein, G., Prelec, D. (2005). Neuroeconomics: How neuroscience can inform economics. *Journal of Economic Literature*, 43(1), 9–64.

Cannon, W.B. (1927). The James-Lange Theory of Emotions: A Critical Examination and an Alternative Theory. *The American Journal of Psychology*, 39(1–4), 106.

Capelli, S., Guillot-Soulez, C., Sabadie, W. (2015). Engagement RSE et attractivité organisationnelle : la communication protège-t-elle en cas de crise ?. *Revue de gestion des ressources humaines*, 96(2), 3–23.

Capraro, R.M., Capraro, M.M. (2002). Myers-Briggs Type Indicator Score Reliability Across: Studies a Meta-Analytic Reliability Generalization Study. *Educational and Psychological Measurement*, 62(4), 590–602.

Carontini, E. (1990). Le rôle de l'abduction dans le processus d'interprétation. Dans *Technologies et symboliques de la communication*, Sfez, L., Coutlée, G. (dir.). Presses universitaires de Grenoble, Grenoble.

Cassel, C., Hackl, P., Westlund, A.H. (1999). Robustness of partial least-squares method for estimating latent variable quality structures. *Journal of Applied Statistics*, 26(4), 435–446.

Cattell, R.B. (1966). The Scree Test For The Number Of Factors. *Multivariate behavioral research*, 1(2), 245–276.

Cauffman, E., Shulman, E.P., Steinberg, L., Claus, E., Banich, M.T., Graham, S., Woolard, J. (2010). Age differences in affective decision making as indexed by performance on the Iowa Gambling Task. *Developmental Psychology*, 46(1), 193–207.

Chalmers, A.F. (1987). *Qu'est-ce que la science ? Popper, Kuhn, Lakatos, Feyrabend*. Livre de Poche, Paris.

Chamberlin, E.H. (1948). An Experimental Imperfect Market. *Journal of Political Economy*, 56(2), 95–108.

Chapman, D.S., Uggerslev, K.L., Carroll, S.A., Piasentin, K.A., Jones, D.A. (2005). Applicant Attraction to Organizations and Job Choice: A Meta-Analytic Review of the Correlates of Recruiting Outcomes. *Journal of Applied Psychology*, 90(5), 928–944.

Charreaux, G. (1998). Le rôle de la confiance dans le système de gouvernance des entreprises. *Économie et Société, Sciences de gestion*, 8–9, 47–65.

Charreaux, G. (2002). Au-delà de l'approche juridico-financière : le rôle cognitif des actionnaires et ses conséquences sur l'analyse de la structure de propriété et de la gouvernance. Document, Université de Bourgogne, Dijon.

Charreaux, G. (2011). Quelle théorie pour la gouvernance ? De la gouvernance actionnariale à la gouvernance cognitive et comportementale. *Cahier du FARGO*, 1110402.

Chataigné, C. (2014). *Psychologie des valeurs*. De Boeck, Louvain-la-Neuve.

Chatman, J.A. (1989). Improving interactional organizational research: A model of person-organization fit. *Academy of Management Review*, 14(3), 333–349.

Chin, W.W., Newsted, P.R. (1999). Structural Equation Modeling Analysis with Small Samples using Partial Least Squares. Dans *Statistical Strategies for Small Sample Research*, Hoyle, R. (dir). Sage Publication, Londres, 307–341.

Chin, W.W., Marcolin, B.L., Newsted, P.R. (2003). A Partial Least Squares Latent Variable Modeling Approach for Measuring Interaction Effects: Results from a Monte Carlo Simulation Study and an Electronic-Mail Emotion/Adoption Study. *Information Systems Research*, 14(2), 189–217.

Cholakova, M., Clarysse, B. (2015). Does the Possibility to Make Equity Investments in Crowdfunding Projects Crowd Out Reward-Based Investments?. *Entrepreneurship: Theory & Practice*, 39(1), 145–172.

Churchill, J.J. (1979). A Paradigm for Developing Better Measures of Marketing Constructs. *Journal of marketing research*, 16(1), 64–73.

Cloren, G.L., Gasper, K., Garvin, E. (2001). Affect as information. Dans *Handbook of affect and social cognition*, Forgas, J.P. (dir.). Lawrence Erlbaum Associates, Mahwah, 121–144.

Coget, J.-F., Haag, C., Bonnefous, A.-M. (2009). Le rôle de l'émotion dans la prise de décision intuitive : zoom sur les réalisateurs-décideurs en période de tournage. *M@n@gement*, 12(2), 118–141.

Cohen, J. (1992). A power primer. *Psychological Bulletin*, 112(1), 155–159.

Cohen, J. (2009). *Statistical power analysis for the behavioral sciences*, 2e édition. Psychology Press, New York.

Cohen, J.B., Pham, M.T., Andrade, E.B. (2008). The nature and role of affect in consumer behavior. Dans *Handbook of consumer psychology*, Haugtvedt, C.P., Herr, P., Kardes, F. (dir.). Taylor & Francis, Londres, 297–348.

Coley, A., Burgess, B. (2003). Gender differences in cognitive and affective impulse buying. *Journal of Fashion Marketing and Management: An International Journal*, 7(3), 282–295.

Collins, L., Pierrakis, Y. (2012). The venture crowd: crowdfunding equity investment into business. Document, NESTA, Londres.

Connelly, B.L., Certo, S.T., Ireland, R.D., Reutzel, C.R. (2011). Signaling Theory: A Review and Assessment. *Journal of Management*, 37(1), 39–67.

Cortina, J.M. (1993). What Is Coefficient Alpha? An Examination of Theory and Applications. *Journal of Applied Psychology*, 78(1), 98–104.

Cox, E.P. (1980). The Optimal Number of Response Alternatives for a Scale: A Review. *Journal of Marketing Research*, 17(4), 407–422.

Crié, D. (2005). De l'usage des modèles de mesure réflectifs ou formatifs dans les modèles d'équations structurelles. *Recherche et Applications en Marketing (French Edition)*, 20(2), 5–27.

Cronbach, L. (1951). Coefficient alpha and the internal structure of tests. *Psychometrika*, 16(3), 297–334.

Cuin, C.-H. (2001). Émotions et rationalité dans la sociologie classique : les cas de Weber et Durkheim. *European Journal of Social Sciences*, XXXIX(120), 77–100.

Cumming, D. (2007). Government policy towards entrepreneurial finance: Innovation investment funds. *Journal of Business Venturing*, 22(2), 193–235.

Cummings, L., Bromiley, P. (1996). The Organizational Trust Inventory (OTI) : Development and Validation. Dans *Trust in Organizations – Frontiers of Theory and Research*, Kramer, R., Tyler, T. (dir.). Sage Publications, Thousand Oaks.

Damasio, A.R. (2006). *L'Erreur de Descartes*. Odile Jacob, Paris.

Damasio, A.R., Tranel, D., Hanna, D. (1990). Individuals with sociopathic behavior caused by frontal damage fail to respond autonomically to social stimuli. *Behavioural Brain Research*, 41(2), 81–94.

Dane, E., Pratt, M.G. (2007). Exploring intuition and its role in managerial decision making. *Academy of Management Review*, 32(1), 33–54.

Dantzer, R. (2002). *Les émotions*, 3e édition. PUF, Paris.

Dantzer, R. (dir.) (2010). Introduction. Dans *Les émotions*. PUF, Paris, 3–6.

Darwin, C. (1872). *The Expression of the Emotions in Man and Animals*. John Murray, Londres.

Dasgupta, P. (2000). Trust as a commodity. Dans *Trust: Making and Breaking Cooperative Relations*, Gambetta, D. (dir.). University of Oxford, Oxford, 49–72.

David, A. (1999). Logique, épistémologie et méthodologie en sciences de gestion. Dans *Conférence de l'AIMS*. AIMS, Chatenay-Malabry, 1–23.

Davidson, R.J. (1998). Affective Style and Affective Disorders: Perspectives from Affective Neuroscience. *Cognition & Emotion*, 12(3), 307–330.

Davis, B.C., Hmieleski, K.M., Webb, J.W., Coombs, J.E. (2017). Funders' positive affective reactions to entrepreneurs' crowdfunding pitches: The influence of perceived product creativity and entrepreneurial passion. *Journal of Business Venturing*, 32(1), 90–106.

Day, A.L., Carroll, S.A. (2004). Using an ability-based measure of emotional intelligence to predict individual performance, group performance, and group citizenship behaviours. *Personality and Individual Differences*, 36(6), 1443–1458.

Deci, E.L., Ryan, R.M. (1985). *Intrinsic motivation and self-determination in human behavior*. Plenum, New York.

Déjean, F. (2002). L'investissement socialement responsable : une revue de la littérature. Technologie et management de l'information: enjeux et impacts dans la comptabilité, le contrôle et l'audit [En ligne]. Disponible à l'adresse : https://halshs.archives-ouvertes.fr/halshs-00584461/document.

Derbaix, C., Filser, M. (2011). *L'affectif dans les comportements d'achat et de consommation*. Economica, Paris.

Derbaix, C., Pham, M.T. (1989). Pour un développement des mesures de l'affectif en marketing : synthèse des prérequis. *Recherche et Applications en Marketing*, 4(4), 71–87.

Derbaix, C., Pham, M.T. (1991). Affective reactions to consumption situations: A pilot investigation. *Journal of Economic Psychology*, 12(2), 325–355.

Derbaix, C., Poncin, I. (2005). La mesure des réactions affectives en marketing : évaluation des principaux outils. *Recherche et Applications en Marketing*, 20(2), 55–75.

Desbrières, P. (2001). Le capital-investissement. *Banque & Marchés*, 51, 40–45.

Desbrières, P., Broye, G. (2000). Critères d'évaluation des investisseurs en capital : le cas français. *Finance Contrôle Stratégie.*

Dhar, R., Zhu, N. (2006). Up Close and Personal: Investor Sophistication and the Disposition Effect. *Management Science*, 52(5), 726–740.

Diamantopoulos, A. (2006). The error term in formative measurement models: interpretation and modeling implications. *Journal of Modelling in Management*, 1(1), 7–17.

Diamantopoulos, A., Winklhofer, H.M. (2001). Index construction with formative indicators: An alternative to scale development. *Journal of Marketing Research*, 38(2), 269–277.

Diamantopoulos, A., Sarstedt, M., Fuchs, C., Wilczynski, P., Kaiser, S. (2012). Guidelines for choosing between multi-item and single-item scales for construct measurement: a predictive validity perspective. *Journal of the Academy of Marketing Science*, 40(3), 434–449.

Dorff, M.B. (2014). The Siren Call of Equity Crowdfunding. *Journal of Corporation Law*, 39(3), 493–524.

Dubocage, E. (2006). L'évaluation de la « start-up » par le capital-risqueur entre objectivité, jugement et mimétisme. *Vie & sciences de l'entreprise*, 173(4), 9–18.

Dumez, H. (2011). Faire une revue de littérature : pourquoi et comment ?. *Le Libellio d'Aegis*, 7(2–été), 15–27.

Dumez, H. (2012). Qu'est-ce que l'abduction, et en quoi peut-elle avoir un rapport avec la recherche qualitative ?. *Le Libellio d'Aegis*, 8(3).

Eber, N., Willinger, M. (2012). *L'économie expérimentale*. La Découverte, Paris.

Efron, B. (1987). Better Bootstrap Confidence Intervals. *Journal of the American Statistical Association*, 82(397), 171.

Epstein, S. (1994). Integration of the cognitive and the psychodynamic unconscious. *American Psychologist*, 49(8), 709.

Ericsson, K.A., Simon, H.A. (1980). Verbal reports as data. *Psychological Review*, 87(3), 215–251.

Feather, N.T. (1995). Values, valences, and choice: The influences of values on the perceived attractiveness and choice of alternatives. *Journal of Personality and Social Psychology*, 68(6), 1135–1151.

Fehle, F.R., Tsyplakov, S., Zdorovtsov, V.M. (2005). Can Companies Influence Investor Behavior through Advertising? Super Bowl Commercials and Stock Returns. *European Financial Management*, 11(5), 625–647.

Fenouillet, F. (2016). *Les théories de la motivation*, 2e édition. Dunod, Paris.

Fernandes, V. (2012). En quoi l'approche PLS est-elle une méthode à (re)-découvrir pour les chercheurs en management ?. *M@n@gement*, 15(1), 102–123.

Festinger, L. (1954). A Theory of Social Comparison Processes. *Human Relations*, 7(2), 117–140.

Festinger, L. (1957). *A theory of Cognitive Dissonance.* Stanford University Press, Redwood City.

Filbeck, G., Smith, L.L. (1997). Team Building and Conflict Management: Strategies for Family Businesses. *Family Business Review*, 10(4), 339–352.

Filbeck, G., Hatfield, P., Horvath, P. (2005). Risk aversion and personality type. *The Journal of Behavioral Finance*, 6(4), 170–180.

Filser, M. (2015). Vers une consommation plus affective ?. *Revue Française de Gestion*, 41(253), 173–187.

Finucane, M., Alhakami, A., Slovic, P., Johnson, S.M. (2000). The Affect Heuristic in Judgments of Risks and Beneits. *Journal of Behavioral Decision Making*, 13(1), 17.

Fischhoff, B., Slovic, P., Lichtenstein, S., Read, S., Combs, B. (1978). How safe is safe enough? A psychometric study of attitudes towards technological risks and benefits. *Sciences*, 9, 127–152.

Fornell, C., Larcker, D.F. (1981). Evaluating Structural Equation Models with Unobservable Variables and Measurement Error. *Journal of Marketing Research*, 18(1), 39.

Frederick, S. (2002). Automated choice heuristics. Dans *Heuristics and Biases: The Psychology of Intuitive Judgment*, Gilovich, T., Griffin, D., Kahneman, D. (dir.). Cambridge University Press, Cambridge, 882.

Fredrickson, B.L. (2001). The Role of Positive Emotions in Positive Psychology. *The American Psychologist*, 56(3), 218–226.

Freedman, S., Jin, G.Z. (2014). The Signaling Value of Online Social Networks: Lessons from Peer-to-Peer Lending. Document, Indiana University et University of Maryland.

Fried, V.H., Hisrich, R.D. (1994). Toward a Model of Venture Capital Investment Decision Making. *Financial Management*, 23(3), 28.

Frieder, L., Subrahmanyam, A. (2005). Brand Perceptions and the Market for Common Stock. *The Journal of Financial and Quantitative Analysis*, 40(1), 57–85.

Frijda, N.H. (1986). *The emotions*. Cambridge University Press, Cambridge.

Frijda, N.H. (1988). The laws of emotion. *American Psychologist*, 43(5), 349–358.

Frijda, N.H. (2006). *The laws of emotion*. Lawrence Erlbaum Associates, Mahwah.

Füller, J. (2006). Why Consumers Engage in Virtual New Product Developments Initiated by Producers. *ACR North American Advances, Association for Consumer Research*, 33, 639–646.

Ganesan, S., Hess, R. (1997). Dimensions and Levels of Trust: Implications for Commitment to a Relationship. *Marketing Letters*, 8(4), 439–448.

Ganzach, Y. (2000). Judging Risk and Return of Financial Assets. *Organizational Behavior and Human Decision Processes*, 83(2), 353–370.

Garcia-Prieto, P., Tran, V., Wranik, T. (2005). Les théories de l'évaluation cognitive et de la différenciation des émotions : une clé pour comprendre le vécu émotionnel au travail. Dans *Comportement organisationnel (Vol. 1) – Contrat psychologique, émotions au travail, socialisation organisationnelle*, Delobbe, N., Herrbach, O., Lacaze, D., Migonac, K. (dir.). De Boeck, Louvain-la-Neuve, 196–222.

Gavard-Perret, M.-L., Gotteland, D., Haon, C., Jolibert, A. (2013). *Méthodologie de la recherche en sciences de gestion*. Pearson Education France, Paris.

Gayant, J.-P. (2017). *Risque et décision*. Vuibert, Paris.

Gefen, D. (2000). E-commerce: the role of familiarity and trust. *Omega*, 28(6), 725–737.

Geisser, S. (1974). A Predictive Approach to the Random Effect Model. *Biometrika*, 61(1), 101.

Gerber, E.M., Hui, J. (2013). Crowdfunding: Motivations and deterrents for participation. *ACM Transactions on Computer-Human Interaction (TOCHI)*, 20(6), 34.

Germon, R., Maalaoui, A. (2014). Le crowdfunding, une nouvelle voie de financement pour les PME. Dans *Le grand livre de l'économie PME 2015*, Lecointre, G. (dir.). Gualino, Paris, 1 024.

Gil, S. (2009). Comment étudier les émotions en laboratoire. *Revue électronique de psychologie sociale*, 4, 15–24.

Glaser, B.G., Strauss, A.L. (1967). *The discovery of grounded theory: Strategies for Qualitative Research.* Aldine Publishing Company, Londres.

Glöckner, A., Witteman, C. (2010). Beyond dual-process models: A categorisation of processes underlying intuitive judgement and decision making. *Thinking & Reasoning*, 16(1), 1–25.

Goglin, C. (2021). *L'affectif et les valeurs dans les choix d'investissement en equity crowdfunding 1*. ISTE Editions, Londres.

Gond, J.-P., El-Akremi, A., Igalens, J., Swaen, V. (2010). Corporate social responsibility influence on employees. *International Center for Corporate Social Responsibility*, 54.

Graillot, L. (1996). Segmentation, choix de cibles et positionnement des produits touristiques : une approche méthodologique. Thèse de doctorat, Université de Bourgogne, Dijon.

Grinblatt, M., Keloharju, M., Linnainmaa, J. (2011). IQ and Stock Market Participation. *The Journal of Finance*, 66(6), 2121–2164.

Grullon, G., Kanatas, G., Weston, J.P. (2004). Advertising, Breadth of Ownership, and Liquidity. *Review of Financial Studies*, 17(2), 439–461.

Gully, S.M., Phillips, J.M., Castellano, W.G., Han, K., Kim, A. (2013). A Mediated Moderation Model of Recruiting Socially and Environmentally Responsible Job Applicants. *Personnel Psychology*, 66(4), 935–973.

Gurviez, P., Korchia, M. (2002). Proposition d'une échelle de mesure multidimensionnelle de la confiance dans la marque. *Recherches et applications en Marketing*, 17(3).

Gutman, J. (1982). A Means-End Chain Model Based on Consumer Categorization Processes. *Journal of Marketing*, 46(2), 60–72.

Hackman, J., Oldham, G. (1980). *Work redesign*. Addison-Wesley, Reading.

Hadouni, L., Mesnildrey, L., Lesueur, M., Gouin, S. (2009). Étude des attentes des consommateurs de produits de la mer frais et de leurs produits de la mer frais et de leurs comportements selon les circuits de distribution distribution. *Analyse des dissonances cognitives*, 4.

Hahn, C., Johnson, M.D., Herrmann, A., Huber, F. (2002). Capturing Customer Heterogeneity using a Finite Mixture PLS Approach. *Schmalenbach Business Review*, 54(3), 243–269.

Hair Jr., J.F., Black, W.C., Babin, B.J., Anderson, R.E. (2010). *Mutivariate data analysis*, 7e édition. Pearson, Londres.

Hair, J.F., Ringle, C.M., Sarstedt, M. (2011). PLS-SEM: Indeed a Silver Bullet. *Journal of Marketing Theory and Practice*, 19(2), 139–152.

Hair, J.F., Sarstedt, M., Pieper, T.M., Ringle, C.M. (2012). The Use of Partial Least Squares Structural Equation Modeling in Strategic Management Research: A Review of Past Practices and Recommendations for Future Applications. *Long Range Planning*, 45(5–6), 320–340.

Hair Jr., J.F., Hult, G.T.M., Ringle, C.M., Sarstedt, M. (2017). *A Primer on Partial Least Squares Structural Equation Modeling (PLS-SEM)*, 2e édition. Sage Publications, Thousand Oaks.

Hall, J., Hofer, C.W. (1993). Venture capitalists' decision criteria in new venture evaluation. *Journal of Business Venturing*, 8(1), 25–42.

Harrison, G.W., List, J.A. (2004). Field Experiments. *Journal of Economic Literature*, 42(4), 1009–1055.

Harrison, R.T., Dibben, M.R., Mason, C.M. (1997). The Role of Trust in the Informal Investor's Investment Decision: An Exploratory Analysis. *Entrepreneurship Theory and Practice*, 21(4), 63–81.

Hatfield, E., Cacioppo, J.T., Rapson, R.L. (1993). Emotional Contagion. *Current Directions in Psychological Science*, 2(3), 96–99.

Heath, C., Tversky, A. (1991). Preference and Belief: Ambiguity and Competence in Choice under Uncertainty. *Journal of Risk and Uncertainty*, 14(1), 5–28.

Heider, F. (1946). Attitudes and cognitive organization. *The Journal of Psychology*, 21, 107–112.

Heider, F. (1958). *The Psychology of Interpersonal Relations*. Wiley, New York.

Hemer, J. (2011). A snapshot on crowdfunding. Document, Fraunhofer ISI, Karlsruhe.

Henderson, J.C., Nutt, P.C. (1980). The influence of decision style on decision making behavior. *Management Science*, 26(4), 371–386.

Hendrickx, L., Vlek, C., Oppewal, H. (1989). Relative importance of scenario information and frequency information in the judgment of risk. *Acta Psychologica*, 72(1), 41–63.

Hendrickx, M. (2014). Crowdfunding : mode d'emploi. Guide pratique, EDI Pro 2.

Henseler, J. (2010). PLS-MGA: A non-parametric approach to partial least squares-based multi-group analysis. Dans *Challenges at the Interface of Data Analysis, Computer Science, and Optimization*, Gaul, W.A., Geyer-Schulz, A., Schmidt-Thieme, L., Kunze, J. (dir.). Springer, Berlin.

Henseler, J., Ringle, C.M., Sarstedt, M. (2012). Using Partial Least Squares Path Modeling in International Advertising Research: Basic Concepts and Recent Issues. Dans *Handbook of Research on International Advertising*, Okazaki, S. (dir.). Edward Elgar, Cheltenham, 252–276.

Henseler, J., Ringle, C.M., Sarstedt, M. (2015). A new criterion for assessing discriminant validity in variance-based structural equation modeling. *Journal of the Academy of Marketing Science*, 43(1), 115–135.

Henseler, J., Ringle, C.M., Sarstedt, M. (2016). Testing measurement invariance of composites using partial least squares. *International Marketing Review*, 33(3), 405–431.

Hervé, F., Manthé, E., Sannajust, A., Schwienbacher, A. (2016). Investor Motivations in Investment-Based Crowdfunding. *SSRN*, 2746398.

Hidi, S. (2000). An Interest Researcher's Perspective: The Effects of Extrinsic and Intrinsic Factors on Motivation. Dans *Intrinsic and extrinsic motivation*, Sansone, C., Hrackiewicz, J.M. (dir.). Academic Press, San Diego, 309–339.

Hidi, S., Baird, W. (1986). Interestingness-A Neglected Variable in Discourse Processing. *Cognitive Science*, 10(2), 179–194.

Hidi, S., Baird, W. (1988). Strategies for Increasing Text-Based Interest and Students' Recall of Expository Texts. *Reading Research Quarterly*, 23(4), 465.

Hidi, S., Renninger, K.A. (2006). The Four-Phase Model of Interest Development. *Educational Psychologist*, 41(2), 111–127.

Holbrook, M.B. (1986). Emotion in the consumption experience: Toward a new model of the human consumer. Dans *Consumer behavior: Emerging theories and applications*, Peterson, R.A., Hoyer, W.D., Wilson, W.R. (dir.). Lexington Books, Lanham, 17–52.

Holbrook, M.B., O'Shaughnessy, J. (1984). The role of emotion in advertising. *Psychology & Marketing*, 1(2), 45–64.

Holland, J.L. (1985). *Making Vocational Choices: A Theory of Vocational Personalities and Work Environments*, 2e édition. Prentice-Hall, Englewood Cliff.

Hornuf, L., Schwienbacher, A. (2015a). Portal Design and Funding Dynamics in Equity Crowdfunding [En ligne]. Disponible à l'adresse : http://ssrn.com/abstract=2612998.

Hornuf, L., Schwienbacher, A. (2015b). The emergence of crowdinvesting in Europe: With an in-depth analysis of the German market. Document n° 2014-43, Department of Economics, University of Munich, 39.

Hornuf, L., Schwienbacher, A. (2016). Portal Design and Funding Dynamics in Equity Crowdfunding. Document, 30.

Howard, R.A. (1988). Decision Analysis: Practice and Promise. *Management Science*, 34(6), 679–695.

Hu, L., Bentler, P.M. (1998). Fit Indices in Covariance Structure Modeling: Sensitivity to Underparameterized Model Misspecification. *Psychological Methods*, 3(4), 424–453.

Huang, L., Pearce, J.L. (2015). Managing the Unknowable: The Effectiveness of Early-stage Investor Gut Feel in Entrepreneurial Investment Decisions. *Administrative Science Quarterly*, 60(4), 634–670.

Huberman, G. (2001). Familiarity Breeds Investment. *Review of Financial Studies*, 14(3), 659–680.

Hull, C.L. (1943). *Principles Of Behavior: An Introduction To Behavior Theory*. Appleton-Century-crofts, New York.

Hutcheson, F. (1726). *An Inquiry into the Original of Our Ideas of Beauty and Virtue*. Liberty Fund, Indianapolis.

Iizuka, M. (2014). *Le crowdfunding: les rouages du financement participatif*. Edubanque Editions.

Izard, C.E. (1977). *Human emotions*. Kluwer Academic/Plenum Publishers, Amsterdam.

James, W. (1884). What is an Emotion?. *Mind*, 9(34), 188–205.

Jarvis, C.B., MacKenzie, S.B., Podsakoff, P.M. (2003). A Critical Review of Construct Indicators and Measurement Model Misspecification in Marketing and Consumer Research. *Journal of Consumer Research*, 30(2), 199–218.

Jevons, W.S. (1871). *The theory of political economy*. Macmillan, Londres.

Jöreskog, K.G. (1971). Statistical analysis of sets of congeneric tests. *Psychometrika*, 36(2), 109–133.

Josue, R., Bahm, C. (2016). Crowdfunding: Applying Collective Indexing of Emotions to Campaign Videos. Dans *Conference on Computer Supported Cooperative Work and Social Computing*. ACM, San Francisco, 385–388.

Judge, T.A., Cable, D.M. (1997). Applicant personality, organizational culture, and organization attraction. *Personnel Psychology*, 50(2), 359–394.

Jung, C.G. (1923). *Psychological types*. Routledge Kegan Paul, Londres.

Junghans, P. (2016). Le Big data pour construire une information d'anticipation. *I2D – Information, données & documents*, 53(4), 12–14.

Kahneman, D. (2003). A perspective on judgment and choice: Mapping bounded rationality. *American Psychologist*, 58(9), 697–720.

Kahneman, D. (2012). *Thinking, Fast and Slow*. Penguin, Londres.

Kahneman, D., Frederick, S. (2002). Representativeness Revisited: Attribute substitution in Intuitive Judgement. Dans *Heuristics and Biases: The Psychology of Intuitive Judgment*, Gilovich, T., Griffin, D., Kahneman, D. (dir.). Cambridge University Press, Cambridge, 882.

Kahneman, D., Thaler, R. (2006). Anomalies: Utility Maximization and Experienced Utility. *The Journal of Economic Perspectives.*

Kahneman, D., Tversky, A. (1979). Prospect Theory: An Analysis of Decision under Risk. *Econometrica*, 47(2), 263–292.

Kaiser, H.F. (1960). The Application of Electronic Computers to Factor Analysis. *Educational and Psychological Measurement*, 20(1), 141–151.

Kaiser, H.F., Rice, J. (1974). Little Jiffy, Mark Iv. *Educational and Psychological Measurement*, 34(1), 111–117.

Kast, R. (2002). *La théorie de la décision.* La Découverte, Paris.

Kenny, D.A. (2015). Moderator Variables: Effect Size and Power [En ligne]. Disponible à l'adresse : http://davidakenny.net/cm/moderation.htm.

Keynes, J.M. (1936). *The General Theory of Employment, Interest, and Money.* Palgrave Macmillan, Londres.

Kim, K., Viswanathan, S. (2016). The experts in the crowd: The role of reputable investors in a crowdfunding market. *TPRC.*

Kinder, P.D. (2005). *Socially Responsible Investing »: an evolving concept in a changing world.* KLD Research & Analytics, Boston.

Kleemann, F., Voß, G.G., Rieder, K. (2008). Un(der)paid Innovators: The Commercial Utilization of Consumer Work through Crowdsourcing. *Science, Technology & Innovation Studies*, 4(1).

Knight, F.H. (1921). *Risk, uncertainty and profit.* Houghton Mifflin, Boston.

Korchia, M. (2004). Connaissances de la marque : définition et mesures. Dans *Congrès de l'AFM.* AFM, Saint-Malo.

Krapp, A. (2005). Basic needs and the development of interest and intrinsic motivational orientations. *Learning and instruction*, 15, 381–395.

Kristof, A.L. (1996). Person-organization fit : an integrative review of its conceptualizations, measurement and implications. *Personnel Psychology*, 49(1), 1–49.

Kumar, A. (2009). Who gambles in the stock market?. *The Journal of Finance*, 64(4), 1889–1933.

Kuppuswamy, V., Bayus, B.L. (2015). Crowdfunding creative ideas: the dynamics of project backers in kickstarter. *SSRN Electronic Journal*, 5, 1–37.

La Porta, R., Lopez-de-Silanes, F., Shleifer, A. (1998). Law and Finance. *Journal of Political Economy*, 106(6), 1113–1155.

Labreuche, J. (2010). Les principaux tests statistiques de l'analyse univariée : quand et comment les utiliser ?. *Sang Thrombose Vaisseaux*, 22(10).

Laciana, C.E., Weber, E.U. (2008). Correcting expected utility for comparisons between alternative outcomes: A unified parameterization of regret and disappointment. *Journal of Risk and Uncertainty*, 36(1), 1–17.

Lacroux, A. (2011). Les avantages et les limites de la méthode « Partial Least Square » (PLS) : une illustration empirique dans le domaine de la GRH. *Revue de gestion des ressources humaines*, 2, 45–64.

Lainé, M. (2016). Incertitude, probabilités et esprits animaux. Ontologie, épistémologie et théorie de la décision d'investissement productif chez Keynes. *Œconomia. History, Methodology, Philosophy*, 6–3, 403–439.

Lajante, M. (2013). Contribution des neurosciences à l'étude de l'émotion en persuasion publicitaire : concepts, méthodes et mesures. Thèse de doctorat, Université de Rennes, Rennes.

Lambert, T., Schwienbacher, A. (2010). An Empirical Analysis of Crowdfunding [En ligne]. Disponible à l'adresse : http://ssrn.com/abstract=1578175.

Lang, P.J. (1994). The motivational organization of emotions: affect-reflex connections. Dans *Emotions: Essays on Emotion Theory*, van Goozen, S.H.M., Van de Poll, N.E., Sergeant, J.A. (dir.). Psychology Press, Abingdon, 61–93.

Lange, C. (1885). *Om Sinsbevaegelster: Et psyko-fysiologiske Studie*. Rasmussen, Copenhague.

Lavison, C. (2011). L'investissement socialement responsable. Rapport, École Polytechnique – Sciences Po Paris, Paris.

Lazarus, R.S. (1966). *Psychological Stress and the Coping Process*. McGraw-Hill Book Company, New York.

Lazarus, R.S. (1982). Thoughts on the Relations Between Emotion and Cognition. *American Psychologist*, 37(9), 1019–1024.

Lazarus, R.S. (1984). On the primacy of cognition. *American Psychologist*, 39(2), 124–129.

Lazarus, R.S. (2001). Relational meaning and discrete emotions. Dans *Appraisal Processes in Emotion: Theory, Methods, Research*, Scherer, K.R., Schorr, A., Johnstone, T. (dir.). Oxford University Press, Oxford.

Le Heron, E. (2012). Formaliser la décision en incertitude radicale ?. Dans *Conférence CEPN*. CEPN, Université Paris XIII, Paris.

Lebart, L., Salem, A. (1994). *Statistique Textuelle*. Dunod, Paris.

Lebraty, J., Lobre-Lebraty, K. (2013). *Crowdsourcing : porté par la foule*. ISTE Editions, Londres.

Lebrun, A.-M. (2002). Le rôle de la familiarité du contexte d'achat sur la tendance exploratoire et à la recherche de variété. *Revue Française du Marketing*, 186, 53.

Ledoux, J. (1998). *The Emotional Brain: The Mysterious Underpinnings of Emotional Life*. Simon and Schuster, New York.

Lefèvre, F., Popescu, B.F. (2015). *Le Crowdfunding à la française*. Transvalor – Presses des mines, Paris.

Lejeune, C. (2010). Montrer, calculer, explorer, analyser. Ce que l'informatique fait (faire) à l'analyse qualitative. *Logiciels pour l'analyse qualitative*, 9, 15–32.

Lelart, M. (2014). De la finance éthique à l'éthique dans la finance. Document, Laboratoire d'économie d'Orléans, Orléans.

Lemoine, J.-F., Onnée, S. (2003). Vers une analyse des enjeux et des pratiques de la gestion de la relation avec l'actionnaire individuel. *Décisions Marketing*, 31, 25–37.

Lemoine, J.-F., Plichon, V. (2000). Le rôle des facteurs situationnels dans l'explication des réactions affectives du consommateur à l'intérieur d'un point de vente. *LEG – CERMAB / Centre de Recherche en Marketing de Bourgogne – Cahier de recherche*.

Lesage, C. (2000). L'expérimentation de laboratoire en sciences de gestion. Dans *21e congrès de l'AFC*. AFC, Angers.

Lesourne, J. (1965). *Technique économique et gestion industrielle*. Dunod, Paris.

Lewis, A. (2001). A focus group study of the motivation to invest: "ethical/green" and "ordinary" investors compared. *The Journal of Socio-Economics*, 30(4), 331–341.

Li, J., Chen, X.-P., Kotha, S., Fisher, G. (2017). Catching fire and spreading it: A glimpse into displayed entrepreneurial passion in crowdfunding campaigns. *Journal of Applied Psychology*, 102(7), 1075–1090.

Lichtenstein, S., Slovic, P., Fischhoff, B., Layman, M., Combs, B. (1978). Judged frequency of lethal events. *Journal of Experimental Psychology: Human Learning and Memory*, 4(6), 551–578.

Lin, M., Viswanathan, S. (2015). Home Bias in Online Investments: An Empirical Study of an Online Crowdfunding Market. *Management Science*, 62(5), 1393–1414.

Lin, M., Prabhala, N.R., Viswanathan, S. (2013). Judging Borrowers By The Company They Keep: Friendship Networks and Information Asymmetry in Online Peer-to-Peer Lending. *Management Science*, 59(1), 17–35.

Lin, Y., Boh, W.F., Goh, K.H. (2014). How Different are Crowdfunders? Examining Archetypes of Crowdfunders and Their Choice of Projects. *SSRN*.

Lindeman, M., Verkasalo, M. (2005). Measuring values with the short Schwartz's value survey. *Journal of personality assessment*, 85(2), 170–178.

Linnenbrink-Garcia, L., Durik, A.M., Conley, A.M., Barron, K.E., Tauer, J.M., Karabenick, S.A., Harackiewicz, J.M. (2010). Measuring Situational Interest in Academic Domains. *Educational and Psychological Measurement*, 70(4), 647–671.

Lis, B. (2012). The relevance of corporate social responsibility for a sustainable human resource management: an analysis of organizational attractiveness as a determinant in employees' selection of a (potential) employer. *Management Revue*, 279–295.

Lo, A.W., Repin, D.V. (2002). The Psychophysiology of Real-Time Financial Risk Processing. *Journal of Cognitive Neuroscience*, 14(3), 323–339.

Loewenstein, G. (1987). Anticipation and the Valuation of Delayed Consumption. *The Economic Journal*, 97(387), 666–684.

Loewenstein, G. (1999). Experimental economics from the vantage-point of behavioural economics. *The Economic Journal*, 109(453), 25–34.

Loewenstein, G.F., Weber, E.U., Hsee, C.K., Welch, N. (2001). Risk as Feelings. *Psychological Bulletin*, 127(2), 267–286.

Loomes, G., Sudgen, R. (1982). Regret theory: an alternative theory of rational choice under uncertainty. *The Economic Journal*, 92, 805–824.

Loomes, G., Sudgen, R. (1987). Testing for Regret and Disappointment in Choice Under Uncertainty. *The Economic Journal*, 97, 118–129.

Lopes, H. (2005). Utilité, normes et sentiments moraux. *Revue du MAUSS*, 25(1), 404–427.

Luhmann, N. (2001). Confiance et familiarité. *Réseaux*, 108(4), 15–35.

Lynn, D. (2012). The Crowdfunding Provisions of the JOBS Act. *Financial Executive*, 42–43.

Lynn, D., Sabbagh, H. (2012). The JOBS Act open door for crowdfunding offerings, *Morrison & Forrester Social Media Newsletter*, 4(11), 6–8.

Maalaoui, A., Conreaux, P. (2014). *Crowdfunding : Les clés du financement participatif.* Ellipses Marketing, Paris.

MacGregor, D.G., Slovic, P., Dreman, D., Berry, M. (2000). Imagery, Affect, and Financial Judgment. *The Journal of Psychology and Financial Markets*, 1(2), 104–110.

Macmillan, I.C., Siegel, R., Narasimha, P.N.S. (1985). Criteria used by venture capitalists to evaluate new venture proposals. *Journal of Business Venturing*, 1(1), 119–128.

Macmillan, I.C., Kulow, D.M., Khoylian, R. (1989). Venture capitalists' involvement in their investments: Extent and performance. *Journal of Business Venturing*, 4(1), 27–47.

MacMullen, R. (2004). *Les Émotions dans l'Histoire, ancienne et moderne*. Les Belles Lettres, Paris.

Magron, C.-E. (2014). Approches comportementales de la gestion individuelle de portefeuille. Thèse de doctorat, Université de Strasbourg, Strasbourg.

Maio, G.R., Olson, J.M. (1998). Values as truisms: Evidence and implications. *Journal of Personality and Social Psychology*, 74(2), 294–311.

Mangot, M. (2008). *Psychologie de l'investisseur et des marchés financiers*, 2e édition. Dunod, Paris.

Mangot, M. (2013). 25 ans de finance comportementale ou l'émergence d'un nouveau paradigme. Dans *Grandeur et misère de la finance moderne*, Chambon, J.-L., Pluchart, J.-J. (dir.). Eyrolles, Paris.

Manigart, S., Wright, M., Robbie, K., Desbrières, P., De Waele, K. (1997). Venture Capitalists' Appraisal of Investment Projects: An Empirical European Study. *Entrepreneurship: Theory & Practice*, 21(4), 29–43.

Marshall, A. (1890). *Principles of Economics*. Prometheus Books, Guilford.

Martinez, F. (2012). L'individu face au risque : l'apport de Kahneman et Tversky. *Idées économiques et sociales*, 161, 15–23.

Mason, C., Stark, M. (2004). What do Investors Look for in a Business Plan?: A Comparison of the Investment Criteria of Bankers, Venture Capitalists and Business Angels. *International Small Business Journal*, 22(3), 227–248.

Maxwell, A.L., Jeffrey, S.A., Lévesque, M. (2011). Business angel early stage decision making. *Journal of Business Venturing*, 26(2), 212–225.

Mayer, J.D., Caruso, D.R., Salovey, P. (1999). Emotional intelligence meets traditional standards for an intelligence. *Intelligence*, 27(4), 267–298.

Mcallister, D.J. (1995). Affect- and cognition-based trust as foundations for interpersonal cooperation in organizations. *Academy of Management Journal*, 38(1), 24–59.

Mehrabian, A., Russel, J.A. (1974). *An approach to environmental psychology*. MIT Press, Cambridge.

Mellers, B.A. (2000). Choice and the relative pleasure of consequences. *Psychological Bulletin*, 126(6), 910–924.

Menger, C. (1871). *Principles of Economics*. CreateSpace Independent Publishing Platform, Scotts Valley.

Meyer, J.P., Allen, N.J. (1991). A three-component conceptualization of organizational commitment. *Human Resource Management Review*, 1(1), 61–89.

Michinov, E. (2001). L'attraction interpersonnelle : un concept en évolution. *Les Cahiers Internationaux de Psychologie Sociale*, 50, 11–26.

Mill, J.S. (1882). *A System Of Logic, Ratiocinative And Inductive*, 8e édition. Harper & Brothers, New York.

Miller, G.A. (1955). The Magical Number Seven, Plus or Minus Two Some Limits on Our Capacity for Processing Information. *Psychological Review*, 101(2), 343–352.

Millette, V., Gagné, M. (2008). Designing volunteers' tasks to maximize motivation, satisfaction and performance: The impact of job characteristics on volunteer engagement. *Motivation and Emotion*, 32(1), 11–22.

Milovac, M., Sanchez-Burks, J., Baron, R.A. (2015). The Psychology of Crowdfunding: How Mood, Passion, and Emotion Make or Break a Pitch. *Academy of Management Annual Meeting Proceedings*, 1(1), 1.

Mollick, E. (2013). The dynamics of crowdfunding: An exploratory study. *Journal of Business Venturing*, 29(1), 1–16.

Mollick, E., Nanda, R. (2015). Wisdom or Madness? Comparing Crowds with Expert Evaluation in Funding the Arts. Document, Harvard Business School, 49.

Moorman, C., Zaltman, G., Deshpande, R. (1992). Relationships between Providers and Users of Market Research: The Dynamics of Trust within and between Organizations. *Journal of Marketing Research*, 29(3), 314.

Morgan, R.M., Hunt, S.D. (1994). The Commitment-Trust Theory of Relationship Marketing. *Journal of Marketing*, 58(3), 20.

Mucchielli, A. (2005). Émotions, normes sociales, décisions et jugements. *Revue internationale de psychosociologie*, XI(25), 11–19.

Mucchielli, A. (2011). *Les motivations*. PUF, Paris.

Murnieks, C.Y., Sudek, R., Wiltbank, R. (2015). The Role of Personality in Angel Investing. *The International Journal of Entrepreneurship and Innovation*, 16(1), 19–31.

Neumann, V.J., Morgenstern, O. (1944). *Theory of games and economic behavior*. Princeton University Press, Princeton.

Neveu, V. (2004). La confiance organisationnelle : définition et mesure. Document, Congrès de l'Association Française des Ressources Humaines.

Nisbett, R.E., Wilson, T.D. (1977). The halo effect: Evidence for unconscious alteration of judgments. *Journal of Personality and Social Psychology*, 35(4), 250–256.

Nivoix, S. (2008). L'aversion au risque : pourquoi est-ce si difficile à mesurer ?. *Management & Avenir*, 15, 65–78.

Nofsinger, J.R. (2001). *The psychology of investing.* Pearson Prentice Hall, Upper Saddle River.

Northcraft, G.B., Neale, M.A. (1987). Experts, amateurs, and real estate: An anchoring-and-adjustment perspective on property pricing decisions. *Organizational Behavior and Human Decision Processes*, 39(1), 84–97.

O'Keefe, D.J. (2002). *Persuasion: Theory and Research.* Sage Publications, Thousand Oaks.

Ochs, M. (2007). Modélisation, formalisation et mise en œuvre d'un agent rationnel dialoguant émotionnel empathique. Thèse de doctorat, Université Paris 8, Paris.

Ola, A.M. (2016). L'identification des opportunités d'investissement en incertitude : le jugement intuitif des Business Angels dans le financement des firmes entrepreneuriales. Thèse de doctorat, Université d'Angers, Angers.

Olson, J., Reynold, T. (1983). Understanding Consumer's cognitive structures: Implications for advertising strategy, Advertising and Consumer psychology. Dans *Advertising and Consumer Psychology*, volume 1, Percy, L., Woodside, A. (dir.). Lexington Books, Lanham, 77–90.

Onnée, S., Renault, S. (2014). Crowdfunding : vers une compréhension du rôle joué par la foule. *Management & Avenir*, 74, 117–133.

Ordanini, A., Miceli, L., Pizzetti, M., Parasuraman, A. (2011). Crowd-funding: transforming customers into investors through innovative service platforms. *Journal of Service Management*, 22(4), 443–470.

Orléan, A. (2010). L'impossible évaluation du risque. *Prisme*, 18.

Ortony, A., Clore, G., Collins, A. (1988). *The cognitive structure of emotions.* Cambridge University Press, Cambridge.

Osgood, C.E., Tannenbaum, P.H. (1955). The principle of congruity in the prediction of attitude change. *Psychological Review*, 62(1), 42–55.

Osgood, C.E., Suci, G.J., Tannenbaum, P.H. (1957). *The Measurement of Meaning.* University of Illinois Press, Champaign.

Overskeid, G. (2000). The slave of the passions: Experiencing problems and selecting solutions. *Review of General Psychology*, 4(3), 284–309.

Pare, J.L., Rédis, J. (2011). Réorienter la recherche en finance entrepreneuriale. *Gestion 2000*, 28(4), 17–31.

Petit, E. (2013). L'expérimentation en économie : Méthode et principes fondateurs [En ligne]. Disponible à l'adresse : http://ressources.aunege.fr/nuxeo/site/esupversions/7d01faf2-0582-47bd-af37-a52852812398/co/RESS2-1_1.html.

Petty, R.E., Cacioppo, J.T. (1984). Source Factors and the Elaboration Likelihood Model of Persuasion. *ACR North American Advances*, NA-11.

Petty, R.E., Cacioppo, J.T. (1986). The Elaboration Likelihood Model of Persuasion. *Advances in Experimental Social Psychology*, 19, 123–205.

Pfister, H.-R., Böhm, G. (2008). The multiplicity of emotions: A framework of emotional functions in decision making. *Judgement and decision making*, 3(1).

Pham, M.T. (1998). Representativeness, Relevance, and the Use of Feelings in Decision Making. *Journal of Consumer Research*, 25(2), 144–159.

Piolat, A., Bannour, R. (2008). Emotions et affects: contribution de la psychologie cognitive. Dans *Le sujet des émotions au Moyen-Âge*, Nagy, P., Boquet, D. (dir.). Beauchesne, Paris, 53–84.

Plutchik, R. (1970). Emotions, evolution and adaptive processes. Dans *Feelings and Emotions: The Loyola Symposium*, Arnold, M. (dir.). Academic Press, New York.

Poggi, I., Germani, M. (2003). Emotions at work. Dans *Conference on Human Aspects of Advanced Manufacturing: Agility and Hybrid Automation.* HAAMAHA, Rome, 461–468.

Poissonnier, A. (2016). *Le financement participatif, un nouvel outil pour les entreprises.* Eyrolles, Paris.

Poncin, I., Derbaix, C. (2009). Commercials as Context for Other Commercials. *Journal of Advertising*, 38(3), 33–49.

Quenk, N.L. (2009). *Essentials of Myers-Briggs Type Indicator assessment*, 2e édition. John Wiley & Sons, Hoboken.

Quiggin, J. (1982). A theory of anticipated utility. *Journal of Economic Behavior & Organization*, 3(4), 323–343.

Ramsey, Y. (2012). What the heck if crowdfunding ?. *Business People*, 54–57.

Reinert, A. (1983). Une méthode de classification descendante hiérarchique : application à l'analyse lexicale par contexte. *Les cahiers de l'analyse des données*, 8(2).

Rigdon, E.E. (2012). Rethinking Partial Least Squares Path Modeling: In Praise of Simple Methods. *Long Range Planning*, 45(5–6), 341–358.

Rigdon, E., Ringle, C.M., Sarstedt, M. (2010). Structural Modeling of Heterogeneous Data with Partial Least Squares. *Review of Marketing Research*, 7, 255–296.

Rimé, B. (2009). *Le partage social des émotions*. PUF, Paris.

Rimé, B. (2016). L'émergence des émotions dans les sciences psychologiques. *Revue électronique du CRH*, 16.

Rokeach, M. (1973). *The nature of human value*. Free Press, New York.

Roseman, I.J. (1991). Appraisal determinants of discrete emotions. *Cognition & Emotion*, 5(3), 161–200.

Roseman, I.J. (2001). A model of appraisal in the emotion system. Dans *Appraisal Processes in Emotion: Theory, Methods, Research*, Scherer, K.R., Schorr, A., Johnstone, T. (dir.). Oxford University Press, Oxford, 68–91.

Rosenberg, M.J. (1965). When dissonance fails: On eliminating evaluation apprehension from attitude measurement. *Journal of Personality and Social Psychology*, 1(1), 28–42.

Rosenzweig, P. (2007). Misunderstanding the Nature of Company Performance: The Halo Effect and other Business Delusions. *California Management Review*, 49(4), 6–20.

Rousseau, D.M. (1977). Technological differences in job characteristics, employee satisfaction, and motivation: A synthesis of job design research and sociotechnical systems theory. *Organizational Behavior and Human Performance*, 19(1), 18–42.

Roy, B. (1985). *Méthodologie multicritère d'aide à la décision*. Economica, Paris.

Ruffieux, B., Rozan, A., Robin, S. (2008). Mesurer les préférences du consommateur pour orienter les décisions des pouvoirs publics : l'apport de la méthode expérimentale. *Économie & prévision*, 182(1), 113–127.

Russell, J.A. (1980). A circumplex model of affect. *Journal of Personality and Social Psychology*, 39(6), 1161–1178.

Russell, J.A., Pratt, G. (1980). A Description of the Affective Quality Attributed to Environments. *Journal of Personality and Social Psychology*, 38(2), 311–322.

Rynes, S.L., Barber, A.E. (1990). Applicant attraction strategies: An organizational perspective. *Academy Of Management Review*, 15(2), 286–310.

Ryu, S., Kim, Y.-G. (2014). Dynamics of the Crowdfunding Platform: Crowdfunding Participation Model Development and Empirical Analysis. *SSRN*.

Sadler-Smith, E., Shefy, E. (2004). The intuitive executive: Understanding and applying "gut feel" in decision-making. *The Academy of Management Executive*, 18(4), 76–91.

Salem Khalifa, A. (2004). Customer value: a review of recent literature and an integrative configuration. *Management Decision*, 42(5), 645–666.

Salichs, M.A., Malfaz, M. (2012). A new approach to modeling emotions and their use on a decision-making system for artificial agents. *IEEE Transactions on affective computing*, 3(1), 56–68.

Sander, D., Scherer, K.R. (2014). *Traité de psychologie des émotions*. Dunod, Paris.

Sapienza, H.J., Korsgaard, M.A. (1996). Procedural justice in entrepreneur-investor relations. *Academy of Management Journal*, 39(3), 544–574.

Sarstedt, M., Becker, J.-M., Ringle, C.M., Schwaiger, M. (2011a). Uncovering and treating unobserved heterogeneity with FIMIX-PLS: which model selection criterion provides an appropriate number of segments?. *Schmalenbach Business Review*, 63(1), 34–62.

Sarstedt, M., Henseler, J., Ringle, C.M. (2011b). Multigroup Analysis in Partial Least Squares (PLS) Path Modeling: Alternative Methods and Empirical Results. Dans *Advances in International Marketing*, Sarstedt, M., Schwaiger, M., Taylor, C.R. (dir.). Emerald Group Publishing Limited, Bingley, 1195–218.

Sarstedt, M., Wilczynski, P., Melewar, T.C. (2013). Measuring reputation in global markets – A comparison of reputation measures' convergent and criterion validities. *Journal of World Business*, 48(3), 329–339.

Savage, L.J. (1951). The Theory of Statistical Decision. *Journal of the American Statistical Association*, 46(253), 55–67.

Savage, L.J. (1954). *The Foundations of Statistics*. John Wiley and Sons, New York.

Scarbrough, H., Swan, J., Amaeshi, K., Briggs, T. (2013). Exploring the Role of Trust in the Deal-Making Process for Early-Stage Technology Ventures. *Entrepreneurship Theory and Practice*, 37(5), 1203–1228.

Schachter, S. (1964). The Interaction of Cognitive and Physiological Determinants of Emotional State. *Advances in Experimental Social Psychology*, 1, 49–80.

Scherer, K.R. (1993). Studying the emotion-antecedent appraisal process: An expert system approach. *Cognition & Emotion*, 7(3–4), 325–355.

Scherer, K.R. (2000). Emotion. Dans *Introduction to Social Psychology: A European perspective*, Hewstone, M., Stroebe, W. (dir.). Blackwell, Oxford, 151–191.

Scherer, K.R. (2005). What are emotions? And how can they be measured?. *Social Science Information*, 44(4), 695–729.

Schiefele, U. (1991). Interest, learning, and motivation. *Educational Psychologist*, 26(3–4), 299–323.

Schiefele, U. (2009). Situational and Individual Interest. Dans *Handbook of motivation at school*, Wentzel, K., Wigfield, A. (dir.). Routledge, New York, 197–222.

Schiefele, U., Krapp, A., Wild, K.-P., Winteler, A. (1993). Der "Fragebogen zum Studieninteresse" (FSI). *Diagnostica*, 39(4), 335–351.

Schmidt, C. (2010). *Neuroéconomie*. Odile Jacob, Paris.

Schneider, B. (1987). The people make the place. *Personnel Psychology*, 40(3), 437–453.

Schram, A. (2005). Artificiality: The tension between internal and external validity in economic experiments. *Journal of Economic Methodology*, 12(2), 225–237.

Schwartz, N., Clore, G.L. (2003). Mood as Information: 20 Years Later. *Psychological Inquiry*, 14(3–4), 296–303.

Schwartz, S. (1996). Value Priorities and Behavior: Applying a Theory of Integrated Value Systems. Dans *The psychology of values: The Ontario Symposium*, Celigman, C., Olson, J.M., Zana, M.P. (dir.). Psychology Press, Abingdon, 1–24.

Schwartz, S.H. (1992). Universals in the Content and Structure of Values: Theoretical Advances and Empirical Tests in 20 Countrie. *Advances in Experimental Social Psychology*, 25, 1–65.

Schwartz, S.H. (1994). Are there universal aspects in the structure and contents of human values?. *Journal of Social Issues*, 50(4), 19–45.

Schwartz, S.H. (2006). Les valeurs de base de la personne : théorie, mesures et applications. *Revue française de sociologie*, 47(4), 929–968.

Schwartz, S.H. (2007). Universalism values and the inclusiveness of our moral universe. *Journal of Cross-Cultural Psychology*, 38(6), 711–728.

Schwartz, S.H., Cieciuch, J., Vecchione, M., Davidov, E., Fischer, R., Beierlein, C., Ramos, A., Verkasalo, M., Lönnqvist, J.-E., Demirutku, K., Dirilen-Gumus, O., Konty, M. (2012). Refining the theory of basic individual values. *Journal of Personality and Social Psychology*, 103(4), 663–688.

Schwienbacher, A. (2015). Le Crowdinvesting: une nouvelle forme de finance entrepreneuriale. Dans *Le Financement de l'innovation : Nouvelles perspectives théoriques & pratiques*, Bessière, V., Stéphany, É. (dir.). De Boeck, Paris.

Schwienbacher, A., Larralde, B. (2010). Crowdfunding of small entrepreneurial ventures. Dans *The Oxford Handbook of Entrepreneurial Finance*, Cumming, D. (dir.). Oxford University Press, Oxford.

Shapiro, S., Spence, M.T. (1997). Managerial intuition: A conceptual and operational framework. *Business Horizons*, 40(1), 63–68.

Sharma, D., Borna, S., Stearns, J.M. (2009). An Investigation of the Effects of Corporate Ethical Values on Employee Commitment and Performance: Examining the Moderating Role of Perceived Fairness. *Journal of Business Ethics*, 89(2), 251–260.

Shefrin, H., Statman, M. (1985). The Disposition to Sell Winners Too Early and Ride Losers Too Long: Theory and Evidence. *The Journal of Finance*, 40(3), 777–790.

Shefrin, H., Statman, M. (2000). Behavioral Portfolio Theory. *Journal of financial and quantitative analysis*, 35(2), 127–151.

Shiller, R.J. (2000). *Irrational Exuberance*. Princeton University Press, Princeton.

Sigar, K. (2012). Fret no more : inapplicability of crowdfunding concerns in the internet age and the JOBS Acts safeguards. *Administrative LawReview*, 2(64), 474–505.

Signol, A. (2011). La psychanalyse est-elle une science ?. *Le Journal des psychologues*, 291, 54–58.

Signori, A., Vismara, S. (2016). Returns on Investments in Equity Crowdfunding. *SSRN*.

Silvia, P.J. (2006). *Exploring the Psychology of Interest*. Oxford University Press, Oxford.

Simon, É. (2007). La confiance dans tous ses états. *Revue française de gestion*, 175, 83–94.

Simon, H.A. (1955). A Behavioral Model of Rational Choice. *The Quarterly Journal of Economics*, 69(1), 99.

Simon, H.A. (1956). Rational Choice and the Structure of the Environment. *Psychological Review*, 63(2), 129–138.

Simon, H.A. (1987). Making management decisions: The role of intuition and emotion. *The Academy of Management Executive*, 1(1), 57–64.

Sinclair, M., Ashkanasy, N. (2005). Intuition: Myth or a Decision making Tool?. *Management Learning*, 36(3), 353–370.

Skoglund, E., Stiernblad, M. (2013). The Future of Equity Crowdfunding – Is "The Crowd" Capable of Good Investment? [En ligne]. Disponible à l'adresse: http://lup.lub.lu.se/luur/download?func=downloadFile&recordOId=3814918&fileOId=3814919/, 50.

Slovic, P. (dir.). (2001). Cigarette Smokers, Rational Actors or Rational Fools ?. Dans *Smoking: Risk, perception, and policy*. Sage Publications, Thousand Oaks.

Slovic, P., Layman, M., Kraus, N., Flynn, J., Chalmers, J., Gesell, G. (1991). Perceived Risk, Stigma, and Potential Economic Impacts of a High-Level Nuclear Waste Repository in Nevada. *Risk Analysis*, 11(4), 683–696.

Slovic, P., Finucane, M., Peters, E., MacGregor, D.G. (2002). The Affect Heuristic. Dans *The psychology of intuitive judgment*, Gilovich, T., Griffin, D., Kahneman, D. (dir.). Cambridge University Press, New York, 397–420.

Smith, A. (1822). *The Theory of Moral Sentiments*. J. Richardson, Londres.

Smith, V.L. (1962). An Experimental Study of Competitive Market Behavior. *The Journal of Political Economy*, 70(2), 111–137.

Spence, M. (1973). Job market signaling. *The Quarterly Journal of Economics*, 87(3), 355–374.

Stanovich, K.E., West, R.F. (2000). Individual differences in reasoning: Implications for the rationality debate?. *Behavioral And Brain Sciences*, 23(5), 82.

Statman, M. (2002). Lottery Players/Stock Traders. *Financial Analysts Journal*, 58(1), 14–21.

Stone, M. (1974). Cross-Validatory Choice and Assessment of Statistical Predictions. *Journal of the Royal Statistical Society*, 36(2).

Stucki, D. (2014). Financer une entreprise par le crowdfunding. *La Revue Banque*.

Sugden, R. (1991). Rational Choice: A Survey of Contributions from Economics and Philosophy. *The Economic Journal*, 101(407), 751–785.

Sukiennik C. (2013). Plantin, Christian. 2011. Les bonnes raisons des émotions. Principes et méthode pour l'étude du discours émotionné (Berne : Peter Lang) ; Micheli, Raphaël. 2010. L'émotion argumentée. L'abolition de la peine de mort dans le débat parlementaire français (Paris : Le Cerf). *Argumentation et Analyse du Discours*, 11.

Taffler, R. (2014). Emotional Finance: Theory and Application. Document, Warwick Business School.

Thaler, R., Sustein, C. (2012). *Nudge*. Pocket, Paris.

Thorndike, E.L. (1920). A constant error in psychological ratings. *Journal of Applied Psychology*, 4(1), 25–29.

Thurstone, L.L. (1931). The Indifference Function. *The Journal of Social Psychology*, 2(2), 139–167.

Tieger, P., Barron, B., Tieger, K. (2014). *Do what you are: Discover the perfect career for you through the secrets of personality type*. Little, Brown Spark, New York.

Tirole, J. (2016). *Économie du bien commun*. PUF, Paris.

Tom, V.R. (1971). The role of personality and organizational images in the recruiting process. *Organizational Behavior and Human Performance*, 6(5), 573–592.

Tomczak, A., Brem, A. (2013). A conceptualized investment model of crowd-funding. *Venture Capital*, 15(4), 335–359.

Tomkins, S. (1962). *Affect Imagery Consciousness: Volume I: The Positive Affects*. Springer Publishing Company, Berlin.

Trouilloud, D., Sarrazin, P. (2003). Note de synthèse [Les connaissances actuelles sur l'effet Pygmalion : processus, poids et modulateurs]. *Revue française de pédagogie*, 145(1), 89–119.

Turban, D.B., Hendrickson, C., Forret, M.L. (1998). Applicant attraction to firms: Influences of organization reputation, job attributes, and recruiter behaviors. *Journal of Vocational Behavior*, 52(1), 24–44.

Tversky, A., Kahneman, D. (1974). Judgment under Uncertainty: Heuristics and Biase. *Sciences*, 185(4157), 1124–1131.

Tversky, A., Kahneman, D. (1992). Advances in prospect theory: Cumulative representation of uncertainty [En ligne]. Disponible à l'adresse : http://cemi.ehess.fr/docannexe/file/2780/tversjy_kahneman_advances.pdf, 27.

Tyebjee, T.T., Bruno, A.V. (1984). A Model of Venture Capitalist Investment Activity. *Management Science*, 30(9), 1051–1066.

Vaidis, D., Halimi-Falkowicz, S. (2007). La théorie de la dissonance cognitive : une théorie âgée d'un demi-siècle. *Revue électronique de Psychologie sociale*, 1, 9–18.

Valette-Florence, P. (1994). Introduction aux chaînages cognitifs. *Recherche et Applications en Marketing*, 9, 93–117.

Verplanken, B., Holland, R.W. (2002). Motivated decision making: Effects of activation and self-centrality of values on choices and behavior. *Journal of Personality and Social Psychology*, 82(3), 434–447.

Vinzi, E.V., Chin, W.W., Henseler, J., Wang, H. (2010). *Handbook of partial least squares: Concepts, methods and applications in marketing and related fields.* Springer, Berlin.

Viviani, J.-L. (1994). Incertitude et rationalité. *Revue française d'économie*, 9(2), 105–146.

Voorbraak, K.J.P. (2011). Crowdfunding for financing new ventures consequences of the financial model on operational decisions. Document, Eindhoven University of Technology, Eindhoven.

Walrass, L. (1874). *Éléments d'économie politique pure : ou théorie de la richesse sociale.* Kessinger Publishing, Whitefish.

Wang, M., Keller, C., Siegrist, M. (2011). The Less You Know, the More You Are Afraid of – A Survey on Risk Perceptions of Investment Products. *Journal of Behavioral Finance*, 12(1), 9–19.

Wash, R. (2013). The Value of Completing Crowdfunding Projects. Dans *Seventh International AAAI Conference on Weblogs and Social Media.* ICWSM, Cambridge.

Weber, M. (2003). *Économie et société, tome 1 : Les Catégories de la sociologie.* Pocket, Paris.

Weber, S.J., Cook, T.D. (1972). Subject effects in laboratory research: An examination of subject roles, demand characteristics, and valid inference. *Psychological Bulletin*, 77(4), 273–295.

Wechsler, J. (2013). Know your crowd: The drivers of success in rewardbased crowdfunding. Document, University of Fribourg, Fribourg.

Weiner, B., Graham, S. (1989). Understanding the Motivational Role of Affect: Life-span Research from an Attributional Perspective. *Cognition & Emotion*, 3(4), 401–419.

Wetzer, C. (2008). La finance comportementale, régulation des marchés financiers. Mémoire de Master, Université Paris II Panthéon Assas, Paris.

Wheat, R.E., Wang, Y., Byrnes, J.E., Ranganathan, J. (2013). Raising money for scientific research through crowdfunding. *Trends in Ecology & Evolution*, 28(2), 71–72.

Wilkie, W.L. (dir.) (1990). Chapitre 11. Dans *Consumer Behavior*. John Wiley & Sons, New York.

Wold, H. (1985). Partial Least Squares. Dans *Encyclopedia of Statistical Sciences*, volume 6, Kotz, S., Johnson, N.L. (dir.). John Wiley & Sons, New York, 581–591

Wright, M., Robbie, K. (1996). Venture Capitalists, Unquoted Equity Investment Appraisal and the Role of Accounting Information. *Accounting and Business Research*, 26(2), 153–168.

Wright, P. (1975). Consumer Choice Strategies: Simplifying vs. Optimizing. *Journal of Marketing Research*, 12(1), 60–67.

Wuillaume, A., Jacquemin, A., Janssen, F. (2016). L'influence du contenu émotionnel de la narration entrepreneuriale sur l'attitude et la prise de décision des contributeurs en crowdfunding. Dans *13e Congrès International Francophone en Entrepreneuriat et PME*. CIFEPME, Trois-Rivières.

Wuillaume, A., Jacquemin, A., Janssen, F. (2017). « Cher crowd, laisse-moi te raconter une histoire... » : l'influence du contenu émotionnel, du sentiment d'appartenance à la communauté et de l'authenticité de la narration entrepreneuriale sur le succès à lever des fonds via le crowdfunding. Document, Louvain Research Institute in Management and Organizations, Louvain, 32.

Yennek, N. (2014). Contribution de l'intérêt situationnel à une reconsidération de la satisfaction dans la formation pour adultes. Thèse de doctorat, Université Paris Ouest Nanterre La Défense, Nanterre.

Yin, R.K. (2009). *Case study research: design and methods. Applied social research methods*, 4e édition. Sage Publications, Los Angeles.

Zajonc, R.B. (1968). Attitudinal effects of mere exposure. *Journal of Personality and Social Psychology*, 9(2), 1–27.

Zajonc, R.B. (1980). Feeling and thinking. *American Psychologist*, 1S1, 35(2), 151–175.

Zajonc, R.B. (2001). Mere Exposure: A Gateway to the Subliminal. *Current Direction in Psychological Science*, 10(6), 224–228.

Zaleski, P.A. (2011). Start-Ups and External Equity: The Role of Entrepreneurial Experience. *Business Economics*, 46(1), 43–50.

Zeelenberg, M., Pieters, R. (1999). Comparing Service Delivery to What Might Have Been. *Journal of Service Research*, 2(1), 86–99.

Zeelenberg, M., Nelissen, R.M., Breugelmans, S.M., Pieters, R. (2008). On emotion specificity in decision making: Why feeling is for doing. *Judgment and Decision making*, 3(1), 18.

Zhao, X., Lynch, J.G., Chen, Q. (2010). Reconsidering Baron and Kenny: Myths and Truths about Mediation Analysis. *Journal of Consumer Research*, 37(2), 197–206.

Zidi, A. (2009). Analyse de la fidélité des échelles mesurant la confiance entre le capital risqueur et l'entrepreneur et son impact dans la création de valeur : cas du contexte tunisien. Document, CERAM Business School et IAE d'Aix-en-Provence, Sophia-Antipolis.

Index

O, P

Q

R

S, T

V

Sommaire de *L'affectif et les valeurs dans les choix d'investissement en equity crowdfunding 1*